Sebastian Lotto-Kusche
Der Völkermord an den Sinti und Roma und die Bundesrepublik

Schriftenreihe
der Vierteljahrshefte
für Zeitgeschichte

―

Im Auftrag des
Instituts für Zeitgeschichte München–Berlin
herausgegeben von
Helmut Altrichter, Horst Möller,
Margit Szöllösi-Janze und Andreas Wirsching

Redaktion:
Johannes Hürter und Thomas Raithel

Band 125

Sebastian Lotto-Kusche

Der Völkermord an den Sinti und Roma und die Bundesrepublik

Der lange Weg zur Anerkennung 1949–1990

Dissertation an der Philosophischen Fakultät der Humboldt-Universität zu Berlin, eingereicht von Sebastian Lotto-Kusche, Disputation: 3.7.2020

ISBN 978-3-11-077402-3
e-ISBN (PDF) 978-3-11-077410-8
e-ISBN (EPUB) 978-3-11-077417-7
ISSN 0506-9408

Library of Congress Control Number: 2022945310

Bibliografische Information der Deutschen Nationalbibliothek
Die Deutsche Nationalbibliothek verzeichnet diese Publikation in der Deutschen Nationalbibliografie; detaillierte bibliografische Daten sind im Internet über http://dnb.dnb.de abrufbar.

© 2022 Walter de Gruyter GmbH, Berlin/Boston
Titelbild: Bundeskanzler Helmut Schmidt empfängt am 17.3.1982 eine Delegation des kurz zuvor gegründeten Zentralrats Deutscher Sinti und Roma. Dokumentations- und Kulturzentrum Deutscher Sinti und Rom
Satz: bsix information exchange GmbH, Braunschweig
Druck und Bindung: CPI books GmbH, Leck

www.degruyter.com

Inhalt

Vorwort —— VII

I Hinführung und Einleitung —— 1
  1 Aktualität von Diskursen um das „Anderssein" und das historische Exempel —— 1
  2 Forschungsstand zur „NS-Zigeunerverfolgung" und zu deren Nachgeschichte —— 4
  3 Begrifflichkeiten und Methodik —— 10
  4 Quellen —— 24

II Die Nachkriegsjahre – Nichtanerkennung der Opfer —— 27
  1 Missverständliche Hinweise zum Schicksal der Minderheit —— 27
  2 Kommunale Perspektiven auf die Überlebenden —— 33
  3 Frühe Äußerungen aus der Minderheit und weiterer ZeitzeugInnen —— 35

III Die 1950er Jahre – der kriminalpräventive Denkstil in Aktion —— 41
  1 Anfänge der bundesrepublikanischen Zeitgeschichtsforschung und deren Prämissen —— 41
  2 Fehlende Sühne der TäterInnen und Kontinuitäten in der Kriminalpolizei —— 47
  3 Bild der „NS-Zigeunerverfolgung" im Schatten der Entschädigung —— 59
  4 Transnationale Forschungsimpulse und deren fehlende deutsche Rezeption —— 66

IV Modernisierter Rassismus in den 1960er Jahren —— 77
  1 Krise der „Zigeunerforschung" und Impulse aus Missionsarbeit und Soziologie —— 77
  2 Ungehörte Impulse aus Justizprozessen und die Rolle des Klassenfeinds —— 92
  3 Dominanz der Kriminologie und der Aufstieg von Hermann Arnold —— 100

V Weg zur Veränderung – gesellschaftlicher Wandel bis 1978 —— 109
  1 Das institutionelle Netzwerk Hermann Arnolds —— 109
  2 Gesellschaftlicher Wandel und Impulse aus dem europäischen Ausland —— 118

3　Frühe Verbandsgründungen in der Bundesrepublik und deren
　　　　　(Miss-)Erfolge —— **127**

VI Die Anerkennung und genozidkritischer Denkstil ab 1979 —— 137
　　　1　Impulse aus der Geschichtskultur und politische Bündnisse —— **137**
　　　2　Anerkennungsforderungen, organisierter Gegenwind und
　　　　　Legitimationsfragen —— **151**
　　　3　Disziplinäre Innovationen und Forschungskonflikte um einen neuen
　　　　　Denkstil —— **172**
　　　4　Der Kampf um einen Platz in der Geschichte —— **189**

VII Schlussbetrachtung —— 197
　　　1　Ausblick: Etablierung des genozidkritischen Denkstils nach
　　　　　1990 —— **197**
　　　2　Wer oder was wurde wann anerkannt? —— **200**
　　　3　Was bleibt zu tun? —— **213**

Abkürzungen —— 217

Quellen und Literatur —— 221

Personenregister —— 259

Vorwort

Die diesem Buch zugrundeliegende Dissertation wurde am 10. Februar 2020 an der Philosophischen Fakultät der Humboldt-Universität zu Berlin eingereicht und am 3. Juli 2020 verteidigt. Die Friedrich-Ebert-Stiftung förderte dieses Dissertationsvorhaben mit einem Promotionsstipendium. Weitere finanzielle Förderungen erfuhr ich durch den Verein Gegen Vergessen – Für Demokratie e. V. und die Stiftung Zeitlehren. Für die Aufnahme der Arbeit in die Schriftenreihe der Vierteljahrshefte für Zeitgeschichte bedanke ich mich herzlich beim Institut für Zeitgeschichte München–Berlin. Vom Lektorat von Johannes Hürter habe ich im Überarbeitungsprozess enorm profitiert. Besonders möchte ich auch Angelika Reizle danken, die eine unendliche stilistische Akribie an den Tag gelegt hat und den Prozess bis zur Drucklegung begleitet hat.

Ich habe einer Vielzahl an Personen zu danken, die mich in dem langen Arbeitsprozess unterstützt haben und die mich immer wieder motiviert haben, mich diesem schwierigen, belastenden Thema zu stellen. Der Ausgangspunkt war meine Teilnahme am 16. Workshop zur Geschichte der Konzentrationslager in Oświęcim im Jahr 2010. Dort sah ich die Reste des ehemaligen „Zigeunerlagers" im Lagerteil Auschwitz-Birkenau, und sofort fesselte mich die Frage, warum die Kenntnis darüber – vor zehn Jahren noch viel mehr als heute – so randständig in Schule, Geschichtsstudium und Geschichtskultur ist. Auf der Rückreise vom Workshop traf ich mich mit meinem Erstbetreuer Thomas Sandkühler, der mit mir aus der in Polen gemachten Beobachtung ein Promotionsvorhaben entwickelte. Er hat mich in zahlreichen Schritten des langen Weges beraten, kritisiert, unterstützt und mir Möglichkeiten des Austausches vermittelt; für all das herzlichen Dank. Auch meinem Zweitbetreuer Uwe Danker will ich herzlich danken, er hat mir Freiräume eingeräumt, viel Geduld mit meiner manchmal improvisierten Arbeitsweise gehabt und mir letztlich auch viele Dinge beigebracht, die ich in meinem Projekt anwenden konnte. Auch habe ich inhaltlich sehr von den Forschungsprojekten profitiert, die an der Forschungsstelle für regionale Zeitgeschichte und Public History der Europa-Universität Flensburg in den letzten Jahren entstanden sind. In diesem Zusammenhang danke ich allen aktuellen und ehemaligen Mitarbeitenden der Forschungsstelle für vielfältige Unterstützungen. Auch danke ich Astrid Schwabe für Beratung, Kritik und Supervision. Michael Wildt möchte ich dafür danken, dass ich mein Projekt in seinem Kolloquium vorstellen konnte und er immer wieder ein interessierter und hilfreicher Ratgeber war. Zu danken habe ich darüber hinaus allen Beteiligten der Doktoranden-AG des Seminars für Geschichte und Geschichtsdidaktik der Europa-Universität Flensburg und weiteren befreundeten Doktorandinnen und Doktoranden, insbesondere Dennis Beismann, Steffi Brüning, Dominique Hipp und Christine Eckel. Für fachlichen Rat, wertvolle Hinweise und konstruktive Kritik danke ich Martin Cüppers, Karola Fings, Christian Gerlach, Constantin Goschler, Achim Landwehr und Yvonne Robel. Ohne die Hilfe von zahlreichen ArchivarInnen aus dem ganzen Bundesgebiet, und auch darüber hinaus, hätte ich viele Archivfunde nicht heben können. Für aufwühlende, informative und persönliche Gespräche bzw. schriftliche Auskünfte danke ich: Micha Brumlik, Heiner Geißler, Cilly Kugelmann, Walter H. Pehle, Yvonne Rieker, Romani Rose, Helmut Schmidt, Helga Schuchardt, Hans-Christian Ströbele, Matthäus Weiß, Tilman Zülch. Im Laufe des Arbeitsprozesses unterstützten mich viele Personen bei der Korrektur von Manuskriptteilen. Hier danke ich besonders: Hanan Abu El-Gyab, Ann-Kathrin Hoffmann, Sina Lisowski, Marie-Theres Marx, Melanie Richter-Oertel, Alke Schinke und Sabine Sütterlin.

Ganz besonders zu danken habe ich meiner Frau Miriam, die mich ermutigt hat, dieses Promotionsvorhaben zu beginnen, mit mir Strategien für Archivzugänge erarbeitet, Thesen diskutiert und verworfen hat, es mir ermöglicht hat, zu den unmöglichsten und herausforderndsten Zeiten an der Studie zu arbeiten und letztlich sogar kurz vor und nach der Geburt unseres vierten Kindes die Druckfassung vorzubereiten. Ohne Dich gäbe es dieses Buch nicht! Damit zusammenhängend will ich natürlich auch meinen Kindern danken, für das Verständnis für wenig gemeinsame Zeit in vielen Phasen. Meinen Eltern danke ich für die Geduld, die sie mit meinem Projekt hatten und für die Unterstützung.

Flensburg, im September 2022

I Hinführung und Einleitung

1 Aktualität von Diskursen um das „Anderssein" und das historische Exempel

Die gesellschaftlichen Auseinandersetzungen um Identitäten und Sprache bzw. Sagbarkeiten sind allgegenwärtig.[1] Aktuell erleben wir dabei einen Elitendiskurs, der in der Gesamtgesellschaft immer weniger verstanden wird. Besonders frappierend ist dabei der Umstand, dass dadurch die unbedingt notwendige zentrale Debatte um die historische wie aktuelle Wirkmächtigkeit von Rassismus in der Bundesrepublik an den Rand gedrängt wird. Ein historisch bedeutsames Beispiel dafür ist die „rassisch" motivierte Verfolgung und Vernichtung der Sinti und Roma im Nationalsozialismus und die sich daran anschließende Leugnung und Marginalisierung dieses Verbrechens nach 1945. Diese sieht der Soziologe Wulf Hund in der Kontinuität räumlichen Denkens begründet: „Das Zigeunerstereotyp wurde einfach fortgeschrieben."[2] Die Wirkmächtigkeit der „Rassifizierung" ist mittlerweile umfangreich erforscht worden; der Begriff meint einen Prozess, in dem „einerseits mittels bestimmter Merkmale eine Gruppe von Menschen als ‚natürliche' Gruppe festgelegt und gleichzeitig [...] die ‚Natur' dieser Gruppe im Verhältnis zur eigenen Gruppe formuliert"[3] werden. Dies klingt zunächst harmlos, aber Rassismus schafft somit: „ein soziales Verhältnis aus Mustern [...], herrschaftlicher Abhängigkeiten, kultureller Werte, ideologischer Rechtfertigungen und wechselseitigen Handelns [...]".[4] Welche Macht Rassismus entfalten kann, beschreibt Hund in klaren Worten:

> „In ihm können die Anderen wie Tiere behandelt oder ausgerottet werden, aber auch in parallelen gesellschaftlichen Strukturen existieren, die scheinbar Normalität vermitteln, tatsächlich aber unter dem Vorbehalt des gewaltsamen Übergriffes und der Zerstörung stehen. Der sozialen Gefühllosigkeit öffnet sich so ein breites Spektrum von Verhaltensweisen."[5]

Das historische Exempel führt das Ergebnis dieser theoretischen Prozesse eindringlich vor Augen. Wissenschaftlich spannend und weniger klar zu beantworten ist aber die Frage: Wie konnte der durch und durch rassistische Blick auf Sinti und Roma und deren Verfolgung im Nationalsozialismus erst kritisch hinterfragt und schließlich – zumindest weitgehend in den gesellschaftlichen Eliten – durch eine andere Wahrnehmung ersetzt werden? Dieser Frage widmet sich die vorliegende Studie.

---

1 Vgl. Feddersen/Gessler, Kampf der Identitäten; Ranan (Hrsg.), Sprachgewalt.
2 Vgl. Hund, Wie die Deutschen weiß wurden, S. 156.
3 Vgl. Terkessidis, Rassismus definieren (1998/2017), S. 65–82, hier S. 79.
4 Vgl. Hund, Rassismus, S. 28.
5 Vgl. ebenda, S. 33.

Doch wo liegen die Fallstricke dabei? Bereits im ersten Satz einer wissenschaftlichen Untersuchung entschließt man sich für die Verwendung bestimmter Konzepte. Dies fängt beim Quellenbegriff „Zigeuner"[6] an und geht über Opferzahlen und Begriffe wie Holocaust und Völkermord weiter. Ersteres tangiert die umstrittene Frage, welche Bezeichnung für die Opfergruppe der Sinti und Roma, die zumeist als „Zigeuner(-mischlinge)" verfolgt wurden, verwendet werden sollte. Die Vorbehalte können abgemildert werden, indem normative und methodische Fehler der Vergangenheit, wie sie die „Zigeunerwissenschaft" begangen hat, vermieden werden.[7] Menschen, die sich als „Sinti" oder „Roma" bezeichnen, sind Individuen, es verbieten sich essenzialistische Zuschreibungen über „die" Kultur „der" Sinti und Roma.

1959 las man in den renommierten *Vierteljahrsheften für Zeitgeschichte*: „Es ist allgemein bekannt, daß die mittlere und namentlich die Bagatell-Kriminalität der Zigeuner – insbesondere der Zigeunermischlinge – bedeutend höher liegt als die der seßhaften, nicht zigeunerischen Bevölkerung."[8] Dies schrieb der Kriminologe Hans-Joachim Döring im ersten deutschsprachigen historischen Fachaufsatz. Er äußerte sich fortlaufend auch zu den Motiven der „NS-Zigeunerverfolgung".[9] Dabei war diese kriminalpräventive Sichtweise keine Detailfrage der Geschichtsschreibung, sondern hatte existenzielle Folgen für die Sinti und Roma. Mit dieser im Hintergrund hielt der Bundesgerichtshof (BGH) bis 1963 eine höchstrichterliche Rechtsprechung aufrecht, nach der Anträge auf Entschädigungszahlungen von den als „Zigeuner" verfolgten AntragstellerInnen nur sehr restriktiv bejaht wurden; die Überlebenden waren jedoch dringend auf die Zahlungen angewiesen. Wer aber stützte diese Sichtweise? Und wer half dabei, sie abzulösen?

Lange war der Völkermord an Sinti und Roma, der Kulminationspunkt der „NS-Zigeunerverfolgung", in beiden deutschen Staaten ein randständiges Thema der historischen Forschung. Interessierten die FachhistorikerInnen sich nicht dafür oder waren für die Nichtbeachtung andere Faktoren entscheidend? Warum wurden besonders die „rassischen" Motive der „NS-Zigeunerverfolgung" erst so spät erforscht? Sind die Gründe nur in der miserablen Quellenlage zu suchen? Bereits seit 1965 beschäftigte sich der in der Deutschen Demokratischen Republik (DDR) lebende Schriftsteller Reimar Gilsenbach mit der „NS-Zigeunerverfolgung".[10] Seine Einschätzungen zu der Frage der Marginalisierung des Themas in beiden deutschen Staaten

---

[6] Anführungsstriche werden bei problematischen Begriffen wie „Zigeuner" gesetzt, die sich der Autor damit nicht zu eigen macht; weitere Ausführungen zum „Genozid"-Begriff siehe Kapitel I.3.
[7] Karola Fings argumentiert, dass das benannte Problem nicht vollständig auflösbar ist, weil das Schreiben über die Minderheit – so reflektiert man auch vorgehen möge – immer ein diskursbildender Akt bleibe; vgl. Fings, Sinti und Roma, S. 10.
[8] Döring, Die Motive der Zigeuner-Deportation vom Mai 1940, S. 418–428, hier S. 418.
[9] Der Terminus „NS-Zigeunerverfolgung" wird verwendet, um damit alle nationalsozialistischen Gewalt- und Repressionsmaßnahmen gegen Sinti und Roma benennen zu können.
[10] Vgl. Barth, Reimar Gilsenbach, S. 393.

sind zwar pointiert, aber durchaus informiert. Gilsenbachs Analyse zur Forschungssituation in der Bonner Republik[11] fiel 1998 rückblickend so aus:

> „Die wenigen Ergebnisse, die dort über die Verfolgung der Sinti und Roma publiziert worden sind, stammen durchweg aus privaten Instituten und Vereinigungen, ihre Autoren sind in der Regel Außenseiter, Nichthistoriker oder, wenn schon Historiker, dann solche ohne Lehrstuhl."[12]

Hält diese Einschätzung einer kritischen Überprüfung stand? Den Blick auf dieses Massenverbrechen beeinflussten offensichtlich viele Faktoren. Der Historiker Michael Zimmermann wies in seinem Standardwerk *Rassenutopie und Genozid* darauf hin, dass soziologische und ethnologische Studien über die Minderheit die Interpretation der „NS-Zigeunerverfolgung" determiniert hätten:

> „Sie stellen Kategorien und Modelle zur Verfügung, mit deren Hilfe sowohl die Wirkung der Verfolgung auf die familienzentrierte und von einer spezifischen Kultur geprägten Lebensweise der Ethnie abgeschätzt als auch jene Projektionen, Klischees und verbotenen Wünsche in der Mehrheitsbevölkerung analysiert werden können, die eine wichtige Grundlage der Zigeunerromantik wie auch der Zigeunerverfolgung bilden."[13]

Dieser Feststellung soll in der vorliegenden Studie auf den Grund gegangen werden. Doch den Blick nur auf die politischen Prozesse zu richten, wäre unzureichend; es müssen ebenso die diskursprägenden AkteurInnen in Wissenschaft und Öffentlichkeit und ihr Blick auf die Verfolgung der Sinti und Roma untersucht werden.

Alle vorangegangenen Überlegungen können in den fünf Leitfragen zusammengefasst werden, die diese Studie beantworten will: 1. Wodurch veränderten sich das Denken und das Wissen über das Massenverbrechen an den Sinti und Roma in der Geschichtswissenschaft, in angrenzenden Disziplinen und bei politischen sowie zivilgesellschaftlichen AkteurInnen in der Bonner Republik? 2. Was prägte den kriminalpräventiven Blick auf die „NS-Zigeunerverfolgung", was stabilisierte ihn und was trug dazu bei, ihn abzulösen? 3. Wie, wann und warum kam es zu einer auf die „rassischen" Motive blickenden historiographischen Darstellung der „NS-Zigeunerverfolgung"? 4. Welche politischen, gesellschaftlichen und wissenschaftlichen Hemmnisse standen der Erforschung des Massenverbrechens im Weg und welche Innovationen halfen, dies zu verändern? 5. Wie entwickelten sich die Kontakte und Beziehungen zwischen der Mehrheitsgesellschaft und den Sinti und Roma, deren VertreterInnen und FürsprecherInnen, im Laufe der Zeit? Bevor diese Fragen methodisch operationalisiert werden können, ist zunächst der Forschungsstand aufzuzeigen.

---

11 Zum Begriff „Bonner Republik" vgl. Becker, Geschichtspolitik, S. 15–17. Hier betont Becker, dass der Begriff mittlerweile eine Normalisierung erfahren habe, so wird er auch in dieser Studie nicht pejorativ verwendet.
12 Gilsenbach, Wer wußte was?, S. 90–104, hier S. 91.
13 Zimmermann, Rassenutopie, S. 28.

2 Forschungsstand zur „NS-Zigeunerverfolgung" und zu deren Nachgeschichte

Wenn man die Anerkennung eines Massenverbrechens in einem Staat und dessen Öffentlichkeit untersuchen will, muss der Blick zunächst auf das Verbrechen selbst gerichtet werden. Die Verfolgung und Vernichtung der Sinti und Roma in der NS-Zeit ist mittlerweile umfangreich untersucht und belegt worden.[14] Aktuelle geschichtswissenschaftliche Übersichtswerke zur NS-Geschichte und zum 20. Jahrhundert beinhalten in der Regel eine zwar kurze, aber inhaltlich fundierte Beschäftigung mit der „NS-Zigeunerverfolgung".[15] Bei der Durchsicht fällt die mittlerweile in vielfachen Auflagen erschienene Publikation von Wolfgang Benz auf, die schon in der Erstausgabe 1995 vergleichsweise umfassend, auch in Verbindung mit dem damals in der Wissenschaft noch umstrittenen Begriff des „Genozids", über den NS-Völkermord an Sinti und Roma informierte.[16] Benz hat mit dem von ihm lange geprägten Jahrbuch für Antisemitismusforschung und dem von ihm geleiteten Institut für Antisemitismusforschung, an dem viele Publikationen zur Thematik entstanden sind, erheblich zur Etablierung und Fundierung quellengesättigter Forschung beigetragen.[17] Wolfgang Wippermann hat als einer der ersten deutschen Fachhistoriker eine vergleichende Perspektive auf Juden- und „Zigeunerverfolgung" gelegt.[18] Besonders Lokalstudien haben die konkrete Verfolgungspraxis vor Ort beleuchtet und somit zum Verständnis der örtlich durchaus akzentuiert verlaufenden Repressionen beigetragen.[19] Die Quelleneditionen zum Thema dagegen sind vergriffen oder in Umfang bzw. Qualität ungenügend.[20] Auf die allgemein schlechte Überlieferungslage zu den Institutionen, die die „NS-Zigeunerverfolgung" durchgeführt haben, wurde bereits

---

14 Die folgende Bibliographie listet über 1400 Veröffentlichungen auf; vgl. About/Abakunova, Genocide. Eine Einordnung und Vorstellung der wichtigsten Studien der letzten Jahre findet sich bei Fings, Neuere Literatur zur NS-Verfolgung von Sinti und Roma, S. 27–52.
15 Vgl. Pohl, Verfolgung und Massenmord, S. 111–116; Benz (Hrsg.), Lexikon des Holocaust, S. 215 f.; ders., Der Holocaust (1995), S. 93–100; Herbert, Geschichte Deutschlands im 20. Jahrhundert, S. 338–340, 404, 480 f.
16 Vgl. Benz, Der Holocaust (1995), S. 93–100.
17 Vgl. Widmann, An den Rändern der Städte; Margalit, Die Nachkriegsdeutschen und „ihre Zigeuner"; Opfermann, „Seye kein Ziegeuner".
18 Vgl. etwa Burleigh/Wippermann, The Racial State; Wippermann, „Auserwählte Opfer?"; ders., Niemand ist ein Zigeuner.
19 Vgl. etwa Engbring-Romang, Verfolgung der Sinti und Roma in Hessen; Fings/Opfermann (Hrsg.), Zigeunerverfolgung im Rheinland; Sparing, Dienststelle für Zigeunerfragen, S. 519–574; Hesse/Schreiber, Vom Schlachthof nach Auschwitz; Kaiser, Verfolgung von Sinti und Roma in Karlsruhe im Nationalsozialismus; Weigl, Der erste „zigeunerfreie Gau", S. 236–255. Zur Bewertung vgl. Fings, Perspektiven auf den Völkermord, S. 11.
20 Vgl. z. B. Hohmann, Zigeuner und Zigeunerwissenschaft, S. 136–259; Wippermann, Leben in Frankfurt, S. 55–115; Wippermann, Geschichte der Sinti und Roma, S. 54–101.

mehrfach hingewiesen.²¹ Mit dem Ende des „Kalten Krieges" verbesserten sich die Zugangsmöglichkeiten für osteuropäische Archive, so konnte erstmalig ein einigermaßen verlässliches Gesamtbild der „NS-Zigeunerverfolgung" gezeichnet werden.²²

Trotz aller Fortschritte bestehen weiterhin große Forschungslücken, vor allem die Verfolgungen in der besetzten Sowjetunion und anderen osteuropäischen Gebieten sind unzureichend untersucht.²³ Fortschritte auf diesem Feld ergaben sich allerdings durch Forschungen zur Gewaltpraxis der Wehrmacht im Vernichtungskrieg, wodurch insbesondere die Eigeninitiativen von militärischen Befehlshabern zur Behandlung aufgegriffener Roma in Osteuropa offenbar wurden.²⁴ Die Untersuchung der Kollaboration von den mit dem Deutschen Reich verbündeten Staaten und Bewegungen wie dem rumänischen Antonescu-Regime, den Ukrainischen Nationalisten um Bandera oder dem Ustascha-Regime in Kroatien haben Mitwirkung, aber auch Eigeninitiative in den Vertreibungs- und Mordaktionen gegenüber Roma offenbart.²⁵ Unbenommen der Forschungslücken und begrifflicher Probleme kann nicht mehr ernsthaft bestritten werden, dass die Nationalsozialisten einen planmäßigen Massenmord begingen, der sich gegen die Minderheit als Ganzes richtete.²⁶

Erkenntnisse aus der „Täter-Forschung", besonders über die Kriminalpolizei als dem zentralen Verfolgungsakteur der „NS-Zigeunerverfolgung", waren ertragreich zum Verständnis der Praktiken und Kontinuitäten.²⁷ Daher waren vor allem Epochengrenzen überspannende Studien zur polizeilichen Verfolgungspraxis bereichernd.²⁸ Robert Ritter und die Mitarbeitenden seiner Rassenhygienischen Forschungsstelle am Reichsgesundheitsamt (RHF) standen dagegen bislang nur teilweise im Blickfeld der Forschung.²⁹ Die Rolle des in der Nachkriegszeit führenden

---

21 Vgl. Fings/Sparing, Vertuscht, verleugnet, versteckt, S. 181–201; Henke, Quellenschicksale, S. 61–79.
22 Als Wegmarken der jüngeren Forschung zur Verfolgung und Vernichtung der Sinti und Roma in Europa vgl. Zimmermann, Rassenutopie und Genozid; Zimmermann (Hrsg.), Zwischen Erziehung und Vernichtung; Luchterhandt, Weg nach Birkenau; Holler, Der nationalsozialistische Völkermord an den Roma in der besetzten Sowjetunion.
23 Vgl. Zimmermann, Die nationalsozialistische Zigeunerverfolgung in Ost- und Südosteuropa, S. 3–28; Holler, „Killing Fields", S. 82–111.
24 Vgl. Pohl, Herrschaft der Wehrmacht, S. 271–273; Holler, Hat Otto Ohlendorf die systematische Vernichtung sowjetischer Roma initiiert?, S. 76–94; Gerlach, Kalkulierte Morde, S. 1063–1067.
25 Vgl. Baum, Varianten des Terrors, S. 539–558, 564–566; Korb, Im Schatten des Weltkriegs, S. 143, 145, 199, bes. S. 408–413; Tyaglyy, Nazi Occupation Policies, S. 120–152.
26 Vgl. Zimmermann, Die nationalsozialistische Verfolgung der Zigeuner, S. 115–153, hier S. 140.
27 Vgl. Browning, Ganz normale Männer; Herbert, Best; Wildt, Generation des Unbedingten; Wagner, Hitlers Kriminalisten; Wagner, Volksgemeinschaft ohne Verbrecher.
28 Vgl. v. a. Lucassen, Zigeuner; Baumann u. a., Schatten der Vergangenheit, bes. S. 247–285; Bauer, Von Dillmanns Zigeunerbuch zum BKA; Sattig, Vorurteile und Feindbilder als Prämissen, S. 235–257; Meuser, Vagabunden und Arbeitsscheue, S. 105–123. Und zuletzt: Diener, Das Bayerische Landeskriminalamt, bes. S. 257–358.
29 Vgl. die höchst problematische, weil ohne Belege arbeitende Monographie von Hohmann, Robert Ritter und die Erben der Kriminalbiologie, bes. S. 133–329. Die Kritik am Buch ist nachlesbar in:

„Zigeunerforschers" Herman Arnold, der Ritter unter anderem erfolgreich entlastete und auch viele seiner Thesen aufgriff, ist insbesondere von Christian Kelch untersucht worden.[30]

Die Bedeutung der „Rassenhygiene" im NS-Staat ist intensiv erforscht worden, was zur Kenntnis der Verfolgungsintentionen der „NS-Zigeunerverfolgung" beigetragen hat.[31] Die kulturwissenschaftliche Forschung zu „Zigeunerbildern" erzielte immense Fortschritte bezüglich der Ausgestaltung dieser Zerrbilder.[32] Auch von Relevanz war und ist die Studie des Historikers Frank Reuter zur Konstruktion des „Zigeuners" in der Fotografie.[33]

Die auf dem Historikertag 1998 in Frankfurt am Main hitzig geführte Debatte um NS-Belastungen der Geschichtswissenschaften nach 1945 sowie die kontrovers diskutierte Studie von Nicolas Berg[34] haben die NS-Vergangenheit der wichtigsten NachkriegshistorikerInnen sowie die Traditionen und Paradigmen der westdeutschen NS-Forschung und der Holocaustforschung in den Fokus gerückt.[35] Auch die Institutionen der Zeitgeschichtsforschung wurden in diesem Zusammenhang untersucht.[36] Dabei trat zutage, dass die westdeutsche NS-Historiographie lange durch Studien zur Funktionsweise der Herrschaftselite um Hitler dominiert wurde. Die Opfer standen über Jahrzehnte nicht im Mittelpunkt der deutschen Forschung. Sehr zurückhaltend und fokussiert erst seit den 1980er Jahren beschäftigte sich die Forschung eingehender mit dem Völkermord an den Juden.[37] Eine vergleichende Analyse zur NS-Verfolgung von Sinti und Roma und Juden ist bisher ein Desiderat.[38]

Bäumer-Schleinkofer, Rezension zu: Joachim Hohmann. Robert Ritter und die Erben der Kriminalbiologie, S. 198. Biographisch valide zu Ritter ist: Schmidt-Degenhard, Vermessen und Vernichten. Zur Forschungspraxis der RHF: Rosenhaft, Wissenschaft als Herrschaftsakt, S. 329–353; Zimmermann, „Mit Weigerungen würde also nichts erreicht", S. 291–313; Lotto-Kusche, Robert Ritter, S. 637–639; Lotto-Kusche, Rassenhygienische Forschungsstelle, S. 1590–1594.
30 Vgl. Kelch, Dr. Hermann Arnold und seine „Zigeuner"; Hohmann, Im Geiste Robert Ritters, S. 89–106; Hohmann, Die Forschungen des „Zigeunerexperten" Hermann Arnold, S. 35–49; Opfermann, Von Ameisen und Grillen, S. 200–222.
31 Vgl. Zimmermann (Hrsg.), Zwischen Erziehung und Vernichtung; Zankl, Von der Vererbungslehre zur Rassenhygiene, S. 47–63; Fings, „Rasse: Zigeuner", S. 273–309; Riechert, Im Schatten von Auschwitz.
32 Vgl. Bogdal, Europa erfindet die Zigeuner; Patrut, Phantasma Nation.
33 Vgl. Reuter, Der Bann des Fremden.
34 Vgl. Berg, Der Holocaust und die westdeutschen Historiker, bes. S. 652f.
35 Vgl. v. a. Bajohr/Löw (Hrsg.), Der Holocaust; Berg, Lesarten des Judenmords, S. 91–139.
36 Vgl. Wengst, Das Institut für Zeitgeschichte, S. 41–52.
37 Vgl. Herbert, Holocaust-Forschung in Deutschland, S. 31–79.
38 Ansätze finden sich bei: Ruch, Wissenschaftsgeschichte; Zimmermann, Zigeunerbilder und Zigeunerpolitik in Deutschland, S. 35–58; Wippermann, „Auserwählte Opfer?", S. 83–91; Zimmermann, Rassenutopie und Genozid, S. 21–39. Der Historiker Ari Joskowicz arbeitet an einer umfassenden Studie zur Beziehungsgeschichte der beiden Opfergruppen; vgl. die Vorstudie: Joskowicz, Separate Suffering, S. 110–140.

In Großbritannien und den USA wurden hierzu bereits erste Untersuchungen angestellt.[39]

Zur Geschichtspolitik[40] und zur Entschädigungspolitik[41] gegenüber den Sinti und Roma in der Bundesrepublik gab es in den letzten Jahren zahlreiche Veröffentlichungen. Besonders die Studien Constantin Goschlers[42] wirkten wegweisend für eine ganze Fülle von Untersuchungen zur Praxis der „Wiedergutmachung",[43] die kaum noch zu überblicken sind. Die Auswirkungen des „Skandalurteils" des BGH von 1956 sind mittlerweile intensiv diskutiert worden.[44] Die Verfahren gegen die TäterInnen der „NS-Zigeunerverfolgung" sind dagegen nur ansatzweise untersucht. Das vorläufige Ergebnis: Vor bundesrepublikanischen Gerichten sind nur 27 Verfahren zur Hauptverhandlung gelangt, nur in zwei Verfahren erfolgte explizit eine Verurteilung aufgrund von Vergehen im Tatkomplex der „NS-Zigeunerverfolgung".[45] Der Umgang der DDR mit der „NS-Zigeunerverfolgung" wurde bislang nur ansatzweise untersucht; eine Gesamtdarstellung steht noch aus.[46]

Die Lebenssituation der Sinti und Roma nach 1945 ist erst in den letzten Jahren genauer beleuchtet worden.[47] Lange ging die Forschung davon aus, dass erst seit den 1980er Jahren persönliche Häftlingsschicksale von Sinti und Roma aufgezeichnet wurden. 2015 fand Gerhard Baumgartner vom Dokumentationsarchiv des österreichischen Widerstandes (DÖW) sechs Überlebenden-Berichte aus dem Jahr 1952

---

39 Vgl. Hancock, Romanies and the Holocaust, S. 383–396; Rosenhaft, At Large in the „Gray Zone", S. 149–179; Tyrnauer, Recording the Testimonies, S. 223–237.
40 Dem Umgang mit der NS-Geschichte von 1945 bis heute in den drei deutschen Nachfolgestaaten des Deutschen Reiches widmet sich vergleichend die Studie: Hammerstein, Gemeinsame Vergangenheit. Vgl. auch Patrut, Antiziganismus/Opferkonkurrenz, S. 326–336; Robel, Verhandlungssache Genozid; Blumer, From Victim Hierarchies to Memorial Networks; Hedemann, „Zigeuner"; Meyer, Offizielles Erinnern; Peritore, Geteilte Verantwortung.
41 Vgl. beispielhaft: Feyen, „Wie die Juden"?, S. 323–355; Knesebeck, The Roma Struggle for Compensation; Scharffenberg, Sieg der Sparsamkeit, bes. S. 159–170; Hilss, Sinti und Roma.
42 Vgl. Goschler/Herbst (Hrsg.), Wiedergutmachung in der Bundesrepublik Deutschland; Goschler, Schuld und Schulden, bes. S. 196, 338, 347.
43 Der Terminus „Wiedergutmachung" steht in Anführungsstrichen, weil er ideengeschichtlich eng mit dem Wunsch nach einem „Schlussstrich" verbunden war und ist; vgl. Goschler, Schuld und Schulden, S. 12.
44 Vgl. Görtemaker/Safferling, Die Akte Rosenburg, S. 277–279; Lehmann-Richter, Auf der Suche nach den Grenzen, bes. S. 251–257.
45 Vgl. Opfermann, Genozid und Justiz, S. 315–326.
46 Vgl. ansatzweise: Baetz u. a., Die Rezeption des nationalsozialistischen Völkermords; Pientka, Das Zwangslager für Sinti und Roma, bes. S. 186–202; Gilsenbach, Sinti und Roma, S. 67–83. Die Historikerin Verena Meier arbeitet an einer Regionalstudie zur NS-Verfolgung der Sinti und Roma in Magdeburg und dem Umgang der DDR damit.
47 Vgl. Urban (Hrsg.), Fundstücke; Reuss, Kontinuitäten der Stigmatisierung; Krokowski, Die Last der Vergangenheit.

als bislang ältestes schriftliches Zeugnis.[48] Seit den 1980er Jahren gab es Initiativen von WissenschaftlerInnen und SchriftstellerInnen, mit Überlebenden die Verfolgtengeschichte zu erzählen.[49] Zuvor war es vor allem den ProtagonistInnen der Verbände der Sinti und Roma zu verdanken, dass Erkenntnisse über die Situation der Überlebenden nach 1945 veröffentlicht wurden.[50] Besonders Angehörige der folgenden Generationen, die sich für das Schicksal ihrer Familie und der Verwandten interessieren, drängen aktuell vermehrt an die Öffentlichkeit und zuletzt auch immer öfter in die Wissenschaft.[51] Auch gab und gibt es vermehrt Veröffentlichungen aus der Minderheit selbst, die die eigene Sicht auf die Kultur und Geschichte der Sinti und Roma wiedergeben.[52]

Im deutschsprachigen Raum steht die Forschung zu den Verbänden der Sinti und Roma und ihren politischen Strategien sowie Praktiken noch am Anfang.[53] Eine Ausnahmeerscheinung in vielerlei Hinsicht war die langjährige Referentin für Sinti und Roma der Gesellschaft für bedrohte Völker (GfbV) Katrin Reemtsma. Sie thematisierte bereits in ihrem 1996 erschienenen Beck-Einführungsband die Verbände der Sinti und Roma.[54] Reemtsma kritisierte unter anderem den zweifelhaften Umgang mit früheren Bündnispartnern und die zurückhaltende Rolle bei der Diskussion um die Roma-Zuwanderung in den 1990er Jahren.[55]

In den letzten Jahren begannen die Verbände, sich selbst zu historisieren.[56] Im englischsprachigen Raum ist insbesondere Gilad Margalit zu nennen, dessen Untersuchung sich allerdings sehr stark auf die Opferkonkurrenzen fokussiert.[57] Yaron Matras ist darüber hinaus mit thesenfreudigen Studien zur Rolle der Verbände der Sinti und Roma im europäischen und deutschen Kontext hervorgetreten.[58] Er und

---

48 Vgl. Baumgartner, „Wann endlich wird dies himmelschreiende Unrecht an uns gut gemacht werden?", S. 43–80, hier bes. S. 46, 52.
49 Vgl. die frühen Veröffentlichungen: Krausnick (Hrsg.), „Da wollten wir frei sein!"; Stojka, Wir leben im Verborgenen. Heute ist die Zahl der Erinnerungsbücher kaum noch überschaubar. Herausstechend bezüglich der Einordnung der Biographie in den Gesamtkontext ist dabei: Haumann, Die Akte Zilli Reichmann.
50 Vgl. Rose, Bürgerrechte für Sinti und Roma; Rose/Weiss, Sinti und Roma im „Dritten Reich"; Wolf, Überleben.
51 Vgl. Reinhardt, Gypsy; Pientka, Auf den Spuren meiner Familie, S. 10–18.
52 Vgl. Laederich/Tcherenkov, The Rroma; Fennesz-Juhasz/Heinschink, Selbstzeugnisse von Roma, S. 135–158; Wurr (Hrsg.), Newo Ziro.
53 Vgl. Gress, The Beginnings of the Sinti and Roma Civil Rights Movement, S. 48–60; Lotto-Kusche, Spannungsfelder, S. 224–244; Gress, „Wir wollen Gerechtigkeit!", S. 111–128; Gress, Geburtshelfer einer Bewegung, S. 267–306; Gress, Protest und Erinnerung, S. 190–219.
54 Vgl. Reemtsma, Sinti und Roma.
55 Vgl. ebenda, S. 143.
56 Vgl. Heinemann, Romani Rose; Delfeld (Hrsg.), 20 Jahre für Bürgerrechte. Zentralrat Deutscher Sinti und Roma, 45 Jahre Bürgerrechtsarbeit deutscher Sinti und Roma.
57 Vgl. Margalit, Die Nachkriegsdeutschen und „ihre Zigeuner", S. 206–272.
58 Vgl. Matras, The Development of the Romani Civil Rights, S. 49–63; Matras, Scholarship, S. 211–247.

2 Forschungsstand zur „NS-Zigeunerverfolgung" und zu deren Nachgeschichte — 9

weitere AutorInnen[59] kritisierten die Strategien der Verbände erheblich, ohne auf Quellen aus den Verbänden Bezug nehmen zu können.

Auch die zeithistorische Forschung zu Parteien und Verbänden der Bundesrepublik ist für die vorliegende Studie von Bedeutung. Relevant sind insbesondere Studien zum Umgang der Sozialdemokratischen Partei Deutschlands (SPD) mit der NS-Vergangenheit, weil die Gespräche um die Anerkennung des Völkermords in die Regierungszeit der sozial-liberalen Koalition fielen. Hier sticht die umfangreiche Studie von Kristina Meyer als Referenzwerk hervor.[60] In der Studie von Kristina Spohr zur internationalen Rolle Helmut Schmidts fand das Thema keine Erwähnung.[61] Die Beziehungen der Bundesrepublik und insbesondere der SPD zu Israel sind ausführlich zum Gegenstand der Forschung geworden, allerdings ohne bisher dabei auf Wechselwirkungen zu den Sinti und Roma einzugehen.[62]

Im Untersuchungszeitraum entstanden eine Vielzahl von nationalen und internationalen Protestorganisationen, darunter die neuen sozialen Bewegungen und die Anti-Atomkraftbewegung sowie die Partei Die Grünen.[63] Die Protestgeschichte der Bundesrepublik ist in den letzten Jahren als Forschungsthema entdeckt worden, ohne jedoch die Verbände der Sinti und Roma einzubeziehen.[64] Einige ForscherInnen interpretieren dagegen die Verbände der Sinti und Roma als Emanzipations- und Protestbewegung im Sinne einer sozialen Bewegung.[65] Am Ende dieser Studie wird auf diese Frage noch einzugehen sein.

Erhebliche Forschungsanstrengungen der letzten Jahre betrafen den Bedeutungszuwachs von Menschenrechten in den internationalen Beziehungen ab den 1970er Jahren, in der Regel ohne Bezug auf die Sinti und Roma.[66] Auch Forschungen zur Rolle der jüdischen Opfervertretungen haben das Thema bisher nur am Rande berührt,[67] die umfassende Monographie von Marilyn Henry konzentriert sich auf die Rolle der Claims Conference als Vertretungsorganisation der jüdischen Überlebenden.[68]

Der Forschungsstand ist durch umfängliche Vorarbeiten geprägt, jedoch sind die in dieser Studie aufgeworfenen Fragen in dem gewählten methodischen Zuschnitt und besonders in der empirischen Tiefe noch nicht erforscht worden. Das

---

59 Vgl. etwa Schär, „Nicht mehr Zigeuner, sondern Roma!", S. 205–226.
60 Vgl. Meyer, SPD und die NS-Vergangenheit; zur Anerkennung des Völkermords an Sinti und Roma enthält die Studie jedoch nur einen kurzen Hinweis auf Seite 422.
61 Vgl. Spohr, Helmut Schmidt.
62 Vgl. Hepperle, SPD und Israel; Eder, Holocaustsyndrom, S. 633–665.
63 Vgl. Mende, „Nicht rechts, nicht links, sondern vorn".
64 Vgl. die umfassende Monographie, die allerdings die Verbände der Sinti und Roma unerwähnt lässt: Gassert, Bewegte Gesellschaft; Berger/Nehring (Hrsg.), The History of Social Movements.
65 Vgl. Gress, The Beginnings of the Sinti and Roma Civil Rights Movement, S. 56; Klein „Wir haben ein Recht stolz zu sein.", S. 279–298, hier bes. S. 280.
66 Vgl. die zahlreichen Studien von Jan Eckel, hier besonders: Eckel, Die Ambivalenz des Guten.
67 Vgl. etwa Hockerts, Anwälte der Verfolgten, S. 249–271.
68 Vgl. Henry, Confronting the Perpetrators.

hier bearbeitete Forschungsdesiderat ist mit der Herausforderung verbunden, den Wandel im westdeutschen Diskurs über das NS-Massenverbrechen an den Sinti und Roma zu analysieren. Bevor nun die Methodik näher vorgestellt wird, ist der Blick auf einige voraussetzungsvolle Begriffe und Konzepte zu richten.

3 Begrifflichkeiten und Methodik

Der Begriff der Anerkennung steht im Titel dieser Studie, aus gutem Grund. Heuristisch wurde dieser Begriff aus der aktuellen Presseberichterstattung entnommen, in der immer wieder davon gesprochen wurde und wird, dass 1982 Bundeskanzler Helmut Schmidt den Völkermord an Sinti und Roma *anerkannt* habe. Allerdings vertrat das Bundesministerium der Justiz (BMJ) zu dieser Zeit die Auffassung, dass das Verbrechen bereits seit dem Bundesentschädigungs-Schlussgesetz (BEG-SG) 1965 juristisch als Völkermord behandelt worden sei.[69] Umstritten war, wenn überhaupt, der Beginn der „rassischen" Verfolgung. Durch die Revision des Urteils des BGH von 1956 im Jahr 1963 wurde die Verfolgung in Teilen schon ab 1938 als „rassisch" motiviert angesehen. Es stellt sich daher die Frage: Was genau wurde 1982 anerkannt, wenn nicht der Völkermord im juristischen Sinne?

Die Klärung dieser Frage bedarf eines genauen Blicks auf den Begriff der Anerkennung. Die Suche nach Begriffsklärungen gestaltet sich im Kontext aktueller Studien wenig ergiebig. Henning Tümmers 2011 erschienene Studie[70] zu den Anerkennungskämpfen der Opfer von NS-Zwangssterilisationen, Stefanie Michaela Baumanns Buch[71] zur Anerkennung der Opfer der nationalsozialistischen Humanexperimente und die 2017 publizierte Untersuchung Jan Stolls[72] zu der Entwicklung der Interessensorganisationen von Menschen mit Behinderungen in der Bundesrepublik tragen den Begriff zwar ebenfalls im Titel, problematisieren ihn allerdings nicht.[73] Yvonne Robel legte in ihrer Studie eine tiefgreifende Analyse soziologischer Anerkennungstheorien vor.[74] Daneben lohnt der Blick in einschlägige philosophische Lexika. Gabriel Amengual schrieb in der *Enzyklopädie Philosophie*, dass Anerkennung sich ganz allgemein definieren lasse als personenbezogene Beziehung, die

---

[69] Vgl. BArch, B 126/111850, Brief von Bundesministerin Antje Huber zur Vorbereitung des Gesprächs des Herrn Bundeskanzlers mit Vertretern der Sinti und Roma, Anlage zum Schreiben vom 11.1.1982, S. 2.
[70] Vgl. Tümmers, Anerkennungskämpfe.
[71] Vgl. Baumann, Menschenversuche und Wiedergutmachung.
[72] Vgl. Stoll, Behinderte Anerkennung.
[73] Tümmers führt aus, dass diese Studie eine stark gekürzte Version seiner Dissertationsschrift ist, deshalb kann nicht ausgeschlossen werden, dass diversifizierende Passagen zum Anerkennungsbegriff der Streichung zum Opfer gefallen sind; vgl. Tümmers, Anerkennungskämpfe, S. 327.
[74] Vgl. Robel, Verhandlungssache Genozid, S. 74–84. Robel diskutierte hier vor allem anhand von kritischen Einlassungen Ulrike Jureits, Theorien Paul Ricoeurs und Judith Butlers die Wirksamkeit von „Wahrheitsregimen".

Verhältnisse zu anderen strukturiere und dadurch Verpflichtungen entstehen ließe.[75] Der Philosoph Heikki Ikäheimo führte dagegen eine Dreiteilung der Beziehungsebenen ein. Er zählte dazu: die Achtung als Autorität, die Sorge um das Wohl anderer und die Zumessung als Beiträger von Werten.[76] Diese drei Begriffsebenen fächern die Anerkennung der Sinti und Roma in der Bundesrepublik auf.

Gleichzeitig beinhaltet Anerkennung laut Amengual auch die Bedeutungsebene, dass damit bestätigende Aussagen gemeint seien, die Tatsachenbeschreibungen als „wahr" deklarieren.[77] Auf das Thema bezogen meint dies die faktische, von staatlichen Repräsentanten geäußerte Bestätigung, dass ein Völkermord an der Minderheit verübt worden sei, respektive in Gänze verübt werden sollte. Auch Klaus Günther sah in Anerkennungsbemühungen von „Opfergruppen" das Ziel der betreffenden Gruppe, von der Gesellschaft Empathie einzufordern und der eigenen Geschichte Raum zu geben.[78] Doch es gibt noch weitere Dimensionen von Anerkennung, die im politischen Prozess eine Rolle spielen. Thomas Bedorf wies in seiner philosophischen Analyse von Anerkennungsbeziehungen darauf hin, dass in solchen Prozessen neben Offenheit und moralischem Mehrwert auch Machteffekte wirken.[79] Nancy Fraser argumentierte, dass mit Hervorhebung einer, wenn auch selbstbestimmten, kollektiven Identität durch einen Interessenverband immenser Druck auf die Gruppe ausgeübt werde, sich der propagierten Kultur anzupassen.[80] Diese von Bedorf und Fraser genannten kritischen Einlassungen müssen ebenfalls beachtet werden.

Dennoch arbeitet diese Studie mit beiden Bedeutungsebenen der begriffsgeschichtlichen Definition, denn erstens sind alle darüber hinausgehenden Theorien von Anerkennung bereits in den beiden Ebenen im Kern angelegt. Zweitens ist der Zustand oder das Ringen um Anerkennung ein erstrebenswerter Status, schaut man sich die deutsche Ideengeschichte an, worauf Axel Honneth jüngst hingewiesen hat.[81] Daher sind die „Wahrheitsregime" und die Untersuchung des Anpassungsdrucks im deutschen Kontext weniger ertragreich anwendbar. Viel entscheidender ist es danach zu fragen, wie die beiden Anerkennungsdiskurse sich bedingen.

Im Kontext dieser Studie muss als nächster Schritt ein genauer Blick auf die Selbst- und Fremdbezeichnungen der Minderheit gerichtet werden. Der Begriff des „Zigeuners" hat eine lange Verwendungsgeschichte, doch in der Forschungspraxis ist es meist unmöglich, die verschiedenen Begriffsverwendungen zu trennen.[82] Welche Personen mit diesem Begriff wann belegt wurden, ist schwer rekonstruierbar, erste Quellen aus dem 15. Jahrhundert sprechen zunächst von einer Gruppe von Pil-

---

75 Vgl. Amengual, Anerkennung, S. 91 f., hier S. 91.
76 Vgl. Ikäheimo, Anerkennung, S. 172.
77 Vgl. Amengual, Anerkennung, S. 91.
78 Vgl. Günther, Modell legitimen Scheiterns, S. 185–247, hier S. 241.
79 Vgl. Bedorf, Verkennende Anerkennung, S. 95.
80 Vgl. Fraser, Neubestimmung von Anerkennung, S. 201–212, hier S. 205.
81 Vgl. Honneth, Anerkennung, S. 131–181.
82 Vgl. Kilian, Wörter im Zweifel.

gern oder Glaubensflüchtlingen, die meist als „Ägypter" bezeichnet wurden. In der Frühen Neuzeit setzte sich die soziographische Verwendung von „Zigeuner" für „Fahrende" durch. Lucassen wies daher darauf hin, dass eine rein kulturelle, ethnische Definition in die Irre führe: „Die Politik gegen die Zigeuner war Teil einer breiteren Politik gegen alle nicht-seßhaften Menschen."[83] Im 20. Jahrhundert gewann die biologistische Sichtweise Überhand, welche „Zigeunern" „rassisch" definierte und dieser „Rasse" bestimmte, meist negative Verhaltensweisen und Charakteristika nachsagte.[84] So sah man die unveränderlichen Eigenschaften von „Zigeunern" in einer zwanghaften Kriminalität und einem ungezügelten Freiheitsdrang.[85] Parallel dazu verbreiteten sich seit dem 19. Jahrhundert romantisierende und klischeebehaftete „Zigeuner"-Diskurse in der Literatur und der Kunst.[86] Diese unterschiedlichen Denk- und Verwendungsweisen standen im 20. Jahrhundert oft nebeneinander. Beispielsweise gab es in vielen größeren Konzentrationslagern zumindest zeitweise „Zigeunerkapellen", während die „Vernichtung" der Sinti und Roma dazu parallel lief.[87]

Auf die NS-Verfolgung bezogen, bestand nach Ansicht Zimmermanns zwar eine große Schnittmenge zwischen den als „Zigeuner" Verfolgten und den sich selbst als „Sinti" oder „Roma" begreifenden Menschen, diese sei aber eben nicht deckungsgleich gewesen.[88] Der Begriff „Zigeuner" ist somit eine historisch belastete Gruppenbezeichnung für die Minderheit der Sinti und Roma und andere Menschen. Auch Ethnologen bestätigen mittlerweile, dass er ein pseudowissenschaftlich geschaffener Sammelterminus ist.[89] Doch warum hat er sich über die Jahrhunderte in die Diskurse eingeschrieben? Ein Befund von Thomas King lohnt den Vergleich, er nannte Gründe für die Genese des Begriffs „Indianer": „Too many Indians, too many tribes, too many languages. [...] So [...] North America set about creating a single entity, an entity that would stand for the whole. The Indian."[90] Eine ähnliche Genese ist für die Sammel- und Fremdbezeichnung „Zigeuner" anzunehmen. Sie wird von Angehöri-

---

83 Lucassen, Zigeuner in Deutschland 1870–1945, S. 82–100, hier S. 99.
84 Diese Unterteilung folgt: Zimmermann, Rassenutopie und Genozid, S. 17.
85 Vgl. Eitz/Stötzel, Wörterbuch der Vergangenheitsbewältigung, S. 563–600, bes. S. 563.
86 Vgl. ebenda, S. 565.
87 Vgl. Zenck, Mit der Geige ins KZ, S. 193–243.
88 Vgl. Zimmermann, Völkermord an den europäischen Zigeunern (Porrajmos), S. 703–706, hier S. 706. Es gibt ebenso Kontroversen um die Frage, inwieweit die „Jenischen" in die Verfolgung integriert waren, diese Frage bleibt in der vorliegenden Studie unberücksichtigt; vgl. Opfermann, Die Jenischen und andere Fahrende, S. 126–150, hier bes. S. 148. Nicht genauer untersucht wurden bisher auch die Überschneidungen, Unterschiede und regionalen Unterschiede bei den Verfolgtengruppen der „Asozialen" und der „Zigeuner". Es gab Überschneidungen, begrifflich wie in der Verfolgungspraxis, insbesondere in beide Gruppen betreffenden „Aktion Arbeitsscheu Reich"; vgl. Ayaß, „Asoziale" im Nationalsozialismus, bes. S. 196; Hörath, „Asoziale", S. 23 f.
89 Vgl. Heinz, „Wer ist Zigeuner?", S. 162–184.
90 King, The Inconvenient Indian, S. 82. Ich danke Kristina Baudemann, die auf diese Parallele hingewiesen hat.

gen der Minderheit heute nur noch in Einzelfällen zur Eigenbezeichnung verwendet und überwiegend als diskriminierend abgelehnt.[91] Daher setzt diese Studie den Begriff „Zigeuner" durchweg in doppelte Anführungszeichen.

Es gibt Hinweise darauf, dass die Eigenbezeichnung „Sinti"[92] schon seit der Frühen Neuzeit genutzt wurde; eine empirische Analyse anhand eines umfassenden Quellenkorpus steht aus.[93] Die sich seit den 1980er Jahren in der Bundesrepublik durchsetzende Sammelbezeichnung „Sinti und Roma" ist ebenfalls nicht ohne begriffliche Probleme und schützt die Individuen nicht vor Ablehnung und Ausgrenzung.[94]

Worin liegt das verbindende Element zwischen den Sinti und den Roma? Yaron Matras sieht die gruppenbildende Gemeinsamkeit im Sprechen der Romani-Dialekte.[95] Der Hauptinteressenverband der Minderheit, der Zentralrat Deutscher Sinti und Roma (ZDSR),[96] beschreibt die eigene Gruppe wie folgt: „Sinti und Roma teilen eine gemeinsame ethnische Identität, aber es gibt auch kulturelle Unterschiede."[97] Diese Vorstellung muss in dieser Studie problematisiert werden, aus mehreren Gründen: Stephan Ganter definiert Ethnizität als „selbst- und/oder fremdzugeschriebene Zugehörigkeit zu einer [...] imaginierten Abstammungsgemeinschaft".[98] Jörn Rüsen beschreibt in einem Aufsatz zur Überwindung des Ethnozentrismus, dass die Verwendung von Kulturvorstellungen immer mit einer Reflexion begleitet werden sollte, inwiefern die Vorstellung einer Logik der Exklusion folgte.[99] Benedict Anderson wies mit seinem Konzept der *imagined communities* darauf hin, dass Nationen imaginierte Kollektive seien, die sich gegenüber anderen Kollektiven abgrenzen, um die Eigenart der eigenen „Nation" herauszustellen.[100] Diese imaginierten Gemeinschaftsmythen kämen in allen Nationen und Gruppen vor. Sie seien unverzichtbar für eine Gesellschaft, sie könnten aber auch zu Rassismus und Nationalismus führen.[101] Diese Aspekte werfen die Frage auf: Basiert die vom Interessenverband vertretene Gruppendefinition auch auf einer Logik der Exklusion? Daher ist im Verlauf der Untersuchung auch darauf zu achten, ob bestimmte Narrationen dazu dienen, ein

---

91 Vgl. Strauß (Hrsg.), Studie zur aktuellen Bildungssituation, S. 48.
92 Für die deutschen Sinti (Gruppenbezeichnung) haben sich die Eigenbezeichnungen „Sinto" (männlich) und „Sintezza" (weiblich) sowie für die deutschen Roma (Gruppenbezeichnung) die Begriffe Romni (weiblich) und Rom (männlich) durchgesetzt; vgl. Fings, Sinti und Roma, S. 11.
93 Vgl. Zippel, Ueber die Zigeuner, S. 360–393, hier S. 364.
94 Vgl. Lotto-Kusche, Politische Anerkennung der Sinti und Roma, S. 247–260.
95 Vgl. Matras, Die Sprache der Roma, S. 231–261.
96 Der ZDSR wurde 1982 gegründet und vertritt die Interessen der Minderheit in Deutschland gegenüber Politik und Öffentlichkeit.
97 Zentralrat Deutscher Sinti und Roma (Hrsg.), Was Sie schon immer über Sinti und Roma wissen wollten.
98 Ganter, Ethnizität und ethnische Konflikte, S. 59.
99 Vgl. Rüsen, Ethnozentrismus und seine Überwindung, S. 103–117, hier S. 114.
100 Vgl. Anderson, Die Erfindung der Nation.
101 Vgl. Sarasin, Geschichtswissenschaft und Diskursanalyse, S. 175.

Gruppennarrativ herauszubilden, das sich von anderen Gruppen respektive „Opfergruppen" abgrenzen soll. Wenn es darum geht, ob die Verbrechen an Sinti und Roma als Völkermord zu bezeichnen sind, ist zu untersuchen, wie Ethnizität von Diskurs-Teilnehmenden genutzt wurde, um eine „genozidale" Opfergruppe zu manifestieren.[102] Diese Frage dockt an die ergänzende, restriktive Perspektive auf Anerkennung an.

Die Ausführungen zur Ethnizität berühren in der wissenschaftlichen Bewertung die Frage, ob es sich bei der „NS-Zigeunerverfolgung" um einen „Genozid" gehandelt habe oder nicht? Wie umstritten der „Genozid"-Begriff in der Geschichtswissenschaft ist, spiegelt sich im schwierigen Verhältnis zwischen der Erforschung der NS-Massenverbrechen und den „Genocide Studies".[103] Christian Gerlach etwa lehnt den Begriff für historische Analysen ab, da er stark ideengeschichtlich geprägt sei.[104] Gerlach geht noch einen Schritt weiter, wenn er schreibt:

> „Und da der Anspruch, es sei ein Genozid geschehen, die Existenz einer Nation beweisen soll, ist er nicht nur im Inland für den Prozess der Nationsbildung wichtig, sondern hat für Nationalisten auch eine strategische Bedeutung, um internationale Unterstützung zu erhalten."[105]

Streng genommen ist dieser Verdacht in Bezug auf die weit verteilten Roma-Gruppen in Europa schwer haltbar, da eine Nationsbildung schwierig erscheint, dennoch wird im Laufe dieser Studie darauf einzugehen sein. Um dies angemessen beantworten zu können, muss der Blick auf das Konzept „Genozid" gerichtet werden. Der Begriff geht auf Raphael Lemkin zurück, der die 1948 von der Generalversammlung der Vereinten Nationen verabschiedete Konvention über die Verhütung und Bestrafung des Völkermords maßgeblich geprägt hat.[106] Als wesentliches Definitionsmerkmal ist darin die absichtsvolle Auslöschung einer ethnischen Gruppe genannt. Doch wen wollten die Nationalsozialisten wann töten? Die Sinti und Roma? Alle von ihnen als „Zigeuner" Gebrandmarkten? Vielleicht „nur" die „Zigeunermischlinge", wohingegen die „reinrassigen" „Zigeuner" verschont werden sollten? Diese Fragen wurden, wie noch zu zeigen sein wird, von den verschiedenen Diskurs-Teilnehmenden unterschiedlich beantwortet. Für die Anerkennung eines „Genozids" ist weiterhin entscheidend, ob es sich um eine absichtsvolle Tötung einer ethnischen Gemeinschaft handelte. Die Definition in der „Genozid"-Konvention ist umstritten, schließt sie doch massenhafte Gewaltexzesse von diesem Status aus, sofern das absichtsvolle Handeln nicht eindeutig nachgewiesen werden kann oder aber die Vernichtungsab-

---

102 Vgl. Gerlach, Extrem gewalttätige Gesellschaften, S. 348.
103 Vgl. Baberowski u. a., NS-Forschung und Genozidforschung, S. 413–437.
104 Vgl. Gerlach, Extrem gewalttätige Gesellschaften, S. 12.
105 Ebenda, S. 348.
106 Vgl. Chaumont, Die Konkurrenz der Opfer, S. 175–178.

sicht sich gegen eine soziale Gruppe richtet.[107] Auch dies wurde im vorliegenden Fall diskutiert. So folgenreich und bisweilen nichtssagend der Begriff „Völkermord/ Genozid" auch ist: Die Anwendung durch die „Opfergruppen" und andere geschichtspolitische Akteure ist diskurshistorisch hoch relevant.

Im Kontext der Beziehungen zwischen Minderheit und Mehrheitsgesellschaft in der Bundesrepublik war weiterhin die Frage der Zuerkennung eines Minderheitenstatus innerhalb bestehender Staatlichkeit von zentraler Bedeutung. So forderte der Verband der Sinti (VdS) schon in seinem Memorandum 1979 die Zuerkennung des Status einer nationalen Minderheit. Aber warum wurde die Zuerkennung dieses Status viele Jahre verwehrt? Diese Frage wird im Verlauf der Studie aufgegriffen. Problematisch an dieser Frage ist schon der Gegenstand, denn es gibt keine allgemein akzeptierte Definition für den Begriff „Minderheit".[108] Kannte die Weimarer Reichsverfassung noch einen Minderheitenschutzartikel, so verzichtete das Grundgesetz darauf. Den Beginn des aktiven Minderheitenschutzes in der Bundesrepublik markierten die Bonn-Kopenhagener Erklärungen aus dem Jahr 1955 sowie die einseitig von der Schleswig-Holsteinischen Landesregierung ausgesprochene Kieler Erklärung aus dem Jahr 1949, mit denen der dänischen Minderheit im Landesteil Schleswig erhebliche Privilegien zugestanden wurden. Gleichzeitig wurde mit jener einseitigen Erklärung, die jedoch nur auf Druck der britischen Besatzungsmacht zustande kam, das freie Bekenntnisprinzip eingeführt, was es dem Nationalstaat seither verbietet, die Zugehörigkeit zu einer Minderheit in irgendeiner Weise zu überprüfen oder zu erfassen.[109] Diese Neuerung machte den Minderheitenstatus für die Sinti und Roma im Nachkriegsdeutschland erstrebenswert, war die Minderheit in der NS-Zeit doch der totalen staatlichen Erfassung ausgesetzt.

Zuletzt bleibt zu fragen, wo sich diese Studie innerhalb der wissenschaftlichen Forschungstraditionen verortet. Die Forschung über „Zigeuner" war über Jahrhunderte ein Experimentierfeld der Ethnologie, Sprachwissenschaft, Kriminologie und später der Sozialwissenschaft. Doch was machte diese als „Tsiganologie", „Zigeunerwissenschaft" oder „Zigeunerkunde" bezeichnete und betriebene Forschungstradition aus:

> „Tsiganologie wird im deutschsprachigen Raum allgemein als Sammelbegriff für aus verschiedenen Disziplinen stammende Veröffentlichungen über Geschichte, Kultur und Sprache von als ‚Zigeuner' bezeichneten Gruppen verwendet."[110]

---

107 Norman Naimark wies unlängst darauf hin, dass die Genese der Völkermord-Konvention von der Sowjetunion so beeinflusst wurde, dass soziale und politische Gruppen als Opfer ausgespart wurden; vgl. Naimark, Genozid, S. 10.
108 Vgl. Hroch, Minderheiten als Problem der vergleichenden Nationalismusforschung, S. 9–18, hier S. 9.
109 Vgl. Hansen, Aus einem Jahrtausend historischer Nachbarschaft, S. 264 f.
110 Fings/Lotto-Kusche, Tsiganologie, S. 1148–1157, hier S. 1148.

Viele „Zigeunerwissenschaftler" beriefen sich über 200 Jahre hinweg auf die Veröffentlichung *Die Zigeuner*[111] von Heinrich Moritz Grellmann,[112] der allerdings nur Informationen und Spekulationen anderer Autoren zusammenführte und als eigene ausgab.[113] Das Konzept der deutschen „Tsiganologie" war ein in den 1970er Jahren gestarteter Versuch, diese bislang weitgehend auf Hörensagen basierende „Zigeunerwissenschaft" zu reformieren. Die essenzialistische Perspektive auf die Minderheit wurde allerdings beibehalten: Sie sei außerhalb der Zivilisation stehend von der Industriegesellschaft und ihren kulturdiffundierenden Strömungen bedroht.[114] In der Bundesrepublik kann die „Tsiganologie/Zigeunerforschung" weitestgehend als beendet angesehen werden kann. Der „Arbeitsbereich Tsiganologie" am Ethnologischen Seminar der Universität Leipzig wurde mit der Emeritierung Bernhard Strecks 2012 abgewickelt. International war Streck jedoch bis dahin bestens vernetzt und akzeptiert.[115]

Doch auch international vollzog sich in der Forschungslandschaft eine Abkehr von der traditionellen „Zigeunerforschung".[116] Thomas Acton, ein Mitglied des Herausgebergremiums der *Romani Studies*, einer Zeitschrift, die bis in das Jahr 2000 noch unter dem Namen *Journal of the Gypsy Lore Society* erschien, reflektierte in einem Artikel die Rolle der Vorgängerzeitschrift für die Schaffung des problematischen „Zigeuner"-Diskurses im 20. Jahrhundert eingehend und distanzierte sich in wesentlichen Punkten.[117]

Ein Versuch, kritische Forschungstradition zu etablieren, genauer die Historische Stereotypenforschung, stammt von dem Historiker Hans Henning Hahn.[118] Seine Überlegungen wurden partiell aufgegriffen, unter anderem sehr gewinnbringend von Frank Reuter in seiner Studie zur fotografischen Konstruktion des „Zigeuners".[119] Doch Hahn formulierte selbst einen Einwand, warum sich diese Forschungsrichtung bislang kaum verbreitet hat:

> „[...] die meisten Definitionen des Stereotyps [stellen] zu Recht deren emotionale Geladenheit in den Vordergrund [...], hier [liegt] einer der Hauptgründe dafür, warum Historiker [...] sich

---

111 Vgl. Grellmann, Die Zigeuner.
112 Auch Bernhard Streck stellte sich in diese Traditionslinie, bezeichnete die „Zigeunerkunde" als eine der ältesten sozialwissenschaftlichen Disziplinen; vgl. Streck, Kultur der Zwischenräume, S. 21–47, hier S. 22.
113 Vgl. Benz, Sinti und Roma, S. 213.
114 Vgl. Fings/Lotto-Kusche, Tsiganologie, S. 1154.
115 Vgl. z. B. Strecks Beteiligung an einem Sammelband, an dem auch Thomas Acton und Ian Hancock beteiligt waren: Streck/Hanna, A Personal Reflection, S. 175–177.
116 Vgl. Cottar/Lucassen/Willems, Gypsies and Other Itinerant Groups, S. 17–34.
117 Vgl. Acton, Scientific Racism, S. 1187–1204.
118 Vgl. Hahn, Stereotypen in der Geschichte, S. 190–204.
119 Vgl. Reuter, Der Bann des Fremden, S. 37–49.

entweder mit bloßen Deskriptionen von Stereotypen begnügen oder aber allzu leicht zu Spekulationen neigen [...]".[120]

Wolfgang Benz und Peter Widmann haben dagegen deutlich gemacht, dass eine Beschäftigung mit der Ablehnung der Sinti und Roma verschiedenste Forschungsbereiche der Geschichtswissenschaft und angrenzender Disziplinen einbeziehen muss.[121]

Mit ganz ähnlichen Unschärfen hatte und hat ein anderes Reformprojekt zu kämpfen: die sich seit den 1990er Jahren immer stärker ausbreitende „Antiziganismusforschung". Der Politikwissenschaftler Markus End hat die umfassendste Definition vorgelegt:

> „Antiziganismus bezeichnet ein historisch gewachsenes und sich selbst stabilisierendes soziales Phänomen, das eine homogenisierende und essentialisierende Wahrnehmung und Darstellung bestimmter sozialer Gruppen und Individuen unter dem Stigma ‚Zigeuner' [...], eine damit verbundene Zuschreibung spezifischer devianter Eigenschaften an die so Stigmatisierten sowie vor diesem Hintergrund entstehende diskriminierende soziale Strukturen und gewaltförmige Praxen umfasst."[122]

Ends Definition hat für die Geschichtswissenschaft allerdings problematische Folgen, denn wie soll im Rückblick ein soziales Phänomen untersucht werden, wenn wenig über die Motive der konkreten Ablehnung überliefert ist? Die „Antiziganismusforschung" wurde und wird daher hauptsächlich in der Politikwissenschaft, der Soziologie und der Literaturwissenschaft betrieben. 2019–2021 tagte eine von der Bundesregierung eingesetzte und mit Fachleuten besetzte Unabhängige Kommission Antiziganismus, die im Juli 2021 einen viel beachteten Bericht vorgelegt hat, in dem unter anderem die Einsetzung einer „Kommission zur Aufarbeitung des an Sinti_ze und Rom_nja begangenen Unrechts in der Bundesrepublik Deutschland" gefordert wird.[123] Der Begriff „Antiziganismus" etablierte sich somit, er hat auch eine sehr viel längere Verwendungsgeschichte, als gemeinhin bisher angenommen wurde.[124] Allerdings wäre die alleinige Betrachtung der Ablehnung der Minderheit durch die Mehrheit eine Verknappung des Untersuchungsspektrums, worauf Yvonne Robel hingewiesen hat.[125] Michael Zimmermann legte den Finger in die Wunde: „Wissenschaftlich jedoch sollten wir diese Begriffe [...] nur dann verwenden, wenn uns keine

---

[120] Hahn, Stereotypen in der Geschichte, S. 191 f.
[121] Vgl. Benz/Widmann, Vorurteile aus geschichts- und kunstwissenschaftlicher Perspektive, S. 263–285.
[122] Vgl. End, Zur Verteidigung eines wissenschaftlichen Begriffs, S. 54–72, hier S. 57.
[123] Vgl. Unabhängige Kommission Antiziganismus, Abschlussbericht. Die zitierte Forderung findet sich auf Seite 18 des umfänglichen Papiers.
[124] Martin Holler hat nachgewiesen, dass der Begriff im russischen Sprachraum geprägt wurde und im englischen Sprachraum schon seit den 1930er Jahren Verwendung fand; vgl. Holler, Historische Vorläufer, S. 38–52.
[125] Vgl. Robel, Sinti und Roma in Hamburg, S. 32–51, hier S. 48.

präziseren Termini zur Verfügung stehen. Der Erklärungswert des plakativen Begriffs ‚Antiziganismus' ist gering."[126]

Joachim Krauss hat anhand verschiedener Studien analysiert, wo die Probleme der bisher betriebenen Forschungen in Theorie und Empirie lagen. Er beschrieb die Defizite in der Quellenkritik und die Beschränkungen durch fehlende Schriftquellen aus der Minderheit. Als Ausweg sah er die interdisziplinäre Zusammenarbeit und die Verweigerung von „Zigeunerexpertisen".[127] Dem ist zuzustimmen, dies reicht aber nicht aus. Die historische Migrationsforschung, die Sozialgeschichte und die Alltagsgeschichte lieferten Impulse für mehr.[128] Kirsten Heinsohn und Yvonne Robel plädierten dafür, Aushandlungsprozesse und Kontaktformen zwischen Minderheit und Mehrheit in den Blick zu nehmen und Ausgegrenzte als historische Akteure zu untersuchen.[129] Dem wird in dieser Studie gefolgt.

Welcher Methodik liegt die vorliegende Studie zugrunde? Michel Foucault verwandte den Begriff der Seltenheit,[130] wenn er erklären wollte, warum zu einem bestimmten Zeitpunkt nur eine sehr begrenzte Anzahl von Aussagen zu einem Thema möglich waren.[131] Diese Studie will die Möglichkeitsbedingungen dafür untersuchen, warum in der Mehrheitsgesellschaft in der Nachkriegszeit vornehmlich der kriminalpräventive Blick auf das Verbrechen, das in der Zeit des Nationalsozialismus an der Minderheit der Sinti und Roma begangen wurde, vorherrschte. Anders herum lässt sich fragen, warum der ehemalige „KZ-Häftling" Eugen Kogon, selbst Angehöriger der Nachkriegs-Mehrheitsgesellschaft, in seinem Buch *Der SS-Staat* bereits 1946 die „rassische" Motivation der NS-Verfolgung der Sinti und Roma benannte und für völlig selbstverständlich hielt.[132] Warum aber setzte sich Kogons Auffassung weder im historiographischen Diskurs noch in Politik und Gesellschaft durch?

Diese Studie will dies anhand einer „Kulturgeschichte des Politischen" untersuchen, wonach die Untersuchung politischer Diskurse einen Einblick in die Genese der jeweiligen Wirklichkeitsvorstellungen ermöglicht.[133] Vorweg sei bei aller Bezogenheit auf Foucault mit Marion Füssel und Tim Neu gesagt: „[...] die ‚historische Diskursanalyse nach Foucault' im Sinne eines kohärenten und allgemein anerkannten Ansatzes existiert nicht."[134]

Dies macht es umso notwendiger, auf einige methodische Fragen genauer einzugehen. Zunächst ist zu fragen, was im Rahmen dieser Studie unter Diskurs zu fassen

---

126 Zimmermann, Antiziganismus, S. 304–314, hier S. 314.
127 Vgl. Krauss, Zigeunerkontinuum, S. 161–180, hier S. 180.
128 Vgl. Lotto-Kusche, Minderheitengeschichte als historische Subdisziplin, S. 25–30.
129 Vgl. Heinsohn, Eigene Meistererzählungen, S. 10 f., hier S. 11.; Robel, Sinti und Roma in Hamburg, S. 48.
130 Vgl. Foucault, Archäologie des Wissens, S. 172.
131 Vgl. Sarasin, Wie weiter mit Michel Foucault?, S. 18.
132 Vgl. Kogon, Der SS-Staat, S. 14.
133 Vgl. Mergel, Kulturgeschichte der Politik.
134 Füssel/Neu, Diskursforschung in der Geschichtswissenschaft, S. 145–161, hier S. 152.

ist? Der Diskurs ist dem allgemeinen Verständnis nach zunächst eine bestimmte Menge von sprachlichen Ereignissen. Foucault unterscheidet diese dahingehend, dass es einzelne Äußerungen gebe, in denen eine Aussage immer wieder hervortrete.[135] Der Diskurs werde dabei durch „Machtstrukturen, Ausschließungsprozeduren, Kontrollmechanismen" und die „Verknappung" der Diskurs-Teilnehmenden determiniert. Er ist in seiner Gänze nach Foucault somit die Ordnung einer begrenzten Anzahl von Aussagen.[136]

Was bringen diese sprachtheoretischen Konzepte für diese Studie? In der Diskursgeschichte wird davon ausgegangen, dass das Sagbare die politischen Handlungsmöglichkeiten einschränkt.[137] Die Diskurse bilden wiederum den Rahmen, in dem die Subjekte ihre Aussagen tätigen.[138] Foucault führte zur Betrachtung der Wirkung von Diskursen den Begriff der Praktiken ein und unterteilte jene in diskursive und nicht-diskursive Praktiken.[139] Laclau/Mouffe gaben diese Unterscheidung gänzlich auf, für sie gibt jede sprachliche oder nicht-sprachliche Äußerung den Diskurs einerseits wieder und schreibt ihn andererseits fort.[140] Nicht nur in den gedruckten Schriften, in Aktennotizen oder politischen Reden finden sich diskursrelevante Aussagen über den NS-Völkermord an Sinti und Roma, sondern auch in Bildquellen, im Hörfunk, in den Medien und im Fernsehen.[141]

Dies alles zu untersuchen, wäre nicht leistbar, weshalb Schwerpunkte gesetzt werden müssen. Der wissenschaftliche Fachdiskurs zum Massenmord an den „Zigeunern" respektive „Sinti und Roma", der Binnendiskurs innerhalb der Bundesbehörden rund um die Themen „Zigeuner" und „Sinti und Roma" sowie jener innerhalb der Zivilgesellschaft[142] um das Schicksal der Minderheit im NS-Staat sollen als Schwerpunkte dieser Studie im Fokus stehen, da es sich in diesen Fällen um besonders relevante Diskurse in der alten Bundesrepublik handelt.

---

135 Hier wird Foucaults Unterscheidung gefolgt, nachdem erst ein vermehrtes Auftreten eine Äußerung zu einer Aussage werden lässt; vgl. Landwehr, Historische Diskursanalyse, S. 71. In der Forschungspraxis ist dies kaum unterscheidbar, weil die Quellen keinen Aufschluss darüber geben, wie oft eine Äußerung bereits getätigt wurde.
136 Vgl. ebenda, S. 60–79.
137 Vgl. Leendertz/Meteling, Beziehungsrevolutionen, S. 13–33, hier S. 18; beispielhaft nachgewiesen etwa bei: Steinmetz, Das Sagbare und das Machbare.
138 Vgl. Sarasin, Geschichtswissenschaft und Diskursanalyse, S. 58.
139 Vgl. Landwehr, Historische Diskursanalyse, S. 76 f.
140 Vgl. ebenda, S. 94–96.
141 Vgl. für die Thematik der Bild-Diskurse etwa die Studie von Reuter, Der Bann des Fremden.
142 Zum problematischen Konzept der Zivilgesellschaft vgl. Richter, Zivilgesellschaft. Hierin argumentierte Richter mit der Studie von Christina von Hodenberg, dass die Spiegelaffäre im Jahr 1962 die Entstehung einer kritischen Öffentlichkeit in der Bundesrepublik markiert. Aus den folgenden Ausführungen zur Quellenlage wird deutlich, dass die Erforschung des Binnendiskurses innerhalb der organisierten Minderheit aufgrund des restriktiven Archivzugangs durch den Zentralrat Deutscher Sinti und Roma nur sehr eingeschränkt erforscht werden kann.

Neben den Diskursen um die NS-Verfolgung sind weitere wirkmächtige Diskurse in Bezug auf die Minderheit innerhalb der Bundesrepublik zu untersuchen, wenn auch nur in Ausschnitten. So beeinflussten der „Kriminalitätsdiskurs" und der allgemeine, sich einerseits davon absetzende, aber dennoch mit ihm verschränkte, romantisch verklärte „Zigeuner-Diskurs" in der Populärkultur den Diskurs um das vorherrschende Verfolgungsmotiv der „NS-Zigeunerverfolgung" maßgeblich und behinderten den Wandel über Jahrzehnte, so meine These.

Für den Analysebereich des Binnendiskurses innerhalb der Bundesregierung und, im Kontrast dazu, für den Diskurs innerhalb der Zivilgesellschaft sind ebenfalls einige Vorüberlegungen notwendig. Es geht hier darum herauszufinden, welche individuellen politischen Äußerungen einen maßgeblichen Einfluss auf die Veränderungen der Diskurse hatten. Die diskursanalytische Untersuchung von archivalischen Quellen muss jedoch besonders reflektiert werden, da jene Quellen bisher eher selten unter diesem methodischen Blickwinkel untersucht wurden.[143] Konkret wird folgendes Analyseschema angewendet:

> „Erstens die Menge der Aussagen feststellen, [...] zweitens [...] müssen die Bedingungen rekonstruiert werden, unter denen die empirisch festgestellte Menge an Aussagen möglich war, [...] drittens [...] sind die Machtwirkungen der auf diese Weise regulierten [...] diskursiven Praktiken aufzuspüren".[144]

Somit geht es, wie Sarasin es formuliert, um das „Erklären ihres Auftretens".[145] Die Analyse soll daher herausarbeiten, wie Aussagen (über historische Ereignisse) zu einem bestimmten Zeitpunkt dominierend sein konnten und warum andere Aussagen nicht sagbar waren, später aber den Diskurs bestimmten. Um es an einem Beispiel zu verdeutlichen: Warum sprachen Beamte in Bundesministerien ab 1979 über die Verfolgungsgeschichte der „Sinti und Roma", statt wie zuvor über Kriminalitätsraten und Abschiebungen von „Zigeunersippen"?

Nun könnte man einwenden, dass die (fehlenden) Möglichkeitsbedingungen nicht offen zutage treten. Allerdings gibt es Hinweise: Roger Chartier hat in seinen Analysen zu Lesepraktiken herausgearbeitet, wie Gestaltungsformen von Büchern, Distributionswege, die Preisgestaltung und schließlich das Leseverhalten der Rezipienten entscheidend dazu beitragen, wie sich Sinnproduktion, und damit auch die Ausgestaltung des Diskurses, entfalten kann.[146] Für die wissenschaftliche Buchproduktion sind neben den schon genannten Aspekten weiterhin vor allem die AutorInnen und die VerlegerInnen von Relevanz; sie bewegten sich im gesellschaftlichen Rahmen, welcher wiederum vorgab, was gelesen, verstanden und verkauft werden

---

143 Vgl. Landwehr, Historische Diskursanalyse, S. 161.
144 Vgl. Füssel/Neu, Diskursforschung in der Geschichtswissenschaft, S. 152.
145 Sarasin, Wie weiter mit Michel Foucault?, S. 18.
146 Vgl. Landwehr, Historische Diskursanalyse, S. 160; Cavallo/Chartier (Hrsg.), Die Welt des Lesens.

konnte.[147] Daher ist auch zu fragen, welche Forschungsparadigmen zu welcher Zeit in der NS-Forschung vorherrschten, aber auch welchen wissenschaftlichen AutorInnen und welchen Verlagen eine besondere Diskurs-Position zugesprochen wurde.

Um festzustellen, wie es in der wissenschaftlichen Betrachtung der „NS-Zigeunerverfolgung" zu einem Wandel kam, ist es notwendig, über die wissenschaftsgeschichtlichen Veränderungen im Hinblick auf den erkenntnistheoretischen Status einer Geschichtsdarstellung zu reflektieren. Die historiographischen Narrationen werden hier nach Chartier theoretisch als Repräsentationen sozialer Ordnungen angesehen.[148] David Feest argumentierte darauf aufbauend, dass eine Trennung des Gegenstands historischer Forschung von den handelnden Subjekten nicht möglich sei.[149] Hans Jörg Sandkühler definierte und problematisierte Repräsentationen wie folgt: „In (Re-)Präsentationen bilden wir ein Wissen. Insofern enthält (Re-)Präsentation immer Elemente von Selbstpräsentation."[150]

Dementsprechend wirken sehr individuelle Mechanismen auf die Produktion von Geschichtsdarstellungen. Wie aber sollen diese verglichen werden? Dabei wird angeknüpft an Vorarbeiten, die der *Sonderforschungsbereich 640 Repräsentationen sozialer Ordnungen im Wandel* der Deutschen Forschungsgemeinschaft (DFG) in Bezug auf die diskursanalytische Vergleichbarkeit von Repräsentationen entwickelt hat.[151] Jene Forschungsgruppe ging davon aus, dass es sich bei strukturierten Repräsentationen wie Geschichtsdarstellungen, an Chartier anknüpfend, um Ergebnisse von politischen und diskursiven Praktiken handelt, die keine „objektiven" Begebenheiten darstellen, wohl aber, soweit sie mit wissenschaftlichem Anspruch verfasst sind, den Normen akademischer Geschichtsschreibung entsprechen wollen.[152] Daher sind die zu Beginn genannten Entstehungs- und Rezeptionsbedingungen der Geschichtsdarstellungen und deren besondere Kontexte von entscheidender Bedeutung.

Somit ist von zentraler Bedeutung, die einschlägige historiographische Literatur zum Völkermord an den Sinti und Roma seit 1945 auszuwerten. Zunächst ist zu untersuchen, wie sich Angaben zu Opferzahlen und Mordmotiven der Nationalsozialisten veränderten. Welche Verlage gaben die Darstellungen heraus? Welche biographischen Hintergründe hatten die Autoren? Haben die Publikationen eine wissenschaftliche Anmutung oder erwecken sie den Eindruck von zusammengestückelten Besinnungsaufsätzen?

Wichtig ist dabei auch die deutsche Verlagstradition, in der nicht selten als unpassend empfundene Textangebote aus politischen Gründen von Verlagen an Konkurrenten verwiesen oder gänzlich abgelehnt wurden. Dies ist eine spezifisch deut-

---

147 Vgl. Blaschke, Verleger machen Geschichte, S. 458–481.
148 Vgl. Chartier, Die unvollendete Vergangenheit.
149 Feest, Repräsentationen und Konstruktionen, S. 19–36.
150 Sandkühler, Kritik der Repräsentation, S. 60.
151 Vgl. Baberowski, Was sind Repräsentationen sozialer Ordnungen im Wandel?, S. 7–18.
152 Vgl. ebenda, S. 7.

sche Praxis, welche auch von den HistorikerInnen selbst internalisiert wurde, sodass entsprechende Textangebote auch von deren Seite gesteuert wurden und werden.[153] Dieses Faktum lässt Rückschlüsse auf die Möglichkeitsbedingungen von früheren Publikationen zu, etwa wenn es um die Frage ging, ob ein Verlag es überhaupt für politisch opportun betrachtete, eine Schrift über die „NS-Zigeunerverfolgung" zu verlegen.

Der Historiker Olaf Blaschke unterscheidet in seiner Analyse des wissenschaftlichen Buchhandels in der Bundesrepublik zwischen drei Arten von Verlagen. Zunächst qualifiziert er eine Gruppe von Verlagen als *Gesinnungsverlage*, die eine bestimmte Partei, Ideologie oder Konfession durch ihre Publikationen unterstützen; in ihren Publikationen finde sich auch das entsprechende Geschichtsbild der politischen Richtung wieder.[154] Etwas davon abgesetzt, sozusagen als Mittelposition, sieht Blaschke die *Tendenzverlage*, die zumindest eine politische Linie, ob links-liberal oder konservativ präferieren, dies aber nicht propagieren.[155] Die in der Bundesrepublik kleinste Gruppe klassifiziert der Autor als *tendenzfreie Verlage*; sie verschreiben sich keiner politischen Richtung und sind insbesondere auf ökonomischen Profit aus.[156] Diese Einteilung wird später wichtig werden, wenn es darum geht, welcher Verlag zu welchem Zeitpunkt mit welchem Inhalt eine Studie zur „NS-Zigeunerverfolgung" veröffentlichte. Aus diesen Informationen können Veränderungen über die Jahrzehnte hinweg offengelegt werden. Über die Nennung des Verlags hinaus habe ich in vielen Fällen, wenn relevant und mit vertretbarem Aufwand zu recherchieren, die Auflagenhöhe der Buchtitel ermittelt.

Nun könnte man generell einwenden, dass es sich bei Historischen Diskursanalysen um die Untersuchung von langfristigen Praktiken handele. Jedoch ist im Falle der wissenschaftlichen und politischen Anerkennung des Völkermords an Sinti und Roma und der Minderheit an sich von einer beschleunigten Transformation,[157] kulminiert in den Jahren 1979–1982, auszugehen. Trotz allem soll aufgrund dieses Einwandes auch die Frühphase der Bundesrepublik untersucht werden, insbesondere um Hemmnisse für einen früheren Diskurswandel zu erforschen. Aber auch die Jahre

---

153 Vgl. Blaschke, Verleger machen Geschichte, S. 352.
154 Dazu zählte Blaschke im linken politischen Spektrum die Verlage: Rotbuch, Luchterhand, Wagenbach, Klartext, Dampfboot, Eichborn, aber auch J. H. W. Dietz. Linke Gesinnungsaffinitäten sieht der Autor auch bei S. Fischer und Suhrkamp. Im konservativen Spektrum standen ganz rechts außen: Grabert, Druffel und Türmer, auch diesem Spektrum ordnet er Diedrichs, Bruckmann, Stalling und Musterschmidt zu; vgl. Blaschke, Verleger machen Geschichte, S. 285.
155 In diese Kategorie sortierte Blaschke folgende Verlage: die konservative Seite war vertreten durch die Wissenschaftliche Buchgesellschaft, die Verlage Oldenbourg, Siedler und Propyläen, die linke Seite durch Vandenhoeck & Ruprecht, Kindler, DVA und Kiepenheuer & Witsch. Ullstein agierte mal so, mal so, vgl. ebenda, S. 306–341, bes. S. 307, 310, 332–336.
156 Nach Blaschke gehören hierzu: Böhlau, Steiner, Kohlhammer, dtv, Heyne und Piper; vgl. ebd, S. 341–343.
157 Sarasin stellt den Transformations-Begriff im Werk Foucaults heraus, im Gegensatz zu Konzepten von Wandel; vgl. Sarasin, Wie weiter mit Michel Foucault?, S. 21.

nach der politischen *Anerkennung* 1982 durch Bundeskanzler Helmut Schmidt sind im Fokus. Dabei soll vor allem untersucht werden, wie sich die Transformation der Diskurse in Forschungsvorhaben, wissenschaftlichen Debatten und Politikfeldern verschiedentlich auswirkte.

Der Betrachtungszeitraum endet mit der Wiedervereinigung Deutschlands 1990. Dies hat zunächst forschungspraktische Gründe, die im Archivzugang begründet liegen. Aber auch inhaltlich ist die Zäsur gerechtfertigt. Nach 1990 stand die neue Berliner Republik vor vielfältigen neuen Aufgaben, auf die Thematik bezogen vor allem vor der ungelösten Zwangsarbeiterentschädigung und der aufkommenden Debatte um die Schaffung von zentralen Opferdenkmälern in der neuen Bundeshauptstadt Berlin.[158] Somit bleibt die zentrale Fragestellung: Was hat den Wandel in der Sichtweise auf die „NS-Zigeunerverfolgung" so lange behindert und wie konnte er letztlich eingeleitet werden?

Die Beantwortung dieser historischen Frage ist – wie auf den letzten Seiten deutlich geworden sein sollte – schwer fassbar. Wie soll der Wandel in den Vorstellungen der HistorikerInnen, der PolitikerInnen und der Zivilgesellschaft klar herausgearbeitet werden? Dafür nutzt diese Studie ein weiteres wissenschaftstheoretisches Konzept, was hier in aller Kürze vorgestellt werden muss. Der Sprachwissenschaftler Clemens Knobloch hat die Diskursanalyse Foucaults mit der Theorie der Denkstile von Ludwig Fleck verbunden.[159] Fleck untersuchte als Wissenschaftstheoretiker vor allem die Naturwissenschaften, er beobachte dabei die Herausbildung von Denkkollektiven, die er als „Gemeinschaften der Menschen, die im Gedankenaustausch oder in gedanklicher Wechselwirkung stehen", definierte.[160] Diese Gemeinschaften bilden nach Fleck bestimmte Denkgewohnheiten heraus, die das „Beobachtungsobjekt" abgrenzen und gleichzeitig „akzentuieren", kurz einen Denkstil.[161] Für die Etablierung neuer Denkstile machte Fleck drei Entwicklungsstufen aus: Zunächst muss es ein „Widerstandsaviso" geben, was sich mit dem vorhandenen Denkstil nicht erklären lässt; daraufhin wird dieses in einen „beweisbaren Gedanken" umgeformt, der dann im dritten Schritt zu einer Tatsachen-Aussage erhoben wird, die vom Denkkollektiv akzeptiert wird.[162]

Diese Theorie konnte in der Geschichtswissenschaft bereits gewinnbringend angewandt werden. Der Historiker Thomas Etzemüller untersucht in seiner Studie *Sozialgeschichte als politische Geschichte* den Denkstil der „Königsberger" Historiker um Werner Conze.[163] Etzemüller legt dar, dass in deren historischen Studien paradigmatisch eine „Bedrohung aus dem Osten" herausgestellt und die „Gesellschaftsverfas-

---

158 Vgl. Robel, Verhandlungssache Genozid, S. 145–214.
159 Vgl. Müller/Schmieder, Begriffsgeschichte und historische Semantik, S. 509.
160 Vgl. Fleck, Entstehung und Entwicklung einer wissenschaftlichen Tatsache, S. 54.
161 Vgl. Fleck, Erfahrung und Tatsache, S. 68.
162 Vgl. ebenda, S. 75 f.
163 Vgl. Etzemüller, Sozialgeschichte als politische Geschichte, bes. S. 268–325.

sung" durch eine „soziale Revolution" von innen herausgefordert worden sei.[164] Ebenso fruchtbar wird das Konzept der Denkstile in der Studie des Historikers Martin Sabrow *Das Diktat des Konsens* angewendet.[165] Sabrow arbeitet in seiner Studie die „Plausibilitätsstruktur" der Geschichtswissenschaft in der DDR heraus, die keinen methodischen Widerspruch zwischen Professionalität und Parteilichkeit gekannt habe.[166]

Der Wissenschaftstheoretiker Thomas Kuhn entwickelte das Konzept des wissenschaftlichen „Paradigmas". Kuhn ging davon aus, dass ein Paradigma – ähnlich wie ein Denkstil – von einem anderen Paradigma abgelöst wird.[167] Es soll in der vorliegenden Studie genau dies an einem historischen Beispiel nachgezeichnet werden: Verdrängt oder ersetzt das neue Paradigma bzw. der neue Denkstil den alten Denkstil bzw. das alte Paradigma? Hier soll untersucht werden, wann und wie – bezogen auf die „NS-Zigeunerverfolgung" – ein kriminalpräventiver Denkstil von einem genozidkritischen Denkstil abgelöst oder verdrängt wurde.[168] Dies ist das Kernanliegen dieser Studie.

4 Quellen

Da das Erkenntnisinteresse methodisch anspruchsvoll ist, bestand zu Beginn meiner Forschungen das Ziel, umfangreiche narrative Interviews mit Diskurs-Teilnehmenden zu führen. Das erste Gespräch, das mit entsprechender theoretischer Fundierung[169] entstand, wurde mit Tilman Zülch von der GfbV in Göttingen geführt.[170] Der Interviewpartner ließ sich auf das Setting des narrativen Interviews ein, was unter anderem den bereits bekannten Befund offenlegte, dass er den Antrieb für sein jahrzehntelanges Engagement für die Minderheit der Sinti und Roma aus der eigenen Familien- und Vertriebenengeschichte ableitete. Das zweite Interview kam mit Romani Rose zustande.[171] Innerhalb des Gesprächs stellte sich jedoch heraus, dass es dem Interviewpartner schwerfiel, auf die offene Fragestruktur des narrativen Interviews einzugehen. So wurde das Interview eher zum Hintergrundgespräch, in wel-

---

164 Vgl. ebenda, S. 270.
165 Vgl. Sabrow, Das Diktat des Konsenses.
166 Vgl. ebenda, bes. S. 34–36, 395–401, 444.
167 Vgl. Sandkühler, Jörns Rüsens „disziplinäre Matrix", S. 87–125, hier S. 90.
168 Diese beiden Begriffe wurden von mir eingeführt. „Kriminalpräventiv" meint das stark rassistisch aufgeladene Verständnis der „NS-Zigeunerverfolgung" als in Teilen legitime Prävention gegen „Zigeunerkriminalität". „Genozidkritisch" benennt das kritische Bewusstsein dafür, dass es sich beim Völkermord an Sinti und Roma tatsächlich um einen „rassisch" motivierten Genozid gehandelt habe.
169 Vgl. Przyborski/Wohlrab-Sahr, Qualitative Sozialforschung, S. 92–101; Lamnek, Qualitative Sozialforschung, S. 326–330.
170 Vgl. Interview des Verfassers mit Tilman Zülch vom 9.12.2013.
171 Vgl. Interview des Verfassers mit Romani Rose vom 13.2.2014.

chem vor allem die gegenwärtigen Probleme der Minderheit thematisiert wurden. Bei späteren Gesprächen mit PolitikerInnen ergaben sich ähnliche Probleme. Helmut Schmidt etwa, der noch vor seinem Tod kontaktiert werden konnte, ließ mitteilen, dass er keine Zeitkapazitäten für ein längeres Interview habe. Diese Schwierigkeiten verringerten den Stellenwert der Interviews, die somit nur als ergänzende Erinnerungen verwendet werden.

Fernab der bisher beschrittenen Wege ist die Quellengrundlage des diskursanalytischen Vorgehens vor allem Aktenmaterial zentraler deutscher Behörden. Kontrastierend wurden Quellenkorpora aus den Verbänden der Sinti und Roma und zivilgesellschaftlichen AkteurInnen herangezogen. Für das Erkenntnisinteresse zum innerbehördlichen Diskurs konnte auf umfangreiches Quellenmaterial aus staatlicher Provenienz, insbesondere oberster Bundesbehörden, zurückgegriffen werden. Für die Untersuchung von transnationalen und innerdeutschen Bezügen wurden auch Bestände des Politischen Archivs des Auswärtigen Amts (PA AA) und der Stasiunterlagenbehörde konsultiert. Daneben wurden sehr umfangreiche Personenbestände im Archiv der sozialen Demokratie (AdsD) ausgewertet, darunter verschiedene Vor- und Nachlässe. Um weitere politische Spektren zu betrachten, wurden im Archiv Grünes Gedächtnis der Heinrich-Böll-Stiftung (AGG) und im Archiv des Liberalismus der Friedrich-Naumann-Stiftung (FNS) einschlägige Personenbestände eingesehen. Eine frühe Anfrage an das Archiv für Christlich-Demokratische Politik (ACDP) für den Personenvorlass von Helmut Kohl wurde erst sehr zurückhaltend und schließlich nicht mehr beantwortet. Die Problematik des generell verwehrten Zugangs zum Nachlass Kohls ist bekannt.[172] Daneben wurde versucht, in Vor-/Nachlässen von ehemaligen Bundespräsidenten der Christlich Demokratischen Union Deutschlands (CDU) und von Einzelpersonen (Heiner Geißler, Franz Böhm) etwas zum Diskurs innerhalb der Partei in Erfahrung zu bringen, mit sehr bescheidenem Erfolg. Weiterhin wurden Privatnachlässe eingesehen, die Quellen von relevanten Personen beinhalten, wie zum Beispiel der Nachlass des in der alten Bundesrepublik wichtigen „Bevölkerungswissenschaftlers" Hans Harmsen im Bundesarchiv (BArch), Dienstsitz Berlin-Lichterfelde.

Der ZDSR hat nach jahrelangen Verhandlungen eine sehr begrenzte Akteneinsicht gewährt, sein Archiv (AZDSR) steht laut Auskunft nicht für Außenstehende zur Verfügung.[173] Dies ist aus wissenschaftlicher Sicht zu kritisieren, allerdings vor dem Hintergrund der jahrzehntelangen paternalistischen und diskriminierenden „Beforschung" der Minderheit als „Zigeuner" und „Landfahrer" verständlich. Bestände aus dem Archiv der Gesellschaft für bedrohte Völker (AGfbV), die die langjährige Mitarbeiterin Katrin Reemtsma angelegt hat, konnten ergänzend einbezogen werden.

---

172 Vgl. René Pfister, Der Schatz von Oggersheim, in: Der Spiegel, 30.6.2014.
173 Vgl. die ursprünglich generell ablehnende Auskunft von Silvio Peritore vom Dokumentations- und Kulturzentrum Deutscher Sinti und Roma vom 8.3.2013.

Für den Wandel in der Historiographie wurde Quellenmaterial unterschiedlichster Provenienz ausgewertet, um Näheres über Möglichkeitsbedingungen der Veränderung der Historiographie zu erfahren. Dabei ist zunächst das Archiv des Instituts für Zeitgeschichte (IfZ Arch) in München eine wichtige Adresse. Dort ist die umfangreiche Materialsammlung von Hans Buchheim von besonderer Relevanz. Das Archiv des Fritz Bauer Instituts (Archiv FBI) in Frankfurt verwahrt den Nachlass von Michael Zimmermann. Ebenfalls im BArch, Dienstsitz Berlin-Lichterfelde, befindet sich ein Teil des Nachlasses von Hermann Arnold (Sammlung Arnold ZSG 142), der sehr aufschlussreich für die Frage nach dem Kampf um die Diskurshoheit in Politik und Wissenschaft ist. Der Nachlass von Joachim Hohmann (Hochschule Fulda) ist ebenso einschlägig. Für die Veränderungen in der Historiographie wurden auch Gutachten bei der Zentralen Stelle der Landesjustizverwaltungen zur Aufklärung von nationalsozialistischen Gewaltverbrechen (ZS) in Ludwigsburg einbezogen. Auch ist das Archiv der Körber-Stiftung in Hamburg von Relevanz, da der von der Stiftung organisierte Geschichtswettbewerb des Bundespräsidenten ein wichtiger Impulsgeber für die historische Forschung war. Als Quellen wichtiger zivilgesellschaftlicher Akteure wurden Bestände des Deutschen Koordinierungsrates der Gesellschaften für christlich-jüdische Zusammenarbeit (DKR) und des Hamburger Instituts für Sozialforschung (HIS) einbezogen.

Am Ende dieser Einleitung noch ein ganz knapper orientierender Hinweis für die Lektüre: Die inhaltlichen Kapitel sind grob nach den Nachkriegsjahrzehnten nach 1945 strukturiert. In manchen Fällen überlappen die Zeiträume, und in anderen Fällen liegen die Zäsuren aus inhaltlichen Gründen nicht am Ende des Jahrzehnts.

II Die Nachkriegsjahre – Nichtanerkennung der Opfer

1 Missverständliche Hinweise zum Schicksal der Minderheit

Im deutschen Programm der British Broadcasting Corporation (BBC) beschrieb die einen Tag zuvor aus dem Konzentrationslager Bergen-Belsen befreite Anita Lasker am 16. April 1945 ihre Zeit als Häftling im Konzentrationslager Auschwitz-Birkenau:

> „Hier spricht Anita Lasker, eine deutsche Jüdin. [...] Die Auschwitzer Häftlinge, die wenigen, die geblieben sind, fürchten alle, dass die Welt nicht glauben wird, was dort geschehen ist. Dort hat man lebendige gesunde Menschen lebend ins Feuer geworfen. Meine Baracke war ungefähr 20 Meter von dem Kamin, von einem der fünf Kamine, die sich dort befanden, entfernt. Ich habe alles mit eigenen Augen mit angesehen. Es stand ein Arzt und ein Kommandant bei Ankunft der Transporte an der Rampe, und vor unseren Augen wurde sortiert. Das heißt, man fragt das Alter und den Gesundheitszustand. Die unwissenden Ankömmlinge pflegen irgendwelche Leiden anzugeben und unterschreiben damit ihr Todesurteil. Besonders hat man es auf Kinder und Alte abgesehen. Rechts – links – rechts – links. Rechts ist zum Leben, links ist zum Kamin. In der Nacht brannte das Feuer bis zum Himmel."[1]

Diese Schilderung der Massenvernichtung von Juden erreichte viele HörerInnen in Deutschland,[2] denn die BBC hatte sich mit dem Prinzip „never tell a lie" in der deutschen Bevölkerung eine hohe Glaubwürdigkeit erarbeitet.[3] Der deutsche Sender der BBC hatte bereits am 24. Dezember 1942 über den „Genozid" an den Juden und die Verbrechen der „Euthanasie" berichtet.[4] Rundfunksendungen in deutscher Sprache über die „NS-Zigeunerverfolgung" sind dagegen – bei aller Vorsicht – erst ab 1961 nachweisbar.[5]

Zeitgenössische Äußerungen zum Schicksal der Sinti und Roma im Deutschen Reich sind bisher – auf die NS-Presse bezogen – nicht systematisch untersucht worden. Es finden sich exemplarisch verklausulierte Artikel, welche die Absichten des

---

1 Anita Lasker, Radioansprache BBC vom 16.4.1945, in: Archiv des Südwestrundfunks; online unter: https://www.ardaudiothek.de/episode/swr2-archivradio/radioansprache-von-anita-lasker-nach-ihrer-befreiung-aus-bergen-belsen/swr2/66774156/ [6.9.2022].
2 Britische Schätzungen während des Krieges gehen von 1 bis 3 Millionen deutschen Hörern aus, bei direkten Nachkriegsbefragungen antworteten sogar 51 % aller Deutschen mit „ja", wenn sie danach gefragt wurden, ob sie zu irgendeiner Zeit britische Sender gehört hätten; vgl. Wittek, Der britische Ätherkrieg, S. 187 f.
3 Vgl. Pütter, Hier ist England, S. 230–235, hier S. 231 f.
4 Vgl. ebenda, S. 233.
5 Exemplarisch und vergeblich wurde das Programm des Nordwestdeutschen Rundfunks (NWDR) durchsucht; vgl. Schneider, Nationalsozialismus als Thema. Die erste bisher bekannte Radiosendung wurde mit der Überlebenden aus der Minderheit Elisabeth Guttenberger 1961 im Kontext des Auschwitz-Prozess produziert und ausgestrahlt, Details dazu vgl. Kapitel IV.2.

Regimes bereits offenbart hatten, wie folgendes Beispiel aus der Tageszeitung *Kasseler Post* vom 13. April 1937 belegt:

> „Das Volk hat seit jeher von den Zigeunern nichts wissen wollen, verabscheute in ihnen die verbrecherischen Anlagen. Der neue Staat hat demzufolge auch den Zigeunern gegenüber dem Volksempfinden Rechnung getragen und sie verschwinden lassen von der Landstraße."[6]

Den vielfältigen Publikationen der RHF in Fachzeitschriften, aber auch Massenpublikationen waren wiederholt auch Artikel in der Tagespresse gefolgt.[7] Im Schrifttum der Polizei hatte Wilhelm Drechsler 1941 unumwunden über das Schicksal der „Zigeuner" berichtet:

> „Es liegt in der Umwertung unserer Werte der Vergangenheit, wenn heute gesagt wird, wer nicht sät und nicht erntet, hat keinen Anspruch auf Lebensrecht im deutschen Lebensraum. Aus dieser klaren Erkenntnis heraus werden die zigeunerischen Nomaden in Sammellager gebracht."[8]

Frank Bajohr, Bernward Dörner und Dieter Pohl gehen nach intensiven Studien davon aus, dass seit Mitte 1942 die Massenverbrechen – besonders der „Genozid" an den europäischen Juden – im gesamten Deutschen Reich ein offenes Geheimnis waren.[9] Explizite Studien zum Wissen über die „NS-Zigeunerverfolgung" in der deutschen Bevölkerung von 1933 bis 1945 stehen allerdings aus. In der internationalen Vereinigung der „Zigeunerforscher" – der Gypsy Lore Society – waren die Verbrechen ansatzweise seit 1943 bekannt. Scott Macfie, der bereits 1935 verstorbene Sekretär des *Journals of the Gypsy Lore Society*, hatte ein fertiges Manuskript für einen späteren Zeitpunkt hinterlegen lassen.[10] Darin hatte er einen Überblick über die bekannten „Zigeunerverfolgungen" in Europa in der Frühen Neuzeit gegeben. Für den deutschsprachigen Raum fügte er eine umfangreiche Liste von Vorfällen mit Jahreszahlen im Zeitraum von 1416 bis 1774 an.[11] Direkter Auslöser für die Veröffentlichung im Journal war ein Zeitungsbericht der belgischen Revue *Message* vom 13. November 1942 gewesen, der nur im Londoner Exil erschienen war. Hierin war über von deutschen Einheiten verübte Massaker an serbischen Roma berichtet worden. Jene Kurzmeldung war deshalb dem Artikel Macfies im Journal angefügt worden.[12] Diese französischsprachige Meldung in einer englischen Fachzeitschrift wurde

---

6 Zit. nach Krammler/Krause-Vilmar (Hrsg.), Volksgemeinschaft und Volksfeinde, S. 218.
7 Vgl. Zimmermann, Rassenutopie und Genozid, S. 145, 432 Anm. 549–556. Ritter und seine Mitarbeitenden publizierten in Fachorganen, NS-Massenblättern, hielten Vorträge und berieten Standesämter und Behörden.
8 Drechsler, Zigeunertransport, S. 346 f., hier S. 347.
9 Vgl. Bajohr/Pohl, Der Holocaust als offenes Geheimnis, S. 128; Dörner, Die Deutschen und der Holocaust, S. 605–610.
10 Vgl. Macfie, Gypsy Persecutions, S. 65–78, hier S. 65.
11 Vgl. ebenda, S. 71–73.
12 Vgl. ebenda, S. 78.

allerdings nur von wenigen internationalen Forschenden zur Kenntnis genommen. Im Deutschen Reich waren die wenigen freien „Zigeunerforscher" bereits von der RHF bereitwillig oder unfreiwillig vereinnahmt worden.[13]

Nach Kriegsende starteten die Alliierten vielfältige Versuche, die deutsche Bevölkerung mit den NS-Verbrechen zu konfrontieren, auch durch Dokumentarfilme über befreite Konzentrationslager.[14] In den „KZ-Filmen" der West-Alliierten wurden die Opfer jedoch meist pauschal als „politische Gegner" bezeichnet und nach ihrer Nationenzugehörigkeit aufgereiht.[15] Die Historikerin Ulrike Weckel sieht die Gründe dafür in dem Wissen, dass die Verfolgung der Juden und anderer Gruppen innerhalb der deutschen Bevölkerung kaum auf Widerstand gestoßen sei, aber auch in der Beachtung des humanistischen Grundsatzes, keine Opfergruppe ausschließen zu wollen.[16]

Die Kenntnis im Nachkriegsdeutschland über das Schicksal der Sinti und Roma im Nationalsozialismus bedarf noch intensiver Forschungen.[17] Ein eindrückliches Beispiel von Zimmermann soll hier wiedergegeben werden. In einem Zeitungsbericht aus dem Jahr 1948 über die erste Nachkriegskirmes in dem Ruhrgebietsort Wanne-Eickel wurde berichtet: „Nur die farbenfrohen Akzente der Zigeuner vermissen wir im diesjährigen Jahrmarktsbild."[18] Neben solchen verschleiernden Formen war in der Nachkriegsbevölkerung die Verdrängung der eigenen Rolle im NS-System ein verbreitetes Muster: Man fühlte sich als Opfer des Weltkrieges und damit auch des Nationalsozialismus.[19]

Kollektive Schuldzuschreibungen wurden in der deutschen Nachkriegsbevölkerung vor dem Hintergrund der Nürnberger Kriegsverbrecherprozesse einheitlich zurückgewiesen.[20] Die Hauptangeklagten wurden nur vereinzelt in Schutz genommen, auch weil die Bevölkerung so der Führungselite die Schuld an den Massenverbrechen zuweisen konnte.[21] Dafür sorgten insbesondere selbstentlastende Zeugenaussagen von Rudolf Höß, der als ehemaliger Kommandant des Konzentrations- und Vernichtungslagers Auschwitz von Heinrich Himmler bereits im Juni 1941 einen Vernichtungsbefehl für die Juden bekommen haben will.[22]

---

13 Vgl. Rosenhaft, Wissenschaft als Herrschaftsakt, S. 332–338; Fings/Lotto-Kusche, Tsiganologie, S. 1152 f.; Lotto-Kusche, Rassenhygienische Forschungsstelle, S. 1591.
14 Vgl. Weckel, Beschämende Bilder, S. 79–177.
15 Vgl. ebenda, S. 178–186, hier bes. S. 182.
16 Vgl. ebenda, S. 183 f.
17 Anja Reuss und Gilad Margalit stellen einige wenige Beispiele zusammen, die hier nicht wiederholt werden müssen; vgl. Reuss, Kontinuitäten der Stigmatisierung, S. 164–174; vgl. auch Margalit, Die Nachkriegsdeutschen und „ihre Zigeuner", S. 203–228.
18 Zit. nach Zimmermann, Rassenutopie und Genozid, S. 308.
19 Vgl. Bajohr, Vom Herrschaftssystem zur Volksgemeinschaft, S. 23–36, hier bes. S. 24.
20 Vgl. Urban, Kollektivschuld durch die Hintertür, S. 684–718, hier S. 688–690, 713.
21 Vgl. Weckel, „Jüdische Rache?", S. 57–78, hier S. 75–78.
22 Vgl. Orth, Werdegang eines Massenmörders, S. 251–275, hier S. 268 f.

Im Prozess gegen die Hauptkriegsverbrecher war die „NS-Zigeunerverfolgung" allerdings nur ein Randthema.[23] Durch Zeugenaussagen wurde zwar bekannt, dass „Zigeuner" Zwangssterilisationen ausgesetzt waren, dass sie wie die Juden außerhalb der allgemeinen Justiz gestanden hatten und dass alle Insassen des „Zigeunerlagers" in Auschwitz im August 1944 vergast worden waren, in der Urteilsbegründung fand die „NS-Zigeunerverfolgung" dennoch keine Erwähnung.[24]

Im Nürnberger Ärzteprozess von 1946 wurde auch über medizinische Experimente an Sinti und Roma verhandelt. Das Interesse der Presse und der Zuhörerschaft an dem Prozess hielt sich jedoch in engen Grenzen.[25] Die Verbrechen an den „Zigeunern" fanden zwar Eingang in eine Broschüre für die deutsche Ärzteschaft, das Manuskript wurde aber erst 1960 mit einer Neuausgabe im Fischer Taschenbuchverlag einer breiteren Öffentlichkeit bekannt.[26]

Im Nürnberger Einsatzgruppenprozess 1948 standen die systematischen Morde der Einsatzgruppen an den sowjetischen Juden im Fokus der Verhandlungen.[27] Hauptangeklagter war Otto Ohlendorf, der von Juni 1941 bis Juli 1942 Leiter der Einsatzgruppe D gewesen war.[28] Seine Verteidigungsstrategie betonte, dass Juden und „Zigeuner" aufgrund von „sicherheitspolitischen Erwägungen" von den Einsatzgruppen erschossen worden seien.[29] Daneben behauptete er, es habe einen Führerbefehl gegeben, der ihn und die anderen Einsatzgruppenführer gebunden habe, diese Mordaktionen durchzuführen.[30] Über Jahrzehnte wurde vergeblich nach diesen „Mordbefehlen" Hitlers gesucht.[31]

---

23 In der Beweisaufnahme wurde mehr Material zum Thema gesammelt, in die offizielle Prozessdokumentation wurden aber nur wenige Dokumente übernommen; vgl. Wippermann, „Auserwählte Opfer?", S. 53 Anm. 24. Eine riesige Auswahl an konfiszierten Dokumenten und Verhörprotokollen ist von 1946 bis 1948 in der rot gebundenen Reihe in Washington abgedruckt worden: Office of United States Chief of Counsel for Prosecution of Axis Criminality (Hrsg.), Nazi Conspiracy and Aggression.
24 Vgl. Internationaler Militärgerichtshof (Hrsg.), Der Prozess gegen die Hauptkriegsverbrecher, Bd. 4, S. 66 f.; Internationaler Militärgerichtshof (Hrsg.), Der Prozess gegen die Hauptkriegsverbrecher, Bd. 6, S. 243 f.; Internationaler Militärgerichtshof (Hrsg.), Der Prozess gegen die Hauptkriegsverbrecher, Bd. 8, S. 344 f.
25 Vgl. Freimüller, Alexander Mitscherlich, S. 104.
26 Vgl. Mitscherlich/Mielke (Hrsg.), Wissenschaft ohne Menschlichkeit, S. 71; Mitscherlich/Mielke (Hrsg.), Medizin ohne Menschlichkeit; Zimmermann, Rassenutopie und Genozid, S. 356. Zur geringen Wirkung der Erstauflage im Jahr 1948 vgl. Freimüller, Alexander Mitscherlich, S. 128–131.
27 Vgl. Earl, Beweise, Zeugen, Narrative, S. 127–157, hier S. 128.
28 Vgl. Angrick, Besatzungspolitik und Massenmord, bes. S. 408–413.
29 Vgl. Zimmermann, Rassenutopie und Genozid, S. 261; Margalit, Die Nachkriegsdeutschen und „ihre Zigeuner", S. 77 f.; Wippermann, „Auserwählte Opfer?", S. 47.
30 Vgl. Earl, Beweise, Zeugen, Narrative, S. 144–150.
31 In Deutschland kamen erst Autoren wie Uwe Dietrich Adam zu dem Ergebnis, dass a priori ein Gesamtplan zur Vernichtung nicht bestanden habe und sich diese Pläne erst über die Jahre entwickelt und radikalisiert hätten; vgl. Adam, Judenpolitik im Dritten Reich, bes. S. 357.

Auf die „Zigeuner" bezogen tätigte Ohlendorf weitere diskriminierende Äußerungen, die in keinem Fall zutreffen.[32] Er behauptete, ihm sei in seinem Befehlsbereich nur ein Fall bekannt, in dem es Massenerschießungen von „Zigeunern" gegeben habe. Auch zog er unzulässige historische Vergleiche zum Dreißigjährigen Krieg, um eine angebliche Spionagetätigkeit der „Zigeuner" zu belegen, und schilderte ausgedachte Fälle, die sich während des Feldzuges gegen die Sowjetunion ereignet hätten.[33]

Doch wie reagierten die Ankläger und das Gericht auf die Einlassungen Ohlendorfs? Sie folgten vielfach den Ausführungen des geübten Redners, der auch die anwesenden ZuschauerInnen und JournalistInnen in seinen Bann zog.[34] Im Schlussplädoyer des amerikanischen Anklägers Telford Taylor klangen die „rassischen" Motive für die „NS-Zigeunerverfolgung" zwar an mehreren Stellen an.[35] Doch die Anklagevertretung versäumte es, den Anklagepunkt „Genozid" – welcher in Form der *UN-Konvention über die Verhütung und Bestrafung des Völkermords* kurz vor der Verabschiedung durch die Generalversammlung der Vereinten Nationen stand – im Prozess juristisch stärker zu gewichten.[36] Dies ist als frühe verpasste Chance zu werten, den genozidalen Charakter der „NS-Zigeunerverfolgung" herauszustellen.[37]

So wurde Ohlendorf ausschließlich aufgrund der gestandenen Morde an zehntausenden ZivilistInnen und Kriegsgefangenen zum Tode verurteilt.[38] Dieses Urteil wurde später trotz einer großzügigen Amnestiewelle nicht abgemildert.[39] Am 7. Juni 1951 wurde Otto Ohlendorf gehängt, obschon zahlreiche deutsche PolitikerInnen und bundesdeutsche Medien bis zuletzt für seine Amnestierung geworben hatten.[40]

Nach Abschluss der Nürnberger Nachfolgeprozesse gab die amerikanische Carnegie Endowment for International Peace eine Schrift von Telford Taylor heraus, die einer breiten Öffentlichkeit eine Gesamteinschätzung der Prozesse ermöglichen sollte.[41] Die Carnegie-Stiftung finanzierte darüber hinaus auch eine deutsche Übersetzung, die 1951 im Europa-Verlag erschien.[42] Besonders beachtenswert darin war folgende Passage aus der Urteilsbegründung:

---

32 Vgl. Holler, Hat Otto Ohlendorf die systematische Vernichtung sowjetischer Roma initiiert, S. 76–94, hier S. 82.
33 Vgl. ebenda, S. 82f.
34 Vgl. Earl, Beweise, Zeugen, Narrative, S. 143f.
35 Vgl. Nuernberg Military Tribunals (Hrsg.), Trials, S. 376f.
36 Vgl. Earl, Beweise, Zeugen, Narrative, S. 141f.
37 Denn der Ideengeber der Konvention Raphael Lemkin hatte die Massengewalt im deutsch besetzten Serbien gegenüber den „Zigeunern" in seiner Schrift Axis Rule 1944 bereits thematisiert. Für Lemkin war klar, dass er mit seiner Konvention nicht nur den Mord an den Juden erfassen wollte; vgl. Lemkin, Axis Rule in Occupied Europe, bes. S. 249; Sands, Rückkehr nach Lemberg, S. 439.
38 Vgl. Angrick, Besatzungspolitik und Massenmord, S. 718f.
39 Vgl. Frei, Vergangenheitspolitik, S. 219.
40 Vgl. ebenda, S. 221–231.
41 Vgl. Taylor, The Nuremberg Trials.
42 Vgl. Taylor, Die Nürnberger Prozesse, S. 73–77.

„Die Einsatzgruppen hatten außerdem die Anweisung, die Zigeuner umzubringen. Es wurde keine Erklärung gegeben, warum diese harmlosen Menschen, die seit Jahrhunderten zur Förderung des Musiklebens beigetragen haben, wie wilde Tiere gejagt und getötet werden sollten. Sie haben auf ihren Wanderfahrten mit ihren farbenprächtigen Kostümen die Mitwelt unterhalten, belustigt und ihr Rätsel aufgegeben und sie auch gelegentlich durch ihre Besonderheiten geärgert, aber kein Mensch ist je auf die Idee gekommen, sie als tödliche Bedrohung der Zivilisation zu betrachten. Das heißt niemand außer dem Nationalsozialismus, der durch Hitler, Himmler und Heydrich ihre Ausrottung befahl. Und deshalb wurden diese einfachen, harmlosen Menschen auf Lastwagen geladen, [...] zu den als Tankfallen konstruierten Gräben transportiert und dort mit Juden und Krimtschaks abgeschlachtet."[43]

Aus dieser Urteilsbegründung spricht eine erschreckende Ahnungslosigkeit hinsichtlich der Mordmotive, indem Klischees des wilden, freien „Zigeunerlebens" weiter verbreitet werden. Dabei hat Holler später für das Einsatzgebiet der Einsatzgruppe D auf der Krim nachgewiesen, dass 75 Prozent der Roma dort sesshaft in Städten gelebt hatten.[44] Diese Äußerungen zeichnen somit ein Zerrbild der „NS-Zigeunerverfolgung" in der Sowjetunion. Überdies wird Hitler, Himmler und Heydrich die Verantwortung für die Ermordung zugeschrieben, was die Befehlsgeber und die Mordakteure nur sehr unvollständig benennt. Ohlendorfs Rolle bei der Radikalisierung der „NS-Zigeunerverfolgung" wurde mit diesem Urteil ins Gegenteil verkehrt. Dabei hatte Ohlendorf maßgeblich in eigener Verantwortung gehandelt, als er dazu überging, auch die sesshafte Roma-Bevölkerung zu ermorden.[45] Hinsichtlich der Verbrechen an den Juden in der Sowjetunion stellte das Gericht jedoch eindeutig fest, dass antisemitische Motive für ihre Ermordung handlungsleitend gewesen waren, obschon von ihnen – ganz entgegen der Diktion der Verteidigung – keine militärische Gefahr ausging. Vielmehr standen die Juden aus Perspektive des Gerichts im Zentrum eines geplanten „Genozids".[46]

Vergleicht man die Darstellungen der Mordmotive an den beiden „Opfergruppen", fällt auf, wie unterschiedlich diese gewertet wurden. Weder Ausmaß und Vorgehen noch die Motivation der „NS-Zigeunerverfolgung" hat das Verfahren eingehend beleuchtet. Im Ergebnis standen die Äußerungen Ohlendorfs über die „Zigeuner" ungeprüft im Raum. Sie halfen dabei, den kriminalpräventiven Denkstil weiter zu etablieren.

Nach der Betrachtung von möglichen Hinweisen in Medien und Prozessen über das Schicksal der „Zigeuner" und die Verfolgungsmotive der Nationalsozialisten soll nun auf kommunale Akteure geblickt werden, die nach Kriegsende rasch wieder handlungsfähig werden mussten.

---

43 Ebenda, S. 76. In der offiziellen Prozessdokumentation ist die Passage hier zu finden; vgl. Nuernberg Military Tribunals (Hrsg.), Trials, S. 415 f.
44 Vgl. Holler, Hat Otto Ohlendorf die systematische Vernichtung sowjetischer Roma initiiert?, S. 83.
45 Vgl. ebenda, S. 88.
46 Vgl. Earl, Beweise, Zeugen, Narrative, S. 150 f.

2 Kommunale Perspektiven auf die Überlebenden

Die Mehrheitsgesellschaft nahm die circa 3500 überlebenden Sinti und Roma[47] im Alltag nur dann wahr, wenn sie in Konflikt mit ihnen geriet, in erster Linie aufgrund der allgemein angespannten Wohn- und Versorgungssituation in der Nachkriegszeit.[48] Dafür lassen sich Beispiele aus dem gesamten Gebiet der Bundesrepublik finden. Nachfolgend sollen kommunale und behördliche Verhaltensmuster skizziert werden, in denen sich die zu dieser Zeit vorherrschende Abwehrpolitik gegenüber der Minderheit offenbart.[49] Zunächst sorgten die Alliierten durch Anordnungen in der direkten Nachkriegszeit dafür, dass überlebende Sinti und Roma Anspruch auf Versorgung und Betreuung in den Kommunen hatten. Dieser Anordnung wurde von deutscher Seite jedoch oft nur widerwillig entsprochen.[50] Lokale Behörden und Stadtverwaltungen knüpften an ihre Initiativen aus der NS-Zeit an, die nach wie vor missliebigen RückkehrerInnen zu vertreiben.[51]

Besonders prekär war die Lage für die Sinti, die in die schwer zerstörte Stadt Kiel zurückkehrten. Von den schätzungsweise ursprünglich 159 Kieler Sinti hatte nur rund ein Drittel die Konzentrations- und Arbeitslager in der NS-Zeit überlebt. Die Zurückgekehrten wurden nun im Obdachlosenlager Preetzer Straße untergebracht. Dieses Lager wurde von einem ehemaligen NSDAP-Blockleiter beaufsichtigt. Polizeibeamte beschrieben wiederholt die Seuchengefahr und die menschenunwürdigen Wohnverhältnisse.[52] 1958 wurde es in einem Zeitungsbericht der *Schleswig-Holsteinischen Volkszeitung* als „schlechtestes Lager der Bundesrepublik" bezeichnet.[53] Neben den erbärmlichen Zuständen häuften sich haltlose Beschwerden von AnwohnerInnen. Mitglieder eines naheliegenden Kleingartenvereins monierten Diebstähle und unerlaubtes Betreten ihrer Parzellen durch die „Zigeuner". Die Landespolizei Schleswig-Holstein observierte das Lager daraufhin über zwei Jahre hinweg und kam zu dem Ergebnis, dass die Anschuldigungen der Kleingärtner und der Ortspolizei mit der Realität nichts gemein hätten.[54] Dieses Beispiel belegt, wie sehr „rassi-

---

47 Vgl. Peritore, Der nationalsozialistische Völkermord an den Sinti und Roma, S. 129–138, hier S. 132.
48 Vgl. Margalit, Die Nachkriegsdeutschen und „ihre Zigeuner", S. 85. Zur dominanten Wahrnehmung der Armut von Kriegsopfern, Vertriebenen und Rentnern durch die Bundesregierung vgl. Leibfried u. a., Zeit der Armut, S. 210–216; Goschler, Schuld und Schulden, S. 133.
49 Die Begrifflichkeit der Exklusion/Abwehr stammt aus Peter Widmanns Mikrostudie zur Nachkriegspolitik der beiden Kommunen Freiburg und Straubing gegenüber der Minderheit, die eine Pionierarbeit war. Der kommunale Abwehrdiskurs wurde nach Widmann in den 1960er Jahren durch einen Bewährungs- und schließlich in den 1970er Jahren durch einen Integrationsdiskurs abgelöst; vgl. Widmann, An den Rändern der Städte, bes. S. 190 f.
50 Vgl. Margalit, Die Nachkriegsdeutschen und „ihre Zigeuner", S. 117–127.
51 Vgl. etwa Reuter, Zentrale Direktive und lokale Dynamik, S. 281–327, hier bes. S. 287.
52 Vgl. Fieselmann, „Zigeunerlager Preetzer Straße", S. 127–152, hier bes. S. 134, 139.
53 Zit. nach ebenda, S. 139.
54 Vgl. ebenda, S. 143.

sche" Vorurteile über die „Zigeuner" den Blick der Mehrheitsbevölkerung auch in der Nachkriegszeit prägten.

Hessische Städte und Landkreise waren seit 1946 gehalten, Betreuungsstellen einzurichten, die sich der zurückkehrenden NS-Verfolgten anzunehmen hatten. Der Marburger Sinto Heinz S. berichtet darüber rückblickend: „In Cölbe sind wir wieder gut aufgenommen worden."[55] Doch dies galt nur für Angehörige der Minderheit, die bestimmte Auflagen erfüllten. Die Marburger Betreuungsstelle teilte einem anderen Sinto ablehnend mit: „Nach den Betreuungsrichtlinien haben Zigeuner einen Anspruch auf Betreuung nur dann, wenn sie einen festen Wohnsitz und feste Arbeit nachweisen können. Der Nachweis der Haft muss zuvor erbracht worden sein."[56]

Diese Auflagen und das Beibringen von Haftnachweisen waren für die meisten Überlebenden kaum zu erfüllen. Nach Kassel kehrten Sinti und Roma auf einen Platz auf den Leisterschen Wiesen im Stadtzentrum zurück. Mitte der 1950er Jahre wurden dort 87 Personen gezählt.[57] 1956 berichteten die *Hessischen Nachrichten* über eine Messerstecherei im naheliegenden Stadtteil Bettenhausen mit der Schlagzeile: „Zigeuner hielten in Bettenhausen PKW an und stachen auf Fahrer ein".[58] Daraufhin vermehrten sich die Beschwerden von AnwohnerInnen bei der Polizei. Ein Reifenhändler beschwerte sich darüber, „sich Tag für Tag mit diesem Schweinepack abgeben zu müssen".[59] In den von der Polizeiverwaltung als sichtlich übertrieben eingeschätzten Vorwürfen sahen die AnwohnerInnen eine Chance, die „Zigeuner" loszuwerden.[60] Die Stadtverwaltung reagierte auf die skandalisierende Presseberichterstattung und ließ unter dem Vorwand der akuten Hochwassergefahr den Platz in der Nacht vom 20. auf den 21. Juli 1956 zwangsräumen. Auch der Ausweichplatz im Stadtteil Niederzwehren wurde bald zum Stein des Anstoßes. Die Verweigerung eines Stromanschlusses und weitere behördliche Schikanen erschwerten die Lebensumstände. Der örtliche Bundestagsabgeordnete Holger Börner (SPD) setzte sich im Rathaus erfolgreich für die Entfernung dieses zweiten „Landfahrerplatzes" ein. Im Juli 1965 brannte die Kasseler Berufsfeuerwehr schließlich die letzten sechs Wohnwagen nieder. Die BewohnerInnen waren zuvor, teilweise unter Zwang, in eine städtische Wohnsiedlung umquartiert worden.[61]

Die wenigen Überlebenden, die ins Rheinland zurückkehrten, bezogen beispielsweise in Düsseldorf wieder das „Lager am Höhenweg", aus dem sie wenige Jahre zuvor noch deportiert worden waren, auch um eventuell überlebende Famili-

---

55 Zit. nach Engbring-Romang, Die Verfolgung der Sinti und Roma in Hessen zwischen 1870 und 1950, S. 469.
56 Zit. nach ebenda, S. 473.
57 Vgl. Lotto-Kusche/Schmidt, Politik gegen „Zigeuner" und „Landfahrer", S. 149–168, hier bes. S. 162f.
58 Zit. nach ebenda, S. 163.
59 Zit. nach ebenda, S. 163.
60 Vgl. ebenda, S. 163.
61 Vgl. ebenda, S. 163–165.

enangehörige wiederzufinden.⁶² Die Lebensumstände waren katastrophal, dennoch ordnete der Verwaltungsdirektor der Stadt an, die Polizei habe jeden Wohnwagen dorthin zu leiten.⁶³ Nach Köln kehrten die circa 250 Sinti und Roma auf den „Schwarz-Weiß-Platz" zurück, von dem sie vormals verschleppt worden waren. Den Zuzug weiterer „Zigeuner" wollte die Polizei verhindern, der Platz wurde schließlich 1958 geräumt.⁶⁴ Bereits 1949 hatte die zuständige Polizeidienststelle formuliert:

> „Bei dem überwiegenden Teil dieser Personen handelt es sich um asoziale Elemente, die einer geregelten Beschäftigung nicht nachgehen, sondern ihren Lebensunterhalt durch Bettelei, unerlaubten Hausierhandel, Betrügereien und aus Diebstählen bestreiten."⁶⁵

Die Kommunen kümmerten sich nicht um die überlebenden Sinti und Roma, sie begegneten ihnen mit Ablehnung. Diese Haltung äußerte sich auch im Vorgehen der kommunalen Spitzenverbände. Das Präsidium des Deutschen Städtetags schlug im Jahr 1954 vor, Dörfer „im einsamen Emsland" zu gründen, um die „Zigeuner" dort „zu Bauern und Handwerkern zu erziehen".⁶⁶ Der Vorschlag wurde nie verwirklicht, aber er war im Bereich des Sagbaren.

3 Frühe Äußerungen aus der Minderheit und weiterer ZeitzeugInnen

Die Forschung ging lange davon aus, dass überlebende Sinti und Roma über ihre Verfolgung zunächst geschwiegen hätten, weil schriftliche Belege schwer auffindbar sind.⁶⁷ Diese Einschätzung ist kritisch zu sehen, da die Familien erst einmal wieder zusammengeführt werden mussten⁶⁸ und es deutliche Hinweise gibt, dass das Erzählen innerhalb dieser durchaus rege sein konnte.⁶⁹ So berichtet die Sinteza Ilona Lagrene rückblickend über ihre Kindheit: „Wenn Verwandte und Freunde zu Besuch

---

62 Vgl. Karola Fings, „z. Zt. Zigeunerlager", S. 81.
63 Vgl. ebenda, S. 83.
64 Vgl. Fings/Sparing, Rassismus, Lager, Völkermord, S. 347–352.
65 Zit. nach ebenda, S. 348.
66 Zit. nach Bauer, Von Dillmanns Zigeunerbuch zum BKA, S. 209. Der Vorschlag erinnert an einen Plan Heinrich Himmlers, der nach dem Krieg ein „Reservat" im Generalgouvernement oder am Neusiedler See in Österreich gründen wollte, in dem die „reinrassigen Zigeuner" ihre traditionelle Lebensweise hätten fortsetzen dürfen; vgl. Zimmermann, Rassenutopie und Genozid, S. 301; Longerich, Heinrich Himmler, S. 690.
67 Vgl. Krokowski, Die Last der Vergangenheit, S. 161. Erst Jahrzehnte später erschienen zahlreiche persönliche Schilderungen; vgl. etwa Bogdal, Europa erfindet die Zigeuner, S. 442–478; Fennesz-Juhasz/Heinschink, Selbstzeugnisse von Roma zu ihrer (Kultur-)Geschichte.
68 Vgl. Reuss, Return to Normality?, S. 141–155, bes. S. 152–154.
69 Vgl. Fennesz-Juhasz/Heinschink, Selbstzeugnisse von Roma zu ihrer (Kultur-)Geschichte, S. 164–173.

kamen, wurde immer von dem Unrecht und den Verfolgungen, den Grausamkeiten und Mordtaten der Nazis erzählt."[70]

Es gab jedoch bereits kurz nach Kriegsende auch schriftliche Äußerungen von Sinti und Roma über die „NS-Zigeunerverfolgung".[71] Nachfolgend sollen Beispiele analysiert werden.

1946 bekam die Herausgeberin des *Journal of the Gypsy Lore Society*, Dora Yates, ein Artikelangebot des französischen Rom Mateo Maximoff, der über die „NS-Zigeunerverfolgung" berichten wollte. Er selbst war bis 1944 in einem Internierungslager der Vichy-Regierung inhaftiert gewesen. 1946 avancierte der aus Ungarn stammende Autor in Frankreich zu einem bekannten Schriftsteller.[72] Yates zeigte sich beeindruckt von der Sprache Maximoffs, sie übersetzte den Artikel ins Englische und publizierte ihn.[73] Zu den Motiven der „NS-Zigeunerverfolgung" stellte der Autor fragend in den Raum:

> "But what we desire to find out is: What was the motive which induced these Nazis to carry out such wholesale massacres of our race? What could possibly have been their reason? Was it because we love freedom? Was this why they desired to remove us from the face of the earth? Or did they just kill Gypsies for sport?"[74]

Er ließ diesen Fragen keine Vermutungen folgen, sie zeugen aber von Betroffenheit und Hilflosigkeit. Später schloss Maximoff eine für den weiteren Diskurs wichtige Äußerung an: „Shall we Gypsies, one asks, ever have an Allied Court of Justice which will demand the punishment of these monsters, these assassins of 500,000 Tziganes?"[75] Einige Zeilen weiter wiederholte Maximoff diese Zahl noch einmal, er leitete sie aber nicht aus Schätzungen ab und gab weder Nachweise noch Zeugen an. Die Historikerin Marie-Christine Hubert vermutet, Maximoff habe diese Zahl in der kommunistischen Zeitschrift *Regards* gelesen, in der Imre Gyomai behauptet hatte, eine halbe Million „Zigeuner" sei in den Öfen von Auschwitz und Buchenwald zu Tode gekommen.[76] Die Opferzahl der 500 000 sollte sich später fest in den Diskurs

---

[70] Lagrene, Zur Entstehung der Bürgerrechtsbewegung, S. 17–20, hier S. 17.
[71] Vgl. Baumgartner, Wann endlich wird dies himmelschreiende Unrecht an uns gut gemacht werden?, S. 80. Baumgartner verwies an dieser Stelle jedoch auch auf vermutlich noch in den Archiven bisher unentdeckt gebliebenes Quellenmaterial, im Projekt RomArchive (Voices of the Victims) wurde in ganz Europa begonnen, danach zu suchen: Karola Fings, Voices of the Victims. Kuratiert von Karola Fings, in: RomArchive – the Digital Archive of the Roma; online unter: https://www.romarchive.eu/de/voices-of-the-victims/ [20.6.2019].
[72] Vgl. Bogdal, Europa erfindet die Zigeuner, S. 474–478.
[73] Vgl. Maximoff, Germany and the Gypsies, S. 104–108; Yates, My Gypsy Days, S. 144.
[74] Maximoff, Germany and the Gypsies, S. 106 f.
[75] Ebenda, S. 107.
[76] Vgl. Hubert, Gerechtigkeit vor einem Gericht der Alliierten, in: RomArchive – the Digital Archive of the Roma; online unter: https://www.romarchive.eu/de/collection/die-bestrafung-der-moerder-von-500000-sinti-and-roma/ [8.9.2021].

einschreiben. Zunächst aber zirkulierten die Zahl und der gesamte Artikel nur in dem kleinen Kreis der „Zigeunerforscher" der Gypsy Lore Society.

In Österreich sind frühe Artikulationen von Sinti und Roma und die Partizipation in den allgemeinen Verfolgtenverbänden nachweisbar. So ist das Manuskript einer Rede des Rom Paul Hodoschi erhalten geblieben, die er am 24. November 1957 auf einer öffentlichen Tagung zur Entschädigungsfrage hielt.[77] Hodoschi begann mit den Worten: „Im Namen der burgenländischen Zigeuner und der rassisch Verfolgten, die viele Jahre im Lager Lackenbach verbracht haben, überbringe ich der Konferenz die herzlichsten Grüsse."[78] Er beendete seine Rede mit einer klaren Botschaft:

> „Im Namen dieser namenlosen Opfer und im Namen aller noch lebenden rassisch verfolgten Zigeuner, die im Lager Lackenbach gefangen waren und grausam gequält wurden, fordert der KZ-Verband österreichischer Widerstandskämpfer im Burgenland die Anerkennung des Lagers und die Wiedergutmachung für alle Opfer."[79]

Mehrmals betonte er explizit das Motiv der „rassischen" Verfolgung. Und Hodoschi war nicht irgendwer, er gehörte 1956 als österreichischer Gesandter der ersten Generalversammlung des Internationalen Auschwitz Komitees (IAK) an.[80]

Das IAK wurde 1954 von Vertretern aus sechs Ländern in Wien gegründet. Als dessen Generalsekretär wirkte über Jahre der österreichische Kommunist Hermann Langbein, der 1955 auch Hauptredakteur der Zeitschrift *Der neue Mahnruf* des österreichischen KZ-Verbandes war.[81] Langbein gab wiederholt Publikationen heraus, in denen er die „NS-Zigeunerverfolgung" thematisierte. Er hatte das „Zigeunerlager" in Auschwitz aus seiner Häftlingszeit in Erinnerung behalten.[82] So nahmen sich auch wenige Personen aus der Mehrheitsgesellschaft – die selbst Verfolgung erlebt hatten – des Schicksals der Minderheit an. Bereits 1946 gaben die ehemaligen KZ-Häftlinge Georg Tauber und Karl Jochheim-Armin die Publikation *Die Vergessenen. Halbmonatsschrift für Wahrheit und Recht aller Konzentrationäre u. Naziopfer* heraus, welche zunächst unter dem Titel *Schwarz-Grün. Internes Mitteilungsblatt der Konzentrationäre Deutschlands, der Schwarzen und Grünen* erschienen war.[83] Unter dem Pseudonym „Interessengemeinschaft deutscher Zigeuner" veröffentlichte Jochheim-Armin einen Artikel in *Die Vergessenen* mit dem Titel *Kennst du die Zigeuner?*. Dort nannte er folgendes Motiv der „NS-Zigeunerverfolgung": „Und erst im Hitlerstaat hatte auch das kleinste Vergnügen dieser Menschen ein jähes Ende genommen,

---

77 Vgl. Baumgartner, Wann endlich wird dies himmelschreiende Unrecht an uns gut gemacht werden?, S. 72–74.
78 Zit. nach ebenda, S. 72. Zum „Zigeunerlager" Lackenbach vgl. Zimmermann, Rassenutopie und Genozid, S. 202–204.
79 Zit. nach ebenda, S. 74.
80 Vgl. Stengel, Hermann Langbein, S. 165.
81 Vgl. ebenda, S. 144.
82 Vgl. Zimmermann, Rassenutopie und Genozid, S. 386 Anm. 4.
83 Vgl. Knesebeck, The Roma Struggle for Compensation in Post-War Germany, S. 96.

denn die meisten steckte man in die Konzentrationslager, um sie aus rassistischen Gründen der Vernichtung preiszugeben."[84]

Im gleichen Jahr lässt sich auch bereits der Versuch der Gründung einer *Interessengemeinschaft deutscher Zigeuner* belegen.[85] Darüber hinaus wollte Jochheim-Armin eine Gesamtvertretung der „Zigeuner" in der amerikanischen Besatzungszone gründen, allerdings unter fragwürdigen Umständen.[86] Denn er war kein Angehöriger der Minderheit, sondern ein in Ungnade gefallener früher NSDAP-Anhänger des Strasser-Flügels, der als „Asozialer" kategorisiert ins Konzentrationslager verbannt worden war. Seine rechtsextrem geprägten, antikommunistischen Grundüberzeugungen behielt er auch nach 1945 bei.[87] In einer wahrscheinlich unveröffentlicht gebliebenen Programmschrift wurden acht Forderungen formuliert, darunter eine Anklagevertretung der „Zigeuner" beim Militärgerichtshof, eine allgemeine „Wiedergutmachung" und die Genehmigung zur Errichtung einer Gesamtvertretung der „Zigeuner" in Deutschland.[88] Jochheim-Armin beantragte daraufhin die Anerkennung eines Zentralkomitees Deutscher Zigeuner mit Sitz in München bei der amerikanischen Militärregierung in Frankfurt.[89] Das Engagement von Jochheim-Armin in Organisationen der Nationalsozialisten führte jedoch dazu, dass die Amerikaner ihm die Genehmigung versagten. Die Zeitschrift *Die Vergessenen* wurde bereits mit Erscheinen der dritten Ausgabe nach internen Streitigkeiten im Juli 1946 eingestellt.[90] Das Engagement Jochheim-Armins erscheint rückblickend im Kontext seines Feldzuges gegen die politischen Häftlinge in den Konzentrationslagern durch politische Motive geleitet gewesen zu sein, er „bediente" sich dabei lediglich der „Zigeuner".

Der Bildhauer, Grafiker und Maler Otto Pankok war im Jahr 1931 mit Personen aus der Minderheit in Kontakt gekommen. Die Begegnung ereignete sich auf dem Düsseldorfer Heinefeld, einer Armensiedlung am Rande der Stadt. Nach dem Ende der Ruhrbesetzung 1925 hatten die französischen Besatzungstruppen das Gelände zurückgelassen, die Eigentumsverhältnisse waren unklar. In diesem „Niemandsland" hatten sich verarmte Sinti niedergelassen. Pankok war auf diese aufmerksam geworden, er malte sie und lebte mehrere Jahre unter ihnen, hatte gar ein kleines Atelier dort, bis die Siedlung 1934 geräumt wurde. Pankok hatte seine Bildnisse unter dem Titel *Passion* veröffentlicht, 1937 hing eines dieser Werke in der Ausstellung „Entartete Kunst" in München. In anderen Galerien waren in der Folge seine Bilder

---

84 Interessengemeinschaft deutscher Zigeuner, Kennst du die Zigeuner, S. 11 f., hier S. 11.
85 Vgl. Nerdinger (Hrsg.), Die Verfolgung der Sinti und Roma in München und Bayern, S. 246–249.
86 Vgl. ebenda, S. 246 f.; Joskowicz, Separate Suffering, Shared Archives, S. 122 f.
87 Vgl. Joskowicz, Separate Suffering, Shared Archives, S. 122; Wachsmann, Die Geschichte der Nationalsozialistischen Konzentrationslager, S. 897 Anm. 126; Jochheim-Armin, Der rote Terror im KL.
88 Vgl. Nerdinger (Hrsg.), Die Verfolgung der Sinti und Roma in München und Bayern, S. 248.
89 Vgl. ebenda, S. 249.
90 Vgl. Nerdinger (Hrsg.), Die Verfolgung der Sinti und Roma in München und Bayern, S. 246 f.

abgehängt worden.⁹¹ Nach Kriegsende veröffentlichte Pankok 1947 im Drei Eulen Verlag, den Pankoks Ehefrau Hulda Pankok kurz zuvor gegründet hatte, einen Bildband unter dem Titel *Zigeuner*, in dem Pankok sich auch zur „NS-Zigeunerverfolgung" äußerte: „Noch bevor die Synagogen auflderten, waren die Zigeunerfamilien hinter den Gittern des Stacheldrahtes zusammengepfercht, um später das jüdische Schicksal in den Todeslagern des Ostens zu teilen."⁹²

Pankok nahm sich vieler Sinti nach 1945 selbst an und half, Entschädigungszahlungen zu erstreiten.⁹³ Er wurde nach Kriegsende für sein künstlerisches Schaffen mit vielen Preisen in Ost und West geehrt.⁹⁴ Ein Blick auf die Rezeptionsgeschichte des Künstlers Otto Pankok offenbart jedoch, dass die Bedeutung des Schicksals der Sinti und Roma in seinem künstlerischen Werk und sein Engagement für diese erst 1993 öffentlich gewürdigt wurden.⁹⁵

1946 veröffentlichte der ehemalige KZ-Häftling Eugen Kogon seine Schrift *Der SS-Staat*.⁹⁶ Hierin schilderte Kogon das Funktionieren des Konzentrationslagersystems. Kogon setzte sich in seiner Schrift – um Sachlichkeit in Inhalt und Sprache bemüht – von diversen Erfahrungsberichten ab, die sich in dieser Zeit zu verbreiten begannen. Er schrieb im Vorwort:

> „Ein Sachbericht über das System der Konzentrationslager, das Verhalten aller Kategorien von Gefangenen in ihnen und die Stellung der Nation zu diesem Komplex kann den Läuterungsprozeß unter Umständen leichter in Fluß bringen als sonst ein Thema [...]".⁹⁷

Kogon äußerte sich in seiner Schrift auch ausdrücklich zu den Kategorien der Häftlinge:

> „Wer gehörte nach Ansicht der Gestapo in ein Konzentrationslager? In erster Linie vier Gruppen von Menschen: Politische Gegner, Angehörige ‚minderwertiger Rassen' und ‚rassenbiologisch Minderwertige', Kriminelle und ‚Asoziale'. Am leichtesten tat sich die Gestapo mit diesen Qualifizierungen bei der zweiten Gruppe. Zu ihr gehörten vor allem Juden und die Zigeuner."⁹⁸

Der Autor unterstrich damit, dass das „rassische" Motiv für die „NS-Zigeunerverfolgung" handlungsleitend gewesen sei. Allerdings gab er die falsche Verfolgungsinstitution an. Nicht die Geheime Staatspolizei (Gestapo) war für die „NS-Zigeunerverfolgung" zuständig, sondern die Kriminalpolizei.⁹⁹ Auch verzichtete Kogon in dieser

---

91 Vgl. Breckenfelder, Der Künstler als Theologe, S. 48–60; Roepstorff, Die Ächtung und Verfolgung von Künstlern im Nationalsozialismus, S. 40–47.
92 Pankok, Zigeuner, S. 11.
93 Vgl. Breckenfelder, Der Künstler als Theologe, S. 63.
94 Vgl. ebenda, S. 69.
95 Vgl. Fings/Sparing, Ach Freunde, wohin seid ihr verweht ...?.
96 Vgl. Kogon, Der SS-Staat.
97 Ebenda, S. X.
98 Ebenda, S. 14.
99 Vgl. Zimmermann, Rassenutopie und Genozid, S. 112–117.

Auflage auf eine Belegstruktur mit Fußnoten. Das Buch *Der SS-Staat* war eine Überarbeitung des *Buchenwaldreports*, einer Kompilation von circa 150 Einzelberichten ehemaliger Konzentrationslagerhäftlinge. Dieser Umstand mag Fehler begünstigt haben.[100] Der *Buchenwaldreport* wurde von Kogon im Auftrag der amerikanischen Streitkräfte erstellt. Er galt jedoch schon kurze Zeit nach Fertigstellung als verschollen und wurde erst 1987 wiederentdeckt. In die Kriegsverbrecherprozesse der Alliierten fand er keinen Eingang.[101] Erst 1995 erschien die englische Erstausgabe des *Buchenwaldreports*, ein Jahr später wurde die Originalschrift auch in deutscher Sprache publiziert.[102]

Das Buch *Der SS-Staat* erschien 1946 zunächst im Verlag der linkskatholischen *Frankfurter Hefte*. Kogon hatte den Verlag zusammen mit seinem Freund Walter Dirks kurz vorher gegründet. Die *Frankfurter Hefte* entwickelten sich mit einer Auflage von bis zu 75 000 Exemplaren zu einer der wichtigsten politischen Zeitschriften in den direkten Nachkriegsjahren.[103] *Der SS-Staat* wurde parallel auch im Verlag Karl Alber publiziert, später erschienen weitere Auflagen im Heyne Verlag, im Kindler Verlag, der Europäischen Verlagsanstalt und als Lizenzausgabe für die Büchergilde Gutenberg. Insgesamt verkaufte sich das Buch bis heute über 500 000 Mal.[104] Die prominent platzierten Äußerungen über die Motivlage bei der „NS-Zigeunerverfolgung" dürften aufgrund der hohen Auflage und der positiven Besprechungen[105] einer gebildeten Leserschaft bekannt gewesen sein, auch wenn die Konzentrationslager und deren Organisation im Mittelpunkt des Buches standen. Doch wie wurde Kogons Publikation von den Fachhistorikern rezipiert und wie war die zeitgeschichtliche Forschung in den ersten Nachkriegsjahren aufgestellt?

---

100 Vgl. Kogon, Der SS-Staat, S. XI.
101 Vgl. Buhl, Eugen Kogon, S. 34–36, hier S. 35.
102 Vgl. David A. Hackett (Hrsg.), Der Buchenwald-Report.
103 Vgl. Beismann, Eugen Kogon in der frühen Bundesrepublik, S. 25–35; ders., Eugen Kogons Netzwerke in der Bundesrepublik Deutschland, S. 218–234, hier S. 221.
104 Vgl. Blaschke, Verleger machen Geschichte, S. 297.
105 Vgl. Knigge, „Die organisierte Hölle", S. 24–28.

III Die 1950er Jahre – der kriminalpräventive Denkstil in Aktion

1 Anfänge der bundesrepublikanischen Zeitgeschichtsforschung und deren Prämissen

Die Betrachtung der Rezeption von Kogons Studie unter den Fachhistorikern soll nun den Einstieg in die Untersuchung der Fragen bieten, wie die deutsche NS-Forschung aufgestellt war, welche Prämissen sie vertrat und wie sie mit Berichten von ZeitzeugInnen umging.

In einem Brief an den Historiker Friedrich Meinecke bewertete sein Kollege Gisbert Beyerhaus im Mai 1949 das Buch Kogons wie folgt:

> „Über die unheilvolle Wirkung seines Buches ‚Der SS-Staat' auf jugendliche Seelen dürfte er demnächst von Pädagogen aller Richtungen hingewiesen werden. [...] Der mir befreundete Philosoph Joachim Ritter [...] hält den ‚Der SS-Staat' für so verderblich, daß er für Sekretierung wäre!"[1]

Die Historikerzunft fühlte sich durch Kogons Schrift herausgefordert. Der Verzicht auf eine Belegstruktur in der ersten Auflage muss auf die historischen Fachvertreter als außerordentliche Normverletzung gewirkt haben. Es verwundert daher nicht, dass seine Schrift *Der SS-Staat* wissenschaftlich, wenn überhaupt, meist negativ rezipiert wurde.

Die universitäre historische Forschung über die jüngste Vergangenheit stand nach Gründung der Bundesrepublik vor schwierigen Bedingungen.[2] Zwar konnten die Universitäten institutionell rasch ihre Arbeit wiederaufnehmen, allerdings widmeten sich die historisch Forschenden nur zögerlich der Untersuchung des Nationalsozialismus. 1954 existierte in der Bundesrepublik nur ein einziger Lehrstuhl für Zeitgeschichte, Lehrstühle für Neuere und Neueste Geschichte, welche eine immense zeitliche Spannbreite abzudecken haben, gab es nur acht.[3] Die Forschenden wandten sich mehrheitlich politisch unverfänglicheren Epochen zu.[4]

Personell sowie inhaltlich gab es NS-Kontinuitäten an den Universitäten. Die bereits erwähnten ehemaligen Königsberger Historiker um Werner Conze sicherten sich mit effektiver Netzwerkarbeit viele der neu zu besetzenden historischen Lehrstühle in der Bundesrepublik.[5] Methodisch transformierten sie die Volksgeschichte des Nationalsozialismus in eine frühe Sozialgeschichte. Dies war allerdings mit in-

---

1 Zit. nach Berg, Der Holocaust und die westdeutschen Historiker, S. 102.
2 Vgl. Schulze, Probleme der institutionellen Neuordnung, S. 27–55.
3 Vgl. Blaschke, Der Markt der Zeitgeschichtsschreibung, S. 441–448, hier S. 444 f.
4 Vgl. Schulze, Deutsche Geschichtswissenschaft nach 1945, S. 110–120, bes. S. 116.
5 Vgl. Etzemüller, Kontinuität und Adaption eines Denkstils, S. 123–146, hier S. 141.

tellektuellen Hypotheken verbunden, die für eine kritische Auseinandersetzung mit dem Nationalsozialismus hinderlich waren.[6]

Die meisten außeruniversitären historischen Forschungsinstitute, die sich der Aufarbeitung des Nationalsozialismus hätten annehmen können, setzten in ihrer Ausrichtung andere Schwerpunkte. Im südwestdeutschen Raum gründete sich am 19. April 1951 das Institut für europäische Geschichte in Mainz.[7] Gründungsväter waren die Mediävisten Fritz Kern und Wilhelm Wühr, die dort das Verhältnis von Staat und Kirche aus universalhistorischer Perspektive untersuchen wollten.[8] Beide starben im Jahr 1950 noch vor der offiziellen Gründung, das Institut wandte sich unter dem Historiker Martin Göhring dann letztlich der französischen Geschichte und parallel unter dem Kirchenhistoriker Joseph Lortz der Religionsgeschichte zu.[9] In Göttingen fanden sich nach 1945 Historiker zusammen, um das 1917 von der ehemaligen Kaiser-Wilhelm-Gesellschaft (KWG) gegründete und 1944 geschlossene Kaiser-Wilhelm-Institut für Deutsche Geschichte wiederzubeleben.[10] Ebenfalls in Göttingen wurde am 26. Februar 1948 die Nachfolgeeinrichtung der KWG gegründet, die Max-Planck-Gesellschaft (MPG).[11] Die MPG wollte auch ihr historisches Institut neu beleben. Daher wurden von Fachvertretern Gutachten zur späteren Ausgestaltung der Einrichtung eingeholt, besonders das des Historikers Hermann Heimpel stach aufgrund seiner Ausführlichkeit hervor. Heimpel empfahl – angelehnt an das Vorgängerinstitut und seinen Leiter Paul Kehr –, die Schwerpunkte auf die Epochen Mittelalter, 16. Jahrhundert und 19. Jahrhundert festzulegen.[12] Er setzte sich damit und auch als Gründungsdirektor im Senat der MPG durch, sodass das neue Max-Planck-Institut für Geschichte in Göttingen am 1. April 1956 mit den genannten Schwerpunkten seine Arbeit aufnahm.[13]

Diese beiden prominenten Beispiele belegen Folgendes: Die deutsche Geschichtswissenschaft knüpfte nach 1945 verstärkt an alte Traditionen an, allen voran an die starke Abhängigkeit zwischen Forschungsinteressen einer Institution und den individuellen Interessen der dort Forschenden.[14] Die etablierten Historiker der Nachkriegsjahre hatten aus diversen Gründen kein Interesse an der Untersuchung

---

6 Vgl. Schulze, Deutsche Geschichtswissenschaft nach 1945, S. 281–301; Etzemüller, Kontinuität und Adaption eines Denkstils, S. 130–140. Problematische Akteure waren unter anderem Hans Freyer, Werner Conze und Otto Brunner. Nochmals sei für die Darstellung von Kontinuitäten der Volksgeschichte und der frühen Sozialgeschichte verwiesen auf: Etzemüller, Sozialgeschichte als politische Geschichte, bes. S. 268–325. Ergänzend für deren Vernetzung mit der „Ostforschung" vgl. Pinwinkler, Historische Bevölkerungsforschungen, S. 298–312.
7 Vgl. Schulze, Zwischen Abendland und Westeuropa, S. 239–254, hier S. 254.
8 Vgl. ebenda, S. 249 f.
9 Vgl. ebenda, S. 253 f.
10 Vgl. Rösener, Das Max-Planck-Institut für Geschichte, S. 13–24.
11 Vgl. ebenda, S. 24.
12 Vgl. ebenda, S. 33.
13 Vgl. ebenda, S. 43.
14 Vgl. Schulze, Probleme der institutionellen Neuordnung, S. 28.

des Nationalsozialismus. Der zeitliche Abstand erschien ihnen – auch im Kontext ihres eigenen Verhaltens und ihrer eigenen Rolle – als zu gering, und die Fachvertreter erforschten traditionell vorwiegend ältere Epochen.

Die verantwortlichen PolitikerInnen erkannten diesen institutionellen und disziplinären Mangel bereits sehr früh und diskutierten seit Anfang 1947 auf Länderebene über die Einrichtung einer Forschungsstelle, die sich der Geschichte des Nationalsozialismus annehmen sollte.[15] Verstärkt wurden diese Initiativen von Seiten der Alliierten, vor allem der Amerikaner, welche die Erforschung des Nationalsozialismus nach Norbert Frei als „intellektuelle Reparationsforderung"[16] aufgestellt hatten. Kompetenz- und Finanzierungsstreitigkeiten verzögerten das Projekt jedoch mehrmals. 1950 übernahm schließlich der Bund – gemeinsam mit dem Sitzland Bayern – die Verantwortung und Finanzierung für das nun offiziell gegründete Deutsche Institut für Geschichte der nationalsozialistischen Zeit in München.[17]

Die Startbedingungen waren alles andere als günstig. Die neue Institution hatte von Seiten der etablierten Universitätshistoriker mit Gegenwind zu kämpfen, sie war verrufen als politisch gewollte Gründung der Siegermächte.[18] Zu Beginn standen kaum Quellenmaterial und NS-Schrifttum zur Verfügung, auch das Bundesarchiv befand sich erst im Aufbau. Außerdem hielten insbesondere die Amerikaner immense Quellenbestände zurück und stellten Bedingungen für die Rückübertragung.[19] Zunächst wurden dem Institut nur Kopien aus den Protokollen der Nürnberger Kriegsverbrecherprozesse überlassen.[20]

Die neue Einrichtung sammelte daher aus Mangel an Quellenmaterial eine große Anzahl von Zeugenschrifttum. Hierbei legten die Mitarbeitenden den Fokus allerdings nicht auf Berichte von Überlebenden der Konzentrationslager, sondern auf Befragungen ehemaliger FunktionsträgerInnen des NS-Systems in Administration und Militär.[21] Dieser Schwerpunkt schlug sich in der Publikationspolitik nieder. Nach der Veröffentlichung von *Hitlers Tischgesprächen* stand schließlich die weitere Rückgabe der beschlagnahmten Akten der Alliierten auf der Kippe, weil die Amerikaner und Briten dieser Publikation äußerst kritisch begegneten.[22] Wesentliche der 1945 sichergestellten NS-Akten – wenige des ehemaligen Reichssicherheitshauptamtes (RSHA) und nur Splitterbestände des Reichskriminalpolizeiamtes (RKPA), das für die „NS-Zigeunerverfolgung" zuständig gewesen war – wurden 1962 an das Bundes-

---

15 Vgl. Auerbach, Die Gründung des Instituts für Zeitgeschichte, S. 529–554, hier bes. S. 529.
16 Vgl. Frei, 1945 und wir, S. 60.
17 Vgl. Auerbach, Die Gründung des Instituts für Zeitgeschichte, S. 545, 549.
18 Vgl. Schildt, Zeitgeschichte, S. 318–330, hier S. 319.
19 Eckert, Kampf um die Akten, S. 403–408.
20 Vgl. Auerbach, Die Gründung des Instituts für Zeitgeschichte, S. 540.
21 Vgl. Steinbacher, Zeitzeugenschaft und die Etablierung der Zeitgeschichte, S. 145–156, hier S. 148 f.
22 Vgl. Picker, Hitlers Tischgespräche; Eckert, Kampf um die Akten, S. 409.

archiv übergeben. Zuvor waren sie in Alexandria/Virginia verfilmt worden.[23] In Deutschland mussten die Akten zunächst umfangreich umsortiert und verzeichnet werden, da die innere Ordnung durch die Verfilmung aufgelöst worden war.[24]

Für zusätzliche Lücken sorgte der Umstand, dass in den letzten Kriegsjahren das RKPA und die RHF auf verschiedene Standorte im Deutschen Reich aufgeteilt worden waren. Die allermeisten Bestände waren so durch Kriegseinwirkungen vernichtet, befanden sich in Archiven der DDR sowie der Sowjetunion unter Verschluss oder galten als verschollen.[25] Die wenigen erhaltenen Akten der RHF wurden erst 1981 und 1987 durch Protest- und Besetzungsaktionen des VdS im Universitätsarchiv Tübingen und im Bundesgesundheitsamt in Berlin-Dahlem für die Forschung zugänglich. Die Tübinger Akten waren vom Bayerischen Landeskriminalamt zuvor zunächst bis 1960 weiterverwendet worden. Dann wurden sie in Teilen vernichtet und andererseits an den „Zigeunerexperten" Hermann Arnold weitergereicht, der das Material fortan für Jahrzehnte verwaltete und nutzte.[26]

Neben den kriegsbedingten Verlusten war der Mangel an Quellenmaterial auch darauf zurückzuführen, dass die Mordaktionen der Einsatzgruppen gegenüber den Roma in Osteuropa in den letzten Kriegsjahren systematisch vertuscht worden waren. Die Lage der „Zigeunergräber" war von der Kriminalpolizei zuvor in Listen erfasst worden. Aufgrund dieser akribischen Aufzeichnungen konnte im Rahmen der „Aktion 1005" der Großteil der Spuren der Mordaktionen beseitigt werden. Das tatsächliche Ausmaß der Verbrechen der Einsatzgruppen an der Roma-Bevölkerung in Osteuropa war daher nur schwer erforschbar und ist es nach wie vor.[27] Wesentliche Bestände zur Planung und Ausführung der „NS-Zigeunerverfolgung" standen somit der historischen Forschung nicht oder erst Jahrzehnte später zur Verfügung. Was war aufgrund dieser sehr überschaubaren Quellenlage von den deutschen Zeithistorikern an Forschungsarbeiten zu erwarten?

Das 1952 in Institut für Zeitgeschichte (IfZ) umbenannte Deutsche Institut für Geschichte der nationalsozialistischen Zeit bemühte sich nach dem Skandal um die Herausgabe von *Hitlers Tischgesprächen* um andere Publikationen. Hermann Langbein vermittelte dem Institut die deutschen Veröffentlichungsrechte für die Memoiren des langjährigen Kommandanten des Konzentrationslagers Auschwitz, Rudolf Höß.[28] Das Buch wurde nach der Veröffentlichung 1958 über Jahre hinweg zum meist rezipierten und meist verkauften Buch über die NS-Massenverbrechen.[29] Auf mehre-

---

23 Vgl. Boberach, Reichssicherheitshauptamt, S. XXXVII–LI.
24 Vgl. Eckert, Kampf um die Akten, S. 418.
25 Vgl. Henke, Quellenschicksale und Bewertungsfragen, bes. S. 64.
26 Vgl. ebenda, S. 68. Zur besonderen Rolle des „Zigeunerexperten" Arnold vgl. Kapitel IV.3, V.1 und VI.2.
27 Vgl. Holler, Der nationalsozialistische Völkermord an den Roma in der besetzten Sowjetunion; Angrick, „Aktion 1005", bes. S. 634.
28 Vgl. Stengel, Hermann Langbein, S. 284–289.
29 Vgl. ebenda, S. 289.

ren Seiten breitete Höß hier seine Sicht über die „Zigeuner" aus und stellte zynisch fest: „[...] waren sie mir doch meine liebsten Häftlinge".[30] Das Motiv der Verfolgung ließ er unerwähnt, nur indirekt äußerte er einen Beweggrund, der ganz dem kriminalpräventiven Denkstil folgte: „Dieser Trieb zum Stehlen und zum Vagabundieren ist ihnen angeboren und nicht auszurotten."[31]

Formulierungen dieser Art wurden zwar vom IfZ mit weiterführenden Literaturhinweisen – in diesem Fall mit Hinweisen auf das noch vorzustellende Gutachten des IfZ-Historikers Hans Buchheim, auf zwei Tatzeugenaussagen aus den Nürnberger Prozessakten und auf den Zeitzeuginnenbericht von Lucie Adelsberger – versehen, und der IfZ-Historiker Martin Broszat schrieb ein einordnendes Vorwort, das den Memoiren vorangestellt wurde. Den Status einer historisch-kritischen Ausgabe konnte die Veröffentlichung jedoch nicht erreichen.[32] Der Quellentext von Höß war voll von Selbstmitleid und – wie sich vielfach erst später herausstellte – Unwahrheiten.[33] So behauptete er etwa, als Kind einmal nahe seinem Heimatort von „Zigeunern" beinahe entführt worden zu sein.[34] Folgt man FachkollegInnen, ist dies nicht glaubhaft.[35] Die Medienrezeption, die sich an der Psyche von Höß abarbeitete, ließ sämtliche zynischen Schilderungen zu den „Zigeunern" unerwähnt.[36]

Auf den Zeitzeuginnenbericht Adelsbergers, auf den Broszat verwiesen hatte, soll nun genauer eingegangen werden. Die Jüdin Lucie Adelsberger war am 17. Mai 1943 von Berlin aus ins Konzentrationslager Auschwitz-Birkenau deportiert worden. Im Januar 1945 wurde sie über mehrere andere Stationen ins Konzentrationslager Ravensbrück verlegt und dort schließlich von der Roten Armee befreit.[37] Adelsberger war nach ihrer Ankunft in Auschwitz aufgrund ihrer fachärztlichen Ausbildung zum medizinischen Dienst im „Zigeunerlager" Auschwitz-Birkenau eingeteilt worden.[38] In ihrem 1945/46 in Amsterdam verfassten und erstmals 1956 im christlichen Lettner-Verlag veröffentlichten *Tatsachenbericht* schilderte sie über mehrere Seiten hinweg ihre Erinnerungen an ihre Tätigkeit im Lager.[39] Adelsberger beschrieb in dichter Sprache die Verhältnisse im „Zigeunerlager":

---

30 Höß, Kommandant in Auschwitz, S. 104–107, hier S. 107. Zur Lagergeschichte vgl. Zimmermann, Rassenutopie und Genozid, S. 326–344.
31 Höß, Kommandant in Auschwitz, S. 107.
32 Vgl. Stengel, Hermann Langbein, S. 289–291.
33 Vgl. Kirsch, Kommandant in Auschwitz, S. 421–439, hier S. 427, 431, 433.
34 Vgl. Höß, Kommandant in Auschwitz, S. 23.
35 Vgl. Kreutz/Strobel, Der Kommandant und die Bibelforscherin, S. 31.
36 Vgl. etwa Korn, Rezension zu: Martin Broszat. Kommandant in Auschwitz. Autobiographische Aufzeichnungen. Stuttgart 1958, in: Frankfurter Allgemeine Zeitung, 27.9.1958.
37 Vgl. Maierhof, Selbstbehauptung im Chaos, S. 321.
38 Vgl. Bogdal, Europa erfindet die Zigeuner, S. 448.
39 Vgl. Adelsberger, Auschwitz, S. 40–57; Kämper, Der Schulddiskurs in der frühen Nachkriegszeit, S. 31.

> „Wenn nicht die vielen dunkelhäutigen Menschen und die schreienden Farben der wild und regellos zusammengewürfelten Gewänder dem Ganzen einen so exotischen Anstrich gegeben hätten, hätte man glauben können, am Vorabend einer Kirmes auf einer Dorfstraße zu sein."[40]

Die empfundene Fremdheit wurde durch ihre Beschreibung der Blockältesten verstärkt: „Sie empfing uns lau und uninteressiert und hatte nicht viel Zeit für uns. Ihr Gemach, fremdländisch wie ihre Erscheinung, mit schmutzig-bunten Lappen drapiert [...] war voll von männlichem Publikum."[41] Und im weiteren Verlauf ging Adelsberger nochmals auf den Charakter der „Zigeuner" ein: „Pflegerinnen gab es die Menge. Die meisten waren Zigeunerinnen, frühere Artistinnen, gut gewachsene, schöne Frauen. An den Kranken waren sie nicht interessiert."[42] Zum Verfolgungsmotiv äußerte sich die Autorin nicht, allerdings schilderte sie am Ende des Berichts eindrücklich eine Vergasungsaktion.[43] In Summe dominierten jedoch die vorurteilsbelasteten Aspekte den Bericht.[44] Die LeserInnen erfuhren aus einem jüdischen Blickwinkel etwas über die Lagerzustände und die von ihr beschriebenen Häftlinge, allerdings nichts über das Verfolgungsmotiv und die Hintergründe der geschilderten Überlebensstrategien.

Ein weiterer, 1957 in deutscher Sprache erschienener Erinnerungsbericht stammt von Marta Adler.[45] Sie war mit einem Sinto während der NS-Zeit verheiratet gewesen, selbst aber keine Angehörige der Minderheit. Ihr Ehemann war zur Wehrmacht eingezogen, dann aber aufgrund der „rassischen" Beschränkungen wieder entlassen worden. Kurz vor Kriegsende wurde er im *Volkssturm* erneut eingesetzt, wo sich seine Spur verlor.[46] Adler verfasste ihre Erinnerungen unter anderem mit der Motivation:

> „Jetzt haben es die kleinen Randgruppen noch schwerer; denn die kleinen Gruppen werden nie anerkannt, sondern übersehen. Das sollte aber in einer Demokratie anders sein, wo man gerade den kleinen Gruppen zu ihren Rechten verhelfen sollte. Aber bei den Zigeunern tut das keiner, und man vergißt sie bei uns mit allem, was sie Schweres durchgemacht haben."[47]

Diese Zielsetzung konnte die fast 500 Seiten umfassende Erzählung Adlers allerdings kaum befördern. Ein Grund mag in dem sehr anekdotenhaften Erzählstil gelegen haben, der es versäumte, Verantwortliche klar zu benennen. Der Bericht wurde von dessen Herausgeber R. A. Stemmle um die Hälfte gekürzt und damit weiter ver-

---

40 Adelsberger, Auschwitz, S. 45.
41 Ebenda, S. 46.
42 Ebenda, S. 50.
43 Vgl. ebenda, S. 55–57.
44 So auch die Einschätzung von Bogdal; vgl. Bogdal, Europa erfindet die Zigeuner, S. 449.
45 Vgl. Adler, Mein Schicksal waren die Zigeuner.
46 Vgl. Bogdal, Europa erfindet die Zigeuner, S. 450 f.
47 Adler, Mein Schicksal waren die Zigeuner, S. 455.

zerrt. Im Vorwort des Buches schrieb der berühmte UFA-Regisseur, der auch im Nachkriegsdeutschland weiter erfolgreich Filme produzieren konnte,[48] plakativ:

> „Diese Lebensbeichte gibt Einblicke in Umwelten, die sonst nur in Gerichtsprotokollen, in den Aktenschränken der Sozialämter und in den vertraulichen Berichten der Fürsorgebehörden für gefallene Mädchen verschlossen liegen. Hier werden sie aufgetan."[49]

Das Buch war voll von Effekthascherei, zeitgenössische Besprechungen kritisierten dagegen in erster Linie das Anekdotische, so Friedrich Sieburg in der *Frankfurter Allgemeinen Zeitung*: „Aber nie läßt sich echte Wirklichkeit durch das Zusammentragen von Tatsachen erzielen."[50] Diese Einschätzung ignorierte die eindrücklichen Schilderungen der „NS-Zigeunerverfolgung" im Buch.[51]

Nach dem Blick auf die Rahmenbedingungen der fachhistorischen Forschung und auf die in den 1950er Jahren erschienenen Erlebnisberichte soll nun der Fokus auf die Strafverfolgung der TäterInnen und mögliche Kontinuitäten in der Kriminalpolizei gelegt werden.

2 Fehlende Sühne der TäterInnen und Kontinuitäten in der Kriminalpolizei

Robert Ritter und seiner Assistentin Eva Justin gelang es bei Kriegsende, mit einem Teil ihres „rassehygienischen Materials" in der Heilanstalt Mariaberg unbehelligt weiterzuarbeiten und die eigene Nachkriegskarriere vorzubereiten.[52] Beide wurden ohne Probleme in der französischen Zone entnazifiziert.[53] Ritter betonte in einem Rechtfertigungsschreiben im Kontext einer Auflistung seiner Forschungsthemen den „unpolitische[n] rein wissenschaftliche[n] Charakter" seiner vormaligen Tätigkeiten.[54] Er bewarb sich bei der Stadtverwaltung Frankfurt für die Stelle des Stadtjugendarztes. Nachdem das hessische Ministerium für politische Befreiung keine Einwände vorbrachte, wurde er im Dezember 1947 eingestellt und im April 1948 in den Rang eines Obermedizinalrats befördert.[55]

Dem sozialdemokratischen Personalreferenten Rudolf Menzer hatte Ritter zuvor in einer „Erläuterung zu unseren Asozialen- und Zigeunerforschungen" seine Aktivitäten in der NS-Zeit als „wohlabgewogen" dargestellt und seine Vorschläge zur „Un-

---

48 Vgl. Meischen, Stemmle, Robert (Adolf), S. 413.
49 Ebenda, S. 8.
50 Siegburg, Rezension zu: Marta Adler. Mein Schicksal waren die Zigeuner. Bremen 1957, in: Frankfurter Allgemeine Zeitung, 11.1.1958.
51 Adler, Mein Schicksal waren die Zigeuner, S. 402–454.
52 Vgl. Sandner, Frankfurt, S. 283.
53 Vgl. Schmidt-Degenhard, Vermessen und Vernichten, S. 177.
54 Zit. nach ebenda, S. 178.
55 Vgl. Sandner, Frankfurt, S. 285f.

fruchtbarmachung" und Inhaftierung der „Zigeuner" untermauert.⁵⁶ Im März 1948 holte Ritter seine ehemalige Assistentin Eva Justin auf die Stelle einer Psychologin in seinen Arbeitsbereich nach, obwohl diese gar keine psychologische Ausbildung besaß.⁵⁷ Die Beschwerden hinsichtlich mangelhafter Arbeitsleistungen ließen aufgrund der unzureichenden Ausbildung Justins und Ritters langen Fehlzeiten aufgrund einer ab Mitte 1948 einsetzenden Herzerkrankung nicht lange auf sich warten.⁵⁸ Die städtische Personalkommission entschied am 11. April 1951, Ritter zu entlassen, am 15. April 1951 verstarb er in der Kurklinik Hohemark. Es ist unklar, ob ihn die Kündigungsnachricht noch erreicht hat.⁵⁹ Mit dem Bekanntwerden seiner Mitwirkung an der „NS-Zigeunerverfolgung" hatte die Kündigung nichts zu tun.

Ende 1948 hatten mehrere Überlebende aus der Minderheit – darunter die Brüder Oskar und Vinzenz Rose – Robert Ritter gegenüber dem Staatskommissariat für politisch, rassisch und religiös Verfolgte folgender Vergehen beschuldigt: Misshandlungen während der Untersuchungen, Beteiligung an den Deportationen und durch seine Gutachten initiierte Zwangssterilisationen.⁶⁰ Die Staatsanwaltschaft Frankfurt leitete Ende 1948 aufgrund der erhobenen Strafanzeige ein Ermittlungsverfahren ein.⁶¹ Dutzende Überlebende wurden daraufhin vernommen. Ritter versuchte deren Aussagen in ihrem Wahrheitsgehalt in Zweifel zu ziehen. Durch vormals von der ehemaligen RHF erstellte Ahnentafeln der Zeugen versuchte Ritter deren „zwanghafte", gar „vererbte" Kriminalität zu beweisen und deren Glaubwürdigkeit zu erschüttern.⁶² Neben Ritter vernahm die Staatsanwaltschaft auch mehrere ehemalige Mitarbeitende des RKPA. So verteidigte Rudolf Uschold – nach 1946 wieder bei der bayerischen Polizei in der „Landfahrerzentrale" in München beschäftigt – die Arbeit Robert Ritters mit einer Zeugenaussage im Ermittlungsverfahren.⁶³

Ritter nutzte in seiner Entlastungsstrategie sehr geschickt seine persönliche Nähe zum Leiter des RKPA Arthur Nebe.⁶⁴ Nebe war kurz vor Kriegsende aufgrund seines Wissens um den Widerstandskreis, der das Attentat gegen Hitler vom 20. Juli 1944 geplant hatte, hingerichtet worden. In der Nachkriegszeit schürten und verbreiteten Nebes ehemaliger Vertrauter Hans Bernd Gisevius und der ehemalige Kriminalist Bernd Wehner die Legende um den Widerstand innerhalb der Führung der Kri-

---

56 Vgl. ebenda, S. 287. Menzer war an der Neugründung der SPD Frankfurts beteiligt, seit Juli 1946 hauptamtlicher Stadtrat und Personaldezernent sowie von 1960 bis 1966 Bürgermeister der Stadt Frankfurt; vgl. Schmidt-Degenhard, Vermessen und Vernichten, S. 189 Anm. 626.
57 Vgl. Sandner, Frankfurt, S. 288.
58 Vgl. Schmidt-Degenhard, Vermessen und Vernichten, S. 204.
59 Vgl. Sandner, Frankfurt, S. 290.
60 Vgl. ebenda, S. 292.
61 Vgl. Schmidt-Degenhard, Vermessen und Vernichten, S. 194.
62 Vgl. Sandner, Frankfurt, S. 294.
63 Vgl. Margalit, Die Nachkriegsdeutschen und „ihre Zigeuner", S. 163, 176.
64 Vgl. ebenda, S. 173. Schon Reitlinger entlarvte in seiner Schrift *Die Endlösung* 1956 die Falschdarstellung und Überhöhung der Widerstandsaktivitäten Nebes; vgl. Reitlinger, Die Endlösung, S. 209–212.

minalpolizei mit großem Erfolg.[65] An diese Erzählungen konnte auch Ritter erfolgreich anknüpfen, das Ermittlungsverfahren gegen ihn wurde am 28. August 1950 eingestellt.[66] In der Einstellungsverfügung formulierte Oberstaatsanwalt Hans-Krafft Kosterlitz: „Es handelt sich um die grundsätzliche Frage, ob und inwieweit Aussagen von Zigeunern zur Grundlage richterlicher Überzeugung gemacht werden können."[67] Diese als Frage formulierte Bewertung reichte sehr einschneidend in die begriffliche Ebene der Anerkennung des Massenverbrechens hinein. Die Staatsanwaltschaft weigerte sich mit dieser Äußerung nicht nur, die Berichte der Überlebenden hinsichtlich ihres Verfolgungsschicksals ernst zu nehmen, sie sprach ihnen mit dieser Bewertung auch die Anerkennung als gleichwertiges Gegenüber ab.[68]

Nach diesem gescheiterten Ermittlungsverfahren kam es knapp ein Jahrzehnt später zu einem weiteren Strafverfolgungsversuch, diesmal gegen Eva Justin. Dieser fiel in die Zeit, als in Ludwigsburg die ZS im Dezember 1958 gegründet wurde. Im Kontext des Ulmer Einsatzgruppen-Prozesses war zuvor deutlich geworden, dass viele NS-Verbrechen noch ungesühnt waren und es den deutschen Strafverfolgungsbehörden an Recherchemöglichkeiten fehlte.[69] Auch die neue Ermittlungsstelle musste zunächst Beweismaterial sammeln.[70]

Das Verfahren gegen Justin wurde von Generalstaatsanwalt Fritz Bauer angestoßen, der von Bauer beauftragte Oberstaatsanwalt Wolf wollte es sogar als Pilotverfahren für den Frankfurter Auschwitz-Prozess verstanden wissen. Seine Bemühungen, es gegenüber der regionalen Presse so darzustellen, blieben jedoch erfolglos.[71] Doch wie war es überhaupt zu diesem Verfahren gekommen? Der Sprachwissenschaftler Siegmund Wolf[72] hatte zusammen mit einem überlebenden Rom am 13. Dezember 1958 bei der Berliner Polizei Strafanzeige gegen Justin gestellt.[73] Er legte ihr Folgendes zur Last: Nötigung zur Sterilisation, anthropologische Untersuchung ohne Rechtsgrundlage und Mitteilung von Personendaten an das RKPA.[74] Die Frankfurter Staatsanwaltschaft begann daraufhin mit einem aufwändigen Ermittlungsver-

---

65 Vgl. Wildt, Generation des Unbedingten, S. 301–310. Tatsächlich war Nebe als Leiter des RKPA einer der Hauptverantwortlichen für die „NS-Zigeunerverfolgung", er setzte sich mehrfach persönlich für eine radikalere Politik gegenüber der Minderheit ein; vgl. Zimmermann, Rassenutopie und Genozid, S. 168, 349; Rathert, Verbrechen, bes. S. 95f., 134f.
66 Vgl. Sandner, Frankfurt, S. 296.
67 Zit. nach ebenda, S. 295.
68 Vgl. die begriffsgeschichtliche Anerkennungsdefinition in Kapitel I.3.
69 Vgl. Dreßen, Die Zentrale Stelle, S. 85–93, hier S. 87f.; Eckert, Kampf um die Akten, S. 458.
70 Vgl. Dreßen, Die Zentrale Stelle, S. 92f.
71 Vgl. Sandner, Frankfurt, S. 302.
72 Siegmund Wolf war Sprachwissenschaftler, der die Romani-Dialekte erforscht hatte, auf seine Rolle ist im folgenden Textverlauf noch einzugehen. Zu umfangreichen biographischen Hinweisen zu Wolf vgl. Kapitel IV.1.
73 Vgl. Zimmermann, Rassenutopie und Genozid, S. 26; Sandner, Frankfurt, S. 304.
74 Vgl. Sandner, Frankfurt, S. 304.

fahren, bestellte beim IfZ mehrere Auszüge aus den Verfahrensakten der Nürnberger Hauptkriegsverbrecherprozesse und wertete 200 Einzelfall-Akten verschiedener Kriminalpolizeistellen von ehemals Verfolgten aus.[75] Mehrere ZeugInnen berichteten, dass die Mitarbeitenden der RHF – also auch Justin als Ritters Vertraute – genaue Kenntnis über das Schicksal der von ihnen kategorisierten „Zigeuner" hatten.[76] Dennoch stellte die Staatsanwaltschaft das Verfahren gegen Justin am 12. Dezember 1960 ein, weil Justin glaubhaft machen konnte, von der Einweisung in die Konzentrationslager vorab nichts gewusst zu haben.[77]

Nach heutigem Kenntnisstand steht jedoch außer Frage, dass die Mitarbeitenden der RHF durch ihre direkte und indirekte Beteiligung an den Selektionen in den frühen „Zigeunerlagern" die Deportation ins Generalgouvernement 1940 unterstützten.[78] Bei den Selektionen für die Deportationen ins Konzentrationslager Auschwitz 1943 waren die gutachtlichen Äußerungen der RHF sogar handlungsleitend für die Kriminalpolizeileitstellen und das RKPA gewesen, das sich allerdings die letzte Entscheidung vorbehalten hatte.[79]

Auch viele Kriminalisten, die vor 1945 in die „NS-Zigeunerverfolgung" involviert waren, konnten nach 1945 ihre Tätigkeiten in leitenden Positionen fortsetzen. Diener hat in ihrer Untersuchung der „Landfahrerzentrale" des Bayerischen Landeskriminalamtes herausgearbeitet, dass dort in den Nachkriegsjahren belastete Beamte, darunter Josef Zeiser, Rudolf Uschold, Georg Geyer, Josef Eichberger, Hanns Eller und Wilhelm Supp, wieder eingestellt wurden, die auf Erfahrungen als Verfolger in der „NS-Zigeunerverfolgung" zurückgriffen.[80] Dass dies möglich war, dafür sorgten Aussagen von ranghohen Polizisten in den Nürnberger Kriegsverbrecherprozessen und in selbstverfassten Entlastungsschriften. Auf diese Weise konnte sich die Polizei lediglich als Amtshelfer bei den Massenverbrechen oder gar oppositionell zum NS-Staat darstellen.[81] Zwar verloren die leitenden Beamten des RKPA bei Kriegsende mit

---

75 Vgl. ebenda, S. 305 f.
76 Vgl. ebenda, S. 307 f.
77 Vgl. ebenda, S. 309–311. Im Verfahren trat der Mediziner Hermann Arnold als Entlastungszeuge für Justin auf; vgl. Winter, Kontinuitäten in der deutschen Zigeunerforschung, S. 135–152, hier S. 139.
78 Vgl. Zimmermann, Rassenutopie und Genozid, S. 482–483 Anm. 31; Fings, Die „gutachtlichen Äußerungen", S. 425–459, hier S. 431–436.
79 Vgl. Fings, Die „gutachtlichen Äußerungen", S. 450–455; dies belegte Fings dort eindrücklich mit empirischen Zahlen aus dem gesamten Reichsgebiet und widerlegte Lucassens Argumentation, die Gutachten hätten nur geringen Einfluss auf die Deportationsentscheidung gehabt; vgl. Lucassen, Zigeuner, S. 209 f.
80 Vgl. Diener, Das Bayerische Landeskriminalamt, S. 482. Die Lebensläufe der genannten Beamten stellt Diener ausführlich vor; vgl. ebenda, S. 262–328.
81 Vgl. Riege, Kleine Polizei-Geschichte, Lübeck 1954, S. 45 f.; Deppisch, Täter auf der Schulbank, S. 13 f. Auch eine Artikelserie im Nachrichtenmagazin *Der Spiegel*, die der ehemals hochrangige Mitarbeiter des RKPA Paul Werner beeinflusste, half den Mythos zu schaffen; vgl. Wagner, Volksgemeinschaft ohne Verbrecher, S. 10 f.

der Auflösung des RSHA ihre Stellen. Viele kamen jedoch in den verschiedenen Landespolizeibehörden unter, seit der Verabschiedung des 131-Gesetzes 1951 auch die ehemalige Führungsriege.[82] So schaffte es Paul Werner im Dezember 1951 gar als Regierungsrat ins Badische Innenministerium übernommen zu werden.[83] Werner war stellvertretender Leiter des ehemaligen RKPA und dort zuständig für die Abteilung, welche die „NS-Zigeunerverfolgung" gesteuert hatte. Darüber hinaus war er Mitverfasser mehrerer Erlasse zur Bekämpfung der Minderheit, die der Vorbereitung diverser Deportationen gedient hatten.[84] Werner schaffte es, in der Entnazifizierung glimpflich behandelt zu werden. Nach dreijähriger Internierung wurde er von der Spruchkammer Karlsruhe zunächst in die Kategorie der Mitläufer eingeordnet und mit einer Sühne von 300 Deutschen Mark (DM) belegt.[85] Werner legte gegen dieses Urteil Berufung ein, unter anderem mit dem Argument, es sei sein Verdienst gewesen, dass die Kriminalpolizei nicht die gleichen Methoden wie die Gestapo angewandt habe. Im Dezember 1948 erreichte Werner so den Verzicht der Kammer auf sämtliche Zahlungen und damit seine faktische Rehabilitierung.[86] 1961 eröffnete die Staatsanwaltschaft Köln ein Ermittlungsverfahren gegen Werner und 45 weitere zentrale Verantwortliche der „NS-Zigeunerverfolgung", darunter Mitarbeitende von RHF, RKPA, lokale Polizeibeamte und einige Ärzte. In dem Massenverfahren endeten alle Ermittlungen aufgrund von Verjährung, Tod der Beschuldigten oder unzureichender Beweisdichte ohne Anklageerhebung.[87]

Auch auf regionaler Ebene funktionierten die alten Allianzen, wenn es darum ging, die örtlichen BeamtInnen vor dem Verlust ihres Amtes und vor Bestrafung zu schützen. Ein gut dokumentiertes Beispiel ist das Entnazifizierungsverfahren gegen den ehemaligen Sachbearbeiter des Bremer „Zigeunerdezernats" Wilhelm Mündrath und zwei Ermittlungsverfahren wegen Beihilfe zum Mord 1961/62 gegen eben diesen. Mündrath war von 1941 bis 1944 bei der Bremer Kriminalpolizei im einschlägigen Dezernat beschäftigt gewesen. Er hatte in dieser Funktion einen der drei Bremer Deportationszüge bis ins Konzentrationslager Auschwitz-Birkenau begleitet.[88] Die amerikanische Militärregierung hatte Mündrath bereits im Oktober 1945 aus dem Polizeidienst entlassen und in der Entnazifizierungsentscheidung als Nazi-Unterstützer eingestuft.[89] Im Entnazifizierungsverfahren wurde ihm zusätzlich zur Last gelegt,

---

82 Vgl. Deppisch, Täter auf der Schulbank, S. 90 f. Als Leiter der bayerischen „Landfahrerzentrale" wurde Josef Eichberger eingestellt, der zuvor die „Zigeuner-Deportationen" im RKPA verantwortlich organisiert hatte. Eichberger holte auch die ehemaligen Beamten Uschold, Geyer und Eller aus dem RKPA nach München; vgl. Patrut, Antiziganismus/Opferkonkurrenz, S. 329.
83 Vgl. Wagner, Resozialisierung der NS-Kriminalisten, S. 179–213, hier S. 191 f.; ders., Hitlers Kriminalisten, S. 154–171.
84 Vgl. Stange/Wirth, Paul Werner (1900–1970), S. 621–641, hier bes. S. 626 f.
85 Vgl. Hilss, Sinti und Roma, S. 62.
86 Vgl. ebenda, S. 64.
87 Vgl. Opfermann, Genozid und Justiz, S. 318; Hilss, Sinti und Roma, S. 65.
88 Vgl. Hesse, Wilhelm Mündrath, S. 246–272, hier S. 246, 249.
89 Vgl. ebenda, S. 252.

dass er Frauen zur Sterilisation gezwungen und eine sexuelle Nötigung im Amt begangen habe.[90] In dem sich anschließenden Spruchkammerverfahren wurde Mündrath im Januar 1949 in die Kategorie der Minderbelasteten umgruppiert.[91] Die Berufungskammer kam im Mai 1949 zu dem Ergebnis, Mündrath gänzlich zu amnestieren, da ihm nicht nachgewiesen werden könne, vom Schicksal der von ihm im Deportationszug begleiteten Sinti und Roma ins Konzentrationslager Auschwitz Kenntnis gehabt zu haben.[92] Nach seiner Amnestierung wurde Mündrath erneut in den Polizeidienst eingestellt, dort 1953 zum Oberkriminalsekretär befördert und 1958 regulär pensioniert.[93]

Julius Dickel, ein am 8. März 1943 aus Bremen deportierter „Zigeuner", wie er sich selbst bezeichnete, erstattete am 28. April 1961 Anzeige gegen Mündrath, weil dieser falsche Tatsachen im Vorfeld der Deportation vorgespielt habe. Daraufhin eröffnete die Staatsanwaltschaft Bremen ein Ermittlungsverfahren und vernahm zunächst weitere ehemalige Deportationsopfer, welche die Aussagen Dickels stützten.[94] Da der Strafverfolgungsbehörde darüberhinausgehende Informationen fehlten, wandte sie sich an das IfZ in München. Das Antwortschreiben von dort wurde erst im zweiten Ermittlungsverfahren nach einer Beschwerde Dickels bei der Oberstaatsanwaltschaft Bremen gewürdigt.[95] Die Sendung des IfZ enthielt jedoch nur ein knappes Gutachten Hans Buchheims zu den Mai-Deportationen 1940, um welche es im Ermittlungsverfahren gar nicht ging. Neben dem Gutachten wurde die Expertise des Kriminologen Hans-Joachim Döring empfohlen, welcher im April 1962 zu Protokoll gab:

> „Jedenfalls halte ich es für nahezu ausgeschlossen, daß ein mit der Überführung von Zigeunern beauftragter Kriminalbeamter bereits damals begründeten Anlaß hatte aus Befehlen oder Maßnahmen herauszuschließen, daß diese Zigeuner in Auschwitz vernichtet werden sollten."[96]

Die Oberstaatsanwaltschaft stellte ihr Ermittlungsverfahren mit der Begründung ein, eine Überprüfung durch das IfZ habe ergeben, dass die Mordabsicht bei der Deportation 1943 nicht absehbar gewesen sei. Dass diese Einschätzung gar nicht vom IfZ, sondern von Döring stammte, wurde entweder willentlich oder versehentlich unterschlagen.[97]

Ein anderer regionaler Fall ist das Entnazifizierungsverfahren des ehemaligen Aufsehers des „Zigeunerlagers" in Frankfurt Johannes Himmelheber, das nach der

---

90 Vgl. ebenda, S. 254 f.
91 Vgl. ebenda, S. 256.
92 Vgl. ebenda, S. 258.
93 Vgl. ebenda, S. 260.
94 Vgl. ebenda, S. 260 f.
95 Vgl. Hesse/Schreiber, Vom Schlachthof nach Auschwitz, S. 120.
96 Zit. nach ebenda, S. 121.
97 Vgl. ebenda, S. 121.

Berufungsentscheidung mit der Einordnung in die Kategorie der nicht Belasteten endete. Himmelheber konnte so bis zu seiner Pensionierung 1952 im Polizeidienst verbleiben.[98] Im Verfahren gelang es Himmelheber ebenfalls, die belastenden Aussagen der ZeugInnen aus der Minderheit in ihrem Wahrheitsgehalt zu erschüttern, indem er behauptete, „dass Zigeuner schon als kleines Kind in Angeborenheit gewohnheitsmässig [...] sehr selten die Wahrheit" sagen würden.[99] Mit diesen Schilderungen gelang es ihm, die Opfer unglaubwürdig erscheinen zu lassen.

Die Verantwortlichen für die „NS-Zigeunerverfolgung" konnten sich effektiv vor Strafverfolgung schützen und erfolgreich reüssieren. So drängt sich die Frage auf, wie die Tätigkeiten der Polizisten vor 1945 ihre Arbeit im neuen Staat beeinflussten.

Im September 1949 gab es bereits eine Tagung zur Koordinierung der kriminalpolizeilichen Arbeit in der Bundesrepublik.[100] Dort stand auch das Thema „Zigeunerkriminalität" auf der Tagesordnung. Unter der Federführung des Münchner Präsidiums der Landespolizei wurde beschlossen: „Um den Gedanken einer rassischen Verfolgung von vornherein auszuschalten, erscheint es notwendig, den Ausdruck Zigeuner vollständig zu meiden und dafür den Ausdruck Landfahrer zu wählen."[101] Am 25. Oktober 1949 nahm daraufhin die Bundeszentrale zur Bekämpfung des Landfahrerunwesens in München ihre Arbeit auf und setzte, teils in Konkurrenz, teils in Zusammenarbeit mit dem Bundeskriminalamt (BKA), mindestens bis 1970 die polizeiliche Sondererfassung der Minderheit fort, wofür es nur in Bayern von 1953 bis 1970 eine Rechtsgrundlage gab.[102] Das von den Kriminalisten behauptete „Landfahrerproblem" war jedoch im Hinblick auf die Kriminalitätsrate nicht zu belegen. In der Kriminalstatistik waren 1954 bundesweit nur 1743 Täter mit entsprechendem Hintergrund ermittelt worden, bei insgesamt 1 106 391 Personen eine verschwindend geringe Zahl.[103] Der leitende Beamte des BKA Rolf Holles erkannte dieses Missverhältnis und setzte diese Zahlen daraufhin in einer internen Sitzung der länderübergreifenden Arbeitsgruppe in einen besonderen Kontext. Diese Kriminalitätsfälle seien besonders dramatisch gewesen, weil die Opfer „unter den Ärmsten (alte Leute, die als Flüchtlinge kümmerlich dahinleben)" zu finden seien.[104]

Viele der wieder in den Ländern angestellten Kriminalisten offenbarten in polizeinahen Publikationen sehr direkt ihre tradierten Auffassungen zur „Zigeunerkriminalität". Der in der Münchner Landfahrerzentrale arbeitende Rudolf Uschold lobte in der Fachzeitschrift *Die neue Polizei* in verklärenden Worten rückblickend die „Forschungen" der RHF: „Die Sichtung der Jenischen, der Zigeuner und der Zigeuner-

---

98 Vgl. Sandner, Frankfurt, S. 269–274.
99 Zit. nach ebenda, S. 271.
100 Vgl. Stephan, „Kein Mensch sagt HWAO-Schnitzel", S. 247–322, hier S. 254–256.
101 Zit. nach ebenda, S. 255.
102 Vgl. Margalit, Die Nachkriegsdeutschen und „ihre Zigeuner", S. 101–106; Sattig, Das Zigeunerlager Ravensburg Ummenwinkel, S. 260–271.
103 Vgl. Stephan, „Kein Mensch sagt HWAO-Schnitzel", S. 261.
104 Zit. nach ebenda, S. 262.

mischlinge hat aufschlußreiche Ergebnisse über die verschiedenartige Herkunft und Kriminalität der genannten Gruppen gezeigt."[105] Auch im weiteren Text lehnte sich Uschold an Ritter an, wenn er etwa behauptete: „Unter den jenischen Landfahrern und unter den Zigeunermischlingen findet man hauptsächlich den tatsächlichen Kriminellen. Bei ihnen ist der Gewohnheits- und Berufsverbrecher sowie der Affektverbrecher anzutreffen."[106] Dies folgte direkt der Diktion Ritters, denn auch hier wurde das „kriminelle" und „genetische" Problem mit den „Zigeunern" besonders bei den „Mischlingen" gesehen.[107]

Die Kriminalisten vollzogen zwar den Etikettenwechsel von „Zigeuner" zu „Landfahrer", die polizeiliche Strategie blieb jedoch auf die Sondererfassung ausgerichtet. Bis ins Jahr 1982 wurde die Kriminalität von „Landfahrern" in der offiziellen Polizeistatistik gesondert erfasst.[108]

Noch 1970 wurde in einer internen Richtlinie zur Führung dieser Statistik die sogenannte Landfahrereigenschaft an die Biologie gebunden:

> „Landfahrer sind Personen, die aus eingewurzeltem Hang zum Umherziehen mit Fahrzeugen [...] im Lande umherziehen. Die zeitweilige oder dauernde Errichtung oder Beibehaltung einer Wohnung vermag die Landfahrereigenschaft nicht zu widerlegen."[109]

Diese Festlegung hatte polizeipraktische Probleme zur Folge, weshalb in erläuternden Artikeln der Fachliteratur im Hinblick auf die Abgrenzung gegenüber Handelsvertretern verschiedene Kriterien zur Identifikation der „echten Landfahrer" gesucht werden mussten. Georg Geyer schrieb in einem Aufsatz über „das Landfahrerwesen" im Jahr 1957 dazu:

> „Während dabei die einen die Meinung äußern, die Landfahrereigenschaft hänge mit der Zigeunerabstammung zusammen, erklären demgegenüber die Zigeuner, keinesfalls Landfahrer, sondern ehrliche Gewerbetreibende zu sein. Die Feststellung der Landfahrereigenschaft ist aber nicht Sache der Betroffenen, sondern der zuständigen Verwaltungs- und Polizeibehörden."[110]

In dem Artikel wurde damit indirekt behauptet, das „Zigeunerische" – und damit auch das „Kriminelle" – sei von den Personen nicht ablegbar. Ebenfalls wurde den Betroffenen das Recht abgesprochen, darüber zu entscheiden, ob sie sich als Landfahrer bezeichnen lassen wollten oder nicht. Für den Polizeibeamten war es demzufolge im Zweifelsfall nicht relevant, ob seine Einschätzung mit der realen Lebenssituation der Person im Einklang stand. Im weiteren Verlauf behauptete Geyer, die „NS-Zigeunerverfolgung" sei nicht „rassisch" motiviert gewesen: „Nach Kriegsende

---

105 Uschold, Das Zigeunerproblem, S. 38–40, 60–62, hier S. 62.
106 Ebenda, S. 40.
107 Vgl. Zimmermann, Rassenutopie und Genozid, S. 80.
108 Vgl. Stephan, „Kein Mensch sagt HWAO-Schnitzel", S. 269.
109 Zit. nach ebenda, S. 269.
110 Geyer, Das Landfahrerwesen, S. 6–8, 22 f., hier S. 6.

hatte Bayern einen besonders regen Zustrom zigeunerischer Personen zu verzeichnen, die insbesondere aus dem Osten unter der Behauptung rassischer oder politischer Verfolgung zuwanderten."[111] Diese Unterstellung wurde wiederum von Einlassungen zur „rassischen" Minderwertigkeit flankiert, was in dieser radikalen Diktion an den „Ariernachweis" erinnerte: „Es ist demnach nur folgerichtig, daß dieser Personenkreis durchweg nicht in der Lage ist, einen einwandfreien Abstammungsnachweis zu führen."[112] Die Anleihe bei dem NS-Vokabular ist in diesem Kontext durch den Begriff „einwandfrei" offensichtlich.[113] Die Kriminalisten beschäftigten sich in ihren Publikationen auch mit dem Motiv der „NS-Zigeunerverfolgung", etwa Hanns Eller in der Zeitschrift *Kriminalistik*: „Während des Dritten Reiches wurde eine Anzahl zigeunerischer Personen wegen ihrer teils asozialen, teils kriminellen Lebensweise als polizeiliche Vorbeugungshäftlinge in Kz-Haft genommen."[114]

Auch in der kriminalistischen Fachliteratur kündigte sich schon 1957 Widerstand im „Zigeuner"- respektive „Landfahrerdiskurs" an, dieser vermochte jedoch die bestehenden Auffassungen für ein weiteres Jahrzehnt nicht zu gefährden. Ein nicht namentlich genannter Autor[115] veröffentlichte 1957 in der Fachzeitschrift *Kriminalistik* einen für diese Zeit bemerkenswerten Aufsatz mit dem Titel *Zur Kenntnis des Zigeuners von heute*.[116] Der Artikel war ein Frontalangriff gegen das tradierte Bild der Kriminalisten: „Denn die 1933–1945 vom RSHA durch Robert Ritter [...] gelieferten Arbeiten über die Zigeuner sind als pseudowissenschaftlich für die Kriminalistik belanglos gewesen."[117] Im Fazit des kurzen Artikels kam der Autor gar zu der Feststellung: „Die Ritter'sche Institution war das Modell dessen, was in einem demokratischen Kulturstaat nicht wieder aufgebaut werden kann und darf."[118]

Doch selbst dieser kritische Aufsatz war nicht frei von Pauschal- und Vorurteilen gegen die „Zigeuner", lobte er doch die Ausführungen des Kriminalisten Hans Gross, der zu Beginn des 20. Jahrhunderts im *Handbuch für Untersuchungsrichter* seine Gedanken über die „Zigeuner" niedergeschrieben hatte. Der Historiker Volker Berbüsse kommt in seiner Bewertung dieses Handbuchs zu dem Urteil, Gross trage für die Einführung des Gedankens der Unveränderlichkeit der „Zigeuner-Persönlichkeit" Verantwortung.[119] Daraus folgend stellte der unbekannte Autor fest, dass die Kriminalistik der Zigeunerforschung grundsätzlich dienlich sein könne.[120]

---

111 Ebenda, S. 6.
112 Ebenda, S. 7.
113 Vgl. Schmitz-Berning, Vokabular des Nationalsozialismus, S. 5 f.
114 Eller, Die Zigeuner, S. 124–126, hier S. 126. Eller war Mitarbeiter der Münchner „Landfahrerzentrale".
115 Christian Kelch führt überzeugend aus, dass die Autorenschaft Siegmund Wolfs als quasi nachgewiesen gelten kann; vgl. Kelch, Dr. Hermann Arnold und seine „Zigeuner", S. 208 Anm. 819.
116 Vgl. o. V., Zur Kenntnis des Zigeuners von heute, S. 378 f.
117 Ebenda, S. 378.
118 Ebenda, S. 379.
119 Vgl. Berbüsse, Das Bild „der Zigeuner", S. 117–151, hier S. 125.
120 Vgl. o. V., Zur Kenntnis des Zigeuners von heute, S. 379.

Seine Kritik an der Tätigkeit der RHF und der Behandlung der „Zigeuner" im NS-Staat führte zu einer heftigen Replik in einem der nächsten Hefte der Zeitschrift. Der Kriminologe Hans-Joachim Döring antwortete auf den Artikel mit einer Richtigstellung.[121] Döring monierte einige Fehler in der Darstellung. 1933 habe etwa das RSHA und die RHF noch gar nicht existiert. Die Schriftleitung gab dem unbekannten Autor noch vor Veröffentlichung der Replik die Möglichkeit, im gleichen Heft eine Antwort zu veröffentlichen.[122] Der Unbekannte gestand Ungenauigkeiten in seiner zeitlichen und organisatorischen Darstellung der „NS-Zigeunerverfolgung" ein. Er widersprach aber Döring in vielen Schlussfolgerungen, besonders attackierte er dessen Einschätzung, die „Zigeuner" seien „1933–1945 nicht aus rassischen Gründen verfolgt worden".[123]

Es ist bezeichnend für den Diskurs, dass die Gegenposition zu Döring nur anonym geäußert wurde, die Gedanken Ritters dominierten weiterhin. Auch im ersten Nachkriegs-Lehrbuch für Kriminologie aus dem Jahr 1949 übernahm dessen Autor Franz Exner hemmungslos Gedanken von Ritter bezüglich der „Zigeunerkriminalität". Einlassungen zur Kriminalität von Juden, wie sie in früheren Auflagen enthalten waren, wurden dagegen entfernt.[124] Die Neuauflage des *Handbuchs für Untersuchungsrichter* – 1954 von Ernst Seelig unter dem neuen Titel *Handbuch der Kriminalistik* herausgegeben – wurde sogar explizit um die „kriminalbiologischen" Thesen Ritters ergänzt.[125]

Ein Wandel war erst mit dem Auftreten einer neuen Generation von KriminologInnen möglich. So hielt Hans Göppinger 1965 auf der XIII. Tagung der Kriminalbiologischen Gesellschaft einen Vortrag, in dem er die Fokussierung der Kriminologie auf Tätertypen ohne jede empirische Grundlage scharf kritisierte.[126] 1967 tilgte die Fachgesellschaft den Begriff „Kriminalbiologie" aus ihrer Organisationsbezeichnung.[127] Dieses sich abzeichnende Umdenken entzog dem kriminalpräventiven Denkstil der „NS-Zigeunerverfolgung" die intellektuelle Grundlage.

Exemplarisch kann der sich abzeichnende diskursive Wandel in der Kriminologie anhand des *Handwörterbuchs der Kriminologie* gezeigt werden. 1966 begann Rudolf Sieverts mit der Neuherausgabe dieses wichtigen Nachschlagewerkes, das in erster Auflage zwischen 1933 und 1936 – damals noch verantwortet von Alexander Elster und Heinrich Lingemann – erschienen war.[128] Doch Sieverts stand vordergründig nicht für den Wandel in der Kriminologie. 1934 bis 1971 war er – mit kurzer Unterbrechung nach 1945 – Professor für Strafrecht und Mitglied des Unterausschusses

---

121 Vgl. Döring, Zur Kenntnis des Zigeuners von heute, S. 380.
122 Vgl. o. V., Nochmals: Zur Kenntnis des Zigeuners von heute, S. 380 f.
123 Ebenda, S. 380.
124 Vgl. Berbüsse, Das Bild „der Zigeuner", S. 119.
125 Vgl. ebenda, S. 129.
126 Vgl. ebenda, S. 132.
127 Vgl. Baumann, Dem Verbrechen auf der Spur, S. 261.
128 Vgl. Elster/Lingemann (Hrsg.), Handwörterbuch der Kriminologie.

für Jugendstrafrecht der berüchtigten Akademie für Deutsches Recht.[129] Er verteidigte das Wirken Robert Ritters in den „Jugendschutzlagern" und die NS-Repressionsmaßnahmen gegenüber der Swing-Jugend.[130] Doch bereits seinem Vorwort der Neuausgabe war zu entnehmen, dass er sich den veränderten Rahmenbedingungen anzupassen wusste, ohne sich von der problematischen Vergangenheit der Kriminologie zu distanzieren:

> „Die für diese Tradition bezeichnende umfassende, am Maß der Menschen und der jeweiligen sozialen Wirklichkeit orientierte sozialkonstruktive Betrachtungsweise der realen kriminologischen Phänomene in all ihren Aspekten (auch des ethischen und des rechtsstaatlichen) ist unverändert ein theoretisch und pragmatisch gleich produktives Prinzip, das epochale Veränderungen laufend zu erfassen und kriminalpolitisch auszuwerten erlaubt."[131]

Diese Ansicht und sein gutes Netzwerk führten dazu, dass sich in der zweiten Auflage international anerkannte Experten mit Beiträgen einbrachten, unter anderem Fritz Bauer mit einem Artikel zum *Genocidium (Völkermord)*.[132] Bauer erwähnte in seinem Text in einem Unterabschnitt zu den nationalsozialistischen Verbrechen auch die „Zigeuner" als Opfergruppe, ohne allerdings genauer auf die Verbrechen an ihnen einzugehen.[133] Siegmund Wolf übernahm im Handbuch einen Artikel unter der Überschrift *Ethnische Minderheiten*.[134] Bereits zu Beginn äußerte sich Wolf nicht zu kriminologischen Fragen, sondern stellte diese Einschätzung voraus:

> „Höchstwahrscheinlich erzeugt allein schon das Anderssein, die Andersartigkeit, das Abweichen vom Üblichen der Minderheit eine tiefe Aversion in der Majorität, die uniform ist und der daher die Uniformität auch als Bestätigung von Regel und Ordnung gilt. [...] Als Höhepunkte der Gegensätzlichkeit können jene Auslösungen gelten, die unter Verkennen von Ursache und Wirkung das Eliminieren und Liquidieren der Minorität durch die herrschende Mehrheit anstreben. Dabei ist zu beachten, daß die Majorität meistens trotz emotionaler und spontaner Züge des Geschehens diesem zumindest nachträglich einen legalen Unterbau, eine juristische Begründung zu geben trachtet."[135]

Dies war ein Frontalangriff auf die „NS-Zigeunerverfolgung" und die dahinter liegenden Denkmuster. Im weiteren Verlauf des Artikels kam Wolf explizit auf die Minderheit und deren Verfolgungsgeschichte zu sprechen:

> „Ohne jeden wissenschaftlichen Wert sind selbstverständlich willkürliche Wertskalen, wie sie der deutschen Kriminologie seit 1933 als angeblich objektive Ergebnisse von sogenannten Ras-

---

129 Vgl. Klee, Das Personenlexikon zum Dritten Reich, S. 583 f.
130 Vgl. Willing, Das Bewahrungsgesetz, S. 242; Strübel, „Hervorragende Sachkenner, zum guten Teil aus der Universität heraus", S. 524–540, hier S. 535.
131 Sieverts, Vorwort, S. III–VI, hier S. IV.
132 Vgl. Bauer, Genocidium (Völkermord), S. 268–274.
133 Vgl. ebenda, S. 270, 273.
134 Vgl. Wolf, Ethnische Minderheiten, S. 188–191.
135 Ebenda, S. 188.

seforschern dargeboten wurden. Obwohl jeder nur einigermaßen Urteilsfähige das Wahnwitzige eines Dogmas beurteilen konnte, das z. B. Juden und Zigeuner insgesamt zu erbbedingt Kriminellen stempelte, leisteten die deutschen Polizei- und Justizorgane dieser Hekatomben von Menschenleben in Europa verschlingenden Geistesverirrung ihre volle Unterstützung."[136]

Deutlicher konnte man die Traditionen in der deutschen Polizei nicht ankreiden. Trotzdem fällt ein fehlerhaftes Detail in diesen beiden Sätzen auf: die Fokussierung auf die angebliche Zäsur 1933 in der Kriminologie. Betrachtet man die historischen Studien zur Geschichte der Kriminologie, ergibt sich ein anderes Bild. Nachdem die Theorie Lombrosos vom „Verbrecher qua Geburt" bereits um die Jahrhundertwende 1900 als wissenschaftlich obsolet galt, erhielt die biologische Betrachtung von Kriminalität zwei Jahrzehnte später erneut Auftrieb, unter anderem durch die Theorie Kurt Schneiders zu den „psychopathischen Persönlichkeiten".[137] Bereits 1921 war daher in Bayern eine kriminalbiologische Sammelstelle eingerichtet worden, in der die Justiz personenbezogene Daten zu ihren Häftlingen gesammelt hatte.[138]

Auch ließ Wolf seiner Argumentation eine weitere problematische These folgen:

> „Die relative Geschlossenheit der Gruppen macht sie andererseits zu bevorzugten Infiltrations- und Unterwanderungsobjekten des Berufsverbrechertums, das darin durch Solidarität ausgezeichnete und auch durchorganisierte Tarnmöglichkeiten findet."[139]

Das Ansinnen Wolfs, die beiden genannten Minderheiten von angeborener Kriminalität freizusprechen, ist nachvollziehbar. Die Infiltration dieser Gruppen durch „Berufsverbrecher" war für ihn der argumentative Ausweg, um die vermeintlich erhöhte Kriminalität zu erklären.[140] Wolf hing, ebenso wie viele seiner ZeitgenossInnen, dem Bild eines „Berufsverbrechers" an, der qua Natur für einen Großteil der Kriminalität verantwortlich sei und den die Kriminologie zu identifizieren suchte. Diese Denkfigur ging auf Wilhelm Stieber (1860) und Franz von Liszt (1900) zurück, bis sie schließlich von Robert Heindl 1928 mit dem Buch *Der Berufsverbrecher* popularisiert wurde.[141] Patrick Wagner hat dieses Konzept mit kriminologischen Akten retrospektiv exemplarisch für die Weimarer Republik verworfen. Er kam zu dem Urteil, dass der „Berufsverbrecher" eine reine Kreation der Kriminalbeamten gewesen war.[142]

Festzuhalten bleibt, dass dies erst der Beginn eines veränderten Blicks auf Kriminalität war. Nur sehr langsam begann sich dieses Stigma von der Minderheit zu

---

136 Ebenda, S. 190.
137 Vgl. Wagner, Volksgemeinschaft ohne Verbrecher, S. 267.
138 Vgl. ebenda, S. 268.
139 Wolf, Ethnische Minderheiten, S. 190.
140 Auch mag Wolf eine Erklärung für die Ergebnisse der Forschungen Ritters gesucht haben, der die negative Wirkung von der Vermischung von „Zigeunern" und „Jaunern" vermeintlich nachgewiesen haben wollte; vgl. Ritter, Ein Menschenschlag. Zur kritischen Einordnung vgl. Zimmermann, Rassenutopie und Genozid, S. 130, 152.
141 Vgl. Wagner, Volksgemeinschaft ohne Verbrecher, S. 19–25.
142 Vgl. ebenda, S. 74 f.

lösen. Bis heute ist es nicht ganz verschwunden. Über Jahrzehnte hinweg stütze die Diktion in den polizeilichen Fachzeitschriften die Interpretation der „NS-Zigeunerverfolgung" als „normale" Polizeiarbeit. Der kriminologische „Zigeuner"- und „Landfahrerdiskurs" in den 1950er und der ersten Hälfte der 1960er Jahre blieb in seinen Grundannahmen unverändert und stützte so den kriminalpräventiven Denkstil zur „NS-Zigeunerverfolgung". Zwar wurden auf begrifflicher Ebene „Zigeuner" zu „Landfahrern" umgewidmet, doch die Kriminalisten setzten ihre auf angeblichen genetischen Dispositionen und kulturellen Vorurteilen basierende vorbeugende „Zigeunerüberwachung" fort, auch um ihr Handeln in der NS-Zeit zu legitimieren und sich vor Strafverfolgung zu schützen. Daher verteidigten sie auch vehement die Forschungen Robert Ritters und der RHF.

Nach dem Blick auf die ausgebliebenen Strafprozesse im Kontext der „NS-Zigeunerverfolgung" und die Kontinuitäten in der deutschen Polizei muss und soll nun der Fokus auf den Beginn der eigentlichen historischen Forschung zum Thema gelegt werden. Diese entstand vor dem Hintergrund von Entschädigungsanträgen, die Überlebende aus der Minderheit an die Behörden der Bundesrepublik richteten.

3 Bild der „NS-Zigeunerverfolgung" im Schatten der Entschädigung

Die Überlebenden kämpften im Alltag insbesondere mit den vergleichsweise schwierigen Berufsperspektiven, die auch auf die vorangegangene NS-Verfolgung zurückgingen.[143] Für diese und insbesondere für gesundheitliche Folgen waren gesetzgeberisch Entschädigungsgelder vorgesehen. Beim Ringen um die Anerkennung dieser Entschädigungsansprüche, wofür Haftnachweise und der Nachweis der deutschen Staatsbürgerschaft wichtige Voraussetzungen waren, wandten sich viele Überlebende an den International Tracing Service (ITS), der von 1955 bis 2012 unter der Verwaltung des Internationalen Komitees vom Roten Kreuz (IKRK) stand. Die Einrichtung war noch von den Alliierten 1945 gegründet worden, um die Displaced Persons (DP) zu versorgen und ihnen bei der Rückkehr in ihre Heimatländer zur Seite zu stehen.[144] Henning Borggräfe und Hanne Leßau haben den Umgang der Institution mit den NS-Verfolgten am Beispiel der Opfergruppe der „Asozialen" untersucht.[145] Sie kommen zu dem Ergebnis, dass der ITS in der Verantwortungszeit der International Refugee Organization (IRO) von 1948–1951 und der High Commission for Occupied Ger-

---

143 Vgl. Krokowski, Die Last der Vergangenheit, S. 151. In der schon benannten Bildungsstudie gaben allein 39,5 % der damals über 50-Jährigen an, in der Kindheit keine Grundschule besucht zu haben; vgl. Strauß (Hrsg.), Studie zur aktuellen Bildungssituation deutscher Sinti und Roma, S. 30.
144 Vgl. Urban, Zum Geleit, S. 7–10, hier S. 7; Peritore/Reuter, Keine „Stunde Null", S. 21–29.
145 Vgl. Borggräfe/Leßau, Die Wahrnehmung der NS-Verbrechen, S. 23–44.

many (HICOG) 1951–1955 – also vor der Übernahme durch das IKRK – nicht nur die Verfolgungswege gemäß den Angaben aus NS-Akten wiedergab, sondern auch quellenkritische Stellungnahmen durch den ITS erstellte, die besonders für nicht-jüdische Verfolgte eine wichtige Hilfe beim Durchsetzen der Anerkennung von Entschädigungsansprüchen waren.[146] Nach der Übernahme durch das IKRK 1955 beendete der ITS diese Praxis. Fortan erfolgte nur noch eine Wiedergabe des Wortlautes aus den NS-Akten. Diese Kursänderung ist ein wichtiger Grund für die Ablehnung der Entschädigungsansprüche vieler Sinti und Roma. Mit dem Erlass des Bundesentschädigungsgesetzes (BEG) am 29. Juni 1956 wurde dies für die Minderheit in besonderer Weise relevant, weil gemäß Paragraph 1 des BEG nur das Motiv der „rassischen" Verfolgung für Sinti und Roma realistisch nachzuweisen war.[147] Politische und religiöse Motive waren dagegen für diese Opfergruppe schwer begründbar.[148] Der Entschädigungsanspruch war durch die Formulierung des BEG in der juristischen und behördlichen Praxis durch die Frage bestimmt, wann die Nationalsozialisten bei der „NS-Zigeunerverfolgung" welchem Motiv nachgegangen waren.

Der sachbezogene Anerkennungsdiskurs des Völkermords wurde in den ersten beiden Jahrzehnten der Bundesrepublik anlassbezogen dann geführt, wenn Gerichte und Entschädigungsbehörden sich zu den Anträgen aus der Minderheit verhalten mussten und deshalb bei wissenschaftlichen Stellen um Auskünfte zum Verfolgungsmotiv baten.[149] Wissenschaftler an deutschen Forschungsinstituten – es waren ausnahmslos Männer – fühlten sich dann dazu berufen, sich zum Motiv der „Zigeunerverfolgung" im Nationalsozialismus zu äußern, eine grundständige, wissenschaftliche Erforschung war zunächst jedoch nicht von Interesse. So erhielt Hans Buchheim am IfZ den Auftrag, mehrere Gutachten über die Deportation von Sinti und Roma im Mai 1940 aus dem westlichen und nordwestlichen Reichsgebiet ins Zwangsarbeitslager Bełżec zu verfassen.[150] Hintergrund waren Anfragen von Gerichten, die sich mit Entschädigungsklagen von Sinti und Roma konfrontiert sahen. Die frühen Deportationen vom Mai 1940 sollten als entschädigungsrelevante Gewaltmaßnahme auf dem Klageweg anerkannt werden, zuvor hatten die Entschädigungsbehörden dies mehrheitlich abgelehnt.[151] Die verschiedenen Instanzengerichte urteilten darüber uneinheitlich.[152] Buchheim bezog sich in seinem Gutachten auf ein viel diskutiertes Grundsatzurteil des BGH vom 7. Januar 1956. Dieses gab die grundsätzliche Leitlinie heraus, Entschädigungsansprüche von Deportierten, die im Jahr

---

146 Vgl. ebenda, S. 27, 32.
147 Vgl. Reimesch, Vergessene Opfer, S. 9.
148 Vgl. Pawlita, Der Beitrag der Rechtsprechung, S. 79–114.
149 Vgl. Zimmermann, Rassenutopie und Genozid, S. 23–39; Wippermann, „Auserwählte Opfer?", S. 64–91.
150 Vgl. Buchheim, Die Zigeunerdeportation vom Mai 1940, S. 51–60. Zu den Mai-Deportationen im Jahr 1940 vgl. Zimmermann, Rassenutopie und Genozid, S. 167–175.
151 Vgl. Goschler, Schuld und Schulden, S. 196 f.
152 Vgl. Lehmann-Richter, Auf der Suche nach den Grenzen der Wiedergutmachung, S. 253.

1940 ins Generalgouvernement deportiert worden waren, pauschal als nicht „rassisch" motiviert und damit als nicht entschädigungsrelevant abzuweisen.[153] Buchheim diskutierte kriminalpräventive, militärische, aber auch „rassische" Motivationen der Deportation und nahm eine Gewichtung vor. Er äußerte am Schluss seines Gutachtens die Einschätzung: „Angesichts der dargelegten Tatsachen und Zusammenhänge ist es wohl kaum möglich [...] etwas anderes als eine rassische Verfolgung der davon betroffenen Zigeuner zu sehen."[154]

Dieses Gutachten wurde in einem Sammelband des IfZ veröffentlicht. Die Publikation hatte allerdings nur eine sehr kleine Auflage und, wohl auch wegen des hohen Preises, dementsprechend eine geringe Breitenwirkung, was auch innerhalb des IfZ für Kritik sorgte.[155] Sie wurde in erster Linie von juristischen ExpertInnen zur Kenntnis genommen. Buchheim betonte am 6. Juni 1958 in einem ergänzenden Gutachten noch einmal die „rassische" Motivation, unter anderem mit einem Verweis auf den „Runderlaß des Reichsführers SS vom 8.12.1938".[156] Diese erneute Stellungnahme blieb außerhalb von Justizakten unveröffentlicht. Buchheim wurde durch seine Gutachtertätigkeit zum internen Experten des IfZ für die „NS-Zigeunerverfolgung". In seinen breitenwirksamen Publikationen, etwa in seinem Buch *Das Dritte Reich. Grundlagen und politische Entwicklung* – einem historischen Lehrbuch für die Bundeswehr –, fand die „NS-Zigeunerverfolgung" jedoch keine Erwähnung.[157] Buchheim wandte sich schließlich anderen Forschungsthemen zu und wurde 1966 als Lehrstuhlinhaber für Politikwissenschaft an die Universität Mainz berufen. In Fachkreisen hielt er sich mit Stellungnahmen zur „NS-Zigeunerverfolgung" zurück und verwies hinsichtlich einer Expertise zum Thema mehrfach auf den Kriminologen Hans-Jürgen Döring an der Universität Freiburg.[158]

Hans-Joachim Döring, Doktorand[159] der Kriminologie, schrieb den schon in der Einleitung genannten Aufsatz in den breit rezipierten *Vierteljahrsheften für Zeitgeschichte* und gewichtete die kriminalpräventiven gegenüber „rassischen" und militärischen Motiven sehr stark. Er argumentierte in dem kurzen Text widersprüchlich,

---

153 Vgl. ebenda, S. 253–255; Die Präsidentin des Bundesgerichtshofs/Zentralrat Deutscher Sinti und Roma (Hrsg.), Doppeltes Unrecht.
154 Buchheim, Die Zigeunerdeportation vom Mai 1940, S. 60.
155 Vgl. Berg, Der Holocaust und die westdeutschen Historiker, S. 299.
156 Vgl. BArch, B 162/110, Gutachten Hans Buchheims mit dem Titel „Die Verfolgung der Zigeuner aus rassischen Gründen zur Zeit der nationalsozialistischen Herrschaft" vom 6.6.1958; zum Stellenwert des Runderlasses vgl. Zimmermann, Rassenutopie und Genozid, S. 80, 110 f., 126, 148.
157 Vgl. Buchheim, Das Dritte Reich.
158 Vgl. IfZ Arch, MS 410, Schreiben von Dr. S. Fauck an das Zentralkomitee der Zigeuner vom 25.8.1960, S. 2; IfZ Arch, MS 410, Auskunft von Dr. Buchheim an den Oberstaatsanwalt beim Landgericht Frankfurt vom 29.3.1960, S. 2 f.
159 Döring übernahm dieses Dissertationsthema im Auftrag des Direktors des Instituts für Kriminalistik Karl S. Bader, der vergleichend herausfinden wollte, ob die KZ-Haft bei Homosexuellen und „Zigeunern" positiv auf die Kriminalitätsrate gewirkt habe; vgl. Berbüsse, Das Bild „der Zigeuner", S. 126.

doch im Ergebnis verfing, neben dem Hinweis auf die höhere „Bagatell-Kriminalität" der „Zigeuner", diese Äußerung: „Eine Rolle spielt dabei der Umstand, daß Maßnahmen, die sich gegen die Zigeuner richteten, nicht immer oder ausschließlich aus ‚rassischen' Gründen erklärt werden können bzw. erklärt zu werden brauchen."[160]

Wie war es möglich, dass ein nicht promovierter Nichthistoriker in den *Vierteljahrsheften für Zeitgeschichte* einen eher abseitigen Aufsatz veröffentlichen konnte? Die Antwort ist so banal wie erschreckend: Döring bot das Thema an und wurde von Hans Buchheim im Auftrag des Schriftleiters Helmut Krausnick freundlich zur Veröffentlichung eingeladen. Vorwand für Dörings Anschreiben war das Skandalurteil des BGH vom 7. Januar 1956. Mit Hinweis auf das Urteil monierte er gegenüber Krausnick Mängel in der zeitgeschichtlichen Einordnung.[161] Er verschwieg, dass er mit seinem Artikel das Urteil untermauerte. Dieser ging in den Redaktionsprozess und wurde von Krausnick, Buchheim und Döring mehrfach vor der Veröffentlichung überarbeitet.[162] Im Ergebnis standen die Stärkung der Argumentationslinie der kriminalpräventiven Motive und eine entlastende Äußerung zur Rolle Robert Ritters in der „NS-Zigeunerverfolgung".[163] Dass die Argumentation im Artikel seiner Bewertung – die „NS-Zigeunerverfolgung" als ein vordergründig „rassisch" motiviertes Gewaltverbrechen zu interpretieren – in vielen Punkten zuwiderlief, entging Buchheim offenbar – und vielleicht auch Krausnick, der die letzten Korrekturen vornahm. Leider liegen im Archiv des IfZ keine überarbeiteten Entwürfe des Artikels vor, weshalb die genaue Genese einzelner Satzteile nicht nachvollzogen werden kann. Buchheim und Krausnick verließen sich augenscheinlich auf die Forschungen des Kriminologen. Krausnick ließ als verantwortlicher Schriftleiter den Artikel so erscheinen, was vorsichtige Rückschlüsse auf sein Bild der „NS-Zigeunerverfolgung" zulässt. Döring war es gelungen, sein „Expertenwissen" prominent zu platzieren. Er trieb seine Forschungen über Jahre weiter und bemühte sich dabei, an einschlägiges Quellenmaterial zu gelangen.[164] Dabei verfolgte er jedoch gegenwartsbezogene Ziele. Bereits im März 1953 hatte Döring alle Landeskriminalämter in der Bundesrepublik kontaktiert, um Informationen für eine vorgebliche Untersuchung zur „Zigeunerkriminalität nach dem Kriege" zu erhalten.[165] Er versuchte auf die Behörden einzuwirken, ihnen Material zur Verfügung zu stellen, und versprach, mit seiner Arbeit bemüht zu sein, Vorteile von Karteien für „Zigeuner" wissenschaftlich zu untermauern.[166]

---

160 Döring, Die Motive der Zigeuner-Deportation vom Mai 1940, S. 418.
161 Vgl. IfZ Arch, ID 103/57, Schreiben Hans-Joachim Dörings an den Schriftleiter der Vierteljahrshefte für Zeitgeschichte Herrn Dr. Krausnick vom 28.6.1959, S. 1.
162 Vgl. den weiteren Schriftverkehr in: IfZ Arch, ID 103/57.
163 Vgl. Döring, Die Motive der Zigeuner-Deportation vom Mai 1940, S. 428.
164 Vgl. etwa die Anfrage: BArch, B 198/313, Schreiben des Instituts für Kriminologie und Strafvollzugskunde an der Universität Freiburg an das Bundesarchiv Koblenz mit der Bitte um „Material über Zigeunerangelegenheiten während der nationalsozialistischen Zeit" vom 27.11.1957.
165 Vgl. Hesse/Schreiber, Vom Schlachthof nach Auschwitz, S. 301.
166 Vgl. ebenda, S. 302.

Der Kampf gegen die Rechtsauffassung des BGH wurde dagegen von 1956 bis 1963 von juristischen und zivilgesellschaftlichen Akteuren geführt, die sich auch sonst für die Durchsetzung von Entschädigungsansprüchen für Verfolgte einsetzten. Aufgrund seiner Amtsposition zurückhaltend im Ton, aber engagiert in der inhaltlichen Auseinandersetzung, agierte der Senatspräsident des Frankfurter Oberlandesgerichts Franz Calvelli-Adorno.[167] Der in der NS-Zeit als „Halbjude" verfolgte, aus einem katholischen Elternhaus stammende Jurist war 1933 aus seinem Amt als Landgerichtsrat entlassen worden und überlebte nur in der Illegalität. 1946 wurde er als Oberlandesgerichtsrat in Frankfurt wieder eingestellt und prägte die Spruchpraxis des Gerichts zu Gunsten der Belange der Verfolgten.[168] Schon 1952 erkannte das Oberlandesgericht Frankfurt die „rassische" Dimension der „NS-Zigeunerverfolgung" an und widersetzte sich auch zwischen 1956 und 1963 immer wieder juristischen Interventionen des BGH.[169] Daneben war Kurt Mai, Leiter des Frankfurter Büros der United Restitution Organization (URO), beständig engagiert, Beweismaterial für die „rassische" Verfolgung zu finden, um für Sinti und Roma günstigere Entschädigungsregelungen durchzusetzen.[170] Er begründete sein Engagement in mehreren Briefen an Verantwortliche in der Entschädigungspraxis mit der Einschätzung, dass die „Zigeuner" „nicht richtig organisiert und nicht richtig vertreten" seien.[171] Bis zur Revision des BGH 1963 fungierte Mai als Netzwerker, sammelte Quellenmaterial und schrieb unablässig Briefe an Buchheim, Calvelli-Adorno und an den einflussreichen CDU-Politiker Franz Böhm.[172]

Der Jurist Böhm war bekennender Christ. Diese Grundüberzeugung hatte ihn während der NS-Zeit offenen Widerspruch gegen die immer radikaler werdende antisemitische Politik erheben lassen. Dies hatte für ihn den Verlust seines Professorenamtes an der Universität Jena und seine Entfernung aus dem Justizdienst zur Folge.[173] Zu seinen vielfältigen Nachkriegsaktivitäten gehörten seine bedeutende Rolle bei der Gründung der Gesellschaften für christlich-jüdische Zusammenarbeit im Februar 1949 in Frankfurt und die Schlüsselposition bei den erfolgreichen Verhandlungen des Luxemburger Abkommens zwischen der Bundesrepublik und Israel 1952.[174] Böhms Rolle bei der Verabschiedung des BEG 1956 und des BEG-SG 1965 war ebenso maßgeblich. Gleichermaßen hatte er als stellvertretender Vorsitzender des Wiedergutmachungsausschusses des Deutschen Bundestags von 1955 bis 1965 entschei-

---

167 Vgl. den detailreichen und versierten Artikel: Calvelli-Adorno, Die rassistische Verfolgung, S. 529–537.
168 Vgl. Falk, Entnazifizierung und Kontinuität, S. 155–157.
169 Vgl. ebenda, S. 409.
170 Vgl. Hockerts, Anwälte der Verfolgten, S. 267–271; Joskowicz, Separate Suffering, Shared Archives, S. 125.
171 Zit. nach Hockerts, Anwälte der Verfolgten, S. 270.
172 Vgl. die diversen Schriftwechsel von Mai mit Böhm, Wolf, Buchheim in: IfZ Arch, MS 410.
173 Vgl. Brechenmacher, Konrad Adenauer, S. 305–321, hier S. 306.
174 Vgl. ebenda, S. 305, 307.

den Einfluss auf die Anwendung und weitere Entwicklung der Entschädigungsgesetze.[175] 1957 wurde er von Georg Althaus, einem „Zigeunerpastor" aus Braunschweig, auf dessen Rolle später noch einzugehen ist, auf die schwierige Situation der Sinti und Roma bei der Durchsetzung von Entschädigungsansprüchen hingewiesen.[176] Böhm stand beständig im direkten Austausch mit Mai, Buchheim und Siegmund Wolf, um eine günstigere Entschädigungsregelung für die Sinti und Roma durchzusetzen.[177] Hinsichtlich der Motivlage der „NS-Zigeunerverfolgung" vertrat Böhm einen eindeutigen Standpunkt. In einem Brief an Siegmund Wolf beklagte er:

> „In Wahrheit haben sich die Nationalsozialisten doch ganz offenkundig von allem Anfang an von ‚rassischen' Vorstellungen leiten lassen und haben es bloß aus irgendeinem Grunde – der Himmel mag wissen, aus welchem – für zweckmäßig gehalten, ihre Verfolgungsmaßnahmen ‚sicherheitspolizeilich' zu tarnen [...]."[178]

Neben dieser klaren Bewertung sah der Politiker auch einen entscheidenden Grund dafür, dass die deutschen Kriminalbeamten allein die kriminalpräventiven Motive heranzogen:

> „Die Beamten, die damals ihr Gewissen damit beschwichtigten, daß sie sich Mühe gaben, die sicherheitspolitische Tarnung für bare Münze zu halten, haben auch heute noch eine begreifliche Scheu davor, ihre bürokratische Mitwirkung an der Zigeunervertreibung als Mordhilfe ansehen zu müssen, und kleben an einer Geschichtsdoktrin, die es ihnen gestattet, zu glauben, daß die NS-Machthaber zu jener Zeit, als sie mithilfe der Normalbürokratie die Zigeuner nach dem Osten schafften, noch einigermaßen korrekte Absichten gehabt [...] [haben]."[179]

Diese Bewertung wiederholte er auch halböffentlich. In einem Vortrag vor der Gesellschaft für christlich-jüdische Zusammenarbeit in München 1958 stellte er fest: „Die Zigeuner waren die einzigen, die neben den Juden in die sogenannte Endlösung, d. h. in das totale Vernichtungs- und Austilgungs-Programm einbezogen worden sind."[180] Weiterhin plädierte Böhm dafür, dass die Organisation sich der Minderheit annehmen sollte.[181]

Mai, Cavelli-Adorno, Böhm und eingeschränkt auch Buchheim ist es somit zu verdanken, dass der BGH seine Grundsatzentscheidung von 1956 in Teilen mit einem neuen Grundsatzurteil vom 18. Dezember 1963 revidierte, wonach „rassische" Motive zumindest als mitursächlich für die Deportationen 1940 anerkannt wurden.[182] Mit

---

175 Vgl. ebenda, S. 320; Goschler, Schuld und Schulden, S. 134–137, 143, 166–169, 289.
176 Vgl. Hansen, Franz Böhm mit Ricarda Huch, S. 372.
177 Vgl. die diversen Schriftwechsel von Böhm mit Mai, Wolf und Buchheim in: IfZ Arch, MS 410.
178 ACDP, Nachlass Franz Böhm, Bestand 01-200-005/4, Brief von Prof. Dr. Böhm an Herrn Siegmund A. Wolf vom 2.12.1957, S. 6.
179 Ebenda, S. 6.
180 Hansen, Franz Böhm mit Ricarda Huch, S. 372.
181 Vgl. ebenda, S. 295 f.
182 Vgl. Feyen, „Wie die Juden"?, S. 340.

dem 1965 verabschiedeten BEG-SG wurden die Neuanträge für als „Zigeuner" verfolgte AntragstellerInnen möglich, gerade weil die Entschädigungsbehörden und die unteren Instanzengerichte zuvor viele Anträge unter Berücksichtigung der Grundsatzentscheidung des BGH abgelehnt hatten. Viele Anspruchsberechtigte hatten dennoch das Nachsehen, waren sie doch bereits verstorben oder hatten es versäumt, rechtzeitig einen Erstantrag zu stellen.[183]

Doch nicht nur die genannten Personen hatten Anteil an dieser Einwicklung. Dazu beigetragen hatten auch die Initiativen des Linguisten Siegmund Wolf. Jener hatte seit den 1930er Jahren die Romani-Dialekte untersucht. Das Ergebnis seiner Forschungen war die Veröffentlichung des *Großen Wörterbuchs der Zigeunersprache* im Jahr 1960, worin eine dreiseitige Passage die „NS-Zigeunerverfolgung" detailreich beschrieb.[184] Zum Verfolgungsmotiv äußerte Wolf sich nicht explizit, seine Schilderungen zur Rolle der RHF im Verfolgungsprozess ließen aber wenige Möglichkeiten, darin keine „rassische" Motivation zu sehen. Wolf suchte selbst offensiv den Kontakt zum Nachrichtenmagazin *Der Spiegel*.[185] Im April 1963 erschien daraufhin ein mehrseitiger Artikel mit der Überschrift *Zigeuner. So arisch*, wie beim *Spiegel* damals üblich, ohne Verfassernennung.[186] Das Magazin zitierte allerdings ausgiebig aus der Schrift Wolfs und verwies noch einmal extra auf dessen Publikation. Auch eine Opferschätzung von 500 000 wurde wiedergegeben, die Involvierung Ritters und Justins in die „NS-Zigeunerverfolgung" konkret nachgezeichnet, die mangelhafte Rechtsprechung des BGH angeprangert und kein Zweifel an der „rassischen" Motivation der Verfolgung gelassen. Der Artikel im *Spiegel* wurde aufgrund seiner großen Reichweite intensiv rezipiert. In Frankfurt wurde daraufhin im Stadtparlament sogar die Forderung erhoben, die noch lebende Assistentin Ritters Eva Justin aus städtischen Diensten zu entlassen, was letztlich jedoch scheiterte.[187]

Der kriminalpräventive Denkstil geriet somit zum ersten Mal merklich unter Druck. Publizistisch war der Artikel im *Spiegel* ein Fanal, doch die fachwissenschaftliche Forschung konnte selbst damit nicht animiert werden, sich über die spärlichen Gerichtsgutachten hinaus des Themas anzunehmen. Nachdem nun der sachliche Anerkennungsdiskurs in der deutschen Forschungslandschaft in seinen dominierenden und marginalisierten Positionen dargestellt wurde, bleibt zu fragen, wie sich die Forschungssituation außerhalb der Bundesrepublik entwickelte und wie die deutschen Forschenden diese Studien rezipierten.

---

183 Vgl. ebenda, S. 346.
184 Vgl. Wolf, Großes Wörterbuch der Zigeunersprache, S. 24–27.
185 Vgl. Sandner, Frankfurt, S. 313.
186 Vgl. o. V., Zigeuner. So arisch, in: Der Spiegel, 24.4.1963.
187 Vgl. Margalit, Die Nachkriegsdeutschen und „ihre Zigeuner", S. 221.

4 Transnationale Forschungsimpulse und deren fehlende deutsche Rezeption

Der fundierte Beginn der wissenschaftlichen Erforschung der „NS-Zigeunerverfolgung" ist außerhalb der Bundesrepublik zu suchen. Dabei spielten jüdische Überlebende und jüdische Opferorganisationen eine entscheidende Rolle.[188] Die Sammlungspraktiken der jüdischen Opferverbände prägten jedoch auch die Perspektive. Welche Quellen und Berichte gesammelt wurden, lag zunächst zumeist allein in ihren Händen.[189] Ari Joskowicz, der an einer umfangreichen Studie zu den Beziehungen zwischen den Opfergruppen arbeitet, stellt in einer Vorstudie einige Beispiele für die jüdische Wahrnehmung der „NS-Zigeunerverfolgung" heraus. So berichtet der Historiker über vorurteilsbehaftete Berichte eines slowakisch-jüdischen Überlebenden, der Ablehnung von Seiten der „Gypsies" erfahren hatte.[190] Und noch mehr: Jüdische Erfahrungsberichte thematisierten mehrfach die vermeintlich besseren Haftbedingungen im „Zigeunerfamilienlager Auschwitz-Birkenau" und in anderen Lagern beziehungsweise Ghettos.[191] Daraus den Schluss zu ziehen, es habe zwischen den Opfergruppen im Nachhinein keine Solidarität gegeben, wäre jedoch falsch. Es sind in vielen Fällen jüdische Überlebende gewesen, die als ImpulsgeberInnen oder AutorInnen die „NS-Zigeunerverfolgung" in die Öffentlichkeit und auch in die Forschung brachten. Diese frühen Veröffentlichungen entstanden in den 1950er und 1960er Jahren in Polen, Österreich, Frankreich, Israel, den Vereinigten Staaten von Amerika (USA) und Großbritannien. Die wichtigsten Publikationen sollen nun hinsichtlich ihrer Darstellung der „NS-Zigeunerverfolgung" vorgestellt werden.

Die Rahmenbedingungen für die Wahrnehmung der Überlebenden und Getöteten der Massenverbrechen an Juden, Roma und weiteren „Opfergruppen" waren in Polen denkbar schlecht. So stellt Feliks Tych fest, dass sowohl das kommunistische Regime als auch die polnische Mehrheitsbevölkerung und die jüdischen Überlebenden die einzelnen Verfolgungsmaßnahmen im Detail bis 1987 kaum thematisierten, sieht man einmal vom jährlichen Gedenken an den Aufstand im Warschauer Ghetto ab.[192] Ein zentraler Ort der „NS-Zigeunerverfolgung" war das Konzentrations- und Vernichtungslager Auschwitz-Birkenau. Somit hing es auch von der dortigen Gedenkstätte und der sie bestimmenden Geschichtspolitik ab, wie intensiv das Thema in Wissenschaft und Öffentlichkeit diskutiert wurde. In ihrer Studie zur Entstehung der Gedenkstätte Auschwitz-Birkenau zwischen 1945 bis 1955 hat Imke Hansen einen Fall beschrieben, der in diesem Zusammenhang als symptomatisch angesehen werden kann. Der polnische Ministerpräsident Jósef Cyrankiewicz verschickte für eine

---
188 Vgl. Joskowicz, Separate Suffering, Shared Archives, S. 111.
189 Vgl. ebenda, S. 112 f.; Jockusch, Collect and Record.
190 Vgl. Joskowicz, Separate Suffering, Shared Archives, S. 116.
191 Vgl. ebenda, S. 117 f.; Luchterhandt, Der Weg nach Birkenau, S. 304–306.
192 Vgl. Tych, Umfang und Quellen des Wissens über den Holocaust in Polen, S. 87–111, hier S. 87.

Gedenkveranstaltung einer dem damaligen Regime treuen Priesterorganisation in Oświęcim – wie Auschwitz nun wieder hieß – am 17. Juni 1950 ein Grußwort, das sich unter Bezugnahme auf die Leiden der Überlebenden programmatisch explizit gegen den drohenden Atomkrieg und gegen den westlichen Imperialismus richtete.[193] Er sprach unter anderem diese Worte:

> „Ihr betrachtet die Haufen von Kinderschuhen und Spielzeug, das zum Tode verurteilten Kindern abgenommen wurde, und werdet besser als manche Pharisäer wissen, was Faschismus ist, was Imperialismus ist, was es heißt, die Würde des Menschen mit Füßen zu treten, was imperialistischer Krieg ist, womit der imperialistische Krieg droht."[194]

Der polnische Ministerpräsident Józef Cyrankiewicz unterschlug dabei, dass die Spielsachen jüdischen und Roma-Kindern gehört haben mussten.[195] Die Mitarbeitenden des bereits 1947 eingerichteten Museums trafen diese Unterscheidungen bereits differenzierter. Sie formulierten in der Konzeption für die neue Dauerausstellung 1955:

> „Diese 4 Millionen namenlosen und nummernlosen Opfer des Nationalsozialismus kamen aus ganz Europa. Es waren vor allem Juden, aber auch Russen, Polen, Zigeuner [...] usw. und auch Deutsche. Diese Menschen stammten aus allen sozialen, religiösen und politischen Umfeldern."[196]

Der Erforschung des Themas durch das Museum standen jedoch ganz handfeste Probleme im Weg. Die Hauptbücher des „Zigeunerfamilienlagers Auschwitz-Birkenau" wurden am 13. Januar 1949 von Mitarbeitenden aufgefunden. Der ehemalige Rapportschreiber Tadeusz Joachimowski, der auch beim Wiederauffinden anwesend war, hatte die Insassenbücher in einem Eimer heimlich vergraben. Im Boden waren sie jedoch erheblicher Feuchtigkeit ausgesetzt gewesen, weshalb sie stark beschädigt waren.[197] Erst 1993 konnten sie rekonstruiert und ediert veröffentlicht werden, nachdem das Staatliche Museum Auschwitz-Birkenau mit dem Max-Planck-Institut für Geschichte in Göttingen ein Projekt zur computergestützten Wiederherstellung der Bücher gestartet hatte.[198] In Polen erschien dennoch bereits 1951 ein Werk zur Geschichte der polnischen Roma, welches auch die „NS-Zigeunerverfolgung" thematisierte.[199]

In Österreich sorgten die bereits erwähnten Initiativen von Überlebenden des Lagers Lackenbach 1952 für Aufsehen. Gestützt wurden diese durch den starken ös-

---

193 Vgl. Hansen, „Nie wieder Auschwitz", S. 190–196.
194 Zit. nach ebenda, S. 194.
195 Vgl. ebenda, S. 194.
196 Zit. nach ebenda, S. 258.
197 Vgl. Zimmermann, Rassenutopie und Genozid, S. 36.
198 Vgl. Grotum, Das digitale Archiv, S. 98–100; Staatliches Museum Auschwitz-Birkenau (Hrsg.), Gedenkbuch.
199 Vgl. Ficowski, Cyganie Polscy.

terreichischen KZ-Verband, in dessen Zeitschrift *Der neue Mahnruf* wiederholt einschlägige Artikel erschienen.[200] Sehr frühzeitig, noch vor der IfZ-Ausgabe, veröffentlichte die Zeitschrift auch Auszüge aus den „Memoiren" des ehemaligen Lagerkommandanten Rudolf Höß. Diese wurden im Gegensatz zur IfZ-Ausgabe mit einer vermutlich von Hermann Langbein verfassten einleitenden Vorbemerkung versehen, die das Verfolgungsmotiv klar benannte: „Viel zu wenig bekannt ist aber, daß sich der deutsche Faschismus nicht etwa mit der Ausrottung der Juden ‚begnügte'. Auch die völlige Vernichtung der Zigeuner hat er sich zum Ziel gesetzt."[201]

Als beachtenswert ist auch ein Urteil des österreichischen Verwaltungsgerichtshofs anzuführen. Das Gericht gab einer Beschwerde eines Überlebenden aus der Minderheit statt, der 1954 gegen die Versagung seiner Entschädigung für die Inhaftierung im Lager Lackenbach geklagt hatte.[202] Die Zahlung war zuvor vom Entschädigungsamt versagt worden, weil nach Einschätzung des Bundesministeriums für soziale Verwaltung in Österreich dieses Lager „nicht als ‚Haftanstalt' im Sinne des § 1 Abs. 1 lit.e OFG anzusehen sei".[203] Das oberste Verwaltungsgericht urteilte allerdings dagegen:

> „Es wäre daher zur Klarstellung der wirklichen Verhältnisse im Arbeitslager Lackenbach [...] unerlässlich gewesen, unbeschadet der Auswertung des im übrigen vorwiegend nur auf sicherheitsdienstliche Belange abgestellten Erhebungsmaterials des Bundesministeriums für Inneres, vor allem die Aussagen von Tatzeugen heranzuziehen und deren Angaben notwendigenfalls durch Einvernahme weiterer Auskunftspersonen, ergänzen zu lassen."[204]

Diese Begründung ist – über den eigentlichen Entschädigungsfall hinaus – ein wichtiges Indiz für ein beginnendes Misstrauen gegenüber dem „Erhebungsmaterial", das den kriminalpräventiven Denkstil bislang gestärkt hatte. Erstens wurde vom Gericht eingefordert, dass die konkreten Zustände im Lager – auch durch Zeugenbefragungen – untersucht werden müssten. Zweitens werden die übersandten Verordnungen und Erlasse aus der NS-Zeit als ungeeignet angesehen, um Aussagen über die Motive der „NS-Zigeunerverfolgung" zu treffen. Damit waren zwar die individuellen Entschädigungsanträge noch nicht bewilligt, aber dennoch war dies ein wegweisendes Urteil. Durch die Novellierung des Opferfürsorgegesetzes 1961 konnten die Überlebenden des Lagers Lackenbach Haftzeitenentschädigungen wirksamer durchsetzen.[205] Diese Änderung in der Entschädigungsgesetzgebung hatte gewiss auch mit den Aktivitäten der überlebenden Sinti und Roma zu tun, jedoch wirkte auch hier ein Netzwerk aus helfenden Verbänden und PolitikerInnen, wie der sozial-

---

200 Vgl. o. V., „Einmal mehr: Lackenbach", S. 4 f.
201 o. V., „Meine liebsten Häftlinge", S. 3.
202 Vgl. BArch, B 162/28242.
203 BArch, B 162/28242, Urteil des Verwaltungsgerichtshofs, Z1.3001/52 vom 28.1.1954, S. 1.
204 Ebenda, S. 5 f.
205 Vgl. Baumgartner, Wann endlich wird dies himmelschreiende Unrecht an uns gut gemacht werden?, S. 47.

demokratischen Abgeordneten des Nationalrats Rosa Jochmann, die Insassin im Konzentrationslager Ravensbrück gewesen war.[206]

Auch institutionelle Initiativen begünstigten die Erforschung in Österreich. Das 1963 gegründete Dokumentationsarchiv des österreichischen Widerstandes (DÖW) sammelte die bereits vorgestellten Einsprüche der Sinti und die bis dato erschienene Literatur zum Thema.[207] Die Bibliothekarin des DÖW Selma Steinmetz veröffentlichte 1966 schließlich eine zwar knappe, aber inhaltlich auch heute noch haltbare Darstellung der „NS-Zigeunerverfolgung" in Österreich mit Verweisen zum Gesamtreich. Die Autorin ließ keinen Zweifel an der „rassischen" Motivation der Verfolgung, wenn sie schrieb: „Hier schaltete und waltete einzig und allein der Rassenhaß."[208]

Das Buch erschien im Europa-Verlag, einem 1933 von Emmie und Emil Oprecht gegründeten Zürcher Verlag, der politisch-historische Schriften veröffentlichte und der sich nach dem Zweiten Weltkrieg dem Wiederaufbau Europas verpflichtet fühlte.[209] Das Beispiel Österreich zeichnet im Vergleich zur Bundesrepublik für die ersten Jahre nach Kriegsende ein ähnlich ablehnendes Bild gegenüber den Sinti und Roma. Doch durch die frühe Einbindung der Überlebenden in den KZ-Verband, das im Vergleich überaus kritische Urteil des österreichischen Verwaltungsgerichtshofs und Institutionen wie das DÖW kam es früher als in der Bundesrepublik zu einer kritischen Erforschung der „NS-Zigeunerverfolgung".

In Frankreich berichteten zurückgekehrte Überlebende der Konzentrationslager über die „NS-Zigeunerverfolgung". Schon 1946 schilderte der ehemalige Häftling des Konzentrationslagers Buchenwald Frédéric Max die Existenz eines Sonderlagers für „Zigeuner" in Auschwitz. Mithäftlinge aus der Opfergruppe der Sinti und Roma – die 1944 die Räumung des „Zigeunerlagers" in Auschwitz überlebt hatten – hatten Max von ihren Erlebnissen berichtet. Seine Schilderungen waren daher sehr detailreich, zudem konnte er sich jene von jüdischen Häftlingen bestätigen lassen.[210] Auch Olga Lengyel veröffentlichte bereits 1946 in französischer Sprache einen Bericht über ihre Erlebnisse im Konzentrationslager Auschwitz-Birkenau.[211] Nachdem sie 1947 in die USA emigriert war, erschien ihr Bericht auch auf Englisch. Enthalten waren auf zwei Seiten auch Informationen zu den Sinti und Roma im Konzentrationslager Auschwitz-Birkenau.[212] Darüber hinaus fand die Opfergruppe in der 1950 erschienenen Schrift des Pariser Historikers Joseph Billig eine mehrseitige Erwähnung. Er arbeitete das Thema allein anhand von Dokumenten aus den Nürnberger Kriegsverbrecherprozessen heraus.[213] Das Besondere an seiner Publikation ist die

---

206 Vgl. ebenda, S. 48.
207 Vgl. ebenda, S. 52.
208 Steinmetz, Österreichs Zigeuner im NS-Staat, S. 43.
209 Vgl. Blaschke, Verleger machen Geschichte, S. 442.
210 Vgl. Max, Le sort des Tsiganes, S. 24–34.
211 Vgl. Lengyel, Souvenirs de l'au-delà.
212 Vgl. Lengyel, Five Chimneys, bes. S. 112f.
213 Vgl. Billig, L'Allemagne et le génocide, S. 82–85.

frühe Betonung der „rassischen" Motive bei den NS-Massenverbrechen und die Anwendung der Genozid-Konvention auf das historische Sujet.[214]

In Frankreich wirkte auch die dort aufgewachsene Myriam Novitch.[215] Sie siedelte nach der Gründung des Staates Israel in den Kibbuz Lohamei Hagetaot über, den Überlebende des Aufstandes im Warschauer Ghetto im Norden Israels gegründet hatten. Novitch betreute im Kibbuz das 1951 eröffnete Archiv und das Museum.[216] Sie schrieb ihre einschlägigen Veröffentlichungen jedoch meist auf Französisch und kehrte wiederholt nach Frankreich zurück. Sie sammelte akribisch alles Material, das sie zur Ermordung der Juden sowie der Sinti und Roma finden konnte.[217] Ihre erste Veröffentlichung zum Thema erschien 1961 in der in Zürich herausgegebenen Zeitschrift *Das neue Israel*. Darin schilderte die Autorin auf zwei Seiten die europäische Dimension der „NS-Zigeunerverfolgung".[218] Schon der Haupttitel *Le second génocide* ließ keinen Zweifel an der „rassischen" Motivation des NS-Massenverbrechens.[219] Novitchs Recherchen kulminierten in einer in Paris 1968 veröffentlichten französischsprachigen Abhandlung, die eine ganze Fülle der publizierten Berichte und Literatur weltweit berücksichtigte und in ihrer Tiefe die Publikation von Steinmetz noch überragte.[220] In Frankreich respektive in französischer Sprache gab es somit bereits sehr früh Publikationen, welche die „rassische" Verfolgung thematisierten. Diese boten einen guten Resonanzraum für die überlebenden Sinti und Roma, um sich auch politisch effektiv zu organisieren.[221]

In den USA gab es bereits Anfang der 1950er Jahre einzelne Veröffentlichungen zum Schicksal der Minderheit. Die wichtigste und früheste Bündelung von Hinweisen zur „NS-Zigeunerverfolgung" erschien im November 1949 in der Zeitschrift *Commentary* im Rahmen eines Artikels von Dora Yates, der Schriftleiterin des internationalen Organs der „Zigeunerforscher".[222] Die *Commentary* war erst 1945 durch das American Jewish Committee ins Leben gerufen worden und entwickelte sich zu einer der wichtigsten intellektuellen rechtskonservativen Zeitschriften der USA. In dem Artikel wurden unter anderem die bereits vorgestellten Informationen aus der belgischen *Message*, aus dem Artikel des französischen Rom Maximoff, des Franzosen Max und zusätzlich Zeugenaussagen von Dr. Charles Sigismund Blendel aus dem Bergen-Belsen-Prozess 1945 in Lüneburg wiedergegeben.

---

214 Vgl. Heumann, The Holocaust and French Historical Culture, S. 95.
215 Manchmal auch Miriam oder Mirjam geschrieben.
216 Vgl. Distel, „Ich sammle die Tränen der ermordeten Juden", S. 97–108, hier S. 102.
217 Vgl. ebenda, S. 104.
218 Vgl. Novitch, Le second génocide, S. 693 f.
219 Ebenda, S. 693.
220 Vgl. Novitch, Le Génocide des Tziganes.
221 Vgl. die Darstellung der Aktivitäten der französischen Sinti und Roma im Kapitel V.2.
222 Vgl. Yates, Hitler and the Gypsies, S. 455–459.

Blendel hatte als Zeuge für den Gerichtsprozess vor allem über die Arbeit der Sonderkommandos in Auschwitz berichtet.[223] Im Prozess hatte er darüber ausgesagt, dass er in Auschwitz als ehemaliger Häftlingsarzt im „Zigeunerlager" eingesetzt worden war und Zeuge der Liquidation desselben geworden sei. Dies war damals allerdings von deutschen Medien ignoriert worden, nur in einer Meldung im Londoner *Daily Telegraph* war dies aufgegriffen worden.[224] Im Prozess spielte dieser Umstand juristisch ebenfalls keine Rolle, da es hier nur um Vergehen im ehemaligen Konzentrationslager Bergen-Belsen gehen sollte. Somit versammelte der Artikel von Yates bereits 1949 zentrale Befunde des Tatgeschehens.

In der jüdischen Zeitschrift *Jewish Frontier* erschien 1951 ein von Philip Friedman verfasster Artikel, der überschrieben war mit dem Titel: *The Extermination of the Gypsies. Nazi genocide against an „Aryan people"*.[225] Schon die Überschrift ließ keinen Zweifel an Friedmans Einschätzung der „rassischen" Motivlage der Nationalsozialisten.[226] Er erwähnte darin – allerdings ohne Quellenverweis – Schätzungen von Opferzahlen von „Gypsy spokesmen" in Höhe von 500 000.[227] Der Historiker Roni Stauber hat im Nachlass von Friedman einen Hinweis darauf gefunden, dass Friedman sich des Themas angenommen hatte, weil er von Raphael Lemkin um Informationen gebeten worden war.[228] Konkret schrieb Lemkin an Friedman am 5. Mai 1948: „Could you kindly write to me where I could find some material on the extermination of gypsies. Could you eventually find somebody who could gather material for me on this subject for a modest compensation?"[229]

War Friedmans Sammelarbeit und sein daraus resultierender Artikel im *Jewish Frontier* somit Ergebnis oder Nebenprodukt einer Auftragsarbeit für Lemkin? Bedenkt man Lemkins Rolle bei der Verabschiedung der Genozidkonvention, kann davon ausgegangen werden, dass bereits während oder kurz nach der Verabschiedung der UN-Konvention deren Anwendbarkeit auf die Massenverbrechen an den Sinti und Roma Europas für den Initiator sowie für den jüdischen Forscher Friedman eine Selbstverständlichkeit war. Friedman ist allerdings vorzuwerfen, dass er es versäumte, die Quelle für seine Opferzahl anzugeben. In den folgenden Jahrzehnten waberte diese Zahl durch zahlreiche Fachveröffentlichungen, alle beriefen sich auf Friedman.

Auch die 1956 erschienene umfassende Monographie *Race and Reich* von Joseph Tenenbaum ließ bereits mit der Wahl der Überschrift *Gypsy Genocide* des sechs Seiten umfassenden Appendix in der umfänglichen Studie keinen Zweifel an der „rassi-

---

223 Vgl. Cramer, Belsen Trial 1945, S. 162f.
224 Vgl. Yates, Hitler and the Gypsies, S. 458.
225 Vgl. Friedman, The Extermination of the Gypsies, S. 11–16, hier S. 11–14.
226 Friedman war Organisator der ersten öffentlichen Konferenz im englischsprachigen Raum zum Holocaust; vgl. Gallas, Zwei ungleiche Väter, S. 91–113, hier S. 95.
227 Vgl. Friedman, The Extermination of the Gypsies, S. 15.
228 Vgl. Stauber, Laying the Foundations, S. 55.
229 YIVO Archives, RG 1258/141, Brief von Raphael Lemkin an Philip Friedman vom 5.5.1948.

schen" Motivlage.²³⁰ Die Studie war wissenschaftlicher angelegt, sie arbeitete durchweg mit Literaturnachweisen. Tenenbaum berief sich bei der Angabe der ungefähren Opferzahl von einer halben Million unter anderem auf Maximoff und Yates, ohne sich aber auf eine bestimmte Quelle festzulegen.²³¹ Alle drei Veröffentlichungen in den USA beschäftigten sich auch mit der vermeintlich „rassischen" Einordnung der „Zigeuner" im Nationalsozialismus in den Dunstkreis der „Arier" und offenbarten die Machtkonflikte innerhalb des NS-Regimes.²³²

Die Erforschung der übergreifenden Verfolgungsmaßnahmen gelangte durch Raul Hilbergs Schrift *The Destruction of the European Jews* 1961 auf ein neues Niveau. In der englischen Ausgabe war die „NS-Zigeunerverfolgung" gleich an mehreren Stellen ein Thema, sie blieb jedoch quantitativ im Vergleich zur Judenverfolgung nur auf wenige Seiten beschränkt.²³³ Auffallend ist, dass Hilberg in seiner Studie insbesondere Dokumente aus den Nürnberger Prozessen und NS-Publikationen intensiv auswertete.²³⁴ Die wichtigste Passage die „NS-Zigeunerverfolgung" betreffend findet sich in einer gesonderten Zusammenfassung. Auf einer Textseite bündelte Hilberg Informationen, gab dort unter anderem auch die „Mischlingskategorien" der „Zigeuner" wieder, welche die Nationalsozialisten künstlich geschaffen hatten.²³⁵ Ebenso benannte Hilberg hier bereits die verantwortlichen Stellen der „NS-Zigeunerverfolgung": die RHF und die Reichszentrale zur Bekämpfung des Zigeunerunwesens (RBZ) im RKPA. Diese letzte Information schöpfte Hilberg allerdings nicht aus dem beschlagnahmten Aktenfundus des War Documentation Project, für das er zuvor mehrere Jahre tätig gewesen war, sondern aus dem gedruckten Reichsarbeitsblatt. Hilberg empfahl abschließend für weitere Hinweise den bereits genannten Artikel von Yates.²³⁶

Hilberg musste bereits für die englische Ausgabe seiner voluminösen Studie fünf Jahre nach einem Verlag suchen, bevor der kleine Chicagoer Verlag Quadrangle Books das Buch 1961 veröffentlichte.²³⁷ Im selben Jahr wurde eine Taschenbuchaus-

---

230 Vgl. Tenenbaum, Race and Reich, S. 399–404.
231 Vgl. ebenda, S. 403.
232 Innerhalb des NS-Regimes war dies ein immerwährender Dissens gewesen, der stellvertretend zwischen der RHF, die der Arier-These abgeneigt war, und dem „Amt Ahnenerbe" Himmlers, das die These bejahte, wissenschaftspolitisch ausgetragen worden war; vgl. Zimmermann, Rassenutopie und Genozid, S. 135–138, 297–301; Longerich, Heinrich Himmler, S. 691.
233 Vgl. Hilberg, The Destruction of the European Jews, S. 138, 142 f., 241, 244, 295 f., 392, 438 f., 441 f., 602, 604, 608, bes. S. 641 f.
234 Hilberg hatte durch seine Anstellung beim War Documentation Project der Amerikaner sehr früh exklusiven Zugang zu beschlagnahmten deutschen Akten; vgl. Steinbacher, Akribie, Ernst und Strenge, S. 23–35, hier S. 26.
235 Zu den Kategorien vgl. Zimmermann, Rassenutopie und Genozid, S. 148 f.
236 Vgl. Hilberg, The Destruction of the European Jews. With a new Postscript by the Author, S. 641 f.
237 Vgl. Hilberg, The Destruction of the European Jews; Blaschke, Verleger machen Geschichte, S. 477 f.

gabe herausgegeben.²³⁸ Die auch durch zwei IfZ-Gutachten verhinderte deutsche Erstausgabe erschien erst 1982 im kleinen Verlag Olle und Wolter.²³⁹ Was die Verantwortlichen des IfZ dazu bewog, sich zweimal gegen eine deutsche Ausgabe zu stellen, ist umstritten.²⁴⁰ 1963 verhinderte wohl die Kontroverse um Hannah Arendts Buch *Eichmann in Jerusalem*, vor allem die Kritik aus Israel, dass Hilbergs Studie auf Deutsch erscheinen konnte.²⁴¹ Hilbergs Studie konnte die deutsche Forschung daher in diesen Jahrzehnten nur mit der englischen Ausgabe befördern. Doch konnte dies der Jerusalemer Eichmann-Prozess respektive der Prozessbericht von Hannah Arendt? Dem Prozess vorausgegangen war nach 1945 die Flucht des berüchtigten „Judenreferenten" des RSHA Adolf Eichmann nach Südamerika und dessen anschließende Entführung nach Jerusalem durch den israelischen Geheimdienst Mossad.²⁴² Am 11. April 1961 wurde der Prozess gegen ihn eröffnet, er endete am 15. Dezember 1961 mit der Verkündung des Todesurteils, Eichmann wurde am 31. Mai 1962 gehängt.²⁴³

Die Philosophin Hannah Arendt lebte zu dieser Zeit in den USA und fuhr als Prozessbeobachterin des *New Yorker* zum Prozess.²⁴⁴ Sie lieferte aus ihrer Prozessbeobachtung und der Sichtung von Beweismaterial eine fünfteilige Artikelserie für die Zeitschrift und wenig später das Buch *Eichmann in Jerusalem – A Report on the Banality of Evil*, das 1963 im New Yorker Viking-Verlag erschien.²⁴⁵ Bereits 1964 erschien die deutsche Ausgabe im Piper Verlag.²⁴⁶ Wohl in Anlehnung an die Veröffentlichung im *New Yorker* verzichteten sowohl die englische Buchausgabe wie auch die deutsche Erstausgabe auf eine genaue Belegstruktur.²⁴⁷ Ein Umstand, der für die geschichtswissenschaftliche Rezeption nicht förderlich war. Die Besprechungen fielen, besonders wegen ihrer Kritik am deutschen Widerstand, vernichtend aus.²⁴⁸

---

238 Vgl. Hilberg, The Destruction of the European Jews. With a new Postscript by the Author, bes. S. 770 f.
239 Vgl. Hilberg, Die Vernichtung der europäischen Juden; Blaschke, Verleger machen Geschichte, S. 479 f.; Hilberg, Unerbetene Erinnerung, S. 148 f.
240 Letztes Podium dieser mittlerweile versachlichten Auseinandersetzungen war eine Tagung 2017 in Berlin, die anlässlich des 10. Todestages von Hilberg von dem Historiker René Schlott organisiert wurde; vgl. Schlott, Raul Hilberg: Leben und Werk, S. 9–22, hier S. 22.
241 Vgl. Hilberg, Unerbetene Erinnerung, S. 139–141.
242 Vgl. Krause, Der Eichmann-Prozess, S. 31–40.
243 Vgl. die kompakte Darstellung: Gedenk- und Bildungsstätte Haus der Wannseekonferenz/Stiftung Topographie des Terrors/Stiftung Denkmal für die Ermordeten Juden Europas (Hrsg.), Der Prozess.
244 Vgl. Ludz, Nur ein Bericht?, S. 259–288, hier S. 259.
245 Vgl. ebenda, S. 265; Arendt, Eichmann in Jerusalem.
246 Vgl. Arendt, Eichmann in Jerusalem. Ein Bericht von der Banalität des Bösen.
247 Vgl. Ludz, Nur ein Bericht?, S. 265 f.
248 Vgl. Berg, Der Holocaust und die westdeutschen Historiker, S. 488 f. Berg weist dort auch auf den obskuren Umstand hin, dass bereits vor dem Erscheinungstermin der deutschen Ausgabe ein Sammelband veröffentlicht wurde, der sich gänzlich an Arendt abarbeitete; vgl. Krummacher, Die Kontroverse Hannah Arendt.

Was aber berichtete Arendt nun über die „NS-Zigeunerverfolgung" im Kontext des Prozesses gegen Adolf Eichmann? In der Anklageschrift war das Thema folgendermaßen präsent: „Anklagepunkt 11: Deportation zehntausender ,Zigeuner' von ihren Wohnorten in die Vernichtungslager mit dem Ziel ihrer Ermordung."[249] Im Prozessverlauf wie auch in Arendts Bericht war das Thema allerdings wiederum nur eine Randerscheinung.[250] Im Urteil wurde Eichmann zwar schuldig gesprochen, an der Deportation von zehntausenden „Zigeunern" beteiligt gewesen zu sein, das Gericht sah aber seine Kenntnis der Vernichtungsabsicht als nicht bewiesen an.[251] Dies veranlasste Arendt in ihrem Prozessbericht zur Bewertung: „[…] und das hieß, daß mit Ausnahme des Schuldspruchs wegen der ‚Verbrechen gegen das jüdische Volk' keine Verurteilung wegen Völkermords ausgesprochen wurde."[252] Und Arendt widersprach dem Gericht und fügte an:

> „Das war schwer zu verstehen, nicht nur weil die Ausrottung der Zigeuner allgemein bekannt war, sondern auch weil Eichmann im Polizeiverhör zugegeben hatte, davon gewußt zu haben; seiner Erinnerung nach hätte es dafür einen Himmler-Befehl gegeben […]."[253]

Warum das Gericht entgegen der polizeilichen Aussage Eichmanns zu einer anderen Einschätzung kam, muss noch intensiver erforscht werden.[254] Das geschichtspolitische Signal dieses Urteilsspruchs war jedoch fatal, denn das Gericht hatte festgestellt, dass die Kenntnis über die Vernichtungsabsicht selbst bei dem über alles informierten Eichmann nicht belegt werden könne. Arendts Kritik daran nahm man dagegen kaum zur Kenntnis, besonders vor dem Hintergrund der negativen Schlagzeilen in der Bundesrepublik über ihr Buch.

Arendt griff für die historische Rahmenerzählung in ihrem Bericht vor allem auf Hilberg und Gerald Reitlinger zurück.[255] Dieser Kunsthistoriker tat sich in Großbritannien mit seinem 1953 erschienenen Buch *The Final Solution* hervor.[256] Das Buch erschien bereits 1956 in deutscher Sprache im Berliner Colloquium-Verlag.

Dieser erst seit 1952 bestehende Verlag war unter anderem von Otto H. Hess gegründet worden. Jener war Student an der Humboldt-Universität zu Berlin gewesen,

---

249 Zit. nach Gedenk- und Bildungsstätte Haus der Wannseekonferenz/Stiftung Topographie des Terrors/Stiftung Denkmal für die Ermordeten Juden Europas (Hrsg.), Der Prozess, S. 142.
250 Vgl. Arendt, Eichmann in Jerusalem. Ein Bericht von der Banalität des Bösen, S. 50 f., 129, 141, 197, 229, 325.
251 Vgl. Gedenk- und Bildungsstätte Haus der Wannseekonferenz/Stiftung Topographie des Terrors/Stiftung Denkmal für die Ermordeten Juden Europas (Hrsg.), Der Prozess, S. 210.
252 Vgl. Arendt, Eichmann in Jerusalem. Ein Bericht von der Banalität des Bösen, S. 291.
253 Ebenda, S. 291.
254 Die Soziologin Nadine Blumer hat auf den interessanten Zusammenhang hingewiesen, dass David Ben-Gurion im Kontext des Eichmann-Prozesses die Singularität des Verbrechens eigens betonte; vgl. Blumer, From Victim Hierarchies to Memorial Networks, S. 92.
255 Vgl. Arendt, Eichmann in Jerusalem. Ein Bericht von der Banalität des Bösen, S. 11.
256 Vgl. Reitlinger, The Final Solution.

hatte dort die Zeitschrift *Colloquium* mit zwei Mitstudierenden gegründet und darin kritische Artikel gegen die Hochschulverwaltung der DDR veröffentlicht. Sein Protest führte zum Rauswurf aus der Berliner Universität im Ostteil der Stadt, was ein wichtiger Impuls zur Gründung der Freien Universität Berlin war. Hess studierte dort bis zum Physikum weiter, brach dann aber das Studium ab, um sich ganz seiner Zeitschrift und dem Verlag zu widmen. Der noch junge Verlag unternahm den mutigen Schritt der Veröffentlichung von Reitlingers Buch.[257] Das IfZ hatte in einer internen Sitzung gegen eine Übersetzung votiert. Die Ablehnung der Schrift wurde damit begründet, dass das Institut selbst an einer ausführlichen Darstellung der Judenverfolgung arbeitete. Stattdessen versprach Hans Rothfels eine würdigende Rezension von Reitlingers Schrift als Miszelle in den *Vierteljahrsheften für Zeitgeschichte* zu veröffentlichen, welche jedoch niemals erschien.[258] Die deutsche Übersetzung im Colloquium-Verlag wurde nur ermöglicht, weil Bundespräsident Heuss persönlich bei Bundesinnenminister Schröder dafür warb, die Publikation über die damalige Bundeszentrale für Heimatdienst zu fördern.[259]

Reitlinger nutzte für seine Veröffentlichung die Aufzeichnungen der Nürnberger Kriegsverbrecherprozesse.[260] Seine Äußerungen über die „Zigeuner" im Konzentrationslager Auschwitz-Birkenau fußten darüber hinaus auf der Erwähnung im Nürnberger Ärzteprozess und den Berichten von zwei Zeitzeuginnen.[261] Jenny Spritzer, die Schreiberin in der politischen Abteilung des Lagers gewesen war, berichtete darin über das „Zigeunerlager" sachlich durch Nennung von zahlreichen Beobachtungen, wie den allgemeinen Zuständen, den Krankheiten im Lager sowie der Drangsalierung und dem Ausnutzen der Häftlinge durch die Bewacher.[262] Weiterhin verwandte Reitlinger als Quelle die Erinnerungsschrift von Krystyna Zywulska, die weitere Details zum Lager offenbart hatte.[263] Er fasste die Erinnerungen der Zeitzeuginnen auf einer halben Seite zusammen.[264] Zur Motivlage äußerte er sich nur indirekt: „Sogar die Zigeuner, die während der letzten drei Jahre kaum weniger erbarmungslos als die Juden ausgerottet worden waren, wurden nun für würdig befunden, für das Reich zu arbeiten."[265]

Hier wurde das „rassische" Motiv der Vernichtung nur angedeutet. Im weiteren Verlauf behauptete Reitlinger allerdings fälschlich, dass das „Zigeunerfamilienlager Auschwitz" bereits im Januar 1942 mit „Zigeunern" aus Bialystok begründet worden sei und dass die „Zigeuner" nichts von ihrer Vergasung im August 1944 geahnt hät-

---

257 Vgl. Grunert u. a., Gründungsstudenten, S. 137–146, hier S. 137–139.
258 Vgl. Berg, Der Holocaust und die westdeutschen Historiker, S. 285.
259 Vgl. Körner, „Stürmt die Festung Wissenschaft", S. 415–431, hier S. 424.
260 Vgl. Reitlinger, Die Endlösung, S. XV.
261 Vgl. ebenda, S. 51, 132, bes. S. 210, 509 f.
262 Vgl. Spritzer, Ich war Nr. 10291, S. 77.
263 Vgl. Zywulska, I came back, S. 193.
264 Vgl. Reitlinger, Die Endlösung, S. 511.
265 Ebenda, S. 509 f.

ten. Ganz im Gegenteil hatte es Widerstand beim ersten Versuch der Liquidation des Lagers am 16. Mai 1944 gegeben. Die Folge war die Deportation der noch arbeitsfähigen Häftlinge in andere Konzentrationslager gewesen.[266]

1955 erschien Reitlingers Folgeschrift *The SS. Alibi of a Nation*, welche 1956 vom Verlag Kurt Desch[267] mit dem deutschen – eher verklärenden – Titel *Die SS – Tragödie einer deutschen Epoche* veröffentlicht wurde. Reitlinger gab hier aus den Verhandlungsprotokollen der Kriegsverbrecherprozesse wieder, dass Joseph Goebbels gegenüber Reichsjustizminister Thierack am 14. September 1942 vorgeschlagen hatte, Juden und „Zigeuner" durch Arbeit vernichten zu wollen.[268] Weiterhin taxierte Reitlinger die Mannschaftsstärke der Einsatzgruppen relativ genau auf 3000. Diese Größenordnung setzte er mit den Opferzahlen in Beziehung, die er in seiner Schrift *Endlösung* ermittelt hatte, wonach er zu dem damals bahnbrechenden Schluss kam, dass die Einsatzgruppen bei den Erschießungsaktionen die Unterstützung von Militär- und Polizeiverbänden gehabt haben müssten.[269] Auch vor dieser Schrift warnte das IfZ, eine Übersetzung wurde nicht empfohlen, denn für Reitlinger sei „das ganze deutsche Volk [...] schlechthin böse".[270]

Die deutschen Historiker am IfZ kannten die Veröffentlichungen der internationalen KollegInnen, in denen Informationen zur „NS-Zigeunerverfolgung" enthalten waren, doch hatten sie aus unterschiedlichen Gründen Vorbehalte gegen diese Studien und griffen diese nicht für eine eigenständige Grundlagenforschung zum Thema auf.[271] Die bundesdeutsche Forschung blieb daher hinter dem Stand der internationalen KollegInnen zurück und überließ das Feld in der Bundesrepublik damit weitgehend der traditionellen „Zigeunerforschung" aus Ethnologie und Kriminologie.

---

266 Die nach Brest-Litowsk verbrachten „Zigeuner" wurden erst im Februar 1944 im „Zigeunerlager Auschwitz-Birkenau" als Häftlinge registriert; vgl. Zimmermann, Rassenutopie und Genozid, S. 228 f. Zur Liquidation des Lagers ebenda, S. 340–344.
267 Der Verlag war eine Neugründung nach 1945 und verlegte hauptsächlich belletristische Literatur, er wurde von Blaschke nicht kategorisiert; vgl. Blaschke, Verleger machen Geschichte, S. 74.
268 Vgl. Reitlinger, Die SS, S. 224.
269 Vgl. ebenda, S. 186; Reitlinger, Die Endlösung, S. 570 f.
270 Zit. nach Berg, Der Holocaust und die westdeutschen Historiker, S. 316.
271 Vgl. ebenda, S. 218; vgl. auch die Literaturlisten: IfZ Arch, MS 410, Schreiben von Dr. S. Fauck an das Zentralkomitee der Zigeuner vom 25.8.1960, S. 2; IfZ Arch, MS 410, Auskunft von Dr. Buchheim an den Oberstaatsanwalt beim Landgericht Frankfurt vom 29.3.1960, S. 2 f.

IV Modernisierter Rassismus in den 1960er Jahren

1 Krise der „Zigeunerforschung" und Impulse aus Missionsarbeit und Soziologie

Der CDU-Politiker Franz Böhm schrieb in einem Brief an Siegmund Wolf im Dezember 1957:

> „Ich stimme Ihnen ohne Vorbehalt zu, daß sich in der Bundesrepublik Forschungsstellen, die ausreichend dotiert sind, objektiv mit der Zigeunerforschung befassen sollten. Nicht ganz einer Meinung mit Ihnen bin ich darüber, daß es sich um eine ‚offizielle' oder doch ‚offiziöse' Stelle handeln sollte. Und völlig unbehaglich ist mir zumute, wenn ich mir vorstelle, daß solche Forschungen im Rahmen des Bundesgesundheitsamtes oder gar im Rahmen des Bundeskriminalamtes betrieben werden sollten."[1]

Böhm sprach mit diesen Sätzen eine umfassende Kritik an behördlichen „Zigeunerforschungen" aus. Die Zielrichtung Böhms war eine „objektive Forschung", und das offenbarte das Problem einer nicht vorhandenen Verankerung im universitären Wissenschaftssystem.[2] Somit blieb das Thema nach 1945 in der Hand von Ethnologen und „Zigeunerexperten". Die ethnologische Forschung als Wissenschaftsdisziplin hatte nach 1945 in der Bundesrepublik den Anschluss an die internationalen KollegInnen jedoch verloren, der Wiederanfang war steinig.[3]

Die wenigen selbst ernannten deutschen „Zigeunerkenner", die vor 1933 aktiv gewesen waren, äußerten sich nach 1945 öffentlich nur sehr zurückhaltend. Doch was sind die Gründe dafür? Der Maler Otto Pankok schrieb am 31. Oktober 1952 an Dora Yates von der Gypsy Lore Society: „Ich weiß nicht, ob es Ihnen bekannt ist, dass eine Reihe unserer so genannten Zigeunerkenner Nazispitzel waren, die unter ihnen lebten und sie später verrieten."[4] Pankok spielte etwa auf den Journalisten Hans Weltzel, den Ethnologen Martin Block, den Sprachwissenschaftler Siegmund Wolf und die Pädagogin Margarete Jentsch an, die ihre Expertisen der RHF bereitwillig oder unter Zwang zur Verfügung gestellt hatten.[5]

Weltzel hatte in den 1930er Jahren enge Kontakte zu Sinti in seiner Heimatstadt Roßlau unterhalten und ethnologische Artikel zum Leben der „Zigeuner" geschrieben. Er stand nachweislich in Kontakt zu Ritter; wie eng und was er preisgab, ist un-

---

1 ACDP, Nachlass Franz Böhm, Bestand 01-200-005/4, Brief von Prof. Dr. Böhm an Herrn Siegmund A. Wolf vom 2.12.1957, S. 8 f.
2 Vgl. Fings/Lotto-Kusche, Tsiganologie, S. 1148, 1154.
3 Vgl. Haller, Die Suche nach dem Fremden, S. 108–110.
4 Zit. nach Rosenhaft, Wissenschaft als Herrschaftsakt, S. 338.
5 Vgl. ebenda, S. 332–338. Die 1882 geborene Jentsch war im Auftrag des AA von 1913 bis 1926 Direktorin an einer deutschen Schule in Craiova (Rumänien), nach der Pensionierung sammelte sie Volksliedgut von „Zigeunern" und wurde im März 1942 kurzzeitig durch die DFG, auf Vermittlung durch das „Amt Ahnenerbe", für ihre „Zigeunerforschungen" gefördert.

klar. Nach 1945 bereute Weltzel seine Auskünfte gegenüber Ritter. Er konnte jedoch nicht mehr zum Thema publizieren, weil er wegen seiner Mitgliedschaft in der Westberliner Kampfgruppe gegen Unmenschlichkeit 1952 von einem Sowjetischen Militärtribunal zum Tode verurteilt wurde.[6]

Weitaus günstiger verliefen die Systemumbrüche für Martin Block. Der 1891 geborene Ethnologe war 1917 vom Institut für Völkerkunde in Leipzig nach Rumänien entsandt worden, um ethnologische Untersuchungen an der einheimischen bäuerlichen Bevölkerung vorzunehmen. In seiner Untersuchungsgruppe waren auch „Zigeuner".[7] Er kehrte wiederholt nach Rumänien zurück und veröffentlichte 1922 seine Dissertation über die Kultur der rumänischen „Zigeuner" und 1936 sein nach 1945 viel beachtetes Buch *Zigeuner. Ihr Leben und ihre Seele.*[8] Mit seinen Forschungen stand Block allerdings in Konkurrenz zu Robert Ritter. 1936 wurde er ins wissenschaftliche Abseits katapultiert, nachdem die SS-Zeitung *Das schwarze Korps* in einer heftigen Replik seine These anprangerte, die „Zigeuner" seien mit den „Ariern" verwandt.[9] Als Referent für Balkansprachen konnte Block jedoch seine Erfahrungen im Oberkommando der Wehrmacht einbringen.[10] Ab 1946 gelang es ihm, an der Universität Marburg Fuß zu fassen, gerade wegen seiner „Zigeunerforschungen" vor 1945.[11] Block erschien aufgrund seiner im NS-Staat unterbrochenen Wissenschaftlerkarriere unverdächtig, und seine Tätigkeiten während seines Dienstes für die Wehrmacht wurden nicht hinterfragt. Seine Forschungen erlangten nach 1945 weit mehr Geltung als vor 1936.

Block war nun wieder gefragter „Zigeunerexperte". So verfasste er 1962 den Beitrag zu den „Zigeunern" in der Neuauflage des *Handwörterbuchs für Theologie und Religionswissenschaft*.[12] Bereits in der zweiten Auflage hatte er dort 1931 einen Artikel veröffentlicht, in dem er die „Zigeuner" ethnologisch, historisch und hinsichtlich ihrer religiösen Haltung qualifiziert hatte.[13] Im Hinblick auf die historische Dimension hatte er geschrieben: „Weder blutige Verfolgungen, noch wohlgemeinte Gesittungsbestrebungen haben ihr Wesen verändern noch ihre Zahl vermindern können."[14]

Er überarbeitete seinen ursprünglichen Beitrag nur marginal. Besonders fällt auf, dass er seine Literaturempfehlungen nur um seine eigene Monographie aus dem Jahr 1936 ergänzte. Die Ausführungen über den angeblich geringen Einfluss von Verfolgungen auf das Wesen und die Anzahl der „Zigeuner" übernahm er Wort

---

6 Vgl. ebenda, S. 333–335, 341 f.
7 Vgl. Reemtsma, „Zigeuner" in der ethnographischen Literatur, S. 11.
8 Block, Zigeuner. Ihr Leben und ihre Seele.
9 Vgl. o. V., Zigeuner, ein arischer Stamm?, in: Das Schwarze Korps, 6.8.1936, S. 14.
10 Vgl. Becker, Eine Fotodokumentation zur materiellen Kultur, S. 383–406, hier S. 385, 399.
11 Vgl. ebenda, S. 400–403.
12 Vgl. Block, Zigeuner (1962), Spalte 1908 f.
13 Vgl. Block, Zigeuner (1931), Spalte 2111 f.
14 Ebenda, Spalte 2111.

für Wort.¹⁵ Diese Behauptung ist vor dem Hintergrund der „NS-Zigeunerverfolgung" nur als zynisch und uninformiert zu bezeichnen. Auch die Ethnologin Reemtsma kritisiert Blocks Methoden, weil dieser ähnlich wie Ritter mit Hilfe von Betrug, Bestechungen und Lügen gegenüber den Sinti und Roma vorgehe.¹⁶ Weiterhin stellt Reemtsma die überzeugende Vermutung an, Block hätte als Angehörigem der Wehrmacht in Serbien die Beteiligung der Armee an der Vernichtung der Roma nicht entgangen sein können.¹⁷

Die Kollegen Blocks vertraten ähnliche Positionen wie er selbst. Der Ethnologe Walter Dostal steuerte für die deutsche Übersetzung des Buches *Auf Zigeunerspuren* von Walter Starkie – welches im Kern allerlei „Zigeunerromantik", Vorurteile und Trivia enthielt – den Aufsatz *Zigeunerleben und Gegenwart* bei.¹⁸ Das Buch erreichte eine Auflage von 4400 Exemplaren und erschien 1957 im liberalen Hanser Verlag.¹⁹ Dostal äußerte sich darin auch zu den Folgen der „NS-Zigeunerverfolgung" für die Sinti und Roma:

> „Nach der Entlassung der Zigeuner aus den Konzentrationslagern wurden ihnen von Österreich und Deutschland Entschädigungs- und Fürsorgerenten gewährt; dieser Umstand brachte mit sich, daß ein großer Teil der Zigeuner heute über ein gesichertes Existenzminimum verfügt."²⁰

Dieser Äußerung folgte auf Seite 290 ein Schaubild. Das Schaubild wurde von Dostal nicht näher erläutert. Es interpretierte die Folgen der Konzentrationslager für die Überlebenden bzw. allgemeiner für die Kultur der Minderheit. Die bereits im Fließtext erwähnten, vorgeblich „existenzsichernden Entschädigungsgelder" und die „teilweise Schwächung der moralischen Kräfte" führten laut Dostal zum „Egozentrismus" und damit zur Aufgabe der als „altruistisch" interpretierten Persönlichkeiten.

Ein solches Schaubild konnte man nur entwerfen, wenn man *ex cathedra* und in völliger Unkenntnis über die Bedingungen in einem Vernichtungs- oder Konzentrationslager vorging. Die zeitgenössische Medienrezeption beurteilte dies jedoch anders. Eine Rezension des Buches von Starkie in der Wochenzeitung *Die Zeit* lobte explizit den Beitrag von Dostal.²¹ Auch die völkerkundliche Fachrezension im Baessler-Archiv bezeichnete den Aufsatz Dostals als „ausgezeichnet", wohingegen das Ge-

---

15 Vgl. Block, Zigeuner (1962), Spalte 1908.
16 Vgl. Reemtsma, „Zigeuner" in der ethnographischen Literatur, S. 14 f.
17 Vgl. ebenda, S. 11.
18 Vgl. Dostal, Zigeunerleben und Gegenwart, S. 275–297. Zu Walter Dostal vgl. Bihl, Orientalistik an der Universität Wien, S. 173. Dostal lehrte von 1965 bis 1975 an der Universität Bern, von 1975 bis 1996 prägte er das Institut für Völkerkunde an der Universität Wien.
19 Vgl. Blaschke, Verleger machen Geschichte, S. 300; Verlagsauskunft des Hanser Verlags vom 12.7.2018.
20 Dostal, Zigeunerleben und Gegenwart, S. 288; vgl. die Kritik bei Bogdal, Europa erfindet die Zigeuner, S. 407.
21 Vgl. Poelchau, Mit Zigeunern durch die Welt, in: Die Zeit, 11.7.1957.

samtbuch von Starkie minder in der Qualität gesehen wurde, aufgrund von „Legenden, Erzählungen und Quellenmaterial verschiedenster Art".[22] Es ließen sich noch weitere ähnliche Beispiele nennen.

Ein Wandel in der ethnologischen Betrachtung der „Zigeuner" deutete sich erst Mitte der 1960er Jahre an, als das Buch *Das Volk der Zigeuner* von Jean-Paul Clébert ins Deutsche übersetzt wurde und im Paul Neff Verlag erschien.[23] Darin tradierte der Schriftsteller zwar auch bestehende Vorurteile, er tätigte aber wesentlich vorsichtigere Wesensaussagen über „Zigeuner". Dabei orientierte er sich an der französischen Publikation Billigs aus dem Jahr 1950 und stellte die „NS-Zigeunerverfolgung" klar und detailliert als „rassisch" motiviertes Verbrechen dar.[24] Das deutsche Lesepublikum profitierte somit wiederum von der Leistung eines ausländischen Autors.

Im deutschsprachigen Raum gab es eine weitere Disziplin, in der über 1945 hinaus Kontinuitäten existierten und die den personellen Anerkennungsdiskurs maßgeblich mitbestimmte: die Sprachwissenschaft. Die vormalige Arbeit der RHF im Nationalsozialismus geriet durch die Anzeigen 1948 und 1958, spätestens aber durch die Berichterstattung im *Spiegel* im Rahmen der Vorbereitungen des Frankfurter Auschwitz-Prozesses öffentlich in Misskredit. Die volkskundlich orientierte „Forschung" der SS zum „Ahnenerbe" war dagegen nicht aufgearbeitet worden und entzog sich daher der öffentlichen Wahrnehmung. Im September 1942 hatte Heinrich Himmler sein „Amt Ahnenerbe" beauftragt, den Nachweis zu führen, dass es eine „rassische" Verwandtschaft zwischen den „arischen" Deutschen und den „reinrassigen Zigeunern" gebe. Diese Initiativen wiederum sollten Himmlers Überlegungen stützen, nach dem Ende des Krieges einem kleinen Teil der Sinti, genauer den dann noch übrigen „reinrassigen Zigeunern", einen Teil ihrer Bewegungsfreiheit zurückzugeben.[25] Dem Wiener Orientalisten Viktor Christian hatte das SS-„Ahnenerbe" deshalb die Aufgabe übertragen, die Sprache der „Zigeuner" auf Verwandtschaften mit der deutschen Sprache zu untersuchen.[26] Dessen Assistent Johann Knobloch hatte den Auftrag übernommen, er führte Anfang 1943 über mehrere Wochen Sprachun-

---

22 Menzel, Rezension zu: Walter Starkie. Auf Zigeunerspuren, S. 213–215, hier S. 213 f.
23 Vgl. Clébert, Das Volk der Zigeuner. Die französische Originalfassung erschien 1961: Clébert, Les Tziganes. Der Wiener Paul Neff Verlag hatte sich auf Kunstbücher, Familienromane und kulturhistorische Werke spezialisiert; vgl. Olzog/Vinz (Hrsg.), Dokumentation deutschsprachiger Verlage (1962), S. 153.
24 Vgl. Clébert, Das Volk der Zigeuner, S. 254 f., 276.
25 Vgl. Zimmermann, Rassenutopie und Genozid, S. 298, 481 Anm. 7. Es ist belegt, dass das RKPA auf Weisung Himmlers am 13.10.1942 regionale „Zigeunersprecher" benannte, damit diese „reinrassige Zigeuner" benennen, die von den Deportationslisten nach Auschwitz gestrichen werden sollten. Für zwei Kriminalpolizeileitstellen sind dafür Zahlen erforscht worden. Im Bereich der Leitstelle Köln wurden dadurch 25 Personen ausgenommen, für die Leitstelle Berlin waren es 37 Personen. Insgesamt sind so schätzungsweise 200–300 Personen von den Deportationen ausgenommen worden, ohne dass diese damit einen sicheren Status erhalten hätten; vgl. Fings/Sparing, Rassismus, Lager, Völkermord, S. 289–297; Luchterhandt, Der Weg nach Birkenau, S. 242.
26 Vgl. Kater, Das „Ahnenerbe" der SS, S. 206.

tersuchungen im Lager Lackenbach durch und reichte bereits wenig später seine Ergebnisse in Form seiner Dissertation an der Universität Wien ein.[27] Die Arbeit blieb jedoch bis Kriegsende unveröffentlicht und wurde erst 1953 bekannt, als Knobloch eine überarbeitete Version veröffentlichte.[28] In seiner Einleitung dankte er der Lagerleitung des Lagers Lackenbach, schwieg jedoch über die katastrophalen Lebensumstände dort.[29]

Diese Neuveröffentlichung unterstützte ein 1950 von Knobloch zu Ehren des 70. Geburtstags seines Lehrers Prof. Wilhelm Havers unter beider Namen veröffentlichter Auszug der volkskundlichen Sinti-Texte in der breit rezipierten ethnologischen Zeitschrift *Anthropos*. Hierin wurde sogar komplett darauf verzichtet, den Entstehungskontext zu benennen.[30] Gleichzeitig wurde einleitend folgender Kommentar den Sprachproben vorangestellt:

> „Mögen sie hier nun einmal selbst zu Worte kommen und in ihrer eigenen Sprache, in kräftiger Ausdrucksweise und einem in seiner Unmittelbarkeit uns holprig vorkommenden Stil [...] über ihr Leben berichten. Dem Kundigen enthüllt sich hier in diesen Andeutungen das ganze System einer primitiven Geisteshaltung, die den Gegenständen der Umwelt das Vermögen zuschreibt, gute und schädliche Kräfte auszustrahlen, zu speichern und bei Berührung abzugeben."[31]

Das Zitat offenbart eine drastische Form der personellen Nichtanerkennung der von ihm interviewten Sinti, zu erkennen an der Qualifizierung der intellektuellen Fähigkeiten als „primitive Geisteshaltung".[32] Seine Ignoranz gegenüber den Lagerzuständen war im Hinblick auf die zugrundeliegende Untersuchung besonders niederträchtig, weil ein Jahr vor Knoblochs Besuch circa 2000 Personen aus Lackenbach ins Ghetto Łódź deportiert worden waren.[33] Sievers und Knobloch waren über die sich radikalisierenden Ziele der „NS-Zigeunerverfolgung" nachweislich gut im Bilde und konnten auf Unterstützung im Polizei-Apparat zurückgreifen.[34] Doch wie wurden diese Forschungen von den Fachkollegen nach 1945 in Besprechungen beurteilt? Schaut man zunächst in die sprachwissenschaftlichen Journale, stößt man auf eine 1958 erschienene Besprechung des renommierten Indogermanisten Manfred Mayrhofer, der sich zum Entstehungshintergrund der Sprachuntersuchungen Knoblochs äußerte:

---

27 Vgl. Knobloch, Romani-Texte aus dem Burgenland (1943). Zum Lager Lackenbach vgl. Zimmermann, Rassenutopie und Genozid, S. 202–204.
28 Vgl. Knobloch, Romani-Texte aus dem Burgenland (1953).
29 Vgl. Zimmermann, Rassenutopie und Genozid, S. 481 Anm. 6.
30 Vgl. Havers/Knobloch, Volkskundliche Sinti-Texte, S. 223–240.
31 Ebenda, S. 224.
32 Vgl. die begriffsgeschichtliche Anerkennungsdefinition im Kapitel I.3.
33 Vgl. Zimmermann, Rassenutopie und Genozid, S. 203. Im November 1941 gingen zwei Transporte mit insgesamt 2000 Personen ins Ghetto Łódź, diese wurden spätestens im Januar 1942 im Lager Kulmhof durch Gas erstickt.
34 Vgl. Gingrich, Völkerkundliche Geheim-Expertise, S. 1217–1301, hier S. 1251 f.

> „1943 hat Knobloch die zum Teil hier mitgeteilten Sprachproben im Anhaltelager Lackenbach aufgenommen, dessen braune Insassen dem ‚Herrn Adjutanten' (wozu sie das ihnen ungeläufige ‚Assistent' umwandelten) ihr Vertrauen schenkten und ihm ihre auch inhaltlich oft reizvollen, manchmal rührenden Geschichten erzählten."[35]

Neben der abschätzigen Haltung des Rezensenten, die „braunen Insassen" als ungebildet ob ihrer Unkenntnis der universitären Rangordnung abzuwerten, fällt in diesem Kontext die Übernahme des Begriffs „Anhaltelager" auf. Dieser *Terminus technicus* fand für das Zwangslagersystem des austrofaschistischen Österreichs, das mit dem deutschen Konzentrationslagersystem, besonders hinsichtlich Zielrichtung und Lebensbedingungen, nicht vergleichbar war, bis 1938 Anwendung.[36] Der hier – wahrscheinlich in Unkenntnis – benutzte Begriff verschleierte allerdings den gänzlich anderen Charakter des „Zigeuner-Anhaltelagers Lackenbach", welches die Kriminalpolizeileitstelle Wien erst 1940, nach dem Anschluss Österreichs an das Deutsche Reich, eingerichtet hatte.[37]

Eine weitere Besprechung erschien in der für die Zunft wichtigen *Zeitschrift für Ethnologie*. Der Rezensent Kurt Ranke lobte darin die „ausgezeichneten Volkserzählungen, die den Ethnologen wie den vergleichenden Folkloristen sehr interessieren dürften".[38] In dieser Fachbesprechung blieb der Entstehungskontext der sprachlichen Aufzeichnungen jedoch völlig unerwähnt.

Eine Ausnahme in der Rezeption bildete eine Besprechung in der Fachzeitschrift der internationalen „Zigeunerforschung", des *Journal of the Gypsy Lore Society*. 1953 wurde im ersten Jahresheft eine kurze Rezension der Sprachuntersuchung von Bernard Gilliat-Smith veröffentlicht. Er notierte zum Entstehungskontext der Forschungen Knoblochs:

> "In his introductory notes Herr Knobloch says that he obtained the information here provided during a fourteen days sojourn in the Lackenbach Detention Camp. No date is given. Herr Knobloch was aged 24 when he submitted this dissertation to the University Authorities in 1943."[39]

Der Rezensent zog die Prüfungsversion der Studie aus dem Jahr 1943 heran und nicht den Nachdruck aus dem Jahr 1953.[40] Um dem internationalen Publikum den Text Knoblochs zugänglich zu machen, übersetzte der Rezensent Gilliat-Smith die-

---

35 Mayrhofer, Rezension zu: Johann Knobloch. Romani-Texte aus dem Burgenland (1953), S. 198 f., hier S. 198.
36 Zu den Anhaltelagern vgl. Tálos, Das austrofaschistische Herrschaftssystem, S. 286–292.
37 Zu den Lebensbedingungen vgl. Feuchert/Roth/Urban (Hrsg.), Fundstücke.
38 Ranke, Rezension zu: Johann Knobloch. Romani-Texte aus dem Burgenland (1953), S. 279 f., hier S. 279.
39 Gilliat-Smith, Rezension zu: Johann Knobloch. Romani-Texte aus dem Burgenland (1943), S. 69–71, hier S. 70.
40 Vgl. ebenda, S. 71.

sen in wesentlichen Passagen für eine spätere Ausgabe des *Journal of the Gypsy Lore Society*. Er stellte seiner Übersetzung folgende Worte voran:

> "Herr Knobloch does not furnish any notes as to the fate of these gypsies, but it is to be feared that their extermination at the hands of their persecutors was as complete as that of the numerous polish officers in Katyn Forest at the hands of theirs."[41]

Leider blieb eine kritische Rezeption im deutschsprachigen Raum aus. Knobloch machte Karriere: Ab 1961 war er ordentlicher Professor in Innsbruck, bevor er 1963 einen Ruf an die Universität Bonn annahm.[42]

Doch einem Vertreter der sprachwissenschaftlichen „Zigeunerforscher" gelang es in Ansätzen, die althergebrachten Arbeitsweisen und Annahmen sowie deren Folgen für die Minderheit zu hinterfragen. Siegmund Wolf – sein Engagement im Kampf für bessere Entschädigungsregelungen und für die juristische Verfolgung von Robert Ritter wurden bereits beschrieben – war sich seiner teils unfreiwilligen, teils erzwungenen Zuträgerdienste für die „NS-Zigeunerverfolgung" bewusst.[43] 1958 schilderte er Hans Buchheim offen, dass er seinen Lebensunterhalt zu Beginn der 1930er Jahre durch von ihm erstellte genealogische Untersuchungen von „Zigeunern" finanziert hatte. Vor der Machtübernahme Hitlers waren diese Aufträge vom Preußischen Innenministerium und privaten Auftraggebern gekommen, dahinter vermutete Wolf später Strohmänner der NSDAP. Ab 1933 hatte er diese ganz offiziell von der NS-Auskunftei erhalten.[44] Im Jahr 1936 hatte die Gestapo Wolfs Bibliothek beschlagnahmen lassen, nachdem er sich – wie er später selbst behauptete – einer (weiteren) aktiven Mitarbeit verweigert hatte.[45] Wolf bekam ein Studienverbot auferlegt und die Gestapo leitete ein Ermittlungsverfahren gegen ihn ein. Daraufhin floh er – wann genau ist unbekannt – über die Schweiz nach England. Dort diente er in der Britischen Armee, später unter anderem in der britischen Kolonie Indien.[46]

Nach 1945 verdingte er sich erst in der sowjetischen, ab 1948 in der französischen Besatzungszone mit Übersetzungsaufträgen. Parallel nahm er seine Forschungen zur „Zigeunersprache" und zum Jiddischen wieder auf, von 1957 bis 1965 auch gefördert durch die DFG.[47] Diese Unterstützung entsprach der Förderpolitik der DFG nach 1945, die sich nun ganz der politikfernen Grundlagenforschung verschrieben

---

41 Gilliat-Smith, Gypsy Tales Concerning the Mulo, S. 124 f., hier S. 124.
42 Vgl. Gingrich, Völkerkundliche Geheimexpertise, S. 1254.
43 Vgl. die Ausführungen in Kapitel III.2 und III.3.
44 Vgl. IfZ Arch, ZS 1627, Brief von Siegmund Wolf an Hans Buchheim vom 17.3.1958, S. 1 f. Zur Rolle der NS-Auskunftei vgl. Essner, Die „Nürnberger Gesetze", S. 76 f.; Schulle, Das Reichssippenamt, S. 41–47.
45 Vgl. Rosenhaft, Wissenschaft als Herrschaftsakt, S. 339.
46 Vgl. Maas, Siegmund A. Wolf, in: Verfolgung und Auswanderung deutschsprachiger Sprachforscher 1933–1945; online unter: https://zflprojekte.de/sprachforscher-im-exil/index.php/catalog/w/491-wolf-sigmund-a [10.6.2018].
47 Vgl. ebenda; IfZ Arch, ZS 1627, Brief von Siegmund Wolf an Hans Buchheim vom 17.3.1958, S. 1.

hatte.⁴⁸ 1964 verlieh die Freie Universität Berlin Wolf die Ehrendoktorwürde für seine Forschungen zur „Erschließung des Rotwelschen, des Zigeunerischen und des Judendeutschen".⁴⁹ In der Folge erhielt Wolf Lehraufträge am Institut für Judaistik der Freien Universität Berlin. Die Universität bemühte sich – unterstützt von der Berliner Wissenschaftsverwaltung – um die Schaffung einer dauerhaften Stelle für Wolf. Das Kuratorium bewilligte jedoch nur eine Studienratsstelle anstatt der von Wolf geforderten akademischen Ratsstelle.⁵⁰ Er empfand dies als Zurücksetzung seiner Person und seiner Forschungsleistungen. Die unentschiedene Haltung der Universität gegenüber dem Wissenschaftler Wolf spricht aus einer Stellungnahme des Dekans Walter Pabst:

> „Aber trotz dieser Anerkennungen im wissenschaftlichen Leben blieb Wolf der Erfolg der materiellen Sicherung bislang verwehrt; denn seiner ganzen fachlichen Ausrichtung nach fügt sich seine Leistung in keine der üblichen Professuren und Stellen; er ist nicht Germanist, sondern ein Kenner des Jiddischen mit guten Kenntnissen der deutschen Sprachgeschichte; er ist nicht Indologe, wenn er auch den für das Zigeunerische wichtigen neuindischen Sprachenkreis einschliesslich des Sanskrit beherrscht; [...] und er ist auch nicht als Indogermanist, Orientalist etc. ausgewiesen."⁵¹

Wolf nahm schließlich seine Lehraufträge nicht mehr wahr und verließ die Freie Universität Berlin aus Protest, unter anderem, weil er zu einem Vortrag eines externen Referenten nicht eingeladen worden war.⁵² Wolf gelang es schließlich 1971 zum außerplanmäßigen Professor für Deutsche Philologie an der Ruhr-Universität Bochum ernannt zu werden. Aber auch in den Folgejahren musste er um Forschungsgelder ringen und pflegte ein Misstrauen gegenüber der akademischen Konkurrenz.⁵³

Wolf blieb ein in der klassischen „Zigeunerforschung" verhafteter Forscher, der Vorurteile, wie die angebliche Geschichtslosigkeit der Sinti und Roma, weiter verbreitete.⁵⁴ Auch die generelle Methodik und die immense Zahl der „Zigeunergenealogien", welche die RHF in der NS-Zeit erstellt hatte, lobte Wolf grundsätzlich. Er bemängelte immer wieder, es müsse als vertane Chance für die deutsche „Zigeunerforschung" gesehen werden, dass die Genealogien nicht mehr mit den wissenschaft-

---

48 Vgl. Wagner, „Reservat der Ordinarien", S. 23–38, hier S. 36.
49 Freie Universität Berlin, Universitätsarchiv, Bestand Philosophische Fakultät – Verwaltung, Phil-V/201, Verwaltungsmitteilung an die Universitäts-Pressestelle vom 24.3.1964.
50 Vgl. ebenda, Rücksprache-Vermerk vom 24.4.1964 zwischen Dr. v. Steeg und Prodekan.
51 Vgl. ebenda, Schreiben des Dekans Walter Pabst an Frau Oberregierungsrätin Dr. vom Steeg vom 11.3.1964, S. 2.
52 Vgl. ebenda, diverse Schriftwechsel und Presseartikel zum Streit um die Einladung zum Vortrag des Wiener Professors Kurt Schubert am 12.2.1964.
53 Vgl. Maas, Siegmund A. Wolf, in: Verfolgung und Auswanderung deutschsprachiger Sprachforscher 1933–1945; online unter: https://zflprojekte.de/sprachforscher-im-exil/index.php/catalog/w/491-wolf-sigmund-a [10.6.2018].
54 Vgl. Wolf, Großes Wörterbuch der Zigeunersprache, S. 14.

lichen Standards der Anthropologie hätten ausgewertet werden können.[55] Auch lobte er die Forschungen Martin Blocks als objektive Forschungsleistungen.[56] Wolf wünschte sich, dass die deutsche „Zigeunerforschung" wieder mit der internationalen „Zigeunerforschung" aufschließen könne.[57] Doch Wolf erkannte auch problematische Kontinuitäten, so kritisierte er die übereinstimmenden Ansichten Ritters und Arnolds zu Sterilisationen von „Zigeunern".[58]

Damit blieb Wolf eine Ausnahmeerscheinung unter den „Zigeunerforschern". In der deutschsprachigen ethnologisch und sprachwissenschaftlich orientierten „Zigeunerforschung" fehlte ein breit aufgestelltes Publikationsorgan, wie das der Gypsy Lore Society in Großbritannien, welches die Forschungen der letzten Jahrzehnte hätte kritisch hinterfragen können. Stattdessen blieben in den 1950er Jahren in der Bundesrepublik die bereits in der NS-Zeit aktiven Akteure wie Block, Dostal oder Knobloch die den „Zigeuner-Diskurs" bestimmenden Akteure.

Auch die kirchliche „Zigeunermission" hat den überlieferten Blick auf die „NS-Zigeunerverfolgung" übernommen und kaum verändert. Sie soll hier in aller Kürze vorgestellt werden. Schließlich soll anhand eines Beispiels gezeigt werden, dass sie damit sogar politisch einflussreich war. Auch wenn umfassende historische Studien noch ausstehen, ist es in der Forschung unstrittig, dass die beiden großen Kirchen in der NS-Zeit bereitwillig Amtshilfe bei der Erfassung der Sinti und Roma durch die RHF geleistet hatten und kirchlicher Widerstand dagegen bisher nur in Einzelfällen nachgewiesen werden konnte.[59]

Die Opfergruppe tauchte weder in dem Schuldbekenntnis der katholischen Bischöfe vom 23. August 1945 noch in der Stuttgarter Schulderklärung des Rates der Evangelischen Kirche in Deutschland vom 18./19. Oktober 1945 auf.[60] Papst Paul VI. nutzte die „Zigeuner" dagegen öffentlichkeitswirksam, um 1965 eine Debatte zur Hinwendung der Kirche zu den Armen im Kontext des Zweiten Vatikanischen Konzils anzustoßen. Dem folgte die Kodifizierung und Institutionalisierung der Katholischen Zigeuner- und Nomadenseelsorge (KZN).[61] Die Bischofskonferenzen sollten „Zigeunerseelsorger" benennen, in der Bundesrepublik wurde diese Aufgabe 1965 dem Gemeindepfarrer Arnold Fortuin nebenamtlich übertragen.[62] Nach dem frühen Tod Fortuins 1970 beauftragte die Deutsche Bischofskonferenz (DBK) den Priester

---

55 Vgl. ebenda, S. 25. Zur Frage der Wissenschaftlichkeit der Methodik der RHF vgl. Danckwortt, Wissenschaft oder Pseudowissenschaft?, S. 140–164, hier bes. 162 f.
56 Vgl. Wolf, Großes Wörterbuch der Zigeunersprache, S. 24.
57 Vgl. ebenda, S. 26.
58 Vgl. ebenda, S. 27.
59 Vgl. Meier, Gutachten zum Forschungsstand, S. 13–19; Reuter, Die Deportation von Sinti-Kindern, S. 167–184, hier bes. S. 179 f.
60 Vgl. Reuter, Die Deportation von Sinti-Kindern, S. 181.
61 Vgl. die Ausführungen zu Sobeck und der KZN in Kapitel VI.2. Vgl. auch Brieskorn, „Vous, dans l'église, n'êtes pas aux marges, mais, sous certains aspects, vous êtes au centre, vous êtes au Cœur", S. 396–412, hier S. 403.
62 Vgl. ebenda, S. 404.

Achim Muth aus dem Bistum Hildesheim, der dies ab 1972 hauptamtlich betrieb, ab 1974 kam die Sozialarbeiterin Silvia Sobeck als weitere hauptamtliche Kraft für die soziale Arbeit der Kirche mit den „Zigeunern" hinzu.[63] Sobeck formulierte: „Das Ziel unserer Dienststelle ist, deren Notwendigkeit abzuschaffen."[64] Durch die Etablierung professioneller Strukturen wurde die KZN zu einem staatlich akzeptierten Partner. Wichtige intellektuelle Bezugsquellen für Sobeck waren Thomas Münsters Schrift *Zigeuner-Saga* und das Hauptwerk Hermann Arnolds *Die Zigeuner*.[65] Sobeck blieb in den 1970er Jahren eine gefragte Autorin, auch in eher linksgerichteten Fachzeitschriften wie *päd.extra.sozialarbeit*. Sie legte eine für diese Zeit vergleichsweise neue sozialpädagogische Professionalität an den Tag, die bei Behörden und FachkollegInnen Anklang fand.[66]

Die Anfänge der evangelischen Missionsarbeit mit „Zigeunern" auf deutschem Gebiet lassen sich bis ins Jahr 1829 zurückverfolgen.[67] In der ab circa 1900 arbeitenden Berliner Stadtmission hatte ein paternalistisches „Zigeunerbild" vorgeherrscht, welches sämtliche Vorurteile jener Zeit aufgriff: Die wilden und kriminellen „Zigeuner" sollten erzogen und dabei gleichzeitig zu echten Christen gemacht werden, gereinigt vom Aberglauben.[68]

Für die Zeit nach 1945 soll der Blick nun auf den evangelisch-lutherischen „Zigeunerpastor" Georg Althaus gerichtet werden, der erhebliche politische Prozesse in der Bundesrepublik in Gang setzte. Althaus war 1898 in Mamba in Deutsch-Ostafrika als Sohn christlicher MissionarInnen geboren worden, die von einer Leipziger Mission dorthin entsandt worden waren, um die „Wachagga" zu bekehren.[69] Er war ab dem Alter von sechs Jahren bei seinem Onkel in Göttingen aufgewachsen, dort hatte er auch sein Abitur abgelegt und begonnen, Theologie zu studieren. Im Winter 1934 war er als Pfarrer im Dorf Timmerlah mit Sinti in Kontakt gekommen, er hatte jenen erlaubt, in einer Gemeindescheune zu übernachten, hatte deren Sprache erlernt und sich in die tradierte „Zigeunerliteratur" vertieft. Dieser Kontakt war im Jahr 1936 an ein Ende gekommen, als der Bürgermeister des Ortes – so behauptete Althaus es nach 1945 – „Zigeunerverbotsschilder" im Ort aufstellen ließ.[70]

Im Februar 1936 war Althaus vom Sondergericht Braunschweig auf Grundlage des 1934 erlassenen „Heimtückegesetzes" zu sechs Monaten Zuchthaus verurteilt worden, weil er sich im Konfirmandenunterricht für den Schutz der Juden ausge-

---

63 Vgl. ebenda, S. 406.
64 Zit. nach ebenda, S. 407.
65 Vgl. Stender, Der Konflikt zwischen der Bürgerrechtsbewegung, S. 177–187, hier S. 181; Münster, Die Zigeuner-Saga; Arnold, Die Zigeuner.
66 Vgl. Stender, Der Konflikt zwischen der Bürgerrechtsbewegung, S. 180.
67 Vgl. Meier, Gutachten zum Forschungsstand, S. 11–13.
68 Vgl. ebenda, S. 12.
69 Vgl. Margalit, „Großer Gott, ich danke dir, daß du kleine schwarze Kinder gemacht hast", S. 59–73, hier S. 59 f.
70 Vgl. ebenda, S. 60.

1 Krise der „Zigeunerforschung" und Impulse aus Missionsarbeit und Soziologie — 87

sprochen und seinen Konfirmanden den „Hitlergruß" verboten hatte.[71] Nach Kriegsende kam Althaus erst 1952 wieder in Kontakt mit „Zigeunern". Er begann sich zunächst in seiner Freizeit für verschiedene Belange der Minderheit einzusetzen. 1957 wurde dieses Engagement im Rahmen der Gründung eines eigenen *Pfarramts für den Dienst an Israel und den Zigeunern* von seiner Landeskirche gewürdigt.[72] Nachdem Althaus öffentlich mehrfach die NS-Vergangenheit von Kirchenfunktionären angeprangert hatte, wurde er 1962 von der Kirchenleitung der Evangelisch-Lutherischen Landeskirche in Braunschweig zwangspensioniert.[73]

Althaus begründete seine Aktivitäten für die Sinti und Roma zwar auch aus der empfundenen Mitverantwortung der Kirche für die „NS-Zigeunerverfolgung", er sah aber die größere Schuld darin, dass sich die Christen hinsichtlich der Missionierung von Juden und „Zigeunern" nicht genügend engagiert hätten.[74]

Gilad Margalit stellt kritisch heraus, Althaus habe ernstlich die Anwendung der Missionsmethoden der lutherischen Kirche in Afrika an einer in Deutschland beheimateten Minderheit anzuwenden gedacht.[75] Gleichzeitig sei er von der „arischen" Abstammung der „Zigeuner" überzeugt gewesen. Ebenfalls sei er den Vorstellungen Ritters gefolgt, die Kriminalität sei aus den „Anlagen" der „Nichtzigeuner" in die „Zigeuner" eingesickert.[76]

Margalit charakterisiert Althaus treffend als „romantischen Rassisten".[77] Doch Althaus konnte – wohl auch vor dem Hintergrund der eigenen Verfolgungserfahrung – aus dem kriminalpräventiven Denkkollektiv ausbrechen. Er unternahm diverse politische Aktivitäten für eine gerechtere Behandlung der Sinti und Roma in der Bundesrepublik, auf einige Beispiele soll nachfolgend eingegangen werden.[78]

Nach der Gründung seines Pfarramtes wandte sich Althaus am 29. Dezember 1958 in einem Schreiben an die deutsche UNESCO-Kommission in Köln mit der Bitte, „die Lage der Zigeuner zu untersuchen und mir bei der grossen Aufgabe [...] zu helfen".[79] Althaus formulierte darin vier Ziele für seine Arbeit: Erstens wollte er eine „Zigeunermissionskonferenz" organisieren, zweitens eine weitere Mitarbeiterin einstellen, drittens ein eigenes Gemeindezentrum für die „Zigeuner" eröffnen und viertens eine „Zigeunersiedlung" errichten.[80]

---

71 Vgl. ebenda, S. 61.
72 Vgl. ebenda, S. 59.
73 Vgl. Kuessner, Bekennen und Vergeben in der Nachkriegszeit, S. 100–130, hier S. 128 f.
74 Vgl. Margalit, „Großer Gott, ich danke dir, daß du kleine schwarze Kinder gemacht hast", S. 61 f.
75 Vgl. ebenda, S. 67.
76 Vgl. ebenda, S. 67, 69, 72.
77 Ebenda, S. 67.
78 Althaus' Anschreiben an Franz Böhm und die damit angestoßenen Verbesserungen in der Durchsetzung von Entschädigungen ist bereits beschrieben worden; vgl. die Darstellung im Kapitel III.3.
79 BArch, B 106/21554, Schreiben des Pastors Georg Althaus an die Deutsche UNESCO-Kommission vom 29.12.1958, S. 1–4, hier S. 3.
80 Vgl. ebd, S. 2 f.

Die deutsche UNESCO-Kommission konnte nicht behilflich sein und leitete die Anfrage an das BMI weiter.[81] Dieses wusste zunächst nichts mit dem Schreiben anzufangen und fragte beim Bundesministerium für Vertriebene, Flüchtlinge und Kriegsgeschädigte an, ob man dort die Ziele Althaus' unterstützen könne. Ein interner Vermerk aus dem BMI fasste die telefonische Rückfrage wie folgt zusammen:

> „Eine fernmündliche Fühlungnahme mit Herrn Dr. Lüder vom BMVertriebene hat ergeben, daß Zigeuner nicht zu dem von dort betreuten Personenkreis gerechnet werden und daher die an sich anerkennenswerten Bemühungen von H. Pastor Althaus von dort nicht unterstützt werden können."[82]

Das BMI leitete das Gesuch an die Kultusministerkonferenz (KMK) weiter, weil es das Anliegen als kulturelle Angelegenheit betrachtete, die in die Zuständigkeit der Länder fallen würde.[83] Die Bitte von Georg Althaus, die „Zigeunerforschung" in Deutschland von Seiten des BMI finanziell zu fördern, wurde wiederum mit dem gleichen Hinweis abgewiesen.[84] Auch teilte das BMI mit „Bedauern" mit, dass das Ministerium keinen Vertreter zur Missionskonferenz schicken könne.[85] Althaus veranstaltete trotz fehlender Unterstützung im Juni 1959 seine Missionskonferenz auf dem Hessenkopf bei Goslar.[86] Dort hielt er ein Referat zur „Lutherischen Missionsmethode". Siegmund Wolf war mit einem Vortrag über „Lage der Zigeuner in Deutschland" vertreten.[87] Dem Programm war die Bemerkung vorangestellt: „Die Konferenz ist keine Konferenz mit den Zigeunern, sondern eine Studientagung über Zigeunerfragen."[88]

Diese Information sollte offensichtlich potenziell interessierte Teilnehmende motivieren, an der Veranstaltung teilzunehmen. Am zweiten Tag der Tagung sah Althaus eine Exkursion vor: „zu einem romantischen Lager und einem Elendslager. Photoapparate bleiben im Autobus!"[89] Ob die Reise nach Hameln und Hildesheim mit dieser Beschränkung bedacht wurde, damit keine Diebstähle vorkämen oder Althaus gar ein Problembewusstsein für neugierige Blicke einer Busgesellschaft gehabt haben mag, lässt sich nicht eindeutig klären.

---

81 Vgl. BArch, B 106/21554, Schreiben von Dr. W. Platz an Fräulein Dr. Lugge vom 6.2.1959.
82 BArch, B 106/21554, Vermerk von Oberregierungsrat Dr. Geißler i. V. vom 26.5.1959.
83 Vgl. BArch, B 106/21554, Schreiben von Dr. Geißler im Auftrag an das Generalsekretariat der Ständigen Konferenz der Kultusminister der Länder in der Bundesrepublik Deutschland vom 26.5.1959.
84 Vgl. BArch, B 106/21554, Schreiben von Georg Althaus an Herrn Bundesminister des Innern Dr. Schröder vom 17.7.1959 und Rückantwort von Hagelberg im Auftrag an Pastor Althaus vom 9.9.1959.
85 Vgl. BArch, B 106/21554, Schreiben im Auftrag an Georg Althaus vom 20.6.1959.
86 Vgl. BArch, B 106/21554, Einladung von Georg Althaus zur zweiten deutschen evangelisch-lutherischen Zigeunermissionskonferenz auf dem Hessenkopf bei Goslar am Harz vom 29.5.1959, S. 1f.
87 Vgl. ebenda, S. 1.
88 Ebenda, S. 1.
89 Ebenda, S. 2.

Sein Verdienst bleibt, die Situation der Minderheit an die zentralstaatliche Ebene herangetragen zu haben. Doch hinsichtlich seines Engagements für eine personelle Anerkennung der Sinti und Roma muss eine deutliche Einschränkung vorgenommen werden: Seine Herangehensweise war geprägt von Paternalismus. Die wiederholt von Georg Althaus vorgebrachte Forderung nach mehr „Zigeunerforschung" sollte noch weitreichende – von Althaus nicht absehbare – Konsequenzen haben. So trat das Bundesinnenministerium in ihrer Folge an Hans Harmsen, den Vorsitzenden der Deutschen Gesellschaft für Bevölkerungswissenschaft (DGfBw), mit der Bitte heran, dass sich die Forschenden wissenschaftlich mit den „Zigeunern" befassen sollten.[90] Die Auswirkungen dieser Anfrage werden im Laufe der Studie noch ausführlicher beleuchtet.

Nun soll der Blick jedoch zunächst auf die Impulse der Soziologie für die „Zigeunerforschung" und die Implikationen für den Blick auf die „NS-Zigeunerverfolgung" gerichtet werden.

Die tradierte „Zigeunerforschung" bekam in den 1960er Jahren von einer anderen Wissenschaftsdisziplin Konkurrenz, der Soziologie, die sich nach 1945 erneut zu etablieren begann.[91] Die SoziologInnen wandten sich neuen Themen zu, die bisher nicht im Fokus gestanden hatten.[92] Die sich bessernde wirtschaftliche Lage der Bundesrepublik veränderte die Wahrnehmung von Armut. Nun wurde der Blick stärker auf die sozialen Strukturen der Gesellschaft – dabei besonders auf die Wohnungslosen und Randgruppen – gerichtet und nach Sozialisationsproblemen gefragt.[93]

Die Hinwendung zu den gesellschaftlichen Randgruppen war allerdings nicht nur aus reiner Menschenfreundlichkeit entstanden, sondern resultierte vielmehr aus dem forcierten Wohnungsbau in den Großstädten, die bis dato städtische Brachflächen den „Zigeunern", Obdachlosen und anderen Randgruppen überlassen hatten.[94] Überhaupt brach in den 1960er Jahren eine Planungseuphorie in vielen gesellschaftlichen Bereichen aus. Neue Wissenschaftsformen – wie die Kybernetik – gingen von einer Steuerbarkeit sämtlicher Gesellschaftsfelder aus, auch alle sozialen Prozesse sollten regelbar sein.[95] Gleichzeitig ergaben sich durch den wirtschaftlichen Boom neue finanzielle Spielräume, die wiederum für die soziale Steuerung der

---

[90] Vgl. BArch, ZSG 142/15, Schreiben des Vorsitzenden der DGfBw Prof. Dr. Dr. Hans Harmsen an Herrn Medizinalrat Dr. Arnold vom 8.10.1962.
[91] Zur Krise der ethnologischen Zigeunerforschung vgl. Haupt, Antiziganismus und Sozialarbeit, S. 90–92.
[92] Vgl. Nolte, Die Ordnung der deutschen Gesellschaft, S. 400.
[93] Vgl. Leibfried, Zeit der Armut, S. 218; Nolte, Die Ordnung der deutschen Gesellschaft, S. 267.
[94] So ist dies für Köln nachzulesen in: Danckwort, Sozialarbeit, S. 73–108, hier S. 89. Auch in Kassel mussten die „Landfahrer" in den 1960er Jahren einer Neubausiedlung weichen, ihre Wohnwagen wurden von der Stadt unter Zwang angekauft und anschließend von der Berufsfeuerwehr abgebrannt; vgl. Lotto-Kusche/Schmidt, Politik gegen „Zigeuner" und „Landfahrer", S. 164 f.
[95] Vgl. Seefried, Mehr Planung wagen?, S. 105–124, hier S. 107 f.

Gesellschaft eingesetzt werden sollten.[96] Neue Berufsbilder, wie das der SozialarbeiterInnen, bildeten sich heraus und wurden verstärkt kommunal eingesetzt.[97]

Programmatisch forderte Theodor W. Adorno bereits 1952 in einem Vortrag ein Ende der „geisteswissenschaftlichen" Soziologie, da sie zu „Romantisierung" neige. Die harte empirische Sozialforschung gab er dagegen als Kampfmittel gegen rechte Ideologen aus.[98]

Helmut Schelsky, der 1960 nach Münster berufen wurde und zugleich Leiter der Dortmunder Sozialforschungsstelle war, musste als NS-Hypothek vielfältige Vertreter der „Volkstumssoziologie" integrieren.[99] Schelsky war damit auch verantwortlich für die seit 1949 erscheinende Zeitschrift *Soziale Welt*, die 1959 eine lobende Rezension von Arnolds Programmschrift *Vaganten, Komödianten, Fieranten und Briganten* veröffentlichte.[100]

Lukrezia Jochimsen, eine Doktorandin von Schelsky, begann mit der Arbeit an einer Dissertation über die soziale Lage der „Zigeuner" in der Bundesrepublik. Sie untersuchte die Sozialstruktur der „Zigeuner" anhand einer Mikrostudie am Beispiel Hildesheims. Ihre Forschung wurde in Teilen vorab in der Zeitschrift *Soziale Welt* veröffentlicht.[101] Bei aller Kritik ermöglichte der soziologische Blickwinkel auf die Minderheit in Hildesheim folgende Erkenntnisse: Erstens handele es sich bei den von Jochimsen untersuchten „Zigeunern" nicht nur um eine diskriminierte, sondern auch um eine benachteiligte Minderheit.[102] Zweitens besitze die Minderheit grundsätzlich eine Integrationsbereitschaft.[103] Und drittens negierte Jochimsen die bis dato üblichen Erklärungen für die Probleme der Minderheit. Statt Kriminalität und Wandertrieb seien fehlende schulische und berufliche Bildung für die schwierige soziale Situation verantwortlich.[104] Diese drei Befunde sind im Vergleich zu den vorherigen Vorstellungen geradezu revolutionär zu nennen.[105]

Jochimsen begann ihre Untersuchung aber auch mit dem Hinweis darauf, dass sich die Lebensweise der „Zigeuner" nach 1945 ganz erheblich geändert habe. Die Gründe sah sie dabei nicht in den Verfolgungsmaßnahmen während der NS-Zeit,

---

96 Vgl. ebenda, S. 108.
97 Vgl. Widmann, An den Rändern der Städte, S. 111.
98 Vgl. Nolte, Die Ordnung der deutschen Gesellschaft, S. 264.
99 Vgl. ebenda, S. 254. Etzemüller stellt heraus, dass die „Volkstumssoziologen" den gleichen Denkstil wie die Historiker um Conze teilten; vgl. Etzemüller, Sozialgeschichte als politische Geschichte, S. 271.
100 Vgl. Schaginger, Rezension zu: Hermann Arnold. Vaganten, Komödianten, Fieranten und Briganten, S. 81 f., hier S. 82. Paul Nolte ordnet diese Zeitschrift, welche in den ersten Jahren auch problematische Bezüge zur „Volkstumssoziologie" aufwies, im soziologisch konservativen Spektrum ein; vgl. Nolte, Die Ordnung der deutschen Gesellschaft, S. 254.
101 Vgl. Jochimsen, Wie leben Zigeuner in der Bundesrepublik?, S. 370–378.
102 Vgl. ebenda, S. 376.
103 Vgl. ebenda, S. 378.
104 Vgl. ebenda, S. 372.
105 Vgl. die Würdigung bei: Zimmermann, Rassenutopie und Genozid, S. 28.

1 Krise der „Zigeunerforschung" und Impulse aus Missionsarbeit und Soziologie — 91

sondern im sozialen Wandel der Gesellschaft der Bundesrepublik.[106] Diese Einschätzung war in vielerlei Hinsicht nicht zutreffend, setzte doch der soziale Wandel hinsichtlich der Wohn- und Beschäftigungsverhältnisse nicht erst nach dem Ende der NS-Zeit, sondern bereits viel früher ein.[107] Auch unterschätzte Jochimsen den Grad der Sesshaftigkeit vor 1945 erheblich.[108]

Besonders fällt in Jochimsens Studie jedoch eine immanente Schwäche auf, die zu vielen falschen Behauptungen geführt hat. Sie ging zu kritiklos mit der tradierten „Zigeunerforschung" um. Es finden sich in ihrer Arbeit zahlreiche Zitate aus den verschiedensten Veröffentlichungen Robert Ritters ohne quellenkritische Problematisierung.[109] Darüber hinaus knüpfte ihre Forschung direkt an die Walter Dostals an.[110] Neben den problematischen Anleihen findet sich ein Satz wie dieser in der Dissertationsschrift: „Die Verfasserin fand keinerlei repräsentatives Material über das Schicksal der Zigeuner in den Konzentrationslagern."[111]

Zwar fehlten umfassende Monographien zu dieser Zeit tatsächlich, aber dass die Autorin nicht einmal den Beitrag von Wolf im *Wörterbuch der Zigeunersprache* gefunden haben will, ist zumindest fragwürdig. Auch gab die Autorin im Literaturverzeichnis an, verschiedene Artikel im *Journal of the Gypsy Lore Society* ausgewertet zu haben.[112] Warum hat sie dann nicht auch die in der vorliegenden Studie besprochenen Artikel, die Hinweise auf die „NS-Zigeunerverfolgung" lieferten, in ihre Untersuchung einbezogen? Und warum rezipierte Jochimsen die internationalen Publikationen zum Thema nicht?[113]

Doch welche Forschungen gab es darüber hinaus noch in der sich stark erweiternden und zunehmend politisierten Soziologie? Vertreter der Kritischen Theorie, wie Theodor W. Adorno, gaben keinen Anstoß, sich mit der „NS-Zigeunerverfolgung" oder den Motiven für diese zu beschäftigen. Ein Vortrag, den Adorno am 6. April 1967 an der Universität Wien vor dem Verband Sozialistischer Studenten zu Aspekten des neuen Rechtsradikalismus hielt, steht symptomatisch für diese Leerstelle. Er zog darin historische Analogien zum Nationalsozialismus und dessen Ideologie und zählte als Kontinuitätsfelder der alten und neuen Rechtsradikalen Antisemitismus, Antibolschewismus und Antiamerikanismus auf. Eine Kritik oder Analyse von rassistischen Phänomenen, wie des von ihm im Prinzip wahrnehmbaren, aber

---

106 Vgl. Jochimsen, Zigeuner heute, S. 2, 111.
107 Vgl. dazu die überzeugende Kritik in: Zimmermann, Rassenutopie und Genozid, S. 27.
108 Vgl. Jochimsen, Wie leben Zigeuner in der Bundesrepublik?, S. 370. Zum Grad der Sesshaftigkeit liegen zwar keine abschließenden Befunde vor, allerdings geht Zimmermann von einem ganz erheblichen Grad aus; vgl. Zimmermann, Rassenutopie und Genozid, S. 74.
109 Vgl. Jochimsen, Zigeuner heute, S. 10, 113.
110 Vgl. ebenda, S. 2, 111.
111 Vgl. ebenda, S. 11.
112 Vgl. ebenda, S. 111–113.
113 Vgl. die Studien im Kapitel III.4.

nicht als solchen benannten „Antiziganismus", blieben jedoch aus.[114] Auch im Gesamtwerk Adornos spielten die „Zigeuner" lediglich eine anekdotische, wenn nicht problematische Rolle.[115] In seinen musiktheoretischen Beiträgen wurde die „NS-Zigeunerverfolgung" als nichtssagende Metapher verhandelt, in der programmatischen Schrift *Erziehung nach Auschwitz* sucht man eine Erwähnung gar vergebens.[116] Adorno sah in den „Zigeunern" eine Gefahr für die bürgerliche Gesellschaft, da sie die Entwicklung zur Sesshaftigkeit nicht mitvollzogen hätten.[117]

Zwar kam es mit der erstarkenden Soziologie zu einem sachlicheren Blick auf die Gründe von Armut und Kriminalität, jedoch konnte dieser nicht die „rassischen" Motive der „NS-Zigeunerverfolgung" in den Blick nehmen, weil eine quellenkritische Auseinandersetzung mit den „NS-Rasseforschern" und den Ethnologen ausblieb. Daher verwundert es auch nicht, dass der Soziologe und Mitarbeiter des Frankfurter Instituts für Sozialforschung Rudolf Gunzert im Nachwort von Hermann Arnolds Hauptwerk *Die Zigeuner* eine Empfehlung für dessen Buch aussprach.[118] Bevor die Rolle Arnolds genauer beleuchtet wird, soll zunächst darauf geblickt werden, ob die juristischen Großprozesse der 1960er Jahre und die Radikalisierung des Systemkampfes mit der DDR Impulse für eine veränderte Betrachtung der „NS-Zigeunerverfolgung" in der Bundesrepublik liefern konnten. Zunächst wird es um den Stellenwert des Themas im ersten Frankfurter Auschwitz-Prozess und die mediale Rezeption desselben gehen. Danach soll ein Blick hinter den Eisernen Vorhang gewagt werden: Wie wurde der Umgang der Bundesrepublik mit der „NS-Zigeunerverfolgung" in der DDR bewertet? Wurde das Sujet im Zuge der Agitation gegen den Klassenfeind eingesetzt?

2 Ungehörte Impulse aus Justizprozessen und die Rolle des Klassenfeinds

Der Frankfurter Auschwitz-Prozess (1963–1965) ging auf die Initiative des hessischen Generalstaatsanwalts Fritz Bauer zurück. Dieser forderte im Vorfeld des Prozesses beim IfZ mehrere Gutachten zur historischen Einordnung von „Auschwitz" an, die unter anderem von Hans Buchheim verfasst wurden.[119] In drei der fünf Expertisen

---

114 Vgl. Adorno, Aspekte des neuen Rechtsradikalismus.
115 Vgl. End, Adorno und die „Zigeuner", S. 95.
116 Vgl. ebenda, S. 96.
117 Vgl. ebenda, S. 106 f.
118 Vgl. Arnold, Die Zigeuner, S. 299–301. Gunzert war für den Bereich der quantitativen Sozialforschung zuständig, wird jedoch nicht zur Frankfurter Schule gerechnet; vgl. End, Adorno und die „Zigeuner", S. 95.
119 Vgl. Beeker, „Führerbefehl", S. 464–483, hier S. 465.

wurde die „NS-Zigeunerverfolgung" erwähnt, das Motiv blieb darin jedoch unerwähnt.[120]

Von den insgesamt 360 gehörten ZeugInnen in dem Prozess berichteten nur sechs über das „Zigeunerfamilienlager Auschwitz-Birkenau". Nur vier Personen – Max Friedrich, Waldemar Schröder, Paul Morgenstern und Bruno Stein – schilderten ihre Beobachtungen persönlich.[121] Die Aussagen von Elisabeth Guttenberger und Hilli Weiß wurden krankheitsbedingt nur verlesen. Die Sinti und Roma waren jedoch durch die polizeilichen und juristischen Befragungen eingeschüchtert und durch herablassende Seitenhiebe der Verteidigung derart in Misskredit gebracht worden, dass keine der Aussagen strafrechtliche Relevanz entfalten konnte.[122] Dabei waren sechs der 22 Beschuldigten explizit auch wegen Verbrechen im Rahmen der „NS-Zigeunerverfolgung" angeklagt worden. Nur drei von ihnen konnten schließlich auch unter Berücksichtigung dieser Taten verurteilt werden.[123] Gegen den Mitarbeiter der politischen Abteilung des Konzentrations- und Vernichtungslagers Auschwitz-Birkenau Pery Broad wurde ein Ermittlungsverfahren vom Prozess abgespalten.[124] Dieses wurde an die Staatsanwaltschaft Köln abgegeben, mehrfach eingestellt und wiederaufgenommen, bis der Beschuldigte 1993 kurz vor der Anklageerhebung verstarb.[125]

Über den Frankfurter Prozess wurde in der Bundesrepublik zwar intensiv medial berichtet. Der *Spiegel*-Artikel *So arisch* trug dazu bei, dass im Kontext des Prozesses weitere Artikel erschienen.[126] Ein diffuser Bericht in der Wochenzeitung *Die Zeit* über die Einlassungen Perry Broads zu den Verbrechen an den „Zigeunern" im Lager fand den Weg in die Öffentlichkeit.[127] In dem Bericht wurde Broad mit den Worten zitiert: „Diese Zigeuneraktion war selbst einigen SS-Leuten von Auschwitz zuviel."[128] Auch wurden ZeugInnen im Artikel sinngemäß mit den Worten wiedergegeben, Broad habe oft niedergeschlagen gewirkt und sonntags gerne gemeinsam mit den „Zigeunern" musiziert. Daneben wurde zwar erwähnt, dass im Raum stehe, Broad sei auch an der Liquidierung des „Zigeunerlagers" beteiligt gewesen, solche Hinweise blieben jedoch sehr vage. Dass er von mehreren ZeugInnen der Anklage und der Verteidigung am Tag der „Massenvergasung" im Lager als anwesend identifiziert wurde, spielte keine Rolle im Artikel.[129] Trotz der umfangreichen medialen Bericht-

---

120 Vgl. Buchheim u. a., Anatomie des SS-Staates, S. 94, 97, 389, 405, 612.
121 Vgl. Stengel, Bezweifelte Glaubwürdigkeit, S. 444–463, hier S. 451.
122 Vgl. ebenda, S. 453, 457.
123 Vgl. Fings, Auschwitz und die Zeugenschaft von Sinti und Roma, in: RomArchive – the Digital Archive of the Roma; online unter: https://blog.romarchive.eu/?page_id=7257 [8.1.2017].
124 Vgl. Opfermann, Genozid und Justiz, S. 317.
125 Vgl. Roßberg, Der Fall Pery Broad 1959–1993, S. 143–181, hier bes. S. 169.
126 Vgl. Margalit, Die Nachkriegsdeutschen und „ihre Zigeuner", S. 221.
127 Vgl. Strothmann, Das Protokoll des Perry Broad, in: Die Zeit, 6.11.1964.
128 Ebenda.
129 Vgl. Hermann Langbein, Der Auschwitz-Prozeß, S. 520–527.

erstattung geht die zeithistorische Forschung jedoch davon aus, dass der Prozess keine grundlegende Veränderung in der öffentlichen Meinung über die NS-Massenverbrechen bewirken konnte.[130]

Um die Kenntnis über die Verbrechen der „NS-Zigeunerverfolgung" in die Öffentlichkeit zu tragen, gab es schon im Vorfeld des Prozesses einige Initiativen. Bereits am 18. Oktober 1961 wurde eine von Hermann Langbein und Hans Günther Adler für den Westdeutschen Rundfunk (WDR) erarbeitete dreistündige Sendung ausgestrahlt, die aus Interviews mit Überlebenden und TäterInnen des Konzentrations- und Vernichtungslagers Auschwitz-Birkenau bestand.[131] Enthalten war auch ein Interview mit der Sintezza Elisabeth Guttenberger, die das Lager überlebt hatte.[132] Die Sendung wurde danach auch im Österreichischen Rundfunk (ORF) und dem Norddeutschen Rundfunk (NDR) ausgestrahlt.[133]

Diesen Erfolg wollte Langbein auch auf ein anderes Medium übertragen. Im Vorfeld des Prozesses hatte er sich mit dem IAK darum bemüht, einen Sammelband mit Berichten von Überlebenden herauszugeben.[134] Während der Verhandlungen mit dem IAK kam es jedoch zum Bruch mit den Vertretern Osteuropas, weshalb Langbein die Publikation nun zusammen mit Adler und Ella Lingens-Reiner herausgab.[135] Das Ergebnis war eine Zusammenstellung aus Berichten von ehemaligen Häftlingen und Auszügen aus den Memoiren von Höß und Adolf Eichmann.[136] Im Buch wurde eine über mehrere Seiten verlaufende Schilderung Elisabeth Guttenbergers abgedruckt, in der sie sich auch explizit zum Motiv der „NS-Zigeunerverfolgung" äußerte: „Die Zigeuner wurden genauso wie die Juden aus rassischen Gründen verfolgt."[137]

Der Erfolg dieser Publikation Langbeins war jedoch gering. Die 3000 Exemplare umfassende erste Auflage, die von der Europäischen Verlagsanstalt[138] – einem linken Gesinnungsverlag – herausgegeben wurde, konnte erst im Jahr 1968 komplett verkauft werden, danach war das Buch vergriffen.[139]

---

130 Vgl. Renz, Der 1. Frankfurter Auschwitz-Prozess, S. 349–362, hier S. 360f.
131 Vgl. Stengel, Hermann Langbein, S. 464.
132 Vgl. Kresing-Wulf (Bearb.), Judenverfolgung und jüdisches Leben, S. 150.
133 Vgl. Stengel, Hermann Langbein, S. 464.
134 Vgl. Stengel, Auschwitz zwischen Ost und West, S. 174–196.
135 Vgl. ebenda, S. 184–193.
136 Vgl. Adler/Langbein/Lingens-Reiner (Hrsg.), Auschwitz.
137 Ebenda, S. 159–162, hier S. 159.
138 Der 1946 von Mitwirkenden des – 1925 aus der SPD ausgeschlossenen – Internationalen Sozialistischen Kampfbundes gegründete Verlag wollte die Diskussion im Nachkriegsdeutschland nachhaltig verändern, allerdings mit bescheidenem Erfolg; vgl. Blaschke, Verleger machen Geschichte, S. 296.
139 Vgl. Stengel, Auschwitz zwischen Ost und West, S. 196. Erst 1979 wurde eine zweite Auflage publiziert.

Simon Wiesenthal sammelte Dokumente, um eine gesonderte Anklageerhebung gegen Haupttäter der „NS-Zigeunerverfolgung" in Deutschland zu erreichen.[140] Wiesenthal war 1964 von der tschechischen Regierung auf einen Aktenfund in einem See aufmerksam gemacht geworden, den er im September desselben Jahres in Prag einsehen konnte. Dort will er zum ersten Mal Beweise für die Vernichtung der „Zigeuner" gefunden haben.[141] Der Zufallsfund ließ ihn nach weiteren Dokumenten in israelischen Archiven forschen. Schließlich übergab er seine Recherchen der ZS. Tatsachenbehauptungen in seiner Publikation *Doch die Mörder leben* aus dem Jahr 1967 irritieren jedoch. So machte Wiesenthal beispielsweise Eichmann als Hauptverantwortlichen für die „NS-Zigeunerverfolgung" aus, was er wohl falsch aus dem Aktenmaterial geschlossen haben mag.

Ein Artikel, der Wiesenthal zu Ehren von der niederländischen Juristin Lau Mazirel 1973 über die „NS-Zigeunerverfolgung" geschrieben wurde, nannte dagegen viele Details der Verfolgung und griff zahlreiche internationale Schriften auf.[142] Der für das deutsche Publikum ferne Publikationsort Amsterdam sorgte jedoch dafür, dass der Artikel sogar in Fachkreisen kaum bekannt wurde und auch heute noch weitgehend unbekannt ist. Darüber hinaus versäumte es Mazirel, eine detaillierte Belegstruktur zu nutzen. Zwar wurden wenige Details mit Textverweisen hinterlegt, jedoch ohne Seitenbelege.[143]

Auch diese ergänzenden Publikationen und Aktivitäten konnten das Thema im Kontext des Auschwitz-Prozesses in der Bundesrepublik kaum bekannter machen. Es lohnt, einen Blick auf die Berichterstattung in der DDR und die Rolle der Nebenklagevertretung durch Karl Kaul zu richten. Für das „andere" Deutschland wäre die Marginalisierung der „Zigeuner" im Prozess eigentlich ein geeignetes Thema für Kritik am Klassenfeind gewesen. Die Prozesse wurden in der DDR medial intensiv rezipiert und für die Systemauseinandersetzung instrumentalisiert. Über den Nebenklagevertreter Karl Kaul versuchte das Politbüro darüber hinaus, direkten Einfluss auf den Prozessverlauf zu nehmen.[144] Kaul sollte wirtschaftliche Kontinuitäten des IG-Farben-Konzerns in der Bundesrepublik an den medialen Pranger stellen.[145] Die Verfolgung der Sinti und Roma war im Kontext dieses Prozesses jedoch kein Thema für die DDR-Agitation.[146] Analysen der gesamten Berichterstattung der Tageszeitung *Neues Deutschland* über „Zigeuner" offenbaren, dass der Begriff zwar 384-mal vor-

---

140 Vgl. Zimmermann, Rassenutopie und Genozid, S. 23, 386 Anm. 6; Pick, Simon Wiesenthal, S. 368–374.
141 Vgl. Wiesenthal, Doch die Mörder leben, S. 290–294, hier bes. S. 291.
142 Vgl. Mazirel, Die Verfolgung der „Zigeuner", S. 124–176, bes. S. 169–176.
143 Vgl. ebenda, S. 169–172.
144 Vgl. Rosskopf, Anwalt antifaschistischer Offensiven, S. 141–161.
145 Vgl. ebenda, bes. S. 148 f., 155.
146 Die Historikerin Katharina Stengel argumentiert nachvollziehbar, dass ausgebliebene NS-Prozesse in der Bundesrepublik der DDR-Propaganda lieber waren als tatsächlich stattgefundene Prozesse; vgl. Stengel, Die ehemaligen Verfolgten, S. 307–322, hier S. 322.

kam, dabei aber nur in 28 Fällen der Völkermord thematisiert wurde. Nur in kleinen Notizen wurde der Umgang der Bundesrepublik mit den Sinti und Roma kritisch beleuchtet. Ein einziger Artikel aus dem Jahr 1949 thematisierte die Behandlung der Überlebenden in der DDR.[147]

Die wenigen Überlebenden aus dieser Opfergruppe auf dem Gebiet der DDR waren vereinzelt ihrem Schicksal gemäß als „Opfer der Nürnberger Gesetze" anerkannt worden.[148] Von den insgesamt 30 000 anerkannten „Opfern des Faschismus" (OdF) waren 117 „Zigeuner". Für sie galten jedoch besondere Anforderungen an die Lebensweise im Sozialismus, wie der Nachweis einer Wohn- und Arbeitsstelle, um diesen Status nicht wieder zu verlieren.[149] Aufgrund ihrer geringen Anzahl war das Thema öffentlich kaum präsent.

Nachweislich kam es jedoch Mitte der 1960er Jahre zu einem kurzen Aufflackern des Interesses in der DDR. Den Anlass dafür fand die Historikerin Katharina Lenski im Nachlass von Reimar Gilsenbach. Anlässlich des 20. Jahrestags der Befreiung vom Faschismus schrieb die Leipziger Sintezza Adelheid D. 1965 einen Brief an die in der DDR auflagenstarke *Wochenpost*: „Man sieht in uns Tagediebe, nennt uns Zigeunerbrut, und doch singt und spielt man unsere Weisen. [...] schreibe Du doch einmal über uns, damit die Menschen [...] spüren, daß wir wie sie auch nur Menschen sind."[150]

In diesem Anschreiben wird der empfundene Alltagsrassismus deutlich, dem sich die Sintezza in der DDR ausgesetzt sah. Jedoch folgte der Bitte keine entsprechende Publikation in der *Wochenpost*. Der Chefredakteur beauftragte stattdessen den freiberuflichen Journalisten Reimar Gilsenbach mit einer Recherche, die für jenen zum Startpunkt seines lebenslang geführten Kampfes um Aufmerksamkeit für die Minderheit in der DDR werden sollte.[151] Bereits im Herbst 1965 hielt Gilsenbach an der Humboldt-Universität zu Berlin vor 500 ZuhörerInnen einen Vortrag zum Thema. Seine Versuche, das Thema in die Öffentlichkeit der DDR zu bringen, scheiterten jedoch. Er setzte sich weiterhin für die Anerkennung bisher nicht bestätigter NS-Opfer unter den Sinti und Roma ein.[152]

Ihr Verfolgungsschicksal war durch die Veröffentlichung von Pankoks „Zigeuner-Darstellungen" nur Insidern ein Begriff.[153] Die Veröffentlichung der Bildnisse – eingerahmt von Texten Kurt Schifners – riss in knappen Worten die „NS-Zigeunerverfolgung" an. Keine Rolle spielte allerdings die Situation der Sinti und Roma in der DDR. Die Formulierungen wiesen auch auf der sprachlichen Ebene jegliche Verantwortung von sich: „Als 1933 über Deutschland der Faschismus zur Gewalt kam,

---

147 Vgl. Bettwieser/von Borcke, „Richtige" Lehren, S. 189–205, hier S. 194–196.
148 Vgl. Baetz u. a., Die Rezeption des nationalsozialistischen Völkermords, S. 13.
149 Vgl. Hölscher, NS-Verfolgte im „antifaschistischen Staat", S. 78–80.
150 Zit. nach Katharina Lenski, Sinti in der DDR, S. 24–33, hier S. 26.
151 Vgl. ebenda, S. 28.
152 Vgl. ebenda, S. 28.
153 Vgl. Schifner, Otto Pankok.

2 Ungehörte Impulse aus Justizprozessen und die Rolle des Klassenfeinds — 97

wuchs Otto Pankok zu seherischer Meisterschaft."[154] Andere Textstellen instrumentalisierten das Thema, um die fortdauernden faschistischen Tendenzen in der Bundesrepublik herauszustellen: „Die Letzten, die Auschwitz überstanden hatten, erhielten in Düsseldorf-Eller ein KZ-ähnliches Lager zur freien Nutzung zugewiesen."[155]

Über solche Einzelfälle hinaus war die Behandlung der Sinti und Roma in der Bundesrepublik kein Schwerpunkt der DDR-Propaganda.[156] Dass die miserable Situation in Westdeutschland aufgegriffen wurde – wie im Rahmen der Publikation der Bildnisse Pankoks –, war eine Ausnahme. Die „Zigeuner" wurden auf andere Weise benutzt, den Klassenfeind bloßzustellen, wie der folgende Fall zeigt.

Die selbst ernannte „Seherin Buchela", die mit bürgerlichem Namen Margarethe Goussanthier hieß und in Remagen am Rhein wohnte, hatte sich unter der rheinischen Bevölkerung und Prominenten – darunter angeblich auch vielen Spitzen-PolitikerInnen der Bundesrepublik – als „Pythia vom Rhein" oder „Seherin von Bonn" für die Vorhersage von Politik- und Lebensfragen in den 1960er Jahren einen Namen gemacht.[157] Zwei der wenigen selbstständigen Filmemacher in der DDR – Walter Heynowski und Gerhard Scheumann – produzierten 1967 eine Dokumentation über sie für das DDR-Fernsehen.[158]

Der Film begann mit dem Titelschriftzug „Geisterstunde" und einigen Überblendungen von Großaufnahmen der in Gedanken verlorenen Buchela.[159] Daraufhin interviewte eine Sprecherstimme die Protagonistin zu ihren übersinnlichen Fähigkeiten. Nach den ersten Minuten des Interviews wurden Straßenaufnahmen aus der Bundesrepublik eingespielt und die Sprecherstimme las statistische Zahlen darüber vor, wie viele Menschen dort an übersinnliche Kräfte glaubten und Wahrsager sowie Kartenleger konsultierten. Anschließend fokussierte die Kamera wieder Buchela und der Sprecher kommentierte: „Im großen Sabbat von Hexenwahn und Wunderglauben reitet Frau Buchela den ersten Besen."[160] In den folgenden Minuten des Films versuchten die Filmemacher mit journalistisch-investigativen Fragen die politischen Vorhersagen der „Buchela" als im Nachhinein unzutreffend und von einem Strohmann ausgedacht zu demaskieren. Bis zu diesem Zeitpunkt spielte die Biographie von Margarethe Goussanthier keine Rolle. Das Ende des Films zeigt jedoch eine Sze-

---

154 Ebenda, S. 25.
155 Ebenda, S. 24.
156 Vgl. Hammerstein, Gemeinsame Vergangenheit, S. 84. Hammerstein stellt dagegen den hohen Stellenwert der Kampagnen gegen Hans Globke und die „Braunbücher" heraus, die zugegebenermaßen nicht ohne Grund die Durchsetzung der gesellschaftlichen Elite der Bundesrepublik mit belastetem NS-Personal an den Pranger stellten; vgl. Danker (Hrsg.), Geteilte Verstrickung: Elitenkontinuitäten in Schleswig-Holstein.
157 Vgl. o. V., Buchela, S. 215–218.
158 Vgl. Heynowski/Scheumann, Geisterstunde.
159 Vgl. ebenda, Minute 00:00–00:38.
160 Ebenda, Minute 06:07–06:14.

ne, in der sie trauernd vor dem Bildnis ihres im Krieg vermissten Mannes sitzt. Der Sprecher vermerkt dazu:

> „Ist das nun komisch, tragikomisch, oder tragisch? Die gleiche Frau, die da der Welt erklärt, sie könne mit ihren Augen aus jedem Foto eines Menschen Aufschlüsse herauslesen über dessen Schicksal und Verbleib, bittet die Leute vom Fernsehen, sie mit dem Bilde ihres Mannes zu zeigen, der im Jahre 1945 als Unteroffizier vermisst gemeldet wurde. Die Hellseherin, die Wahrsagerin. Hier sahen wir sie in einem Augenblick der Wahrheit. Ehe sie sich wieder ihren kleinen und großen Geschäften zuwendet."[161]

Statt sich für das Schicksal von Margarethe Goussanthier und die „NS-Zigeunerverfolgung" zu interessieren, sich vielleicht zu fragen, unter welchen Umständen sie überleben konnte, wurde ihre Lebensgeschichte von den Filmemachern instrumentalisiert. Der Film lief bereits 1967 im DDR-Fernsehen und bekam beim Egon-Erwin-Kisch-Wettbewerb des Filmfestivals von Leipzig den Preis für die beste Dokumentation.[162] Das *Neue Deutschland* schrieb am 17. April 1967, Heynowski und Scheumann hätten mit ihrer Arbeit „mit scharfem Witz und beißender Satire den Mißbrauch" enthüllt, „den die Herrschenden an den Schalthebeln der öffentlichen Meinungsbildung mit den von ihnen manipulierten Geschöpfen wie der Buchela treiben, um die Gedanken und Gefühle der Bundesbürger zu steuern".[163]

In der westdeutschen Wochenzeitung *Die Zeit* wurde der Film hingegen als „peinlich" bezeichnet.[164] Mit der Dokumentation über den angeblichen Einfluss der Wahrsagerin auf die Politik der Bundesrepublik verfolgten die Autoren das Ziel, den westlichen Kapitalismus als irrational und von Geistern verblendet zu demaskieren. Dabei schreckten die Filmemacher nicht davor zurück, den Einfluss der Buchela völlig zu übertreiben, Frau Goussanthiers Biographie zu ignorieren und bestehende Vorurteile gegen die Minderheit in Ost wie West weiter zu tradieren.

Neben der staatlich gelenkten Propaganda gab es jedoch auch Einzelpersonen in der DDR, die ein aufrichtiges Interesse an der Erforschung und Darstellung der „NS-Zigeunerverfolgung" hatten. Neben dem schon erwähnten Reimar Gilsenbach ist hier insbesondere Siegfried Wölffling zu nennen. Der Orientalist war im Staatsarchiv Magdeburg auf die „Zigeunerpolizeiakten" gestoßen und verfasste auf deren Grundlage einen sehr beachtlichen, weil tief in die Systematik der „NS-Zigeunerverfolgung" sich hineintastenden Aufsatz.[165] Diese für die Bundesrepublik abseitige, aber für den Fachdiskurs in der DDR einschlägige Veröffentlichung ließ keinen Zweifel an den „rassenpolitischen Motiven" der „NS-Zigeunerverfolgung".[166] Wenige Jahre später veröffentlichte Wölffling gemeinsam mit dem Orientalisten Heinz Mode

---

161 Ebenda, Minute 48:30–49:09.
162 Vgl. Kötzing, Kultur- und Filmpolitik im Kalten Krieg, S. 225.
163 Zit. nach Anton, Das Paranormale im Sozialismus, S. 165.
164 Vgl. Kötzing, Kultur- und Filmpolitik im Kalten Krieg, S. 225.
165 Vgl. Wölffling, Zur Verfolgung und Vernichtung der mitteldeutschen Zigeuner, S. 501–508.
166 Vgl. ebenda, S. 501.

eine grundlegende Darstellung der Geschichte der „Zigeuner" in Deutschland.¹⁶⁷ Die Arbeitsgruppe plante darüber hinaus eine Tagung zum Thema. Diese wurde vom Bezirkssekretariat des Deutschen Kulturbundes nicht genehmigt, weil die Erforschung von Gegenwartsfragen nicht erwünscht war.¹⁶⁸

So blieb es bei der Publikation *Zigeuner. Der Weg eines Volkes in Deutschland*. Darin kamen Überlebende aus der Minderheit – anders als von Gilsenbach gefordert – nicht zu Wort. Dennoch lieferten Mode/Wölffling eine halbwegs valide Narration der „NS-Zigeunerverfolgung" in Mitteldeutschland, ließen Einzelschicksale in ihre Darstellung einfließen und übten bereits 1968 Kritik an der kriminalpräventiven Interpretation der Verfolgung, wie Hans-Joachim Döring und Hermann Arnold sie vertraten.¹⁶⁹ Den Autoren unterliefen aber auch Fehleinschätzungen. Sie ließen sich von der Behauptung Ritters blenden, seine Arbeit habe einigen „Zigeunern" das Leben gerettet.¹⁷⁰ Allerdings demaskierten sie Arnolds Einschätzung, Ritter sei ein „Zigeunerfreund" gewesen.¹⁷¹ Die Publikation war allerdings nur Insidern in der DDR bekannt und konnte in der Bundesrepublik keine Wirkung entfalten.

Die marginalisierte Rolle im Frankfurter Auschwitz-Prozess und die offizielle Behandlung des Themas in der DDR waren nicht dazu geeignet, eine wesentliche Destabilisierung des kriminalpräventiven Denkstils in der Bundesrepublik wirksam zu befördern. Der Systemkonflikt verstärkte diesen Effekt indirekt noch. Generell war die historische Forschung zum Thema sowohl in der Bundesrepublik als auch in der DDR vom internationalen Forschungsdiskurs weitgehend abgekoppelt.

Die auf die „Zigeuner" und „Landfahrer" bezogenen Diskursfelder in der Bundesrepublik lagen schwerpunktmäßig im Bereich der Gesundheits-, Kriminal- und Sozialpolitik und wurden bis Anfang der 1980er Jahre von selbst ernannten „Zigeunerexperten" dominiert, die damit direkt und indirekt auch den Blick auf die „NS-Zigeunerverfolgung" beeinflussten. Diese „Zigeunerexperten" sollen nun näher betrachtet werden, mit einem besonderen Augenmerk auf Hermann Arnold. Wie konnte es ihm im Laufe der 1960er Jahre disziplinübergreifend gelingen, zum angesehensten „Zigeunerforscher" der Bundesrepublik emporzusteigen und diesen Status bis zum Ende der 1970er Jahre zu verteidigen?

---

167 Vgl. Mode/Wölffling, Zigeuner.
168 Vgl. Baetz u. a., Die Rezeption des nationalsozialistischen Völkermords, S. 55.
169 Vgl. Mode/Wölffling, Zigeuner, S. 171–200. Die Einzelschicksale sind auf den Seiten 189–199 aufgeführt.
170 Vgl. ebenda, S. 173.
171 Vgl. ebenda, S. 172–174.

3 Dominanz der Kriminologie und der Aufstieg von Hermann Arnold

In bundesdeutschen Fachpublikationen dominierte damals immer noch eine einseitige Darstellung der Hintergründe der NS-Verbrechen. Hans-Joachim Dörings Forschungsbemühungen mündeten in seiner Dissertation *Die Zigeuner im Nationalsozialistischen Staat*. Jene erschien 1964 im Kriminalistik Verlag in der Kriminologischen Schriftenreihe der Deutschen Kriminologischen Gesellschaft und enthielt folgende markante Äußerung zum Motiv der „NS-Zigeunerverfolgung": „Bei den Zigeunern dagegen wollte man einmal die Vermischung mit Deutschblütigen verhindern und gleichzeitig ihre um ein Vielfaches überhöhte Kriminalität [...]."[172] Diese Textstelle war bereits geprägt durch den kriminalpräventiven Denkstil. Das Handeln des NS-Staates wurde von Döring sogar noch damit verteidigt, dass die „Zigeuner" „zweifellos durch ihr kriminelles Verhalten und ihre Lebensweise grundsätzlich eine Belastung für den Staat darstellen".[173] Als Begründung dafür, die Überlebenden nicht zu ihrem Schicksal befragt zu haben, gab er an:

> „Unmittelbare Befragungen der Zigeuner über Behandlung und Zustände in den Zigeunerblocks der Konzentrationslager [...] haben wir auf Grund zahlreicher Warnungen von Kriminalbeamten, Zigeuner-Forschern usw. unterlassen."[174]

Döring griff damit verbreitete Vorurteile auf, die Zigeuner würden, um an Entschädigungen zu gelangen, die Unwahrheit sagen oder gar aggressiv auf Befragungen zu ihrem Schicksal reagieren. Diese Warnung passte in den kriminologischen Fachdiskurs der 1950er und 1960er Jahre, der etwa von der „psychopathologischen Veranlagung" der Delinquenten ausging und somit anschlussfähig für die Vorstellung vom veranlagungsbedingt „kriminellen Zigeuner" war.[175] So wurden auch Ritters Aktivitäten in den „Jugendschutzlagern" von Döring gelobt.[176]

Herausgeber der Dissertation Dörings war der Innsbrucker Kriminologe Armand Mergen, der seit 1953 als Professor für Kriminologie in Mainz wirkte. Mergen hatte sich in der NS-Zeit mit der „Kriminalität von Geisteskranken"[177] beschäftigt und schrieb kurz vor seinem Lebensende populärwissenschaftliche Bücher über *Das Teufelschromosom*.[178]

---

172 Döring, Die Zigeuner im nationalsozialistischen Staat, S. 190.
173 Ebenda, S. 191.
174 Ebenda, S. 184.
175 Vgl. Baumann, Kriminalwissenschaft zwischen Aussonderung und Resozialisierung, S. 463–482, hier S. 466.
176 Vgl. ebenda, S. 475.
177 Vgl. Mergen, Kriminalität von Geisteskranken.
178 Vgl. Mergen, Das Teufelschromosom.

Die Studie Dörings kann zwar als fleißige Forschungsleistung bewertet werden, jedoch offenbaren sich viele Defizite.[179] Zwar trug er eine beachtliche Fülle an Quellen und Literatur zur Thematik zusammen, jedoch fehlten wichtige Titel wie Hilbergs Standardwerk zur Judenverfolgung.[180] Im Gegensatz dazu bediente sich Döring ohne erkennbares Problembewusstsein der Schriften Ritters und wies diese nach der klassischen Einteilung auch – in seiner Sicht folgerichtig – als „Literatur" aus und nicht als „Quellen".[181]

Ein wichtiger Akteur, der auch die Forschungen Dörings bereitwillig verbreitete, war der Landauer Medizinalrat Hermann Arnold, der im Laufe der 1960er Jahre zum angesehensten „Zigeunerforscher" der Bundesrepublik avancierte.[182] In einer 1977 veröffentlichten Schrift lobte er die Monographie Dörings hinsichtlich ihrer hohen wissenschaftlichen Qualität. Gleichzeitig kritisierte er die Publikation von Kenrick/ Puxon – auf die später noch näher einzugehen ist –, da diese nur den Anschein erwecke, wissenschaftlich zu sein. Arnold kritisierte besonders die Verwendung von Berichten von ZeitzeugInnen durch Kenrick/Puxon.[183]

Doch wer war der Mediziner Dr. Hermann Arnold und wie konnte er eine so relevante Position im Diskurs um die Motivlage der „NS-Zigeunerverfolgung" einnehmen? Arnold war am 18. April 1912 in Alsenz in der Pfalz geboren worden, er hatte wie sein Vater Medizin studiert und im Jahr 1937 mit einer medizinischen Dissertation über die Folgen von Giftgas in Tierversuchen promoviert.[184] Für die Folgejahre sind die Informationen zu Arnolds Wirken undurchsichtig und weisen Ungereimtheiten auf. So ist seine Promotionsakte aus dem Archiv der Humboldt-Universität zu Berlin verschwunden und bis auf seine Einsatzorte als Militärarzt sind seine genauen Aufgaben im Zweiten Weltkrieg unbekannt.[185]

Auch wann Arnold mit Justin das erste Mal in Kontakt kam, ist unklar. Die spätere Aktenüberlassung Justins an Arnold setzte aber ein intensives Vertrauensverhältnis zwischen den beiden voraus. Ein Beleg für einen Kontakt oder gar eine Zusammenarbeit vor 1945 konnte jedoch trotz intensiver Bemühungen bisher nicht nachgewiesen werden.[186] Erst 1947 gab es einen bestätigten Briefkontakt zwischen Justin und Arnold. Ein paar Jahre nach dem Tod Robert Ritters 1951 begann Arnold

---

179 Vgl. auch die Kritik in: Zimmermann, Rassenutopie und Genozid, S. 24.
180 Vgl. Döring, Die Zigeuner im nationalsozialistischen Staat, S. 220–227.
181 Vgl. ebenda, S. 225.
182 Vgl. Hohmann, Die Forschungen des „Zigeunerexperten" Hermann Arnold; Kelch, Dr. Hermann Arnold und seine „Zigeuner", bes. S. 182–327. Zum Netzwerk Arnolds vgl. bes. Kapitel V.1 und zum Kampf der Sinti und Roma gegen Arnold Kapitel VI.2.
183 Vgl. Arnold, Ein Menschenalter danach, S. 4 f.; Kenrick/Puxon, The Destiny of Europe's Gypsies.
184 Vgl. Hohmann, Im Geiste Robert Ritters, S. 89; Kelch, Dr. Hermann Arnold und seine „Zigeuner", S. 184–186.
185 Vgl. Hohmann, Im Geiste Robert Ritters, S. 89 f.
186 Vgl. Kelch, Dr. Hermann Arnold und seine „Zigeuner", S. 188.

mit seiner Publikationstätigkeit zum Thema.[187] Bereits in einem 1954 erschienenen Aufsatz in der Zeitschrift *Stadthygiene* befasste sich Arnold mit der Belegung von Barackenlagern mit „Asozialen".[188] Arnold entwarf darin eine Typologie der Bewohner, unterschied zwischen „Zigeunern", „Kriminellen" sowie „Jenischen" und sah damit die Thesen Ritters bestätigt.[189] Im Jahr 1958 schaffte er es mit seinem Buch *Vaganten, Komödianten, Fieranten und Briganten* in die Schriftenreihe des BMI aufgenommen zu werden.[190] Der Mediziner Otmar von Verschuer schrieb im Geleitwort:

> „Der gemeinsame Wesenszug aller dieser Gruppen ist das Sippenwandern, offenbar aus einer Anlage zur Unstetigkeit heraus, wodurch sie von geregelter Arbeit und seßhafter Lebensweise abgehalten werden. Diese Unstetigkeit wird als eine psychische Erbeigenschaft, aus dem Zigeunererbe stammend, herausgearbeitet."[191]

Das von Verschuer geleitete Kaiser-Wilhelm-Institut für Anthropologie, menschliche Erblehre und Eugenik war an den nationalsozialistischen Massenverbrechen intensiv beteiligt gewesen, insbesondere durch Politikberatung, Menschenversuche und die Mitwirkung des ehemaligen Institutsmitarbeiters Josef Mengele an der Vernichtung der Sinti und Roma im Konzentrations- und Vernichtungslager Auschwitz-Birkenau.[192] Verschuer hatte sich bereits in den 1930er Jahren den Rassetheorien Walter Scheidts angeschlossen, der die soziale Differenz erbbiologisch herzuleiten versucht hatte und daher ein früher Verfechter der Erstellung von Erbtafeln geworden war.[193] Zwischen der RHF und dem Kaiser-Wilhelm-Institut für Anthropologie, menschliche Erblehre und Eugenik hatte es in der NS-Zeit einen regen Austausch gegeben, Mitarbeiter Verschuers berieten die RHF oder wechselten – wie Adolf Würth – direkt dorthin.[194] Verschuers Empfehlung für die Studie Arnolds überrascht in diesem Kontext nicht.

Aus heutiger Perspektive war der Inhalt von Arnolds konfusem Konglomerat aus Sprach-, Sozial-, und Erbuntersuchung in seiner Schrift hoch problematisch. Er kam darin zu dem Schluss, dass das „Sippenwandern" der „Zigeuner" erblich bedingt sei und alle schlechten Eigenschaften der untersuchten „Vaganten" aus dem „Zigeuner-

---

187 Vgl. Hohmann, Im Geiste Robert Ritters, S. 91.
188 Vgl. Arnold, Zur Problematik der Belegung von Barackenlagern mit Asozialen, S. 190 f.
189 Vgl. ebenda, S. 190. Zur Bewertung: Hohmann, Die Forschungen des „Zigeunerexperten" Hermann Arnold, S. 38. Der Artikel enthielt keine Nennung des Ortes, an dem die Untersuchung vorgeblich stattgefunden haben soll.
190 Vgl. Arnold, Vaganten, Komödianten, Fieranten und Briganten.
191 Ebenda, S. V.
192 Zu Verschuer und seinem Institut gibt es eine ganze Fülle von Publikationen, zu seinem Institut und dessen Beteiligung an den NS-Massenverbrechen vgl. Schmuhl, Das Kaiser-Wilhelm-Institut, S. 400–522, hier bes. S. 475–482.
193 Vgl. Pinwinkler, Historische Bevölkerungsforschungen, S. 39.
194 Vgl. Schmuhl, Grenzüberschreitungen, S. 466 f.

blut" resultierten.¹⁹⁵ Abschließend würdigte er das Werk Blocks und die seiner Meinung nach leider unvollendet gebliebene Arbeit Ritters.¹⁹⁶

Die Besprechung von Arnolds Studie in der wichtigen *Zeitschrift für Ethnologie* war sehr lobend.¹⁹⁷ In der für HistorikerInnen relevanten *Vierteljahrschrift für Sozial- und Wirtschaftsgeschichte* rezensierte der Fachvertreter Erich Keyser die Studie mit den Worten:

> „Seine Arbeit, die nur einen geringen Teil der von ihm durchgeführten Erhebungen wiedergibt, ist ein erfreulicher Beweis für die Erfolge, welche eine Zusammenarbeit zwischen Bevölkerungsgeschichte, Sozialgeschichte und Sozialmedizin beizubringen vermag."¹⁹⁸

Keyser war an der Gründung des Marburger Johann-Gottfried-Herder-Instituts 1950 beteiligt und war bis 1959 dessen Direktor.¹⁹⁹ Er gilt als Schlüsselfigur bei der Reorganisation der „Ostforschung" nach 1945 und war als Mitglied des ersten Vorstandes der DGfBw daran beteiligt, Hermann Arnold als deren Mitglied anzuwerben.²⁰⁰ Zur NS-Zeit hatte Keyser Studien zur „Umvolkung" angestellt, die untersuchten, welche Gefahren von Juden und der slawischen Bevölkerung für das deutsche Volk ausgehen würden.²⁰¹ Das Lob dieses auch in der Bundesrepublik etablierten Wissenschaftlers untermauerte Arnolds Expertenstatus.

Dass Arnolds Studie auch damals bereits kritischer gelesen werden konnte, belegt eine Rezension in der Zeitschrift *Sprachspiegel* des Deutschschweizerischen Sprachvereins: „Arnolds glänzender Stil kann nicht verbergen, daß mit dem gängigen sozialpolitischen Wortschatz von heute offiziell verpönte Forderungen von gestern vertreten werden."²⁰² Diese Einschätzung ergänzte der unbekannte Rezensent um den Hinweis, das Geleitwort zu Arnolds Studie stamme von Verschuer, einem Verbreiter „ordinärer Antisemitika!".²⁰³ Diese Rezension offenbart, was denkbar war. Die bundesdeutschen Besprechungen wiesen jedoch weiter die Exzellenz der Forschungen Arnolds aus.

---

195 Vgl. Arnold, Vaganten, Komödianten, Fieranten und Briganten, S. 97.
196 Vgl. ebenda, S. 97.
197 Vgl. Herrmann, Rezension zu: Hermann Arnold. Vaganten, Komödianten, Fieranten und Briganten, S. 126.
198 Vgl. Keyser, Rezension zu: Hermann Arnold. Vaganten, Komödianten, Fieranten und Briganten, S. 539 f.
199 Vgl. Pinwinkler, Historische Bevölkerungsforschungen, S. 208 f., 436 f.
200 Vgl. ebenda, S. 301–307, hier bes. S. 305.
201 Vgl. ebenda, S. 64.
202 o. V., Rezension zu: Hermann Arnold. Vaganten, Komödianten, Fieranten und Briganten, S. 181–183, hier S. 183.
203 Ebenda, S. 183.

1965 veröffentlichte er sein Hauptwerk *Die Zigeuner* im schweizerischen Walter-Verlag.[204] Auch wenn Arnold mit diesem Werk insbesondere die Diskurse in der Sozial-, Kriminal- und Gesundheitspolitik prägte, äußerte er sich auch zur Motivlage der „NS-Zigeunerverfolgung" und widmete diesem Thema ein ganzes Kapitel.[205] Sein Verständnis der nationalsozialistischen Diktatur wird im Buch deutlich herausgestellt: „Es wird allgemein verkannt, daß der Nationalsozialismus primär nicht ‚rassistisch', sondern lediglich antisemitisch war."[206] Weiter diskutierte Arnold den Gedanken der „vorbeugenden Verbrechensbekämpfung", „der die Zigeuner zunehmend in die Gewalt der Polizei brachte, jedoch noch nicht als Angehörige einer fremdrassigen Bevölkerungsgruppe, sondern als sozial potentiell gefährliche oder störende Individuen".[207]

Anschließend verteidigte Arnold auf mehreren Seiten die Arbeit der RHF und ihrer Akteure und sprach jene von einer Mitverantwortung an der NS-„Zigeunerverfolgung" frei.[208] Am Ende seines Buches wies er noch explizit auf den wertvollen Nachlass Robert Ritters hin.[209] Ideologisch stellte Arnold sein „Zigeunerbild" folgendermaßen auf: Er sah die „Zigeuner" als krassen Gegensatz zu den europäischen „Wirtsvölkern", dies äußere sich in einem „indiden Rassetyp", der „Folklore", einer eigenen Sprache und der „Wildbeuterwirtschaft".[210]

In der *Zeitschrift für Volkskunde* besprach Gerda Grober-Glück das Buch:

> „Um es gleich vorwegzunehmen: das Buch von H. Arnold über die Zigeuner im deutschen Sprachgebiet ist eine ausgezeichnete Darstellung, die intensive eigene Beobachtungen mit erschöpfender Kenntnis des Schrifttums ebenso verbindet wie die gründliche Untersuchung des Wissenschaftlers mit flüssigem und unkompliziertem Stil."[211]

Die Rezensentin qualifizierte auch die Passagen, die sich mit dem Verhältnis zwischen „Zigeunern" und Staatsgewalt beschäftigten, mit den Worten: „Mit gleicher Objektivität weiß A. auch in seinem geschichtlichen Abriß das Für und Wider bei den Eingriffen der Staatsgewalt in Rechnung zu setzen."[212] Diese erschreckenden Bewertungen, die vor dem Hintergrund des 1963 im *Spiegel* erschienenen Artikels *So*

---

204 Vgl. Arnold, Die Zigeuner; Olzog/Vinz (Hrsg.), Dokumentation deutschsprachiger Verlage (1971), S. 497 f.; hauptsächlich publizierte der Verlag literarische Autoren wie Alfred Döblin oder Edgar Allan Poe, aber auch Reiseführer und Bildbände.
205 Vgl. Arnold, Die Zigeuner, S. 66–80.
206 Ebenda, S. 66.
207 Ebenda, S. 68.
208 Vgl. ebenda, S. 293–295.
209 Vgl. ebenda, S. 296.
210 Vgl. Opfermann, Von Ameisen und Grillen, S. 202 f. Opfermann belegte seine Zusammenfassung mit umfänglichen Textpassagen aus dem Hauptwerk Arnolds. Auch in einem Aufsatz Arnolds für die wichtigste ethnologische Zeitschrift ist dies so ähnlich enthalten: Arnold, Wer ist Zigeuner?, S. 115–134, hier bes. S. 115 f.
211 Vgl. Grober-Glück, Rezension zu: Hermann Arnold. Die Zigeuner, S. 98.
212 Ebenda, S. 98.

arisch und der Begleitpublikationen um den Frankfurter Auschwitz-Prozess nur als uninformiert zu bewerten sind, überraschen in dieser Deutlichkeit.

Auch die Fachrezension im internationalen *Journal of the Gypsy Lore Society* begann zunächst mit einem einleitenden Lob: „This is a good book on the Gypsies [...] in Germany or in Austria."[213] Allerdings weckte der Rezensent Bernard Gilliat-Smith am Ende seiner Besprechung doch erhebliche Zweifel an Arnolds Darstellung der „Zigeunerforschung" in Deutschland und deren Verstrickung in die „NS-Zigeunerverfolgung":

> "Can one detect here a certain amount of special pleading? One cannot but deplore the horrors of those sad old days of long ago which one would fain forget if one could. Each reader will come to his own conclusions, and they will not all be identical. They never are, and there is always room for gnawing doubt."[214]

Eine aussagekräftige Kritik hätte zwar anders ausgesehen, doch dieser abschließende Absatz weckte beim Fachpublikum zumindest Zweifel an Arnolds Darstellung.

Neben der Rezeption in Fachkreisen wurde Arnolds Hauptwerk auch in der Zivilgesellschaft zur Kenntnis genommen. In den *Gewerkschaftlichen Monatsheften*, dem wichtigen „Theorieorgan"[215] des Deutschen Gewerkschaftsbundes, publizierte Hety Schmitt-Maass einen Besprechungsartikel, der dem breiten LeserInnen-Kreis die ganz unterschiedlichen Schriften von Maximoff, Clébert, Guttenberger, Jochimsen und Arnold vorstellte, die in den vorangegangenen Jahren erschienen waren.[216] Schmitt-Maass hatte die Folgen eines NS-Berufsverbots ihres Vaters zu spüren bekommen. Sie hatte ihre Studienambitionen daher zurückstellen müssen und wurde nur über persönliche Umwege ab 1959 Referentin für Frauenpolitik im SPD-Parteivorstand und ab 1963 Pressereferentin im Hessischen Kultusministerium.[217] Schmitt-Maass begann ihre Besprechung mit den Worten: „Was wissen wir von ihnen? Wie leben sie zwischen uns, den ‚normalen' Europäern und den Deutschen in der Bundesrepublik? Nichts wissen wir, fast nichts, wenn wir uns ehrlich erforschen."[218] Sie stellte ausführlich die spärlichen Erkenntnisse vor, die von Hermann Langbein aus dem Frankfurter Auschwitz-Prozess über die „NS-Zigeunerverfolgung" veröffentlicht wurden, gleichermaßen die soziologischen Einsichten Lukrezia Jochimsens.[219] Neben der Würdigung dieser Schriften besprach Schmitt-Maass auch *Die Zigeuner* von Hermann Arnold:

---

213 Gilliat-Smith, Rezension zu: Hermann Arnold. Die Zigeuner, S. 139–142, hier S. 139.
214 Ebenda, S. 142.
215 Vgl. Nolte, Die Ordnung der deutschen Gesellschaft, S. 224.
216 Vgl. Schmitt-Maass, Die Zigeuner unter uns, S. 281–288.
217 Vgl. Schüller, Neue, andere Menschen, andere Frauen?, S. 296–299.
218 Schmitt-Maass, Die Zigeuner unter uns, S. 281.
219 Vgl. ebenda, S. 284–288.

> „Noch aufschlußreicher als das Buch von Clebert ist ein Werk des zur Zeit kompetentesten deutschen Tsiganologen Hermann Arnold. [...] Arnold sucht vor allem Verständnis zu wecken für ein Volk, das durch Anlage, Geschichte und Umwelt anders ist als wir [...]."[220]

Diese Bewertung ist Indiz dafür, wie Vorstellungen von erblich bedingter Andersartigkeit noch gesellschaftlich konsensfähig waren. Die Besprechung belegt aber auch die Wirkmacht des Rufs des „Zigeunerexperten" Arnolds. Widersprüche zu den anderen besprochenen Schriften wurden von der Rezensentin nicht benannt.

Arnolds und Dörings Positionen wurden auch auf höchster Ebene bis Ende der 1970er Jahre ausführlich rezipiert. In seiner 1978 in der *Schriftenreihe des Bundesministers für Jugend, Familie und Gesundheit* erschienenen Literaturstudie schrieb Andreas Hundsalz einige Seiten über die „NS-Zigeunerverfolgung".[221] Er zitierte darin ausgiebig aus den Schriften Arnolds und Dörings, nur partiell auch aus der Veröffentlichung von Kenrick/Puxon, die bis zu diesem Zeitpunkt in der Bundesrepublik weitgehend unbekannt war. Ebenfalls fanden Buchheims Gutachten Erwähnung. Hundsalz wog die unterschiedlichen Motivlagen gegeneinander ab, ohne letztlich eine Interpretation zu präferieren.

Doch dies sind nicht die einzigen unkritischen offiziellen Publikationen der Bundesregierung. 1982 veröffentlichte das Bundesarchiv die Bestandsübersicht zum Bestand R 58 (Reichssicherheitshauptamt).[222] Dieser Aufstellung wurde neben Informationen zur Überlieferungsgeschichte auch eine knappe Zusammenfassung des bisherigen Forschungsstandes zum Thema beigefügt. Erst 20 Jahre nach der Übernahme der Akten aus den USA wurde diese Veröffentlichung durch den Archivar Heinz Boberach fertiggestellt. Als Grund für die lange Bearbeitungszeit nannte der Autor die notwendige Neusortierung der Unterlagen. Die Akten seien aber seit 1962 der Forschung und den Ermittlungsbehörden zugänglich gewesen.[223] Die Rolle des RSHA, genauer des RKPA – charakterisierte er so: „Das ehemalige Reichskriminalpolizeiamt, Amt V, war nicht so stark in das Terrorsystem verstrickt."[224] Diese relativierende Einschätzung war Ausdruck des dürftigen bundesdeutschen Forschungsstandes zur Rolle der (Kriminal-)Polizei im NS-Staat. Einige Zeilen weiter folgte noch diese Aussage: „Das Kriminalbiologische Institut schuf mit seinen Untersuchungen die Voraussetzungen für die Einweisung der Zigeuner in Konzentrationslager, wo Zehntausende von ihnen umkamen."[225]

Boberach gab Dörings Studie pauschal ohne Seitenangabe als Beleg für seine Bewertungen an. Die Verantwortung Ritters und seiner Mitarbeitenden für die vorbereitenden Maßnahmen zur Deportation wurden von Boberach nur vage angedeutet.

---

220 Ebenda, S. 283.
221 Vgl. Hundsalz, Stand der Forschung über Zigeuner und Landfahrer, S. 93–101.
222 Vgl. Heinz Boberach, Reichssicherheitshauptamt.
223 Vgl. ebenda, Vorwort.
224 Ebenda, S. 37.
225 Ebenda, S. 37.

Er wählte verharmlosend die Begrifflichkeit „umkamen", was der tatsächlichen Lagerrealität im „Zigeunerfamilienlager Auschwitz-Birkenau" nicht entsprach.[226] Die Äußerungen des Archivars Boberach sind Beleg dafür, wie sehr sich der kriminalpräventive Denkstil im Fachdiskurs festgesetzt hatte. Die Expertisen Dörings und Arnolds fanden in der professionellen Geschichtsforschung weiterhin große Beachtung. Auch der überaus renommierte und engagierte Archivar Boberach[227] – der für das Bundesarchiv etwa das *Gedenkbuch für die Opfer der nationalsozialistischen Judenverfolgung*[228] über Jahrzehnte hinweg vorantrieb – sah die Arbeit von Döring historiographisch als maßgebliche Referenz.

Dies verwundert angesichts der Tatsache, dass die Kritik an Arnold und Döring international schon Jahrzehnte früher eingesetzt hatte. Die Österreicherin Selma Steinmetz schrieb bereits 1966 über die Schriften Dörings und Arnolds: „[...] beide Forscher übersehen, daß die deutsche Rassenforschung zum theoretischen Ausgangspunkt für die Juden- und Zigeunerverfolgung wurde."[229] Weiterhin attestierte sie Döring die Übernahme von „diskriminierenden Kollektivurteilen gegen die Zigeuner".[230] Sie eröffnete somit einen Gegendiskurs, der in der Bundesrepublik allerdings erst Jahrzehnte später aufgegriffen wurde.

In der gegenwärtigen Rezeption werden die Schriften Arnolds anders bewertet: Opfermann hält Arnold etwa entgegen, dass er sich zwar bei Ritters Arbeiten bediente, auf eine eigene empirische Forschung aber verzichtete.[231] Auch rezipiere er ohne kritische Distanz die im Nationalsozialismus entstandene Literatur.[232] Zimmermann wirft Arnold vor, auch praktisch die Ansichten Robert Ritters weiterverbreitet zu haben, weil er getarnt als besorgter „Sozialhygieniker" die Sterilisation von „Asozialen" und „Zigeunern" forderte.[233]

Doch wie konnte Arnold die fast ausnahmslos positive Rezeption seiner Schriften erreichen? Eines seiner Erfolgsrezepte war seine Anpassungsfähigkeit an den jeweiligen Zeitgeist. In den 1950er Jahren war dies noch kaum notwendig, aber mit dem aufkommenden Diskurs um die gesellschaftlichen Randgruppen ergaben sich für Arnold entsprechende Zwänge. Gilad Margalit hat dies am Beispiel eines Vortrags beschrieben, den Arnold 1966 auf der Tagung „Hilfe für Zigeuner" in Hildes-

---

226 Vgl. Zimmermann, Die Entscheidung für ein Zigeunerlager in Auschwitz-Birkenau, S. 392–424, hier S. 412–416.
227 Vgl. die Würdigung der kritischen NS-Aufarbeitung Boberachs und seine Verdienste beim Zusammentragen von einschlägigen Quellenbeständen in: Wulf, „Täglich klüger werden", bes. S. 16–22.
228 Vgl. Bundesarchiv/Internationaler Suchdienst (Hrsg.), Gedenkbuch.
229 Steinmetz, Österreichs Zigeuner im NS-Staat, S. 46 Anm. 16.
230 Ebenda, S. 46.
231 Vgl. ebenda, S. 205.
232 Vgl. ebenda, S. 206. Zu weiteren Bezügen auf „NS-Rasseforscher" und zur Präferenz für die Ritter'schen Forschungen vgl. Hohmann, Im Geiste Robert Ritters, S. 94.
233 Vgl. Zimmermann, Rassenutopie und Genozid, S. 26.

heim hielt. Unter den ZuhörerInnen war auch Lukrezia Jochimsen.²³⁴ Arnold vertrat dort weder seine Thesen von der vererbten Kriminalität noch propagierte er seine Sterilisationspläne. Er thematisierte dagegen die Probleme der Sinti und Roma, die aufgrund der Ablehnung durch die Mehrheitsbevölkerung entstünden. Darüber hinaus warnte er vor neuen „Zigeunerverfolgungen", falls es nicht gelänge, sie in die Gesellschaft zu integrieren.²³⁵

Als weitere wichtige Einflussgröße für den Expertenstatus Arnolds muss seine internationale Vernetzung gesehen werden.²³⁶ Ein Resonanzraum für ihn war die Gypsy Lore Society.²³⁷ Der Herausgeberkreis ermöglichte Arnold die Publikation diverser Aufsätze und Rezensionen im Journal.²³⁸ Wie aber baute Arnold sein institutionelles Netzwerk aus?

---

234 Vgl. Margalit, Zigeunerpolitik und Zigeunerdiskurs, S. 483–509, hier S. 507 f.
235 Vgl. ebenda, S. 508.
236 Arnolds Expertenstatus wurde von Tsiganologen mehrfach gewürdigt; vgl. Fraser, Friedemann Bach and the Gypsies, S. 30–34, hier S. 34.
237 Vgl. Arnold, Die Zigeuner, S. 296. Dort formuliert Arnold Dankesworte an Dora Yates.
238 Vgl. etwa Arnold, The Gypsies of the Palatinate, S. 70–72; Arnold, Some Observations, S. 105–122; Arnold, On the Assimilation, S. 61–64. Allein in den zwei Doppelheften des Jahres 1970 erschienen vier Rezensionen Arnolds.

V Weg zur Veränderung – gesellschaftlicher Wandel bis 1978

1 Das institutionelle Netzwerk Hermann Arnolds

Politische Zugeständnisse an den katholischen Klerus, der den zweiten Kanzlerwahlkampf Konrad Adenauers unterstützt hatte, führten 1953 zur Gründung eines Bundesministeriums für Familienfragen.[1] Im Jahr 1959 wurde dort ein Beirat für Familienfragen eingerichtet, dem der Vorsitzende der 1952 gegründeten DGfBw Hans Harmsen, dessen Geschäftsführer Karl Valentin Müller[2] und weitere einflussreiche NS-BevölkerungswissenschaftlerInnen angehörten und der sich ab dem Beginn der 1960er Jahre intensiv in die Diskurse um die Begrenzung der Weltbevölkerung einbrachte.[3] Harmsen pflegte hier die Nähe zu den politisch Verantwortlichen, deren Ministerium besonders in Bevölkerungsfragen immer mehr Kompetenzen an sich zog. Er ist die zentrale Schlüsselfigur beim Aufbau des Netzwerks Hermann Arnolds.

Hans Harmsen war 1899 in Berlin geboren worden, wo er ab 1913 Mitglied des völkisch-nationalen Flügels der Wandervogelbewegung und später ranghohes Mitglied des Jungdeutschen Bundes wurde.[4] Vor und nach 1933 war er in weiteren Organisationen aktiv, in denen sich wichtige Vertreter der „Volkstumsforschung" versammelt hatten.[5] Ab Mitte der 1920er Jahre war Harmsen verantwortlicher Mitarbeiter zahlreicher kirchlich-karitativer Einrichtungen gewesen und hatte im Zuge dessen die frühe Mitwirkung der Diakonie an der Durchführung des „Gesetzes zur Verhütung erbkranken Nachwuchses" organisiert.[6]

Er hatte nie der NSDAP oder anderen NS-Massenorganisationen angehört und seine genauen beratenden Tätigkeiten als Hygieniker für die Wehrmacht in den besetzten Gebieten Osteuropas sind nie gänzlich aufgeklärt worden.[7] Er reüssierte daher nach dem Umbruch sehr schnell. Bereits im Dezember 1945 wurde er von den britischen Besatzungsbehörden mit dem Aufbau der Akademie für Staatsmedizin beauftragt, dem folgte 1948 ein Ruf auf eine Professur für Allgemeine und Sozialhygie-

---

1 Vgl. Kuller, Familienpolitik, S. 85f. Der Name des Ministeriums hat sich über die Jahrzehnte stetig verändert: Von 1953–1957 hieß es Bundesministerium für Familienfragen, von 1957–1963 führte es die Bezeichnung Bundesministerium für Familien- und Jugendfragen, von 1963–1969 Bundesministerium für Familie und Jugend und ab 1969 bis 1984 Bundesministerium für Jugend, Familie und Gesundheit (BMJFG).
2 Zur Person Karl Valentin Müller vgl. Pinwinkler, Historische Bevölkerungsforschungen, S. 56, 366.
3 Vgl. Kuller, Familienpolitik, S. 100–102; Hartmann, „In einem gewissen Sinne politisch belastet", S. 98–125, bes. S. 104–112.
4 Vgl. Schleiermacher, Hans Harmsen, S. 259–262, hier S. 259.
5 Vgl. ebenda, S. 259.
6 Vgl. ebenda, S. 260.
7 Vgl. ebenda, S. 260.

ne an der Universität Hamburg. Der 1952 von ihm mitgegründeten Deutschen Gesellschaft für Ehe und Familie, heute bekannt unter dem Namen *Pro Familia*, stand er langjährig vor.[8]

Harmsen nutzte seine guten Kontakte in die Politik, Medizin, Verwaltung und Universitäten, um die Bevölkerungswissenschaft als Querschnittsdisziplin zu etablieren. Es gelang ihm, einflussreiche Mitglieder, wie Elisabeth Pfeil, Helmut Schelsky (Dortmunder Sozialforschungsstelle), Karl Valentin Müller (Akademie für Raumforschung und Landesplanung) und Erich Keyser (Johann-Gottfried-Herder-Institut) für die DGfBw zu gewinnen.[9] Um als Träger für Forschungsprojekte in Frage zu kommen und um nach amerikanischem Vorbild effektiv Gelder einwerben zu können, gründete Harmsen die Deutsche Akademie für Bevölkerungswissenschaft (DABW).[10]

Die Anthropologin Ilse Schwidetzky und der Historiker Erich Keyser empfahlen ihm Hermann Arnold für eine Mitarbeit in der DABW.[11] Dieser wurde daraufhin eingeladen, auf der Mitgliederversammlung der DGfBw im Oktober 1959 in Marburg über *Die Entstehung vagierender Bevölkerungsgruppen* zu referieren.[12] 1961 hielt er auf deren dritter Arbeitstagung zur Bevölkerungs- und Sozialgeschichte einen Vortrag mit dem Titel *Wer ist Zigeuner*, der ein Jahr später in der *Zeitschrift für Ethnologie* erschien. Darüber hinaus wurde der DABW ab 1968 eine von Arnold verantwortete „Dokumentationsstelle für die Probleme nichtseßhafter Personen" angegliedert, die mit Melde- und Polizeibehörden zusammenarbeitete und diese beriet.[13]

Maßgeblich auf Arnolds Anregung hin wurde vom BMI im August 1968 eine grundsätzliche Besprechung zu den „Problemen der Zigeuner" anberaumt, an der neben ihm auch Lukrezia Jochimsen, kirchliche und städtische VertreterInnen sowie Mitarbeiter des Ministeriums aus dem Arbeitsbereich der öffentlichen Sicherheit teilnahmen.[14] In der Einladung zu dieser „informativen Besprechung" wurde Arnold gebeten, „nach den einleitenden Ausführungen das Wort" zu ergreifen.[15] Thematisiert werden sollten: „die zweckmäßige Art der Unterbringung der Zigeuner; ihre Eingliederung in die soziale Gemeinschaft; Art, Form und Maß der Eingliederungshilfen sowie die Durchführung solcher Hilfen".[16]

---

8 Vgl. Schleiermacher, Hans Harmsen, S. 261; Kuller, Familienpolitik, S. 99, 237.
9 Vgl. Pinwinkler, Historische Bevölkerungsforschungen, S. 365–370; Schleiermacher, Hans Harmsen, S. 262.
10 Vgl. Pinwinkler, Historische Bevölkerungsforschungen, S. 366 f.
11 Vgl. Kelch, Dr. Hermann Arnold und seine „Zigeuner", S. 205 f.
12 Vgl. ebenda, S. 246.
13 Vgl. Ludger Weß, Das Bundesinstitut für Bevölkerungsforschung, S. 101–114, hier S. 105; Pinwinkler, Historische Bevölkerungsforschungen, S. 373.
14 Vgl. BArch, ZSG 142/15, Schreiben des Ministerialrats (MR) Weller an Dr. Arnold vom 13.8.1968; BArch, ZSG 142/15, Niederschrift über die Besprechung „Hilfe für Zigeuner und Landfahrer" im Bundesministerium des Innern am 11.7.1969.
15 BArch, ZSG 142/15, Schreiben des MR Weller an Dr. Arnold vom 9.6.1969, S. 2.
16 Ebenda, S. 1.

In dieser ersten Besprechung am 11. Juli 1969 behauptete Arnold, „Zigeuner" unterlägen einem völlig anderen Wertesystem.[17] Dem hielt Renate Meyer, Lehrerin an einer Schule für „Zigeuner" in Hildesheim, entgegen, es gebe keine spezifische „Zigeunerkultur".[18] Weiterer Streitpunkt in der Sitzung war die Annahme einer vermeintlich erhöhten Kriminalität unter „Zigeunern". Arnold berichtete über eine wachsende Beunruhigung der Bevölkerung diesbezüglich, während die anwesenden Kriminologen die Schwierigkeiten bei der Aufklärung von Delikten im „Zigeunermilieu" und Probleme bei der statistischen Erfassung betonten.[19] Dem entgegnete der ehemalige Leiter des Freiburger Wohlfahrtsamtes Dr. Franz Flamm: „Die Kriminalität unter den Bewohnern dieser Siedlung entspreche dem allgemeinen Bevölkerungsdurchschnitt."[20]

Letztlich einigte man sich auf einen Folgetermin, an dem Strategien für eine Öffentlichkeitsarbeit besprochen werden sollten.[21] Aus dem Protokoll der Besprechung wird deutlich, wie sehr Arnold den Diskurs lenkte. Zwar wurden in einzelnen Punkten auch Gegenpositionen vertreten, diese beeinflussten den Verlauf des Gesprächs jedoch kaum.

Im Zuge der sozial-liberalen Regierungsbildung wechselte die Sozialabteilung vom BMI über in den Zuständigkeitsbereich des Familienministeriums, welches fortan zu Sachverständigengesprächen einlud.[22] Am 28. November 1973 lud das Bundesministerium für Jugend, Familie und Gesundheit (BMJFG) zum dritten Treffen des Gremiums, dessen TeilnehmerInnen-Kreis inzwischen auf 16 Personen angewachsen war.[23] Eröffnet wurde das Treffen von Oberregierungsrat Kursawe, der bereits im BMI als Behördenvertreter teilgenommen hatte.[24] Erörtert werden sollten folgende Themen: die Verbesserung der Wohnsituation, die Klärung von behördlich angezweifelten Staatsangehörigkeitsnachweisen und die Professionalisierung der Sozialarbeit. Darüber hinaus drang Arnold auf die Gründung eines „Dokumentationszen-

---

17 Vgl. BArch, ZSG 142/15, Niederschrift über die Besprechung „Hilfe für Zigeuner und Landfahrer" im Bundesministerium des Innern am 11.7.1969, S. 2.
18 Vgl. ebenda, S. 7.
19 Vgl. ebenda, S. 7–9.
20 Ebenda, S. 3; zum Projekt der Stadt Freiburg vgl. Widmann, An den Rändern der Städte, S. 111–147, bes. S. 111, 177. Flamm leitete das Freiburger Wohlfahrtsamt bis 1969 und war zuständig für die Baracken am „Rieselfeld".
21 Vgl. BArch, ZSG 142/15, Niederschrift über die Besprechung „Hilfe für Zigeuner und Landfahrer" im Bundesministerium des Innern am 11.7.1969, bes. S. 9f.
22 Vgl. BArch, ZSG 142/15, Schreiben des MR Weller an Dr. Arnold vom 21.11.1969.
23 Vgl. BArch, ZSG 142/15, Anlage 1 zur Ergebnisniederschrift über das 3. Sachverständigengespräch „Hilfe für Zigeuner" im Bundesministerium für Jugend, Familie und Gesundheit am 28.11.1973.
24 Vgl. BArch, ZSG 142/15, Ergebnisniederschrift über das 3. Sachverständigengespräch „Hilfe für Zigeuner" im Bundesministerium für Jugend, Familie und Gesundheit am 28.11.1973, bes. S. 1; Niederschrift über die Besprechung „Hilfe für Zigeuner und Landfahrer" im Bundesministerium des Innern am 11.7.1969, S. 1.

trums".²⁵ Der letzte Tagesordnungspunkt befasste sich mit der Beteiligung von „Zigeunervertretern" an den Beratungen. Hier einigten sich die Anwesenden auf die Einladung von regionalen Vertretern, die von den örtlichen Akteuren der „Zigeunerhilfe" vorgeschlagen werden sollten.²⁶ Weiter wurde entschieden:

> „Vertreter von sogenannten Zigeunerorganisationen, wie Herr Wilhelm Weiss und Herr Vinzenz Rose, sollen nicht an der Besprechung als Vertreter ihrer Organisation teilnehmen. Herr Rose ist jedoch als Vertreter für den Bereich Karlsruhe hinzuziehen."²⁷

Dieser Beschluss berücksichtigt die fehlende Legitimation überregionaler VertreterInnen, die in der Vergangenheit zu Problemen geführt hatte.²⁸

Trotz dieser Einschränkung war das Ansinnen, regionale VertreterInnen der Minderheit zu empfangen, ein wichtiger Schritt zur personellen Anerkennung der Sinti und Roma. Doch der Weg war noch weit: Die VertreterInnen wurden nicht zur regulären Sitzung eingeladen, von einer Begegnung auf Augenhöhe kann daher nicht die Rede sein.

Am 29. Oktober 1974 fand in Anwesenheit einiger Mitglieder des Expertenkreises, Arnold war nicht darunter, das Gespräch mit den „Zigeunervertretern" statt.²⁹ Erstes Thema war das bereits benannte Staatsangehörigkeitsproblem, hier sagten die BehördenvertreterInnen eine baldige Klärung auf Länderebene zu.³⁰ Darüber hinaus kritisierten die „Zigeunervertreter" eine Benachteiligung bei der Gewährung von Renten, die aus der Unerfahrenheit vieler AntragstellerInnen aus der Minderheit im Umgang mit Formalia resultiere. Auch hier wurde seitens des BMJFG eine Klärung mit dem zuständigen Bundesministerium der Finanzen (BMF) in Aussicht gestellt.³¹ Als letzter Punkt wurde laut Protokoll besprochen: „Aus der Mitte der Zigeunervertreter wurde vorgeschlagen, Orts- und Bereichssprecher zu wählen, die in Zukunft stärker die Belange der Zigeuner vertreten sollen."³²

Zum Abschluss des Gesprächs wurden die Teilnehmenden vom Parlamentarischen Staatssekretär Fred Zander empfangen, nicht von Ministerin Katharina Focke selbst, ein Umstand, der einer bisher fehlenden Vertretung der Sinti und Roma geschuldet war.³³ Hermann Arnold reagierte auf die Übersendung des Protokolls des

---

25 Vgl. Ergebnisniederschrift über das 3. Sachverständigengespräch „Hilfe für Zigeuner" im Bundesministerium für Jugend, Familie und Gesundheit am 28.11.1973, S. 2–7.
26 Vgl. ebenda, S. 7.
27 Ebenda, S. 7 f.
28 Vgl. dazu die Reaktionen nach dem Empfang regionaler Vertreter, die dem BMJFG bekannt waren, durch Bundespräsident Heinemann im Kapitel V.3.
29 Vgl. BArch, ZSG 142/15, Bericht über das Gespräch mit „Zigeunervertretern" am 29.10.1974 im BMJFG vom 3.12.1974.
30 Vgl. ebenda, S. 1 f.
31 Vgl. ebenda, S. 2.
32 Ebenda, S. 3.
33 Vgl. ebenda, S. 3.

Gesprächs mit den „Zigeunervertretern" mit einem Schreiben, das folgende Bemerkung enthielt: „Ob und wie Repräsentanten der Zigeuner anzuerkennen bzw. zu bestellen seien, ist ein ungelöstes Problem. Die Erfahrung lehrt, daß es besser ist, einen ‚Ombudsmann' zu bestellen."[34] Sollte er sich damit selbst gemeint haben, ist dies als Versuch zu werten, die Diskursmacht über die „Zigeuner" nicht aus der Hand zu geben. Auch er muss wahrgenommen haben, dass einerseits die sozialen und karitativen Organisationen zunehmend an Einfluss gewannen und andererseits jene auch die aktive Einbeziehung der Minderheit einforderten.

Ein besonderes Anliegen Arnolds waren seine Versuche zur Gründung einer Forschungseinrichtung für „Zigeunerforschung", für die er über Jahrzehnte staatliche und halbstaatliche Partner bzw. Finanziers suchte. Bereits beim ersten Sachverständigengespräch im Jahre 1969 stellte Arnold die angebliche Notwendigkeit einer solchen Institution heraus.[35]

Auch beim dritten Sachverständigengespräch 1973 im BMJFG wurde die Relevanz eines möglichen Dokumentationszentrums betont, das folgende Themen untersuchen sollte: „soziale Struktur der Zigeuner, Einkommensverhältnisse der Zigeuner, Erforschung der Verhaltensweise der Zigeuner, Forschungsvorhaben im vorschulischen und schulischen Bereich, geeignete Tätigkeiten für Zigeuner".[36] Die Ministeriumsvertreter stellten nur Gelder für eine Literaturstudie in Aussicht. Arnold hielt dennoch an seinem Vorhaben der Gründung eines Dokumentationszentrums fest und verhandelte hierfür mit dem Deutschen Caritas-Verband in Freiburg.[37] Bei einer Besprechung am 20. Mai 1974 einigte man sich darauf, dass Arnold für die Literaturstudie ein Forschungsprojekt beim Ministerium beantragen sollte und im Zuge dessen die Literatur- und Quellensammlung nach Abschluss der Studie an den Caritas-Verband übergehen sollte.[38]

Eine Bestandsaufnahme der Sammlung Arnolds durch den Leiter der Caritas-Bibliothek Hans-Josef Wollasch ergab 400 Literaturtitel, eine 50 Aktenordner umfassende „Materialsammlung" und weitere circa 50 Aktenordner mit „genealogischem Material", das sich zu der Zeit im Anthropologischen Seminar der Universität Mainz befand.[39] Arnolds Antrag an das Ministerium enthielt eine dreiseitige „Forschungsskizze", die eine deutsche „Zigeunerforschung" forcieren sollte und die Beratung

---

34 BArch, ZSG 142/15, Schreiben von Prof. Dr. Hermann Arnold an das BMJFG vom 13.1.1975, S. 1.
35 Vgl. BArch, ZSG 142/15, Niederschrift über die Besprechung „Hilfe für Zigeuner und Landfahrer" im Bundesministerium des Innern am 11.7.1969, S. 3, 10.
36 BArch, ZSG 142/15, Ergebnisniederschrift über das 3. Sachverständigengespräch „Hilfe für Zigeuner" im Bundesministerium für Jugend, Familie und Gesundheit am 28.11.1973, S. 3.
37 Vgl. ebenda, S. 3 f.
38 Vgl. BArch, B 189/21996, Vermerk betrifft Dokumentationszentrum für Zigeunerfragen vom 21.5.1974.
39 Vgl. BArch, B 189/21996, Schreiben des Deutschen Caritasverbands (Dr. Konrad Pölzl) an das Bundesministerium für Jugend, Familie und Gesundheit (Dr. Schubert) vom 11.4.1974, S. 1.

von EntscheidungsträgerInnen in Verwaltungen vorsah.[40] Seinem Antrag stellte er voran:

„Umfassende Untersuchungen zur Anthropologie und Soziologie der Zigeuner waren 1938 von der Ritter'schen Arbeitsgruppe im Reichsgesundheitsamt begonnen worden. Die Ergebnisse sind nur zum geringsten publiziert; obwohl sie politisch belastet sind, wäre die Aufarbeitung dieses Materials dringend zu wünschen. [...] Seit dem Ende des ‚Dritten Reichs' ist jede Zigeunerforschung mit dem Stigma des Rassismus behaftet."[41]

Arnold beabsichtigte, sich in seiner Studie verschiedenen Themen zuzuwenden, wie „Die Nomadenfamilie im sozialen Wandel", „Seßhaftmachung", „Staatsangehörigkeitsfragen, Wiedergutmachung", „Zensus, Bevölkerungsentwicklung" und schließlich „Kriminalität".[42] Nach Sichtung, Auswertung und Kategorisierung der Literatur plante er die Durchführung von „Fruchtbarkeitsuntersuchungen", deren Auswertung er dem Ministerium zukommen lassen wollte. Zur Veröffentlichung waren die Berichte jedoch nicht vorgesehen.[43]

Da der Caritas-Verband Folgekosten befürchtete, nahm er schließlich Abstand von dem Projekt. Die von Arnold ebenfalls für die Trägerschaft in Betracht gezogene und favorisierte DGfBw wurde vom BMJFG aufgrund einer fehlenden Bibliothek für nicht geeignet befunden.[44] Kursawe schlug als neuen Träger das Deutsche Jugendinstitut in München vor.[45] Arnold antwortete am 24. September 1974 despektierlich auf diesen Vorschlag: „Wird der Problemkomplex unserer Nomadenbevölkerung ideologisch motivierten Gesellschaftswissenschaftlern überlassen, ist wenig Hilfe für die praktische Arbeit, dafür aber unfruchtbare Agitation zu erwarten."[46]

Prof. Dr. Walter Hornstein, Leiter des Deutschen Jugendinstituts, lehnte die Trägerschaft und das Material ab, schlug aber das Deutsche Zentralinstitut für Soziale Fragen in Berlin vor.[47] Die Anregung wurde von den Mitarbeitern des Ministeriums vermutlich nicht aufgegriffen, es findet sich kein Briefwechsel mit dieser Einrichtung in der Akte.

---

40 Vgl. BArch, B 189/21996, Schreiben mit Vorschlag für ein Forschungsprogramm von Prof. Dr. Hermann Arnold an das Bundesministerium für Familie, Jugend und Gesundheit vom 5.6.1974, S. 1–3, hier S. 2.
41 Ebenda, S. 1.
42 Vgl. ebenda, S. 2.
43 Vgl. ebenda, S. 3.
44 Vgl. BArch, B 189/21996, Entwurf eines Schreibens betreffend Dokumentationszentrum und Forschungsvorhaben von BMJFG (im Auftrag Kursawe) an Prof. Dr. Hermann Arnold vom 29.8.1974, abgesendet mit Überarbeitungen am 2.9.1974, S. 1.
45 Vgl. ebenda, S. 1 f.; das Anschreiben an das deutsche Jugendinstitut findet sich auf S. 3–5.
46 BArch, B 189/21996, Schreiben von Prof. Dr. H. Arnold an das BMJFG vom 24.9.1974.
47 Vgl. BArch, B 189/21996, Schreiben von Prof. Dr. Walter Hornstein an das BMJFG vom 4.10.1974.

Stattdessen wandte sich das BMJFG auf Anregung von Prof. Dr. Günther Franz an das Bundesinstitut für Bevölkerungsforschung (BiB).[48] Franz war ehemals Professor für Geschichte der Reformation und Frühen Neuzeit an der Reichsuniversität Straßburg gewesen und trotz seiner Interpretation des Dreißigjährigen Krieges als „Rassekrieg" ab 1957 wieder Professor an der Landwirtschaftlichen Hochschule Stuttgart-Hohenheim geworden.[49]

Das BiB, ab 1974 geleitet von Hans W. Jürgens, Professor für Bevölkerungswissenschaft der Universität Kiel und DGfBw-Mitglied, war das Resultat der jahrelangen Lobbyarbeit von Mitgliedern der DGfBw.[50] Jürgens und Hermann Schubnell – ebenfalls DGfBw-Mitglied und im Statistischen Bundesamt tätig – hatten in Gutachten die Notwendigkeit dieser neuen Ressortforschungseinrichtung befürwortet, die nach Zustimmung des Wissenschaftsrats durch Erlass von Bundesinnenminister Hans-Dietrich Genscher 1973 gegründet wurde.[51] Das Institut sollte folgende Themen untersuchen: „Probleme des nationalen Geburtenrückgangs, Migrationen in Europa und die Zusammenarbeit zwischen der Bundesrepublik und den Entwicklungsländern auf dem Bevölkerungssektor".[52]

Der 1932 geborene Jürgens teilte einige Überzeugungen der „Ostforscher". Er hatte wie Arnold „Asoziale" mit dem Ergebnis untersucht, dass erbliche Anlagen verantwortlich für deren soziale Probleme seien und dachte öffentlich über Sterilisationen und Eheverbote dieser Personengruppe nach.[53] Es ist vor diesem Hintergrund wenig verwunderlich, dass Arnold das BiB als Träger seiner „Forschungs- und Literatursammelstelle" für sehr geeignet hielt. Jürgens befürwortete die Übernahme der Literatursammlung und auch deren Auswertung durch Arnold als sehr gewinnbringend, er teilte dem BMJFG jedoch mit, die Kaufsumme von 10 000 DM nicht aufbringen zu können, und schlug daher vor, die Sammlung als Leihgabe an sein Institut zu übernehmen.[54] Arnold war schließlich bereit, bei etwaiger Übernahme seiner Literatursammlung durch das BiB zunächst auf eine Bezahlung zu verzichten.[55] Es ist unklar, warum dieses Vorhaben letztlich nicht umgesetzt wurde.

---

48 Vgl. BArch, B 189/21996, Schreiben von Prof. Dr. Günther Franz an Ministerialrat Kursawe vom 28.10.1974.
49 Vgl. Pinwinkler, Historische Bevölkerungsforschungen, S. 428 f.
50 Vgl. ebenda, S. 373 f.
51 Vgl. Weß, Das Bundesinstitut für Bevölkerungsforschung, S. 106.
52 Zit. nach ebenda, S. 106.
53 Vgl. ebenda, S. 106 f.
54 Vgl. BArch, B 189/21996, Schreiben von Prof. Dr. Hans W. Jürgens an den Bundesminister für Jugend, Familie und Gesundheit vom 22.11.1974.
55 Vgl. BArch, B 189/21996, Schreiben von Prof. Dr. H. Arnold an den Bundesminister für Jugend, Familie und Gesundheit vom 29.1.1975. Ob die verstärkten Aktivitäten Arnolds zur Gründung einer „Forschungs- und Literatursammelstelle" mit der Auflösung der DABW, der seine „Dokumentationsstelle für die Probleme nichtsesshafter Familien" angegliedert war, zusammenhing, erscheint naheliegend, kann aber bisher nicht belegt werden; vgl. aber die Ausführungen zum Niedergang der DABW in Kapitel VI.3.

Stattdessen finden sich auf dem Verzichtsschreiben Arnolds an das Ministerium verschiedene Vermerke des BMJFG-Mitarbeiters Faeskorn, die weitere Verhandlungen mit dem Deutschen Caritas-Verband zur Übernahme der Sammlung im Verlauf des Jahres 1975 belegen.[56] In seiner Darstellung des Falls arbeitet Christian Kelch heraus, dass Proteste von Hildesheimer Sinti und ein entsprechender Zeitungsartikel gegen Arnold letztendlich zum Scheitern der Übernahmeverhandlungen führten.[57] Die Literatursammlung verblieb vorerst bei Arnold. Das Scheitern seiner Institutionalisierungspläne hinderte ihn nicht daran, weiter als „Zigeunerforscher" aufzutreten.

Für die im Juni 1976 vom Deutschen Verein für öffentliche und private Fürsorge (DVöpF) organisierte Studientagung „Sozialarbeit mit Zigeunern" war er als Teilnehmer und Arbeitsgruppenleiter eingeladen, das Konzept der Veranstaltung stammte aus der Feder des Oberregierungsrats Kursawe vom BMJFG.[58] Arnold war ebenfalls Mitglied der „Arbeitsgruppe Landfahrer", deren Gründung auf einen Beschluss des Fachausschusses II des DVöpF vom 6. Dezember 1977 zurückgeht und zu der auf Vorschlag von Kursawe alle ehemaligen Mitglieder des Sachverständigenkreises des BMJFG als Teilnehmende angefragt wurden.[59] Die Arbeitsgruppe traf sich im Oktober 1978 unter dem Vorsitz Peter Ludemanns vom Sozialdienst Katholischer Männer. Neben ihm nahmen Arnold, Kursawe, Sobeck sowie weitere AkteurInnen vor allem aus der praktischen „Zigeunerarbeit" teil.[60] 1981 publizierten sie nach mehreren Sitzungen eine „Orientierungshilfe" für die „Soziale Arbeit mit Zigeunern". Die Drucksache enthielt allerdings keine Beiträge von Arnold, der sich nach lauter werdender öffentlicher Kritik 1979 aus dem Arbeitskreis zurückgezogen hatte.[61] Sollte mit der Auslagerung des Gremiums vom Ministerium auf den gemeinnützigen Verein das Thema von der halböffentlichen Bildfläche verschwinden oder standen praktisch-organisatorische Beweggründe im Vordergrund? Eine eindeutige Antwort hierauf ist nicht zu finden.

Die bis dahin wenig beachteten Kritiken an Arnolds Positionen fanden ab Ende der 1960er Jahre in der Bundesrepublik den Weg in populärwissenschaftliche Darstellungen. In seiner Schrift *Zigeuner-Saga*, die vom christlich geprägten Verlag Herder 1969 herausgegeben wurde, griff ihr Autor Thomas Münster[62] die Kritiken von

---

56 Vgl. ebenda, Notizen von BMJFG-Mitarbeiter Faeskorn unterschiedlichen Datums.
57 Vgl. Kelch, Dr. Hermann Arnold und seine „Zigeuner", S. 380 f.
58 Vgl. BArch, ZSG 142/15, Schreiben von Assessorin Gross an Professor Dr. Hermann Arnold vom 30.3.1976.
59 Vgl. BArch, ZSG 142/15, Schreiben von W. Schellhorn an Professor Dr. Hermann Arnold vom 20.9.1978.
60 Vgl. BArch, ZSG 142/15, Niederschrift der Arbeitsgruppe „Landfahrer" vom 27.10.1978 in Köln.
61 Vgl. Deutscher Verein für öffentliche und private Fürsorge (Hrsg.), Soziale Arbeit mit Zigeunern; BArch, ZSG 142/15, Schreiben von Hermann Arnold an Herrn W. Schellhorn vom 12.7.1979; vgl. auch die Darstellung zur Ablösung Arnolds als „Zigeunerexperte" im Kapitel VI.2.
62 Vgl. Münster, Zigeuner-Saga; Blaschke, Verleger machen Geschichte, S. 306; nach Auskunft des Herder Verlags vom 11.9.2018 betrug die erste Auflage beachtliche 4000 Exemplare.

Steinmetz und Wolf an Arnold auf. Vordergründig war er an literarischen Erzählungen der „Zigeuner" interessiert, was den Autor aber nicht davon abhielt, auch die Geschichte der „Zigeuner" in Europa umfassend darstellen zu wollen.

Dabei kritisierte Münster zwar die Methodik Ritters, von jahrhundertealten Quellen Rückschlüsse auf die Kriminalität der „Zigeuner" im 20. Jahrhundert zu ziehen, jedoch wollte er im Hinblick auf die Verwertung der „Gutachten" durch das NS-Regime keine Schuldfrage stellen.[63] Münster sah in den Entlastungsversuchen Arnolds für Ritter eine moralische Schwierigkeit. Hier bezog er sich explizit auf die Kritiken von Wolf und Steinmetz.[64] Anschließend relativierte er jedoch sein Urteil:

> „Es soll nun aber doch nicht ausgeschlossen werden, daß die Rassenforscher in aller Unschuld wissenschaftliche Arbeit leisteten, die dann von den mörderischen Mulos [sic] nur mißbraucht wurde. [...] Wenn hier ein paar Zeilen von einem Wissenschaftler der Ritter-Schule zitiert werden, so sei eigens betont, daß sie zum seriösesten gehören, was in dieser Hinsicht gedruckt wurde."[65]

Diese Zitate offenbaren, dass der Autor die Funktionsweise der Forschungen Ritters und die Folgen für die Minderheit trotz aufkommender Zweifel in ihrer Tragweite unterschätzte. Es verwundert daher auch nicht, dass er in seinem Literaturapparat die Schriften Ritters, Arnolds, Steinmetzes, Knoblochs, aber auch Jochimsens nutzte, ohne diese historisch-kritisch einzuordnen.[66] Dies bemerkte bereits der zeitgenössische Rezensent in der *Frankfurter Allgemeinen Zeitung*, der monierte: „Es weicht immer aus ins Gefällig-Anekdotische, wo es den Leser zum Denken veranlassen sollte."[67] Münster schrieb jedoch nicht nur unkritisch Vorurteile fort, sondern ersann sogar neue. Die vermeintlich mangelhafte Integrationsfähigkeit der Zigeuner führte er beispielsweise auf deren Herkunft aus dem indischen Kastensystem zurück, aus der seit 2000 Jahren ein Entwicklungsschock resultiere.[68]

War Münsters Schrift noch Ausdruck einer intellektuellen Unruhe, die altbewährtes, vermeintliches Wissen über die „Zigeuner" zumindest teilweise in Frage stellte, bedurfte es erst umfassender Wandlungsprozesse in der Gesamtgesellschaft, um den kriminalpräventiven Denkstil der „NS-Zigeunerverfolgung" abzulösen.

---

63 Vgl. Münster, Zigeuner-Saga, S. 302.
64 Vgl. ebenda, S. 304.
65 Ebenda, S. 305.
66 Vgl. ebenda, S. 319 f.
67 Mehren, Rezension zu: Thomas Münster. Zigeuner-Saga. Von Geigern, Gauklern und Galgenvögeln. Freiburg 1969, in: Frankfurter Allgemeine Zeitung, 21.1.1970.
68 Der Soziologie Wolfram Stender schreibt Münster die Erfindung zu; vgl. Stender, Der Konflikt zwischen der Bürgerrechtsbewegung, S. 182.

2 Gesellschaftlicher Wandel und Impulse aus dem europäischen Ausland

„Wir wollen mehr Demokratie wagen", diesen Leitgedanken, der zu einem „Zeitwort" avancierte, äußerte Willy Brandt am 28. Oktober 1969 in seiner ersten Regierungserklärung kurz nach seiner Wahl zum Bundeskanzler.[69] Die Wahl Brandts weckte bei den NS-Verfolgten – besonders in der SPD – Hoffnungen auf substanzielle Verbesserungen ihrer Situation im Nachkriegsdeutschland, obwohl der Kanzler das Thema in seiner ersten Ansprache nicht explizit erwähnte.[70] Ob aus Furcht vor erneuten Diffamierungskampagnen der politischen Konkurrenz, oder um die Finanzmittel in sein innenpolitisches Reformprogramm anstatt in Entschädigungsgelder zu investieren – Brandt erfüllte die in ihn gesetzten Hoffnungen der Betroffenen nicht.[71] Wie er auf ihn kontaktierende „Zigeuner" reagierte, darauf wird in diesem Unterkapitel eingegangen.

Die sozial-liberale Bundesregierung hielt sich auch beim Thema Menschenrechte in diesem Jahrzehnt merklich zurück, um die anvisierte Entspannungspolitik mit dem Ostblock nicht zu gefährden, obwohl Liberalisierungen in Osteuropa eine Zusammenarbeit zwischen den großen Machtblöcken in Ost und West im Rahmen der Konferenz für Sicherheit und Zusammenarbeit in Europa (KSZE) diesbezüglich möglich machten.[72]

Brandts Regierungserklärung war viel mehr ein Bekenntnis, den Menschen zu helfen, die durch persönliche Umstände von der gesellschaftlichen Teilhabe ausgeschlossen waren. Die Verbesserung der Lebensverhältnisse benachteiligter Personen konzentrierte sich dabei aber zu wenig an der konkreten Situation der Menschen.[73] Immerhin wurde der Kreis der Anspruchsberechtigten nach dem Bundessozialhilfegesetz (BSHG) auch auf „Nichtseßhafte" ausgeweitet.[74] Weiterhin wurden für die „Zigeuner" sozialpädagogische Begleitungs- sowie Betreuungsangebote geschaffen und Sonderschulen für die Kinder gegründet. Die damit erreichten Erfolge blieben jedoch hinter den Erwartungen zurück.[75]

---

69 Vgl. Sabrow, Zeit-Worte in der Zeitgeschichte, S. 24–37, hier S. 24.
70 Vgl. Meyer, Die SPD und die NS-Vergangenheit, S. 330; Meyer, Mehr „Mut zur Wahrheit", S. 41–58, hier S. 54.
71 Vgl. Meyer, Mehr „Mut zur Wahrheit", S. 49; Meyer, Die SPD und die NS-Vergangenheit, S. 335.
72 Vgl. Eckel, Menschenrechte und der Wandel der Außenpolitik, S. 185–203, hier S. 192. Zur Bedeutung des KSZE-Prozess für die Menschenrechtspolitik aber auch zur Indienstnahme von Menschenrechtspolitik im Systemkonflikt: vgl. Eckel, Neugeburt der Politik aus dem Geist der Moral, S. 22–67, hier bes. S. 27 f.
73 Vgl. ebenda, S. 219.
74 Vgl. Leibfried, Zeit der Armut, S. 220.
75 Vgl. Widmann, An den Rändern der Städte, S. 111–140, 192–194. In der 2011 erschienenen Bildungsstudie kam heraus, dass 39,5 % der über 50-Jährigen in der Kindheit keine Grundschule besucht hatten. In der Gruppe von 26 bis 50 Jahre waren das trotz der Reformen noch 18,8 %; vgl. Strauß (Hrsg.), Studie zur aktuellen Bildungssituation deutscher Sinti und Roma, S. 30.

Entgegen ihrem eigenen Selbstverständnis waren auch die sich parallel radikalisierenden Studierendenproteste der „68er-Bewegung" keine besondere Triebfeder für eine intensivere Auseinandersetzung mit dem Nationalsozialismus.[76] Die von ihr praktizierten neuen Protestformen, die durch Modernisierungsprozesse in der Medientechnik ermöglicht wurden, sollten sich auch auf die im Entstehen befindlichen Verbände der Sinti und Roma auswirken.

Im Laufe der 1960er Jahre war das Fernsehen zum Massenmedium geworden, in den 1970er Jahren war schließlich die globale Übertragung von Fernsehbildern via Satelliten möglich.[77] Auf diese Weise konnte die breite Bevölkerung über Ereignisse von globaler Bedeutung, wie beispielsweise den Zwischenfall im Atomkraftwerk Harrisburg 1979, informiert werden und sich an politischen Prozessen beteiligen.[78] Der Historiker Frank Bösch verwendet dafür den Begriff „Medienereignis", den er wie folgt definiert: „Er bezeichnet eine besonders intensive, meist grenzübergreifende Verdichtung der Kommunikation auf ein Thema, das von den Zeitgenossen als ein besonderer Einschnitt gesehen wird."[79] Es verwundere daher auch nicht, dass besonders im Verlauf der 1970er Jahre eine Zunahme von Krisendiagnosen festzustellen sei, die Reformen und Veränderungen in Gang setzten.[80]

Die 1968 gegründete internationale Denkfabrik Club of Rome veröffentlichte 1972 ihren Forschungsbericht *Die Grenzen des Wachstums*, der die endlichen Ressourcen des Planeten, die fortschreitende Umweltzerstörung und die steigende Überbevölkerung thematisierte.[81] Das Buch erschien parallel in zahlreichen Sprachen, konnte so über 10 Millionen Mal abgesetzt werden und sorgte in den Medien für einen Aufschrei.[82]

Besonderer Ausdruck des gesellschaftlichen Aufbruchs war die Ausweitung des Hochschulstudiums, welche die Gründung Dutzender neuer Universitäten nach sich zog. Dies wiederum führte zu einer erheblichen Vergrößerung des Lehrkörpers auch in den Geschichtswissenschaften.[83] Während 1966 nur 155 ProfessorInnen und 259 wissenschaftliche MitarbeiterInnen im Fach beschäftigt waren, wuchs ihre Zahl bis 1981 auf 546 respektive 808 an.[84] Auf den Lehrstühlen konnte verstärkt eine jüngere

---

76 Vgl. die sehr ausgewogene Beurteilung bei: Hammerstein, Gemeinsame Vergangenheit, S. 99–101.
77 Vgl. Dussel, Vom Radio- zum Fernsehzeitalter, S. 673–694, bes. S. 673, 693 f.
78 Vgl. Bösch, Zeitenwende 1979, S. 11, 13.
79 Vgl. Bösch, Ereignisse, Performanz und Medien in historischer Perspektive, S. 7–29, hier S. 9.
80 Vgl. Bösch, Zeitenwende 1979, S. 12. Als eine solche Krise interpretiert Bösch auch die erst 1979 einsetzende Auseinandersetzung der Bevölkerung mit dem Holocaust durch die gleichnamige Serie; vgl. ebenda, S. 363–395.
81 Vgl. Freytag, „Eine Bombe im Taschenbuchformat?", S. 465–469, hier S. 465–466; Meadows u. a., Die Grenzen des Wachstums.
82 Vgl. Freytag, „Eine Bombe im Taschenbuchformat?", S. 467.
83 Vgl. Kenkmann, Von der bundesdeutschen „Bildungsmisere" zur Bildungsreform, S. 402–423, hier bes. S. 415–417.
84 Vgl. Etzemüller, Sozialgeschichte als politische Geschichte, S. 329.

Generation von HistorikerInnen wirken, unter ihnen Hans-Ulrich Wehler und Jürgen Kocka, die mit ihren sozialgeschichtlichen Analysen zu Herrschaft, Arbeiterbewegung und Arbeitsbedingungen inhaltlich wie auch methodisch neue Akzente setzten.[85] Wehler begründete 1975 die Fachzeitschrift *Geschichte und Gesellschaft* als Publikationsorgan für die neuen Themen.[86]

Zeitzeugen avancierten im Laufe der 1970er Jahre zu medialen Autoritäten, was sich im Hinblick auf die Auseinandersetzung mit dem Nationalsozialismus nicht nur positiv auswirkte, sondern die Grenzen zwischen TäterInnen, KollaborateurInnen und Opfern bisweilen verschwimmen ließ.[87] Aber bald versuchten HistorikerInnen methodische Antworten auf die ständige Präsenz der ZeitzeugInnen zu liefern. Gleich zwei historiographische Innovationen brachte das 1973 gestartete „Bayern-Projekt" des IfZ um Martin Broszat mit sich: die Fokussierung auf die Regionalgeschichte und die stärkere Berücksichtigung der Alltagsgeschichte.[88] Die Perspektive von der Zentralebene auf die Peripherie zu verlagern, war für die Erforschung der „NS-Zigeunerverfolgung" eine wichtige Voraussetzung, weil die Quellenbestände zu deren reichsweiten AkteurInnen nur fragmentarisch überliefert sind. Radikalisierungen der Verfolgung hatten ihren Ursprung oft in der Provinz – erprobte Vorschläge zum Umgang mit den „Zigeunern" waren nicht selten als Blaupause nach Berlin gesandt worden.[89]

Die Sozial- und Alltagsgeschichte nahm zunehmend in institutionalisierten Kontexten die kleinen Leute, die Verlierer und die Minderheiten in den Fokus.[90] In den 1970er Jahren erweiterte die Historische Kommission zu Berlin ihre Forschungsabteilung für deutsch-jüdische Geschichte um die Bereiche Antisemitismusforschung und Kulturgeschichte.[91] Bereits im Jahr 1960 war die Forschungsstelle für die Geschichte des Nationalsozialismus in Hamburg eröffnet worden. Diese wurde bis 1986 von Werner Jochmann geleitet, der gemeinsam mit nur zwei Mitarbeitenden bereits sehr früh einen auf die Gesellschaft des Nationalsozialismus bezogenen Forschungsansatz verfolgte.[92] In direkter Nachbarschaft wurde 1966 das Institut für die Geschichte der deutschen Juden gegründet.[93] Zwischen den beiden Hamburger Instituten entwickelte sich in Bezug auf die Kooperationen mit jüdischen Institutionen in den 1960er und 1970er Jahren ein mitunter hinderliches Konkurrenzdenken, den-

---

85 Vgl. Rösener, Das Max-Planck-Institut für Geschichte, S. 61 f.; Wehler, Das Deutsche Kaiserreich 1871–1918; Kocka, Klassengesellschaft im Krieg.
86 Vgl. Blaschke, Verleger machen Geschichte, S. 530–537.
87 Vgl. Saupe, Zur Kritik des Zeugen in der Konstitutionsphase, S. 71–92, hier S. 92.
88 Vgl. Wildt, Das „Bayern-Projekt", S. 119–129, hier bes. S. 119–120.
89 Bis wohin dies führen kann, verdeutlichen die vielfältigen Beiträge des 2012 erschienenen Sammelbandes, der im Kontext einer einzigen Region die sehr unterschiedlichen Radikalisierungen erkennen lässt; vgl. Fings/Opfermann (Hrsg.), Zigeunerverfolgung im Rheinland.
90 Vgl. Schildt, Avantgarde der Alltagsgeschichte, S. 195–209, hier S. 195–197.
91 Vgl. Büsch, Beiträge zur Organisation der historischen Forschung, S. 7, 23.
92 Vgl. Reichel/Schmid, Von der Katastrophe zum Stolperstein, S. 39.
93 Vgl. Schüler-Springorum, Deutsch-jüdische Geschichte in Hamburg, S. 253–269, hier bes. S. 260.

noch leisteten beide einen wertvollen Beitrag zur Erforschung des Antisemitismus in der deutschen Geschichte.[94]

Während die Erforschung der Geschichte der Juden in Deutschland Fortschritte machte, blieb die zum Verständnis der „NS-Zigeunerverfolgung" weit dahinter zurück. Besonders die Rolle der Kriminalpolizei stellte in diesem Kontext nach wie vor einen blinden Fleck dar. In der Festschrift *100 Jahre Kriminalpolizei Hamburg* fand das Thema im Jahr 1975 keine Erwähnung.[95] Stattdessen wurde in einigen Passagen die Leistung der Kriminalpolizei unter den Vorzeichen der NS-Diktatur gewürdigt. Lobende Erwähnung fand beispielsweise, dass mit der Einführung des Gesetzes gegen gefährliche „Gewohnheitsverbrecher" und über Maßregeln der Sicherung und Besserung „ganze Bataillone schwer vorbestrafter Verbrecher in Sicherungsverwahrung verschwanden."[96] Diese Tendenz setzte sich bis in die 1980er Jahre fort. Die 1983 erschienene populärwissenschaftliche Publikation *Dem Täter auf Spur* des ehemaligen Kriminalisten Bernd Wehner – 1940–1945 Leiter der Zentrale zur Bekämpfung von Kapitalverbrechen im RKPA – unternahm einen Versuch, die Motive der „NS-Zigeunerverfolgung" zu verharmlosen und eine nicht zu rechtfertigende Trennlinie zwischen den Nationalsozialisten und dem Polizeiapparat zu zeichnen.[97] Geschickt platzierte Wehner das Thema zudem im Kapitel über die Entwicklungen in der Weimarer Republik.[98] Er führte in seiner zentralen Bewertung aus:

> „Als nach dem Zweiten Weltkrieg das grauenvolle Schicksal der Zigeuner dem deutschen Volk bekannt wurde, hätte man überall dort, wo man mit Zigeunern früher zu tun hatte – last not least bei der Polizei –, am liebsten vergessen, daß es überhaupt den Begriff ‚Zigeuner', geschweige denn eine rigorose ‚Zigeunerbekämpfung' jemals gegeben hatte. [...] Daß sich dann – um es einmal so auszudrücken – die Nazis in ihrem Rassenwahn zur Ausrottung der Zigeuner hinreißen ließen, ist sicher durch nichts entschuldbar; aber führende Polizeifachleute haben ihnen ebenso sicher das ‚Problem' förmlich aufgedrängt."[99]

Die verharmlosenden Begrifflichkeiten „hinreißen ließen" und „aufgedrängt" zeugten noch Anfang der 1980er Jahre von einer Geisteshaltung, nach der die „NS-Zigeunerverfolgung" ein großes Missverständnis darstellte. Zwar handelte es sich bei dieser Schrift um keine wissenschaftliche Fachpublikation, Wehner war jedoch jahrzehntelang Fachredakteur und einige Zeit alleiniger Herausgeber der Zeitschrift *Kriminalistik*, die den innerpolizeilichen Diskurs maßgeblich beeinflusste.[100] Nur zögerlich setzten gesellschaftliche Fortschritte und Fachdebatten in der Bundesrepublik dem tradierten Blick auf die „NS-Zigeunerverfolgung" und die Sinti und Roma

---
94 Vgl. ebenda, S. 261–265.
95 Vgl. Ebeling, 100 Jahre Kriminalpolizei Hamburg, S. 12–32.
96 Ebenda, S. 25.
97 Vgl. Wehner, Dem Täter auf der Spur; Wagner, Volksgemeinschaft ohne Verbrecher, S. 10 f.
98 Vgl. Wehner, Dem Täter auf der Spur, S. 123–126.
99 Ebenda, S. 124.
100 Vgl. die einschlägigen Artikel zum Thema in der Kriminalistik in Kapitel III.2.

zu. Auf der europäischen Ebene begannen diese Entwicklungen bereits ein Jahrzehnt früher.

Nach 1945 bildeten sich überall in Westeuropa Bewegungen, die sich eine stärkere europäische Einheit wünschten, in erster Linie um weitere Kriege zu verhindern.[101] Die Gründung des Europarats im Mai 1949 geht auf die Idee und den politischen Druck dieser Initiativen zurück. Bereits 1950 wurde dort die Europäische Menschenrechtskonvention verabschiedet, die in erster Linie „bürgerliche Freiheiten, politische Rechte, sowie rechtliche Sicherungen im Gerichtsverfahren"[102] im ganz generellen Sinne schützen sollte.[103] 1961 einigte man sich auf eine Sozialcharta. Um deren Umsetzung voranzutreiben, wurde in der Beratenden Versammlung des Europarats ein Sozialausschuss eingerichtet.[104]

In diese Beratende Versammlung brachte der schwedische Abgeordnete Daniel Wiklund gemeinsam mit zehn weiteren ParlamentarierInnen am 25. November 1967 die Idee ein, eine Resolution über die Situation der „Gypsy Population" in Europa zu erarbeiten – mit Hilfe des *Comité International Tzigane* (CIT), einem Zusammenschluss französischer Roma-Aktivisten, und des englischen Friedensaktivisten Grattan Puxon, der sich in den 1960er Jahren „Irish Travellers" angeschlossen und die „Wegweisungspolitik" der irischen und der britischen Regierungen gegen diese Außenseitergruppe mit Aktionen zivilen Ungehorsams kritisiert hatte.[105]

Einem am 18. November 1969 vorgelegten 25-seitigen Bericht von Wiklund für den Sozialausschuss war schließlich ein Resolutionsentwurf vorangestellt, der auch eine Kurzdarstellung der Geschichte der Minderheit in Europa enthielt. Diese soll hier auszugsweise wiedergegeben werden:

> "[...] the Nazis decided upon a policy of extermination. Complete records are not available, but the worst atrocities were committed against Gypsies and hundreds of thousands were done to death in concentration camps. It is a sad reflection that surviving Gypsies who were victims of Nazi crimes – contrary to various other groups who suffered severely during World War II – have received either little or no official compensation for the brutality inflicted on them."[106]

Die konkreten Hinweise auf die Vernichtungspolitik der Nationalsozialisten und die ausgebliebenen Entschädigungen sind in dieser Deutlichkeit bemerkenswert, auch

---

101 Vgl. Eckel, Die Ambivalenz des Guten, S. 156.
102 Ebenda S. 162.
103 Vgl. ebenda, S. 161 f.
104 Vgl. ebenda, S. 163.
105 Vgl. BArch, B 189/3745, Report on the Situation of Gypsies and other Travelers in Europe vom 18.9.1969, Berichterstatter Mr. Wiklund, Pag. 362–386, hier Pag. 365; Schär, „Nicht mehr Zigeuner, sondern Roma!", S. 211–213.
106 BArch, B 189/3745, Report on the Situation of Gypsies and other Travelers in Europe vom 18.9.1969, Berichterstatter Mr. Wiklund, Pag. 362–386, hier Pag. 365.

wenn diese Passage in dem letztlich verabschiedeten Beschluss der Beratenden Versammlung des Europarats vom 30. September 1969 keine Erwähnung fand.

Die verabschiedete Resolution ist eines der ersten offiziellen Dokumente, die sich nicht abwehrend mit den Problemen der Sinti und Roma auseinandersetzen, sondern konkrete Verbesserungen der Lebenssituation sowie einen Abbau von diskriminierenden Gesetzen und Bestimmungen fordern.[107] Das gerade aus der Zuständigkeit scheidende BMI sah sich veranlasst, an das AA zu schreiben, um zu klären, wie sich die Bundesrepublik im Ministerkomitee zu dieser beschlossenen Empfehlung der Beratenden Versammlung des Europarats verhalten sollte. In seinem Schreiben lobte das BMI die Aktivitäten des hausinternen Sachverständigenkreises und stellte fest, dass es eine „Diskriminierung" der „Zigeuner" in der Bundesrepublik nicht gebe.[108] Weiter wurde festgestellt: „Mit einer wirksamen Mitarbeit der Zigeuner an ihren Problemen kann erst gerechnet werden, wenn geklärt ist, welche von zwei miteinander rivalisierenden Organisationen zur Vertretung der deutschen Zigeuner legitimiert ist."[109]

Diese Äußerung verdeutlicht die übliche Strategie des Ministeriums, die Nichteinbeziehung der Sinti und Roma in die Beratung über ihre Belange auf die fehlende Legitimation der Verbände zurückzuführen. Gegen die Aufnahme der „Zigeunerfrage" in das Arbeitsprogramm des Europarats für das Jahr 1970/71 hatte das Ministerium allerdings keine Bedenken.[110] Auch das nach der Regierungsbildung fachlich zuständige BMJFG erkannte die Notwendigkeit, sich mit dem Thema auseinanderzusetzen, und nahm die europäischen Aktivitäten zum Anlass, den Sachverständigenkreis fortzuführen.[111]

Doch nicht nur politische Institutionen wurden durch europäische Impulse beeinflusst, sie wirkten auch auf die Sinti und Roma selbst. Die Genese zweier „Roma-Weltkongresse" in den 1970er Jahren kann als abenteuerlich bezeichnet werden: Nachdem Grattan Puxon zu einem einschlägigen Kulturfestival in die Nähe von London eingeladen hatte, informierte er das CIT – das sich ab 1971 Comité International Rom (CIR) nannte – über ein vorab geplantes Organisationstreffen. Nachdem die Resonanz darauf seine Erwartungen überstieg, rief er ein paar Wochen vor Beginn ohne Rücksprache mit dem CIR die Veranstaltung als ersten „Roma-Weltkongress" aus. Er riss damit die Initiative an sich und durchkreuzte so die Bestrebungen der

---

107 Vgl. Schär, „Nicht mehr Zigeuner, sondern Roma!", S. 216.
108 Vgl. BArch, B 189/3745, Schreiben des Bundesministers des Innern im Auftrag an das AA vom 21.11.1969, Pag. 182–184.
109 Ebenda, Pag. 184.
110 Vgl. ebenda, Pag. 182 f.
111 Vgl. BArch, B 189/3745, Schreiben des BMJFG-Referenten MR Dr. Schubert an das Referat S 2 im Hause vom 21.10.1969, Pag. 279.

CIR-Führungsfigur Vanko Rouda, der im Palais de l'UNESCO eine offizielle Veranstaltung unter dem Dach des Europarats mit viel Aufwand projektierte.[112]

Puxons „Weltkongress" fand schließlich vom 5. bis 12. April 1971 statt, dokumentiert hat ihn der jüdische Sprachwissenschaftler Donald Simon Kenrick.[113] Der 1929 in London geborene Kenrick war in eine jüdisch-orthodoxe Familie geboren worden. Er war in jungen Jahren zunächst als Kommunist in Großbritannien politisch aktiv, bevor er sich enttäuscht abwandte und mit Puxons Protesten in England in Kontakt kam, die er fortan unterstützte.[114] Ab 1966 sammelte er gemeinsam mit Puxon und Leulea Rouda – einem französischem Rom – Haftbelege, um an die Bundesrepublik adressierte individuelle Entschädigungsanträge vorzubereiten. 1967 machte ihn eine Zeitungsanzeige der Wiener Library im *New Statesman* auf ein Forschungsstipendium aufmerksam, für das er sich bewarb. Nach dessen Bewilligung konnte er umfangreiche Reisen durch ganz Europa finanzieren, um nach Quellen zu suchen, welche die Dimension der „NS-Zigeunerverfolgung" sichtbar machen sollten.[115]

In seinem Kongressbericht zählte Kenrick 23 Teilnehmende aus 8 Ländern, darunter auch der bereits zu Beginn vorgestellte Rom Mateo Maximoff.[116] Einzige deutsche Teilnehmerin war die Sintezza Mélanie Spitta, die als einfaches CIR-Mitglied ohne Organisationsvertretung teilnahm.[117] Rudolf Karway aus Hamburg wurde als entschuldigt vermerkt.[118]

Den Auftakt des Kongresses bildeten Berichte über die Lage der Roma in Europa. Maximoff informierte in seiner Rede über die „results of war-time persecution".[119] Ob er darin auch seine Schätzung aus dem Jahr 1946 von 500 000 Opfern wiederholte, ist nicht überliefert.[120] Im Anschluss tagten Kommissionen, die sich mit Sprache, Kultur, Bildung, sozialen Angelegenheiten der Sinti und Roma beschäftigten.[121] Pu-

---

112 Vgl. die Darstellung hier: Acton, Anfänge und Entwicklung transnationaler Roma-Bewegungen mit dem Ziel der Durchsetzung von Bürgerrechten nach dem Holocaust, in: RomArchive – the Digital Archive of the Roma; online unter: https://www.romarchive.eu/de/roma-civil-rights-movement/beginnings-and-growth-transnational-movements-roma/ [20.8.2019].
113 Vgl. Kenrick, The World Romani Congress, S. 101–108.
114 Vgl. Acton, Introduction, S. XI–XXXI, hier bes. S. XI–XXII.
115 Vgl. ebenda, S. XXIII.
116 Vgl. Kenrick, The World Romani Congress, S. 107 f.
117 Ihre Teilnahme wurde hier dokumentiert, vgl. Kenrick, The World Romani Congress, S. 107. Die Mitgliedschaft im CIR geht hieraus hervor, vgl. Liégeois, Papier à en-tête du Comité international rom datant de 1972, in: RomArchive – the Digital Archive of the Roma, online unter: https://www.romarchive.eu/de/collection/papier-a-en-tete-du-comite-internationl-rom-datant-de-1972/ [21.8.2019]. Für biographische Informationen und eine Schilderung über das Wirken Spittas als Aktivistin und Filmemacherin vgl. Seybold, „Wir brauchen nicht aufzuschreiben", S. 197–216.
118 Vgl. Kenrick, The World Romani Congress, S. 108; vgl. auch die Darstellung der Initiativen von Karway in der Bundesrepublik im Kapitel V.3.
119 Vgl. ebenda, S. 101 f.
120 Vgl. die Ausführungen im Kapitel II.3.
121 Vgl. Kenrick, The World Romani Congress, S. 102–104.

blikationspläne von Kenrick und Puxon für eine Studie zur „NS-Zigeunerverfolgung" wurden von der Kommission, die sich mit an der Minderheit begangenen Kriegsverbrechen befasste, begrüßt – man sicherte ihnen Unterstützung zu.[122] Dort einigte man sich auch auf die Etablierung eines Gedenktags und fasste den geschichtspolitischen Beschluss zur Errichtung eines Denkmals in Europa, ein konkreter Standort und die Ausgestaltung wurden jedoch noch nicht festgelegt.[123] Das Liebeslied *Gelem Gelem* wurde mit neuem, auf die NS-Verbrechen verweisendem Text zur offiziellen Hymne des Kongresses erklärt. Den Abschluss bildeten schließlich zwei Schweigeminuten zum Gedenken an die Opfer der „NS-Zigeunerverfolgung".[124] Der dem Kongress zugeschriebene Beschluss, den Begriff „Zigeuner" durch „Roma" zu ersetzen, wurde von Kenrick nicht protokolliert, Aktive der Roma-Bewegung erwähnen ihn jedoch übereinstimmend.[125]

Eine Arbeitsgruppe für „War Crimes" bildete sich im Anschluss. Die erste Sitzung fand vom 25. bis 29. April 1972 in Freiburg statt. Auffallend ist der internationale TeilnehmerInnen-Kreis. Aus der Bundesrepublik nahmen nur der Freiburger Pastor G. Heinzmann und zwei namentlich nicht genannte Sinti aus seiner Gemeinde teil. Am 27. April besuchte die Gruppe das ehemalige Konzentrationslager Natzweiler-Struthof im Elsass, betete dort gemeinsam und sang das Lied *Gelem Gelem*.[126] Am Folgetag wurde sie im Freiburger Rathaus empfangen und vom Leiter des Wohlfahrts- und Sozialamtes begrüßt. Am selben Tag fasste die Arbeitsgruppe den Beschluss, in möglichst vielen ehemaligen Konzentrationslagern Denkmäler zu errichten, darunter wurde auch explizit das Konzentrationslager Auschwitz genannt.[127]

Ebenfalls im Jahr 1972 erschien das lang erwartete Buch von Kenrick und Puxon mit dem Titel *The Destiny of Europe's Gypsies*, gleichzeitig in London und in New York.[128] Die Studie profitierte neben der finanziellen Förderung durch die Wiener Library auch von der Begleitung des Projekts durch das 1966 an der University of Sussex gegründete Centre for Research in Collective Psychopathology, das vom Historiker Norman Cohn geleitet wurde.[129] Dieses Zentrum war interdisziplinär ausgerichtet und konnte erhebliche Finanzmittel einwerben.[130] Cohn legte bereits 1967 eine nach wie vor aktuelle Studie über Wirkung und Quellen der *Protokolle der Weisen von Zion* vor, eine immer wieder auftauchende antisemitische Legende, die eine angebliche „jüdische Weltverschwörung" belegen soll.[131]

---

122 Vgl. ebenda, S. 103.
123 Vgl. ebenda, S. 103.
124 Vgl. ebenda, S. 105–107.
125 Vgl. Schär, „Nicht mehr Zigeuner, sondern Roma!", S. 216.
126 Vgl. Acton, Meetings of the Social and War Crimes Commissions, S. 96–101.
127 Vgl. ebenda, S. 100 f.
128 Vgl. Kenrick/Puxon, The Destiny of Europe's Gypsies.
129 Vgl. ebenda, S. II, VII.
130 Vgl. Kenrick/Puxon, The Destiny of Europe's Gypsies, S. VIII.
131 Vgl. Cohn, Warrant for Genocide.

Inhaltlich brachte das Buch von Kenrick und Puxon einige Innovationen, aber auch Probleme mit sich. Eine Stärke der Studie ist zweifellos, dasss erstmals verdeutlicht wurde, wie sehr sich die Verbrechen der „NS-Zigeunerverfolgung" auf weite Teile Europas erstreckt hatten und wie auch andere europäische Regime darin involviert waren.[132] Mit der Zwischenüberschrift *The Road to Genocide* bezog die Studie hinsichtlich des vorherrschenden Motivs der „NS-Zigeunerverfolgung" eindeutig Position.[133] Die Quellengrundlage war im zeitgenössischen Vergleich exorbitant. Neben Berichten von Überlebenden, einschlägiger Sekundärliteratur, Unterlagen aus den Nürnberger Kriegsverbrecherprozessen und dem Eichmann-Prozess nutzte die Studie insbesondere publizierte Originalquellen aus der NS-Zeit und den umfangreichen Sammlungsbestand der Wiener Library. Darüber hinaus errechneten Kenrick und Puxon in der Mehrzahl auf der Grundlage von Schätzungen eine erste, dennoch belastbare Gesamtzahl von mindestens 219 700 Todesopfern der „NS-Zigeunerverfolgung".[134]

Die Autoren orientierten sich beim Aufbau ihres Buches an Raul Hilbergs Studie *The Destruction of the European Jews*. Sie schufen ein Narrativ, das eine Jahrhunderte überdauernde Leidensgeschichte der Roma in Europa erzählen wollte – die Einseitigkeit dieser Interpretation ist offenkundig.[135] Problematisch war darüber hinaus die Übernahme diverser „Befunde" aus folkloristischer „Zigeunerliteratur".[136] Darüber hinaus empfahlen Kenrick und Puxon unkritisch die Studie *Die Zigeuner* von Hermann Arnold als gelungene historische Darstellung der Ereignisse, die dem Nationalsozialismus unmittelbar vorausgingen.[137] Eine Auseinandersetzung mit den Studien von Döring und Arnold verblieb im Ungefähren, es mangelte insgesamt an einer Quellen- bzw. Ideologiekritik.[138] Außerdem waren einige Fehler enthalten.[139]

Die Studie wurde von dem Sprachwissenschaftler Angus Fraser im *Journal of the Gypsy Lore Society* wohlwollend besprochen.[140] Für den amerikanisch-britischen

---

132 Vgl. Kenrick/Puxon, The Destiny of Europe's Gypsies, S. 100–150.
133 Vgl. ebenda, S. 75.
134 Vgl. ebenda, S. 183 f.
135 Vgl. Schär, „Nicht mehr Zigeuner, sondern Roma!", S. 222. Bereits der Historiker Schär wies kritisch diese Parallelen nach, allerdings überbetonte er diese vermeintliche Strategieentscheidung von Puxon und Kenrick. Lediglich aus heutiger Perspektive wäre diese eindeutig erfolgversprechend, in historischer Perspektive bedenke man, wie kritisch Hilbergs Studie in den 1960er Jahren vor allem in Israel gesehen wurde; vgl. Hilberg, Unerbetene Erinnerung, S. 139–141.
136 Vgl. Kenrick/Puxon, The Destiny of Europe's Gypsies, S. 13–56.
137 Vgl. ebenda, S. 42, 218.
138 Vgl. ebenda, S. 75.
139 So wurde der badische Beamte Bader falsch als „Chef der deutschen Polizei" bezeichnet und die Behauptung aufgestellt, dass Ritters Schrift *Ein Menschenschlag* für die „Jenischen" ein Todesurteil gewesen sei; vgl. diese Fehlerfunde bei: Zimmermann, Rassenutopie und Genozid, S. 388 f. Anm. 61.
140 Vgl. Fraser, Rezension zu: Donald Kenrick/Grattan Puxon. The Destiny of Europe's Gypsies, S. 44–47.

Markt lag somit eine Studie vor, die das „rassische" Motiv der „NS-Zigeunerverfolgung" deutlich hervortreten ließ.[141] Das Buch wurde zügig auf Französisch und Italienisch übersetzt, eine deutsche Übersetzung erschien dagegen erst 1981 im Kontext des Engagements der GfbV.[142]

Der zweite „Roma-Weltkongress" 1974 in Genf, an dem 126 Delegierte aus 26 Ländern teilnahmen, trug zur weiteren Vernetzung bei. Organisiert hatte ihn die International Romani Union (IRU), ein Zusammenschluss osteuropäischer Verbände, die sich vom CIR abgespalten hatten.[143] Als wesentlicher Erfolg kann die in Genf ins Werk gesetzte Anerkennung der IRU als konsultative Organisation im Wirtschafts- und Sozialrat der Vereinten Nationen 1979 gelten.[144] Doch wie sollten sich die veränderten gesellschaftlichen Rahmenbedingungen und die europäischen Impulse auf die Sinti und Roma in der Bundesrepublik auswirken?

3 Frühe Verbandsgründungen in der Bundesrepublik und deren (Miss-)Erfolge

Bereits in der jungen Bundesrepublik gab es erste Bestrebungen zur Schaffung von Vertretungen[145] für die Opfergruppe der Sinti und Roma, wie der 1958 in Mannheim von den Brüdern Oskar und Vinzenz Rose gegründete *Verband und Interessengemeinschaft rassisch Verfolgter nichtjüdischen Glaubens deutscher Staatsbürger*.[146] Die Gründer wählten einen verklausulierten Namen für die Vertretung, um keinen direkten Bezug zu den Sinti und Roma herzustellen, sie betonten stattdessen die deutsche Staatsbürgerschaft und die „rassische" Verfolgung der zu Vertretenden. Der Verband trat somit nicht selbstbewusst in die Öffentlichkeit und konnte keine spürbaren Erfolge erzielen.

Ein Jahrzehnt später schaffte es jedoch eine andere regionale Selbstorganisation erfolgreich auf Bundesebene zu wirken. 1968 gründete Rudolf Karway, ein aus Polen immigrierter Rom, dem ein Restaurant auf der Reeperbahn gehörte, in Hamburg die Internationale Zigeunerrechtsmission (IZRM).[147] Er lud im Oktober 1968 zu einer

---

141 Vgl. die würdigende Kommentierung in: Dawidowicz, The Holocaust and the Historians, S. 150 Anm. 11.
142 Vgl. Schär, „Nicht mehr Zigeuner, sondern Roma!", S. 222; Kenrick/Puxon, Sinti und Roma. Die Bemühungen der GfbV um eine deutsche Übersetzung und deren Umsetzung werden in Kapitel VI.1 ausführlich dargestellt.
143 Vgl. Acton, Anfänge und Entwicklung transnationaler Roma-Bewegungen.
144 Vgl. Matras, Scholarship and the Politics of Romani Identity, S. 218; Acton, Anfänge und Entwicklung transnationaler Roma-Bewegungen.
145 Vgl. die Darstellungen zu ersten Organisationsversuchen im Kapitel II.3 und die Initiativen zur Initiierung von Strafverfolgungen gegen TäterInnen der „NS-Zigeunerverfolgung", etwa die der Brüder Rose gegen Robert Ritter im Kapitel III.2.
146 Vgl. Gress, „Wir wollen Gerechtigkeit!", S. 116.
147 Vgl. Herrmann, Der Traum vom Ausweis, in: Die Zeit, 25.10.1968.

Pressekonferenz zur Vorstellung seiner neuen Organisation ein, die von fünf JournalistInnen aus Hamburg besucht wurde.[148] Doch er begnügte sich nicht mit dem regionalen Wirkungskreis: Am 9. August 1969 schrieb er dem neu ernannten Bundespräsidenten, berichtete von einer Zusammenkunft mit dem Papst, wies auf die fehlenden Menschenrechte gegenüber den „Zigeunern" hin und bat um ein Treffen seiner Organisation mit dem Staatsoberhaupt.[149] Die starke kirchliche Verortung des neuen Bundespräsidenten Gustav Heinemann und seine offenen, kritischen Einlassungen zum Nationalsozialismus ließen Karway vermutlich auf einen Empfang hoffen.[150] Der Amtsvorgänger Heinemanns, Heinrich Lübke, hatte ein ähnliches Ersuchen Karways im Jahr zuvor noch wegen „terminlicher Verpflichtungen" über einen Mitarbeiter ablehnen lassen.[151]

Das Bundespräsidialamt (BPA) leitete das aktuelle Schreiben an das BMI mit der Bitte um Stellungnahme weiter, ob ein Gespräch empfohlen werde, und bat um Unterrichtung über die Probleme der „Zigeuner" in der Bundesrepublik.[152] In der Akte des BPA zu diesem Vorgang findet sich zwischen dem dokumentierten Schriftverkehr auch ein Interview, das vom Nachrichtenmagazin *Stern* mit Karway geführt wurde. Darin äußerte er sich, offensichtlich aufgrund von aufgetretenen Taschendiebstählen von „Zigeunern" als Experte befragt, unter anderem zur „NS-Zigeunerverfolgung" und zur Frage der Selbstbezeichnung: „Das Wort Zigeuner gibt es in unserer Sprache gar nicht. Unser Volk heißt Romá. [...] Sie wissen ja, daß auf Grund dieser Nazi-Gesetze etwa 40 000 deutsche Zigeuner in den Konzentrationslagern ermordet wurden."[153] Das Interview gelangte offenbar mit dem Antwortschreiben des BMI in die Akte. Darin äußerte der BMI-Mitarbeiter Weller Bedenken, Karway zu empfangen, weil nach Auskunft der Arbeits- und Sozialbehörde Hamburgs der Besagte in der Hansestadt einen „gutgehenden Barbetrieb" unterhalte und „Zigeunerkönig" genannt werde.[154] Im Detail wurde angeführt:

---

148 Vgl. ebenda.
149 Vgl. BArch, B 122/15538, Schreiben von Rudolf Karway an den Präsidenten der Bundesrepublik Deutschland Herrn Dr. Dr. Gustav Heinemann vom 9.8.1969, Pag. 228 f.
150 Zur Biographie und zu seinen öffentlichen Verlautbarungen zum Nationalsozialismus nach 1945 vgl. Rensing, Geschichte und Politik in den Reden der deutschen Bundespräsidenten, S. 106–112, 125–132.
151 Vgl. BArch, B 122/15538, Schreiben von Rudolf Karway an den Präsidenten der Bundesrepublik Deutschland Herrn Dr. Dr. Gustav Heinemann vom 9.8.1969, Pag. 228.
152 Vgl. BArch, B 122/15538, Schreiben von Dr. Spath (BPA) an den Herrn Bundesminister des Innern vom 20.8.1969, Pag. 227.
153 Vgl. BArch, B 122/15538, Interview „Wovon leben die Zigeuner?" des Nachrichtenmagazins Stern mit Rudolf Karway, abgedruckt am 26.1.1969, ohne Nennung des Namens des Interviewers, Pag. 225. Einige Stellen wurden dort von einer unbekannten Person markiert, darunter die hier zitierte Passage.
154 Vgl. BArch, B 122/15538, Schreiben von Dr. Weller (BMI) an das BPA vom 4.9.1969, Pag. 207.

"Bei den traditionellen Gegensätzen und Feindschaften zwischen den Zigeunersippen kann nicht angenommen werden, daß die Organisation alle Zigeuner Deutschlands oder auch nur einen Großteil dieser Gruppe repräsentiert."[155]

Weiterhin habe die Sozialbehörde Hamburg den Eindruck gewonnen, es gehe Karway nur um finanzielle Zahlungen für seine Organisation. Nachfolgend verwies Weller noch auf die generelle thematische Zuständigkeit der Bundesländer und den Sachverständigenkreis im BMI.[156] Auch verbreitete er noch vermeintliche Kenntnisse zu den „Zigeunern" – so sei ihre „Mentalität" verantwortlich für die schlechte Integration auf dem Arbeitsmarkt, trotzdem würden die meisten über „ausreichende Einkünfte" verfügen.[157] In einem Vermerk sprachen zwei Mitarbeiter des BPA schließlich folgende Empfehlung aus:

„Da der Herr Bundespräsident das Gespräch mit allen Bürgern wünscht, empfehle ich dem Herrn Bundespräsidenten, das Präsidium der Zigeunerrechtsmission zu empfangen. Die Zigeuner haben gerade unter der Nazi-Zeit sehr viel leiden müssen. Etwa 40 000 deutsche Zigeuner wurden in den Konzentrationslagern ermordet."[158]

Diese Zeilen überraschen nach diesem Briefwechsel mit dem BMI, doch sie passen ins Bild des „Bürgerpräsidenten" Heinemann.[159] Von besonderer Bedeutung ist die Begründung der Empfehlung mit dem Hinweis auf die Leiden der Sinti und Roma in der „NS-Zigeunerverfolgung". Die hier genannte Opferzahl stammte augenscheinlich aus dem *Stern*-Interview. Woher die von Karway genannte Zahlenangabe kam, ist unklar.

Am 23. Oktober 1969 lud der Bundespräsident schließlich Karway und fünf weitere Vertreter zu einem „Informationsgespräch" ein.[160] Im Anschluss an das Treffen bedankte Karway sich schriftlich im „Namen der Roma" für das „engagierte Interesse" und die „Sachlichkeit" des Gesprächs und bat um Mitteilung, wenn klar sein sollte, wer für die diskutierten Belange – hauptsächlich soziale und aufenthaltsrechtliche Fragen – zuständig sei.[161] Daneben enthielt der Brief die Bitte, der IZRM 10 Millionen DM zur Verfügung zu stellen, unter anderem für die Gründung eines Verlags und einer Zeitschrift.[162] Auf dieses Schreiben ist keine Antwort des BPA in der Akte vorhanden.

---

155 Ebenda, Pag. 208.
156 Vgl. ebenda, Pag. 209. Zum Sachverständigenkreis und Dr. Weller (BMI) vgl. Darstellung im Kapitel V.1.
157 Vgl. ebenda, Pag. 212.
158 BArch, B 122/15538, Vermerk von Dr. Sp/Wi (BPA) vom 25.9.1969, Pag. 204–206, hier Pag. 205 f.
159 Vgl. Wolfrum, Die geglückte Demokratie, S. 289.
160 Vgl. BArch, B 122/15538, Vermerk von Dr. Sp/Wi (BPA) vom 20.10.1969, Pag. 198.
161 Vgl. BArch, B 122/15538, Schreiben von Rudolf Karway an den Präsidenten der Bundesrepublik Deutschland Gustav Heinemann vom 28.10.1969, Pag. 196 f.
162 Vgl. ebenda, Pag. 196.

Wenige Tage nach Karways Treffen mit Heinemann wandte sich Wilhem Weiss in seiner Funktion als Vorsitzender des Zentralkomitees der Zigeuner Deutschlands (ZZD) schriftlich an den Bundespräsidenten. Er stellte Karways Vertretungsberechtigung massiv in Frage und warnte vor dessen betrügerischen Absichten. Gleichzeitig bat er ebenfalls um eine Unterredung mit Heinemann.[163] Wiederum um Stellungnahme gebeten, teilte das BMI in Person von Dr. Weller mit, das ein ZZD dort nicht bekannt sei, es seien jedoch noch weitere Beschwerden gegen Karway eingegangen, unter anderem aus Niedersachsen.[164] Dort fand am 4. November 1969 ein Protesttreffen von 350 „Zigeunerfamilien" statt, das sich explizit gegen die Initiativen Karways richtete.[165] Protokollantin des Treffens war die Lehrerin Renate Meyer aus Hildesheim, Mitglied des staatlichen Sachverständigengremiums,[166] die dem BMI ein Exemplar der schriftlichen Dokumentation hatte zukommen lassen. Die zentrale Botschaft des Protokolls lautete:

> „Wir fühlen uns als deutsche Staatsbürger und brauchen keinen eigenen Präsidenten. Unser Präsident ist der vom deutschen Volk gewählte Bundespräsident Heinemann. Dergl. [sic] lehnen wir ein Zigeunerkomitee ab. Für uns gelten die deutsche Verfassung und die deutschen Rechte. Um daran teilzuhaben, brauchen wir kein eigenes Komitee."[167]

Derartige Positionen finden sich gehäuft in Anschreiben aus der Minderheit an öffentliche Stellen. Sie entspringen jedoch nicht – wie von den traditionellen „Zigeunerforschern" oft behauptet – einer grundsätzlichen Abneigung gegen alles Politische, sondern basieren vielmehr auf der immer noch tiefsitzenden Furcht, staatliche FunktionsträgerInnen könnten ein neues Sonderrecht für „Zigeuner" fordern oder deren deutsche Staatsbürgerschaft wieder zur Disposition stellen. In ihrem Begleitschreiben vermerkte Meyer daher: „Grundsätzlich bin ich froh, daß die Zigeuner endlich einmal aus eigener Initiative aktiv werden. Außerdem werden uns die neuen Kontakte, die sich für mich bei der Sitzung ergaben, ein Stück weiterhelfen können."[168] Diese Sympathiebekundung für die klärenden Prozesse – die in den nun folgenden Jahren hinsichtlich des Vertretungsanspruchs einsetzten – zeugen von einem Wandel in der Wahrnehmung der Sinti und Roma in der Mehrheitsgesellschaft.

Wuchs deshalb auch die Sorge bei den Sinti und Roma, durch das als fragwürdig wahrgenommene Vorpreschen Rudolf Karways die ersten zaghaften Fortschritte in Richtung personeller Anerkennung wieder verlieren zu können? Auf ein weiteres

---

163 Vgl. BArch, B 122/15538, Schreiben von Wilhelm Weiss an den Präsidenten der Bundesrepublik Deutschland Herrn Dr. Dr. Gustav Heinemann vom 3.11.1969, Pag. 189.
164 Vgl. BArch, B 122/15538, Schreiben von Dr. Weller (BMI) an das BPA vom 12.11.1969, Pag. 186.
165 Vgl. BArch, B 122/15538, Kopie eines Schreibens von Renate Meyer an das BMI, z. H. Herrn Weller, und eines angehängten Protokolls im Auftrag der deutschen Sinte-Gruppen in Niedersachsen, jeweils vom 4.11.1969, Pag. 179–181.
166 Vgl. die Darstellung des Sachverständigenkreises und seiner Beratungen im Kapitel V.1.
167 Ebenda, Pag. 181.
168 Ebenda, Pag. 179.

3 Frühe Verbandsgründungen in der Bundesrepublik und deren (Miss-)Erfolge — 131

Schreiben Meyers – mitsamt dem besagten Protokoll der Hildesheimer Zusammenkunft – an den Bundespräsidenten reagierte das BPA in Person von Dr. Wemmer wenige Wochen später sichtlich um Beschwichtigung bemüht:

> „Aus hiesiger Sicht besteht für Sie kein Anlaß, über den Besuch der Internationalen Zigeunerrechtsmission bei dem Herrn Bundespräsidenten beunruhigt zu sein. Sie dürfen sicher sein, daß dieser Besuch nicht zu einer Beschränkung Ihrer Rechte führen wird."[169]

Ähnliche Schreiben erreichten auch andere Petenten, die den Empfang des IZRM beim Bundespräsidenten im Nachhinein kritisiert hatten.[170] Die Proteste ebbten nicht ab, man sah vielmehr sogar die Notwendigkeit gegeben, sich zu organisieren. Am 10. November 1969 kam es zu einer zweiten Zusammenkunft in Hildesheim, an der nun bereits 36 Sprecher der Sinti teilnahmen. Auch hier führte Meyer Protokoll und übersandte eine Kopie an das BMI, das dieses an das BPA weiterleitete.[171] Darin waren einige grundsätzliche Überlegungen für eine eigene Interessenvertretung enthalten:

> „Es geht lediglich darum, überall dort vorzusprechen, wo die sozialen Probleme deutscher Zigeuner unzureichend gelöst werden. Dazu bedarf es einer Vertretung, d. h. einer Interessenvertretung, wie sie in vielen anderen Interessenverbänden in der Bundesrepublik üblich ist. Es wurde weiterhin über die Form diskutiert, die solch eine Vertretung haben könnte. Einstimmig wurde für eine partnerschaftliche Grundlage plädiert."[172]

Dem weiteren Protokoll zufolge schwebte den Anwesenden eine Art „Länderkammer" vor, in welche die regionalen Sprecher ihre Vertreter entsenden sollten. Künftig sollte auch kein Verband mehr im Alleingang an die Bundesregierung herantreten.[173] Aber das Dokument enthielt auch wichtige Forderungen: die Einbeziehung von Minderheitenvertretern in die Beratungen der Ministerien, die Abschaffung der als diskriminierend empfundenen Bezeichnung „Landfahrer", ebenfalls der „Zigeunergesetze" in Bayern und der polizeilichen Sonderkarteien sowie die „Überwindung" der Ablehnung durch die Mehrheitsbevölkerung.[174] Hier muss von einem Schlüsseldokument für die Entwicklungsgeschichte der politischen Organisation der Minderheit in der Bundesrepublik gesprochen werden. Derart weitreichende Be-

---

169 BArch, B 122/15538, Schreiben des BPA (Dr. Wemmer) an Frau Renate Meyer vom 24.11.1969, Pag. 175.
170 Vgl. etwa BArch, B 122/15538, Schreiben von Waldemar Franz und Paul Morgenstern an den Herrn Bundespräsidenten Dr. Heinemann vom 6.11.1969, Pag. 173 f.
171 Vgl. BArch, B 122/15538, Schreiben des BMI (Herrn Weller) an das BPA vom 3.12.1969 inkl. einiger Anhänge, darunter ein Protokoll verfasst von Renate Meyer im Auftrag der Zusammenkunft der deutschen Sinte in Hildesheim am 10.11.1969, Pag. 167–171.
172 Vgl. ebenda, Pag. 170.
173 Vgl. ebenda, Pag. 171.
174 Vgl. ebenda, Pag. 171.

schlüsse wiesen in die Zukunft und zeugen von einem aufkommenden Selbstbewusstsein.

Heinemann ließ sich fortan in sehr kurzer Folge über Modellprojekte und Fortschritte in der Behandlung der „Zigeuner" durch das nun zuständige BMJFG unterrichten.[175] Er übersandte weiterhin die Forderung über seinen persönlichen Referenten MR Sebastian Buhrow[176] an die Bundesfamilienministerin Käthe Strobel:

> „Der Bundespräsident ist an einer gerechten und wohlwollenden Behandlung der Zigeuner in Deutschland interessiert. Er hat mich daher gebeten, Ihnen diesen Brief zu schreiben, damit über Sie auch die politische Spitze Ihres Hauses von diesem besonderen Interesse des Bundespräsidenten erfährt. Dankbar würde es der Herr Bundespräsident begrüßen, wenn er in nicht allzulanger Zeit eine Äußerung Ihres Hauses erhielte, [...] daß an den Fragen aktiv und mit Beschleunigung gearbeitet wird."[177]

Der persönliche Referent Strobels antwortete erst zwei Monate später und klagte über eine allgemeine Arbeitsüberlastung, die vor allem auf das „Altenprogramm" zurückzuführen sei. Er teilte mit, dass partizipative Hilfsmaßnahmen für diesen Personenkreis erst noch entwickelt werden müssten.[178] Heinemann beharrte in seiner restlichen Amtszeit wiederholt auf Anstrengungen des BMJFG zur Verbesserung der Situation der Sinti und Roma, er vermied es jedoch, sich mit einzelnen Verbänden zu treffen und verwies Anfragende wiederholt an das zuständige Ministerium.[179] Dieses Vorgehen wurde dem BPA von Regierungsrat Kursawe (BMJFG) nahegelegt, der damit der Diktion Arnolds folgte.[180]

Heinemann setzte sich abseits der öffentlichen Wahrnehmung dennoch weiter für Belange einzelner Sinti ein. Nachdem sich die „Zigeuner-Sippe" Mettbach aus Bonn mit einer Bitte um Hilfe an ihn wandte, weil ihr die Zwangsräumung auf ihrem gegenwärtigen Lagerplatz in Bonn-Holzlar drohte, erhielten sie ein Antwortschreiben des BPAs, laut dem der Bundespräsident zwar weder zuständig sei, noch in richterliche Entscheidungen eingreifen dürfe, er sich aber mit Nachdruck an den Oberstadtdirektor in Bonn wenden würde, mit der Bitte, einen den Vorstellungen der

---

175 Vgl. BArch, B 122/15538, Vermerk von Dr. Sp/Pa (BPA) vom 24.8.1970, Pag. 154.
176 Für einige kursorische Bemerkungen zu Buhrow vgl. Lindemann, Gustav Heinemann, S. 220.
177 BArch, B 122/15538, Schreiben des BPA (Buhrow) an Dr. Hans Goller (BMJFG) vom 4.9.1970, Pag. 151 f., hier Pag. 152.
178 Vgl. BArch, B 122/15538, Schreiben von Dr. Hans Goller (BMJFG) an Dr. Spaeth (BPA) vom 23.11.1970, Pag. 140–142, hier Pag. 142.
179 Vgl. BArch, B 122/15538, diverse Schreiben, Vermerke und Unterrichtungen im Zeitraum 1970–1974; BArch, B 122/15538, Schreiben des BPA (Reinhardt) an den Verband der Zigeuner Westdeutschlands in Heidelberg vom 6.6.1973.
180 Vgl. BArch, B 122/15538, Vermerk von Referat II/2 betreffend Telegramm des Verbandes der Zigeuner Westdeutschlands vom 25.5.1973 an den Herrn Bundespräsidenten vom 30.5.1973.

Petenten entsprechenden Ersatzplatz bereitzustellen.[181] Die Intervention zeigte Wirkung, das zuständige Gericht hob den Räumungstermin auf und setzte die Zwangsvollstreckung aus. Die Stadt Bonn suchte nun aktiv nach einem Ersatzplatz.[182]

Neben Hildesheim war auch Heidelberg Schauplatz von Versuchen, eine Selbstorganisation zu etablieren. Anfang der 1970er Jahre verteilte Vinzenz Rose gemeinsam mit seinem Neffen Romani Rose dort Flugblätter[183] mit folgendem Aufruf:

> „An alle deutschen Sinti! Es ist langsam an der Zeit, auf Ungerechtigkeiten, die die Sinti heute schon wieder erdulden müssen, aufmerksam zu machen! [...] Diskriminierungen, Repressalien, Benachteiligungen und Verachtung! Und seit Jahrhunderten muß unser Volk das erdulden. Vor 26 Jahren war der Höhepunkt dieses Leidensweges erreicht. Zur Erinnerung: Auschwitz, Dachau, Bergen-Belsen, Flossenbürg usw. Daraus hätten unsere Sinti bzw. unsere Rechtssprecher Lehren ziehen müssen!"[184]

Der Aufruf war unterzeichnet von einem Zentral-Komitee der Sinti Westdeutschlands, allerdings ohne Angabe einer Postadresse, lediglich mit Verweis auf ein Postfach in Heidelberg.[185] Aus diesen Zeilen sprach eine generationelle Ungeduld, gar eine Anklage gegen die bisherigen Versuche der bestehenden Vereinigungen, die Lage für die Minderheit wirksam zu verbessern.

Der Begriff „Zentral-Komitee" deutet bereits auf den generellen Anspruch hin, alle Sinti in der Bundesrepublik vertreten zu wollen. Daneben enthielt das Flugblatt eine weitere wichtige Botschaft:

> „Um auch dies zu ändern, müssen wir uns bei dem bevorstehenden Wahlkampf, Stichtag 19. November 1972, für die [im Original „die" fett] Partei entscheiden, die für das Grundgesetz einsteht und auch für unsere 30 000 deutschen Sinti die Menschenrechte garantiert."[186]

Hiermit konnte nur die SPD gemeint sein. Kurz nach der gewonnenen Bundestagswahl richtete das Zentral-Komitee ein Schreiben an den wiedergewählten Bundeskanzler Brandt und suchte den direkten Kontakt.[187] Die Gesprächsbitte wurde in der Bundesregierung intern folgendermaßen bewertet:

---

181 Vgl. BArch, B 122/6732, Schreiben der „Zigeuner-Sippe" Mettbach an den Herrn Bundespräsidenten der Bundesrepublik Deutschland vom 25.2.1973, Pag. 9; BArch, B 122/6732, Schreiben des BPA an die „Zigeuner-Sippe" Mettbach vom 26.2.1973, Pag. 8.
182 Vgl. BArch, B 122/6732, Handschriftlicher Vermerk des BPA, abgezeichnet am 7.3.1973.
183 Vgl. Gress, „Wir wollen Gerechtigkeit!", S. 117.
184 Zentral-Komitee der Sinti West-Deutschlands, Aufruf an alle deutschen Sinti (1971/1972), in: „Rassendiagnose: Zigeuner". Der Völkermord an den Sinti und Roma und der lange Kampf der Anerkennung; online unter: https://www.sintiundroma.org/de/set/030701/?id=2614&z=1 [10.10.2019].
185 Vgl. ebenda.
186 Ebenda.
187 Das Schreiben ist bislang öffentlich nicht einsehbar, es ist aber Bestandteil eines digitalisierten Archivs des Zentralrats Deutscher Sinti und Roma und wird hier zitiert: Vgl. Gress, „Wir wollen Gerechtigkeit!", S. 127 Anm. 50.

„Der Verband hat sich unlängst an den Herrn Bundeskanzler gewandt und um einen Empfang gebeten. Der Herr Bundeskanzler war zunächst nicht abgeneigt, die Gruppe im Herbst zu empfangen, dieser Plan wurde jedoch aufgrund bestehender Bedenken wegen der mangelnden Vertretung aller Zigeuner von Seiten des BMJFG wieder fallengelassen."[188]

Offenbar hatte der Bundeskanzler zunächst die Absicht, die Vertreter zu treffen, handelte aber nach wiederum erfolgreicher Einflussnahme des BMJFG-Mitarbeiters Kursawe gemäß den bürokratischen Regeln. Mit seinem wenig engagierten Handeln gegenüber den Sinti und Roma blieb Brandt hinter den geweckten Erwartungen zurück. Dies überrascht vor dem Hintergrund seines weiteren vergangenheitspolitischen Vorgehens als Bundeskanzler wenig.[189]

Doch warum agierte der Ministerialbeamte Karl-Heinz Kursawe hier und in späteren Situationen so restriktiv gegen die Verbände und verteidigend im Hinblick auf die Stellung von Hermann Arnold? Kursawe wurde am 11. Februar 1925 in Recklinghausen geboren. Bis Ostern 1940 besuchte er dort die Volks- und die Oberrealschule. Mit der Versetzung seines Vaters nach Iglau (Mähren) wechselte er an die dortige Oberschule für Jungen, danach war er ab 1942 als Soldat (höchster Rang: Leutnant) im Einsatz. Nach einer schweren Verwundung im Oktober 1944 kam er zunächst bis April 1946 ins Lazarett. Die Familie musste aus der Tschechoslowakei fliehen, der Vater fand allerdings recht schnell wieder eine Verwendung als Hauptmann bei der Gendamerie. Nach der Entlassung des Sohnes Karl-Heinz Kursawe aus dem Lazarett in Peine bewarb dieser sich bei der Kreisverwaltung Recklinghausen und wurde dort 1948 als Sachbearbeiter im Sozialamt eingestellt. Im August 1956 trat er in das BMI über und wurde dort Sachbearbeiter im Referat Auslandsfürsorge und fürsorgerische Sonderaufgaben. Mit der Regierungsbildung 1969 wurde er ab November dieses Jahres zum BMJFG abgeordnet. Ab August 1971 bekam er die interne Zulassung zum höheren Dienst und machte fortan eine ganz beachtliche Karriere: 1972 wurde er Regierungsrat, 1973 Oberregierungsrat und schließlich 1976 Regierungsdirektor. Inhaltlich bekam er ab Juli 1972 die Zeichnungsberechtigung für das Sachgebiet Allgemeine Grundsatzfragen des Sozialhilferechts zugesprochen. Am 1. Oktober 1984 bat Kursawe dann um die Versetzung in den Ruhestand, welche mit dem 30. Juni 1985 vollzogen wurde.[190]

Nachdem die Kontaktaufnahme zum Bundeskanzler gescheitert war, intensivierten die Sinti-Vertreter um Romani Rose die Öffentlichkeitsarbeit. Sie organisierten für den 18. Juni 1973 eine Demonstration auf dem Heidelberger Messeplatz mit anschließendem Schweigemarsch durch die Altstadt. Anlass dafür war eine Wirthausschlägerei, in deren Folge der Sinto Anton Lehmann bei einem aus dem Ruder

---

188 Vgl. BArch, B 122/15538, Vermerk von Referat II/2 betreffend Telegramm des Verbandes der Zigeuner Westdeutschlands vom 25.5.1973 an den Herrn Bundespräsidenten vom 30.5.1973.
189 Vgl. die Darstellung der Prioritätensetzungen der neuen sozial-liberalen Koalition und der Enttäuschung besonders der sozialdemokratischen Verfolgtenorganisationen im Kapitel V.2.
190 Vgl. die Personalunterlagen in den Personalakten: BArch, Pers 101/89004–89008.

gelaufenen Polizeieinsatz durch einen Polizisten erschossen worden war. Im Gerichtsverfahren gegen die beiden Söhne des Erschossenen verteidigte Richter Blauth den Polizeieinsatz einschließlich des Schusswaffengebrauchs.[191] Dieser Vorfall und die empfundene Ungleichbehandlung in der juristischen Aufarbeitung mussten erneut wie die Reaktivierung des Bilds des „kriminellen Zigeuners" auf die Sinti gewirkt und die Proteste befeuert haben. Die vermutlich erste öffentliche Demonstration von Sinti in der Bundesrepublik brachte regionale Aufmerksamkeit.[192] Vorfälle in anderen Regionen, wie der Mord eines Bauern an einer vermeintlich stehlenden „Zigeunerin" im bayerischen Niederthann, sorgten hinsichtlich des Verhaltens der örtlichen Polizei auch bundesweit für kritische Schlagzeilen.[193]

Mit der Errichtung eines Denkmals für die im ehemaligen Konzentrationslager Auschwitz-Birkenau ermordeten Sinti und Roma im Jahr 1974 konnten die Roses einen geschichtspolitischen Erfolg verbuchen. Bereits Ende der 1960er Jahre hatte es Initiativen gegeben, ein solches Denkmal ins Werk zu setzen.[194] Doch erst die Initiative von Vinzenz Rose und der Einsatz seines privaten Vermögens ermöglichten letztlich dessen Errichtung.[195]

Rose suchte in den folgenden Jahren den Kontakt zu diversen PolitikerInnen. 1975 hielt der neue Bundespräsident Walter Scheel in der Schlosskirche der Universität Bonn eine Ansprache anlässlich des Jahrestags des Kriegsendes, in der folgender Satz fiel: „In unserem Namen geschah millionenfacher Mord, an Juden, Zigeunern, Geisteskranken, politischen Gefangenen und vielen anderen."[196] Erstmalig erwähnte ein deutsches Staatsoberhaupt die Opfergruppe der „Zigeuner", was Rose vermutlich zum Anlass nahm, sich schriftlich mehrfach an den Bundespräsidenten zu wenden. Er bat um finanzielle Förderung seines Verbands und später auch um ein persönliches Gespräch.[197] Wiederum intervenierte das BMJFG in Person von Kursawe und verhinderte ein Treffen.[198] Das BPA teilte Rose im Juli 1976 mit, dass eine Unter-

---

191 Vgl. Gress, „Wir wollen Gerechtigkeit!", S. 119.
192 Vgl. ebenda, S. 117–120. Gegenüber der Rhein-Neckar-Zeitung erklärten sie auch, dass sie in Zukunft mit der Bezeichnung „Cinti" anzusprechen seien; vgl. ebenda, S. 127 Anm. 53.
193 Der Vorfall wurde hier bereits ausführlich beschrieben: Hedemann, „Zigeuner!", S. 229–232. Der Spiegel berichtete etwa über den Fall; vgl. o. V., Schüsse am Sonntag, in: Der Spiegel, 27.11.1972. Bemerkenswerter ist der zwei Jahre später erschienene Artikel im gleichen Magazin; vgl. o. V., Einfach nicht normal, in: Der Spiegel, 22.4.1974.
194 Dies ist belegt durch die Organisationsnennung *Comité pour l'érection du Monument en mémoire des Tziganes assassinés à Auschwitz* auf dem Titelblatt der 1968 in Paris erschienenen Studie von Myriam Novitch; vgl. Novitch, Le Genocide des Tziganes sous le Regime Nazi, S. 1.
195 Vgl. Gress, „Wir wollen Gerechtigkeit!", S. 119.
196 BArch, B 122/15563, Ansprache des Bundespräsidenten anlässlich des 30. Jahrestags der Beendigung des Zweiten Weltkrieges vom 6.5.1975, Pag. 15 Rückseite (Rs.).
197 BArch, B 122/15563, Schreiben von Vinzenz Rose an BPA vom 29.8.1975, Pag. 57; vom 10.5.1975, Pag. 59.
198 BArch, B 122/15563, Schreiben von Kursawe (BMJFG) an BPA vom 7.10.1975, Pag. 52–55, bes. Pag. 55.

redung mit dem Bundespräsidenten aus Termingründen nicht jetzt, aber später möglich sei, wenn die nicht näher benannten „notwendigen Voraussetzungen" vorlägen.[199] Um seine Ziele doch noch zu erreichen, schrieb Rose an den US-Präsidenten Jimmy Carter mit der Bitte um Unterstützung – jedoch vergeblich.[200]

Ein erstes Zeichen der Wertschätzung seines Engagements war die Verleihung des Bundesverdienstkreuzes an Vinzenz Rose im Jahr 1978.[201] Bei anderen Sinti-Vertretern sorgte diese Auszeichnung jedoch für Unmut. Der Sinto Heinrich Winterstein kritisierte in einem offenen Brief an eine Sinti-Versammlung in Mannheim, dass sie „keine Präsidenten und erst recht keine Obmänner wie in der Nazizeit brauchen".[202] Aus dieser Stellungnahme spricht eine verständliche Skepsis, die aufgrund der historischen Erfahrung des empfundenen Verrats durch die „Zigeunersprecher" in der NS-Zeit immer noch wirkmächtig war.

Die schwerpunktmäßig noch regional agierenden Verbände konnten im Verlauf der 1970er Jahre somit zusammenfassend erste wichtige Teilerfolge auf dem Weg zur personellen Anerkennung erzielen. Grundsätzlich waren die Strategien der Öffentlichkeitsarbeit jedoch noch zu unbeholfen und das öffentliche Interesse zu gering, um tatsächlich Unterstützung für die Belange der Sinti und Roma zu erzeugen.

---

199 BArch, B 122/15563, Schreiben von Dr. Wemmer (BPA) an Vinzenz Rose vom 22.7.1976, Pag. 27.
200 BArch, B 122/15563, Durchschrift eines Schreibens von Vinzenz Rose an den Herrn Präsidenten der Vereinigten Staaten von Nordamerika vom 15.8.1977.
201 Gress, „Wir wollen Gerechtigkeit!", S. 120.
202 BArch, B 122/15563, Offener Brief von Heinrich Winterstein an die Versammlung im Rosengarten (Mannheim) vom 4.3.1979, Pag. 6. Zu der Rolle der „Zigeunersprecher" in der NS-Zeit vgl. die Erwähnung im Kapitel IV.1.

VI Die Anerkennung und genozidkritischer Denkstil ab 1979

1 Impulse aus der Geschichtskultur und politische Bündnisse

Die gesellschaftlichen Reformen und ein Generationswechsel in den gesellschaftlichen Eliten ließen allmählich ein öffentliches Bewusstsein für eine kritischere Auseinandersetzung mit dem Nationalsozialismus entstehen.[1] Seit 1975 lief der Majdanek-Prozess, über den häufig berichtet wurde.[2] 1978 erschütterte die „Filbinger-Affäre" die Bundesrepublik, nachdem publik wurde, dass der Ministerpräsident Baden-Württembergs, Hans Filbinger, in der NS-Zeit noch kurz vor Kriegsende mehrere Todesurteile gegen „Deserteure" ausgesprochen hatte.[3]

Der aufgeheizten gesellschaftlichen Stimmung trug der WDR Rechnung, indem er die amerikanische Serie *Holocaust* ab 1979 im Hauptprogramm der ARD auszustrahlen beabsichtigte. Aufgrund massiver Kritik an der Machart der Serie wurde ihr Sendeplatz in die dritten Programme verlegt, die man dafür am 22., 23., 25. und 26. Januar 1979 zusammenschaltete.[4]

Der Erfolg war überwältigend – über 20 Millionen Menschen in der Bundesrepublik sahen mindestens eine Folge, den WDR erreichten zehntausende emotionale, aber auch wütende Anrufe.[5] Zwei Drittel der ZuschauerInnen gaben in einer Befragung an, von der Serie erschüttert gewesen zu sein. Eine Studentin, die Anrufe entgegennahm, berichtete: „Es ist ganz schlimm. Sie wollen es sich alle endlich von der Seele reden. Viele weinen."[6] Anlass für berechtigte Kritik an der Serie waren hauptsächlich die übersteigerte Emotionalisierung und die Darstellung des Holocaust anhand zweier fiktiver Familiengeschichten.[7] Der Historiker Frank Bösch sieht dagegen rückblickend gerade in der Dramaturgie einen Vorzug. Zum ersten Mal sei es gelungen, die Täter- und Opferperspektiven zu verweben, fast alle wichtigen Orte des Massenverbrechens zu zeigen und auf die Unmittelbarkeit des Tötens hinzuweisen.[8]

Der WDR hatte in weiser Voraussicht und in Anbetracht der erwartbar kritischen gesellschaftlichen Auseinandersetzung die Landeszentrale für politische Bildung des Landes Nordrhein-Westfalen über sein Vorhaben im Vorfeld informiert. Diese produzierte speziell für Schulklassen eine kurz gehaltene Broschüre zur Serie, die eine Inhaltsangabe und Reflexion über die kontroverse Rezeption im In- und Aus-

---

1 Vgl. u. a. Conze/Weinke, Krisenhaftes Lernen, S. 87–101, hier S. 99.
2 Vgl. Hammerstein, Gemeinsame Vergangenheit, S. 160.
3 Vgl. ebenda, S. 130.
4 Vgl. ebenda, S. 153–155.
5 Vgl. Bösch, Zeitenwende 1979, S. 363.
6 Zit. nach ebenda, S. 383.
7 Vgl. Hammerstein, Gemeinsame Vergangenheit, S. 157–159.
8 Vgl. Bösch, Zeitenwende 1979, S. 368, 372.

land enthielt.⁹ Die Startauflage von 150 000 war bereits vor dem Erscheinen vergriffen.

Die „NS-Zigeunerverfolgung" kam sowohl in der Serie als auch in der Begleitbroschüre kaum zum Tragen. Die Inhaltsangabe enthielt nur den lapidaren Satz, der eine Situation aus dem Film in einem Steinbruch näher beschrieb: „Der Mord an zwei jungen Zigeunern macht deutlich, wie es hier zugeht."¹⁰ In der Serie selbst kamen die „Zigeuner" lediglich in zwei Szenen vor. Die Erste spielte im Kreis von SS-Funktionären, die einen Befehl des „Führers" erhielten:

> [Erik Dorf]: „Richtlinien für die Behandlung politischer Kommissare gemäß Führerbefehl vom 30.03.1941: 11 Kategorien von Personen in der Sowjetunion sind unserer Gerichtsbarkeit unterstellt. [...] Diese Kategorien erfassen kriminelle Elemente, Zigeuner, Vertreter des Sowjetstaates und der Partei, Agitatoren, Kommissare und alle Juden."¹¹

Die Bedeutung dieses Befehls blieb ohne einordnenden Sprecherkommentar. Etwas später bekam der Zuschauer eine andere Szene zu sehen. Der Handlungsort war der nachgestellte Steinbruch des Konzentrationslagers Buchenwald. Die Szene beginnt mit dem jüdischen Protagonisten Karl Weiss, der gemeinsam mit einem Mithäftling zwei weitere, heimlich rauchende Häftlinge beobachtet:

> [Freund von Karl]: „Guck mal unsere Zigeunerfreunde, die haben vielleicht Nerven. Ich bezweifle ob es klug ist, was sie da machen." [Karl antwortet]: „Vielleicht die bessere Art zu sterben für eine letzte Zigarette."
> [Aufseher]: „Du, mach die Zigarette aus, ihr verfluchtes Gesindel, macht sie aus, macht sie aus. Kapo schnapp sie dir." [Die beiden Häftlinge wehren den Kapo ab, rauchen weiter, der Wachmann erschießt beide.]
> [Lagerkommandant]: „Was war los?" [Aufseher]: „Sie haben versucht zu fliehen. Zwei von den Zigeunern."¹²

Die Szene skizziert die beiden Häftlinge, die als „Zigeuner" bezeichnet werden, als irrational handelnde Personen, die für den Genuss einer Zigarette ihr Leben riskieren und es letztlich verlieren. Dieses Verhalten muss fremdartig auf die Zuschauenden gewirkt haben. Im Gegensatz zur jüdischen Familie Weiss scheinen die „Zigeuner" nicht als Identifikationsfiguren vorgesehen gewesen zu sein. So wurde den Zuschauenden ein falsches Bild des Schicksals der „Zigeuner" vermittelt.

Als der WDR Anfang 1982 mit Planungen begann, die Serie im November des Jahres erneut im deutschen Fernsehen auszustrahlen – diesmal tatsächlich im Gemeinschaftsprogramm der Arbeitsgemeinschaft der öffentlich-rechtlichen Rundfunkanstalten der Bundesrepublik Deutschland (ARD) –, wurde zur Einordnung der

---

9 Vgl. van Kampen, Holocaust.
10 Ebenda, S. 9.
11 Marvin J. Chomsky, Holocaust. Die Geschichte der Familie Weiss, 415 Minuten, DVD-Box, München 2011, hier DVD 2, Minute 17.25–17.52.
12 Ebenda, Minute 23.08–23.58.

Handlung im Anschluss eine TV-Diskussion geplant. Im Bestand des DKR ist ein Protestschreiben des ZDSR vom 23. Februar 1982 erhalten geblieben, in dem Romani Rose kritisierte, dass kein Vertreter der Sinti und Roma zur Podiumsdiskussion eingeladen werden sollte, eine Teilnahme von Fernsehdirektor Heinz Werner Hübner sogar bewusst abgelehnt wurde mit dem Argument, die Zuschauer nicht vom eigentlichen Thema ablenken zu wollen.[13] Martin Stöhr, Direktor der Evangelischen Akademie Arnoldshain, und der Landesrabbiner Nathan Peter Levinson teilten Roses Kritik und wandten sich im Namen des DKR an den Intendanten des WDR:

> „[...] so sehr ist darauf hinzuweisen, daß gerade Juden und Sinti und Roma durch eine brutale Tatsache nationalsozialistischer Politik [...] verbunden sind: Es war erklärtes Ziel, diese beiden Völker restlos zu vernichten."[14]

Den Schreiben Roses und Stöhrs/Levinsons an den WDR folgten einige weitere, unter anderem von Hermann Langbein. Sein Brief im Namen des Comité International des Camps ist im Bestand jedoch nicht überliefert. Es findet sich nur die Antwort des in die Kritik geratenen Hübner an Langbein. Hübner bekräftigte darin seine ablehnende Haltung und sah sich einer „Kampagne" ausgesetzt. Grundsätzlich habe er nichts gegen eine Thematisierung im Fernsehen, nur müsse die passende Sendung erst einmal produziert werden.[15] Gegen die Beteiligung der Sinti und Roma an der geplanten Diskussionsrunde argumentierte er, „daß nach der Wiederholung des Films ‚Holocaust' innerhalb einer Woche im Gemeinschaftsprogramm zum Thema diskutiert werden soll, und dies ist nun einmal die Vernichtung der Juden durch die Nazis".[16] Er schloss seinen Brief mit den Worten:

> „Ich glaube allerdings, daß es der Sache nicht dienlich ist, wenn aufgrund eines anderen Films, in dem die Sinti – und für die Mehrzahl der Deutschen ist dieser Begriff noch immer nichtssagend, sondern es müßte Zigeuner heißen – gewissermaßen beiläufig erwähnt werden, darüber zu diskutieren [sic]."[17]

Damit war der Versuch des Zentralrats gescheitert, an der TV-Diskussion zu partizipieren und die berechtigte Frage zu stellen, welches Bild der „NS-Zigeunerverfolgung" in der Serie gezeichnet wird und wie sich dieses auf die Wahrnehmung der Sinti und Roma in der Gesellschaft auswirkte.

Festzustellen ist, dass nach dem Medienereignis Publikationen zum Nationalsozialismus einen immensen Nachfrageschub im Buchhandel erfuhren, so zum Bei-

---

13 Vgl. BArch, B 259/739, Durchschrift des Schreibens vom Zentralrat Deutscher Sinti und Roma (Romani Rose) an den Intendanten des WDR von Sell vom 23.2.1982, bes. S. 1.
14 Vgl. BArch, B 259/739, Schreiben des DKR (Martin Stöhr Akademiedirektor Arnoldshain/Dr. N. P. Levinson Landesrabbiner) an den Intendanten des WDR von Sell vom 2.3.1982, S. 1.
15 Vgl. BArch, B 259/739, Schreiben des WDR-Fernsehdirektors Heinz Werner Hübner an Comité International des Camps, Herrn Hermann Langbein (Wien) vom 10.3.1982.
16 Ebenda, S. 1.
17 Ebenda, S. 2.

spiel Kogons *SS-Staat* oder das *Tagebuch der Anne Frank*.[18] Auch die bereits seit 1957 im eher links ausgerichteten Fischer-Verlag erhältliche Dokumentensammlung Walter Hofers unter dem Titel *Dokumente 1933–1945* wurde zum Kassenschlager. 1982 in einer überarbeiteten Neuausgabe veröffentlicht, erreichte das Buch 1983 die Verkaufszahl von insgesamt einer Million Exemplaren.[19] Allerdings enthielt auch die Neubearbeitung kein Dokument, das Aufschluss über die „NS-Zigeunerverfolgung" hätte geben können. Auch wies kein Eintrag in der angehängten Zeittafel auf ein Ereignis der Verfolgung oder Vernichtung der „Zigeuner" im NS-Staat hin.[20] Durch die Serie stieg in erster Linie das Interesse an jüdischer Geschichte im Allgemeinen. Als Ergebnis einer Ringvorlesung an der Universität Freiburg erschien 1981 bei dtv der von den beiden Historikern Bernd Martin und Ernst Schulin herausgegebene Band *Die Juden als Minderheit in der Geschichte*, in dem besonders der Antisemitismus seit der Antike thematisiert wurde.

> „Die historischen Betrachtungen werden [...] zeigen, daß den Juden auch früher schon manches Unfaßliche angetan wurde, und werden die noch wichtigere Einsicht vermitteln, wieviel Minderheitenhaß potentiell in jeder Gesellschaft steckt."[21]

Mit der Publikation machten sie die ideologischen Ursprünge und Vorboten der Judenvernichtung im NS-Staat einem breiten Publikum bekannt.

Weiteres Indiz für das gestiegene gesellschaftliche Interesse an einer Auseinandersetzung mit dem Nationalsozialismus ist, dass der Geschichtswettbewerb des Bundespräsidenten 1980/81 zum Thema *Alltag im Nationalsozialismus – Vom Ende der Weimarer Republik bis zum Zweiten Weltkrieg* ausgetragen wurde. Mit der Initiierung dieses Wettbewerbs 1973 verfolgte Gustav Heinemann das Ziel, SchülerInnen zur Beschäftigung mit der Geschichte der deutschen Freiheitsbewegungen zu motivieren. Dafür gewann er den Hamburger Mäzen Kurt A. Körber, dessen Stiftung bis heute diesen Wettbewerb im Namen des Bundespräsidenten organisiert.[22] Für das kritische Thema *Alltag im Nationalsozialismus* hatten sich maßgeblich die Historiker Reinhard Rürup, Lutz Niethammer und Jürgen Reulecke auf einer Expertentagung Ende 1979 eingesetzt.[23] Die mit fast 13 000 um das Dreifache gegenüber dem Vorjahr gestiegene Anzahl der Teilnehmenden weist auf das wachsende gesellschaftliche Bedürfnis hin, sich mit dem Thema ganz persönlich und vor Ort auseinanderzuset-

---

18 Vgl. Blaschke, Die „Hand am Puls der Forschung", S. 99–115, hier S. 112.
19 Vgl. ebenda, S. 112. Der Fischer-Verlag tat sich bereits in den 1950er Jahren mit erschwinglichen Taschenbüchern zum Nationalsozialismus hervor; bereits die erste Ausgabe des Tagebuchs der Anne Frank 1955 war ein Millionenerfolg, sie wird in der Forschung aber auch teilweise kritisch hinsichtlich ihrer Auswirkungen auf die Holocaust-Historiographie gewertet; vgl. Berg, Der Holocaust und die westdeutschen Historiker, S. 323–326.
20 Vgl. Hofer, Der Nationalsozialismus.
21 Vgl. Martin/Schulin (Hrsg.), Die Juden als Minderheit in der Geschichte, S. 8.
22 Vgl. Schildt, Avantgarde der Alltagsgeschichte, S. 197 f.
23 Vgl. ebenda, S. 202.

zen.²⁴ Ein Lehrer-Begleitheft zum Wettbewerb enthielt 1980/81 zwar Anregungen zum Vorgehen und nützliche Literaturhinweise, erwähnte aber mit keinem Wort die „NS-Zigeunerverfolgung".²⁵ Dennoch befassten sich mehrere Arbeiten auch damit, unter anderem aus Köln.²⁶ Auf die Einreichung und die Rezeption des Beitrags von Alexandra Gersters soll nachfolgend eingegangen werden.

Tutor war ihr Vater Karl-Heinz Gerster, der ein Antiquariat in Aschaffenburg betrieb.²⁷ Eingereicht wurde der mehrere hundert Seiten umfassende Wettbewerbsbeitrag 1981 unter dem Titel *Alltag im Nationalsozialismus – Zigeuner*. Gerster erhielt für ihre Leistung den 3. Preis im Wettbewerb.²⁸ Die damalige Schülerin legte eine beachtliche Sammelleistung an den Tag. Durch Sichten der vorhandenen Literatur und besonders, indem sie mit zahlreichen mit dem Thema befassten Personen korrespondierte, brachte sie eine erhebliche Anzahl relevanter Informationen zusammen. Ebenfalls dokumentierte sie die Presseberichterstattung dieser Zeit. Fotos aus der Schülerarbeit fanden sogar Eingang in die deutsche Ausgabe von Kenricks und Puxons Buch *Sinti und Roma – die Vernichtung eines Volkes im NS-Staat*.²⁹

Als schließlich der Folgewettbewerb 1982/83 zum Thema *Alltag im Nationalsozialismus – Die Kriegsjahre in Deutschland* 1982/83 ausgeschrieben wurde, fand sich in dessen Begleitheft auch ein Interview mit Romani Rose unter dem Titel *Bei Sinti und Roma gibt es noch sehr viel zu tun*. Benannt wurden darin auch 22 Ansprechpartner, darunter Selbstorganisationen und Überlebende aus der Minderheit, die SchülerInnen beim Recherchieren von Verfolgungsgeschichten unterstützen würden.³⁰ Die Einbeziehung der Sinti und Roma in dieses Heft war Ausdruck der personellen Anerkennung dieser Opfergruppe.

Doch wie kam es innerhalb weniger Jahre zu diesem spürbaren Wandel in der gesellschaftlichen Wahrnehmung? Im März 1979 veranstaltete Tilman Zülch – Generalsekretär der GfbV – eine Konferenz mit dem Titel *Holocaust heißt auch die Ver-*

---

24 Vgl. ebenda, S. 201–203.
25 Vgl. Kurt A. Körber-Stiftung (Hrsg.), Schülerwettbewerb Deutsche Geschichte.
26 Die Körber-Stiftung bewahrt nur die prämierten Arbeiten auf, im Nachlass von Michael Zimmermann ist allerdings diese weitere Arbeit zu finden: Archiv FBI, Nachlass Michael Zimmermann 39, Wettbewerbsarbeit zum Schülerwettbewerb Deutsche Geschichte – „Alltag im Nationalsozialismus" 1980 der Arbeitsgruppe des Städtischen Gymnasiums Köln-Deutz mit dem Titel „Unterdrückung und Verfolgung der Zigeuner in Köln während der Zeit des Nationalsozialismus".
27 Durch die Arbeit am Schülerwettbewerb kamen die Gersters in Kontakt mit Hermann Arnold, der zunehmend Einfluss auf Vater und Tochter nahm. Eine der letzten Schriften Arnolds erschien, als sich kein ernstzunehmender Verlag mehr für Arnold finden ließ, im Antiquariat von Karl-Heinz Gerster; vgl. Arnold, Die NS-Zigeunerverfolgung. Die Korrespondenz zwischen Arnold und den Gersters ist u. a. hier zu finden: BArch, ZSG 142/54.
28 Im Archiv der Körber-Stiftung ist ein 30 Seiten umfassender Auszug des Wettbewerbsbeitrags erhalten geblieben; vgl. Körber Archiv GW 1980–1187 Alexandra Gerster, Alltag im Nationalsozialismus – Zigeuner (ohne Paginierung).
29 Vgl. Kenrick/Puxon, Sinti und Roma, S. 5.
30 Vgl. Kurt A. Körber-Stiftung (Hrsg.), Nicht irgendwo, sondern hier bei uns, S. 87–96, bes. S. 96.

nichtung von einer halben Million Zigeuner im Dritten Reich. Es standen Berichte von „Zigeunern" über KZ-Haft auf dem Programm und zur Untermalung wurde der Auftritt einer „Swinggruppe" angekündigt.[31] Auf der Konferenz kritisierte Zülch, die Serie *Holocaust* habe unerwähnt gelassen, dass auch noch eine andere Gruppe aus „rassischen" Gründen verfolgt und vernichtet worden sei.[32]

Die von der GfbV-Regionalgruppe Frankfurt organisierte Veranstaltung mit Romani Rose vom VdS wurde unter anderem von der Arbeitsgemeinschaft der Jungsozialisten in der SPD (Jusos), dem Allgemeinen Studierenden Ausschuss (AStA) der Universität Frankfurt, von Amnesty International, der Naturfreundejugend, der Katholischen sowie der Evangelischen Studierendengemeinde, der Gesellschaft für Christlich-Jüdische Zusammenarbeit und einigen weiteren Partnern aus dem Frankfurter Raum unterstützt. Das breite – eher linksgerichtete – Netzwerk an gesellschaftlichen Partnern bei dieser Veranstaltung ist als exemplarisch für die Arbeit der GfbV zu bewerten, die bei allen Veranstaltungen, gerade jenen, in denen es um die Unterstützung für Sinti und Roma ging, auf ein breites, transnationales Netzwerk setzte.

Die besagte Veranstaltung in Frankfurt markierte eine der ersten Aktivitäten, welche die GfbV für und mit dem VdS um Romani Rose ins Werk setzte. Und hier tauchte bereits die Symbolzahl der 500 000 Opfer auf, die Zülch erwähnte.[33] Doch wer war Tilman Zülch und welche Ziele verfolgte die Gesellschaft für bedrohte Völker?

Der 1939 im Sudetenland geborene Tilman Zülch musste 1945 mit seiner Familie aus seiner Heimat fliehen, dies prägte ihn und sein politisches Engagement für „gefährdete" oder „vertriebene" Völker in aller Welt.[34] Aus der seit 1967/68 bestehenden Hamburger „Aktion Biafra-Hilfe" gründete Zülch 1970 die Gesellschaft für bedrohte Völker, um international gegen die Unterdrückung von Minderheiten und gegen genozidale Konfliktlagen anzukämpfen.[35] Wie das frühe Aktionsbeispiel um den Bürgerkrieg in Biafra/Nigeria aber zeigte, waren diese Konfliktlagen nur selten in ein einfaches Opfer-Täter-Raster einzuteilen.[36] Zülch baute die GfbV in den zehn Jahren nach ihrer Gründung zu einer einflussreichen Organisation mit Dutzenden Ortsgrup-

---

31 Vgl. Gesellschaft für bedrohte Völker, Flugblatt zur Veranstaltungsankündigung, S. 77.
32 Vgl. Margalit, Die Nachkriegsdeutschen und „ihre Zigeuner", S. 230 f.
33 Vgl. Gesellschaft für bedrohte Völker, Flugblatt zur Veranstaltungsankündigung.
34 Vgl. die stellenweise kritischen Einlassungen bei Margalit, Die Nachkriegsdeutschen und „ihre Zigeuner", S. 231 f. Eine würdigende aber auch kritische biographische Bilanz seines Lebens liegt bislang nicht vor.
35 Vgl. Heerten, A wie Auschwitz, B wie Biafra, S. 394–413, hier bes. S. 411. Für weitere Beispiele der weltweit orientierten Aktivitäten, etwa für „Indianer", der GfbV vgl. Zülch (Hrsg.), Von denen keiner spricht. An diesem Buch zeigten sich bereits die guten Kontakte Zülchs zu Rowohlt, den Verlag ordnete Blaschke eher als konservativen Tendenzverlag ein, auch wenn er konstatiert, dass dahinter keine Haltung zu erkennen war; vgl. Blaschke, Verleger machen Geschichte, S. 334.
36 Vgl. Heerten, A wie Auschwitz, B wie Biafra, S. 413.

pen und der auflagenstarken Mitgliederzeitung *Pogrom* auf.[37] Die spezifische Aufmachung der Artikel bestand aus Collagen mit großen Bildern, zugespitzten Texten und Auszügen aus behördlichem Schriftverkehr oder gegenwärtigen sowie historischen Gesetzestexten. Diese Publikationsstrategie übernahm später auch der VdS.

Wie aber sah die politische Strategie der GfbV aus? Sie sammelte einen hochkarätig besetzten Förderkreis um sich, der sowohl aus nationalen wie auch aus internationalen Intellektuellen und WissenschaftlerInnen bestand und aktivierte diesen, wenn auf einen Missstand hingewiesen werden sollte. Aus Deutschland gehörte diesem Kreis neben dem bekannten jüdischen Philosophen Ernst Tugendhat[38] auch die bekannte Schriftstellerin Luise Rinser[39] an, die sich spätestens ab 1978 auch für die Sinti engagierte. Darüber hinaus unterhielt die GfbV gute Kontakte zu PolitikerInnen und Intellektuellen, zum Beispiel zu Simon Wiesenthal.[40] Außerdem verfügte die Organisation über politisch erfahrene Mitarbeiter, wie Alexander Sternberg. Ihm gelang es mit einem besonders taktvollem Telefonanruf in bestem Französisch, die Präsidentin des Europaparlaments Simone Veil, die selbst im Konzentrationslager Bergen-Belsen inhaftiert gewesen war, zu überzeugen, eine Ansprache bei einer geplanten Gedenkveranstaltung in Bergen-Belsen zu halten.[41]

Noch vor besagter Gedenkkundgebung in Bergen-Belsen publizierte Rowohlt den paradigmatischen und von Zülch herausgegebenen Band *In Auschwitz vergast, bis heute verfolgt*.[42] In dem Buch erschien neben den Texten namhafter AutorInnen wie Hermann Langbein, Selma Steinmetz und Jercy Ficowski auch ein Beitrag eines der führenden Vertreter der Tsiganologie, Bernhard Streck.[43] Inhaltlich verband Zülch die historische Aufarbeitung der „NS-Zigeunerverfolgung", der seinen Angaben nach 500 000 Menschen zum Opfer fielen, mit einer Kritik an der aktuellen Situation der Roma in Europa.[44] Der Erfolg dieses Titels überstieg den der bisher zum Thema erschienenen Bücher bei Weitem – bis 1983 wurden circa 21 000 Exemplare produziert.

Eine weitere Stärke der GfbV war perfektes Timing. Durch ihre guten Pressekontakte erschien kurz vor der Gedenkveranstaltung in Bergen-Belsen ein Artikel im

---

37 Vgl. die Auflagenhöhe von 6500 Exemplaren: Gesellschaft für bedrohte Völker, Impressum, S. 2.
38 Tugendhat schrieb in dem von Zülch herausgegebenen Buch *In Auschwitz vergast, bis heute verfolgt* das Vorwort; vgl. Tugendhat, Vorwort, S. 9–11.
39 Vgl. Rinser, Wer wirft den ersten Stein?, S. 9, 12. Erst nach ihrem Tod 2002 wurde durch einen Artikel im Spiegel publik, dass Rinser ihren eigenen Lebenslauf auf die NS-Zeit bezogen manipuliert hatte; vgl. Kleeberg, Lebensläufe. Luise Rinsers Vergesslichkeit. Wie sich die prominente Nachkriegsautorin zur Widerständlerin stilisierte, in: Der Spiegel, 10.1.2011.
40 Vgl. Pick, Simon Wiesenthal, S. 368.
41 Vgl. Geismar, Ein Leben für Kurdistan, S. 88 f., hier S. 88.
42 Vgl. Zülch (Hrsg.), In Auschwitz vergast, bis heute verfolgt.
43 Vgl. Streck, Die „Bekämpfung des Zigeunerunwesens", S. 64–87, hier bes. S. 87. Streck betonte hierin die „rassische" Motivation der „NS-Zigeunerverfolgung", später vollzog er in dieser Frage eine Kehrtwende und geriet deshalb in Konflikt mit dem ZDSR.
44 Vgl. Zülch, Auschwitz ist noch nicht zu Ende, S. 12–24, hier S. 12.

Spiegel, der zentrale Thesen des Buches wiedergab, darunter abermals die Opferzahl von 500 000.⁴⁵

Am 27. Oktober 1979 fand schließlich die Kundgebung in Bergen-Belsen statt. Sie wurde im Vorfeld bundesweit mit Ankündigungsplakaten und Anzeigen beworben. Kirchliche, staatliche und zivilgesellschaftliche AkteurInnen hielten dort Reden vor circa 2000 TeilnehmerInnen.⁴⁶ Für die Bundesregierung sprach der parlamentarische Staatssekretär des Bundesministeriums für Bildung und Wissenschaft (BMBW) Björn Engholm. Er sagte Hilfen der Bundesregierung zu, ohne jedoch konkret zu werden.⁴⁷ Über die Kundgebung in Bergen-Belsen wurde in diversen Medienformaten umfangreich und weitgehend positiv berichtet.⁴⁸ Die Kosten für die Veranstaltung bezifferte die GfbV in einem Schreiben an das BMJFG mit 58 000 DM. Anträge auf Kostenübernahme wurden jedoch sowohl von diesem Ministerium als auch dem BMI mit der Begründung abgelehnt, es stünden keine passenden Haushaltstitel zur Verfügung.⁴⁹

Nach der Kundgebung in Bergen-Belsen war die GfbV darauf bedacht, dass die Bedeutung dieser Versammlung nicht in Vergessenheit geriet. Deshalb legte die *Pogrom*-Redaktion ein Sonderheft auf – gedruckt in zwei Auflagen zu insgesamt 20 000 Stück – mit dem Titel *Sinti und Roma im ehemaligen KZ Bergen-Belsen am 27. Oktober 1979*.⁵⁰ Interessant zu beobachten ist bei dieser und anderen Publikationen die penible Nennung der HerausgeberInnen, der GfbV und des VdS. Dies verdeutlicht den Anspruch auf Augenhöhe bei den Vorbereitungen für die Kundgebung, dem in vielen organisatorischen Fragen auch genügt wurde.⁵¹ Ebenfalls von Interesse ist die angehängte Literaturliste in der Veröffentlichung zur Kundgebung, aus der hervorgeht, dass auf Publikationen von Arnold oder Sobeck verzichtet wurde. Darüber hinaus wurden die aufgeführten Titel mit einem Sternchen qualifiziert, wenn man sie der Leserschaft empfehlen wollte. Ausgezeichnet wurden unter anderem die Schrif-

---

45 o. V., Bei Hitler waren wir wenigstens Deutsche, in: Der Spiegel, 22.10.1979.
46 Die Veranstaltung wurde bereits analysiert und eingeschätzt, sodass hier nur wichtige Details benannt werden, etwa die Organisationen, die zur Kundgebung aufrufen, dies waren: die Bunte Liste Hamburg, die Arbeitsgruppe Sozialistisches Büro, der DKR, Aktion Sühnezeichen, Deutsche Jungdemokraten, die Freie Jüdische Stimme, die Humanistische Union, die Liga für Menschenrechte, terre des hommes, der Internationale Versöhnungsbund (IV) und weitere Organisationen. Vgl. Seybold/Staats, Dokumentation, S. 156–166, hier S. 157–159.
47 Vgl. ebenda, S. 160.
48 Vgl. Seybold/Staats, Dokumentation, S. 161.
49 Vgl. BArch, B 106/94701, Schreiben der GfbV mit Kalkulation der Kundgebung in Bergen-Belsen an BMJFG-Ministerin Huber vom 21.12.1979, Pag. 229 f.; Antwortschreiben vom BMI (Dr. Geißler) an GfbV vom 14.2.1980, Pag. 232; Antwortschreiben vom BMJFG an GfbV vom 23.1.1980, Pag. 228.
50 Vgl. Gesellschaft für bedrohte Völker/Verband deutscher Sinti (Hrsg.), Sinti und Roma im ehemaligen KZ Bergen-Belsen.
51 Vgl. AGfbV, Sammlung Katrin Reemtsma, Brief von Roland Eppler (GfbV) an Romani Rose vom 10.9.1979.

ten Hohmanns, Novitchs, Steinmetz' und Zülchs.⁵² Handelt es sich hierbei um wohlmeinende Literaturratschläge oder doch um einen sehr nachdrücklichen Versuch, den zukünftigen Diskurs über die „NS-Zigeunerverfolgung" zu steuern?

Ihren Einfluss auf die gesellschaftliche Wahrnehmung der „NS-Zigeunerverfolgung" baute die GfbV aus, indem sie in einer Sonderveröffentlichung der Landeszentrale für politische Bildung Niedersachsen drei pointierte Kurzessays von Kenrick, Puxon und Zülch platzierte; dieser Sonderdruck enthielt im Anhang darüber hinaus die Forderungen der Selbstorganisationen an die Bundesregierung.⁵³ Und auch hier ist im Beitrag von Zülch die Zahl der 500 000 Todesopfer ohne Quelle genannt. Durch den offiziellen Charakter der Publikation verfestigte sich diese Zahl im Diskurs.

Die GfbV suchte im Mai 1979 den Kontakt zu den Gesellschaften für Christlich-Jüdische Zusammenarbeit,⁵⁴ die sich im DKR zusammengeschlossen hatten, und bat mit folgender Begründung um finanzielle Unterstützung bei der Übersetzung und Herausgabe der Studie Kenricks und Puxons in deutscher Sprache:

> „Das Standardwerk über die Vernichtung von 500 000 Zigeunern ist leider nicht von einem deutschen Autor verfaßt worden, sondern in England erschienen und wurde bereits ins Französische, Italienische und jetzt auch ins Romani übersetzt."⁵⁵

In einem zweiten Brief des Vorstands der GfbV an Wolfgang Zink, den Generalsekretär des DKR, bedankte man sich für die mündlich erteilte Zusage, dass sich der DKR an den Kosten für die Herausgabe beteiligen werde, nebenbei wurden noch Einzelheiten zu den Produktionskosten (38 000 DM für 6000 Exemplare) mitgeteilt.⁵⁶ Das Buch erschien 1981 wiederum in der Reihe Pogrom.⁵⁷ Der Titel erschien im Eigenverlag, weil er möglichst günstig in der engagierten Community verbreitet werden sollte und sich bei der Akquise nur mittelgroße Verlage bereit erklärt hätten, das Buch zu veröffentlichen, allerdings zu einem zu hohen Preis.⁵⁸

Das Buch wies noch mehr Mängel und Ungenauigkeiten auf als das Original, neben fehlerhaften Rückübersetzungen und daraus resultierenden unpräzisen Termini

---

52 Vgl. Gesellschaft für bedrohte Völker/Verband deutscher Sinti (Hrsg.), Sinti und Roma im ehemaligen KZ Bergen-Belsen, S. 176–181.
53 Vgl. Kenrick/Puxon/Zülch, Die Zigeuner, bes. S. 125–128.
54 Es ist nicht klar, wann das Engagement der bundesweiten Vereinigung für die Sinti und Roma begann. Es scheint jedoch – wahrscheinlich regional unterschiedlich – sehr weit zurückzureichen, bedenkt man die Rolle Franz Böhms bei der Gründung der Gesellschaften und seine Bitte 1958 an die Teilorganisation in München, sich der Minderheit anzunehmen; vgl. die Darstellung von Böhms Aktivitäten in Kapitel III.3.
55 Vgl. BArch, B 259/739, Schreiben des Vorstandsmitglieds Elfriede Hansen (GfbV) an die Gesellschaft für Christlich-Jüdische Zusammenarbeit vom 14.5.1979.
56 Vgl. BArch, B 259/739, Schreiben des Vorstands der GfbV an DKR (Wolfgang Zink) vom 12.6.1979.
57 Vgl. Kenrick/Puxon, Sinti und Roma, S. 4.
58 Vgl. BArch, B 259/739, Schreiben des Vorstands der GfbV an DKR (Wolfgang Zink) vom 12.6.1979.

war der Druck eine Katastrophe.[59] Der englische Titel wurde von *Destiny of Europe's Gypsies* kurzerhand in *Sinti und Roma. Die Vernichtung eines Volkes im NS-Staat* übersetzt, was eine deutliche Akzentverschiebung bedeutete. Zülch kritisierte in seinem Vorwort die deutschen Historiker: „Die dreieinhalb Jahrzehnte ausgebliebene Vergangenheitsbewältigung gegenüber der Zigeunervernichtung im Dritten Reich wurde auch durch das Versagen der deutschen Geschichtswissenschaft in dieser Frage möglich."[60] Während seine Kritik hier durchaus berechtigt erscheint, muss seine Behauptung, Literatur zur Judenverfolgung fülle im Gegensatz dazu „ganze Bibliotheken", als unrichtig benannt werden. Er schürte mit dieser Aussage unnötig Opferkonkurrenzen.[61] Auf dem Vorsatzblatt des Buches wurde auf die Diskrepanz zwischen den Opferschätzungen hingewiesen:

> „Im Dritten Reich wurden hunderttausende Sinti und Roma ermordet. Die meisten in- und ausländischen Autoren schätzen heute die Zahl dieser Opfer auf eine halbe Million. In dem vorliegenden Werk geben Kenrick und Puxon als gesicherte Zahl 219.700 Opfer der NS-Rassenpolitik gegenüber Sinti und Roma an, ohne damit eine wesentlich höhere Zahl in Abrede stellen zu wollen."[62]

Auch auf dem 1981 stattfindenden dritten Roma-Weltkongress in Göttingen, dem letzten, an dem nahezu alle Verbände Europas teilnahmen und bei dem Romani Rose zum stellvertretenden Vorsitzenden der IRU gewählt wurde, fand die Opferzahl von 500 000 prominent Erwähnung.[63] So sagte Heinz Galinski, Vorsitzender der Jüdischen Gemeinde zu Berlin im Rahmen seiner Rede auf der Konferenz: „Was den Roma wie den Juden der Nationalsozialismus zugedacht hatte, war die Ausrottung, war der Völkermord [...] sechs Millionen Juden und eine halbe Million Roma sind ihm zum Opfer gefallen."[64] Er stellte sich mit dieser Äußerung zunächst hinter die Position des VdS und der GfbV. Jahre später – dann in Funktion als Vorsitzender des Zentralrats der Juden – vertrat er jedoch eine andere Position.[65]

Galinskis Rede war Teil einer am Rande des Kongresses stattfindenden Kurzkonferenz zur Vorbereitung auf eine größere Tagung über den „Holocaust an Sinti und Roma". Neben einigen WissenschaftlerInnen, die Referate hielten – darunter Novitch, Kenrick und Hohmann –, waren alle 300 Delegierten des „Weltkongresses" eingeladen und darüber hinaus zahlreiche Personen des öffentlichen Lebens.[66] Auf

---

59 Vgl. Zimmermann, Rassenutopie und Genozid, S. 388 f. Anm. 61.
60 Gesellschaft für bedrohte Völker, Vorwort, S. 7–10, hier S. 8.
61 Vgl. ebenda, S. 8.
62 Ebenda, Kenrick/Puxon, Sinti und Roma, S. 2.
63 Vgl. Acton/Klímová, The International Romani Union, S. 157–219, hier S. 160 f.
64 Vgl. Galinski, Rede auf der ersten vorbereitenden Konferenz, S. 17 f., hier S. 17.
65 Vgl. Kraft, In trennendem Gedenken, in: Die Zeit, 24.7.1992.
66 Vgl. BArch, B 259/739, Tagesordnung und Einladungsliste zur ersten vorbereitenden Konferenz zu einem internationalen Kongreß über den Holocaust an Sinti und Roma im Dritten Reich am 20.5.1981.

der Konferenz sprach auch Simon Wiesenthal und forderte eindringlich eine stärkere Beschäftigung mit der „NS-Zigeunerverfolgung".[67] Das im Archiv der GfbV erhalten gebliebene Redemanuskript enthält spontan vor dem Vortrag vorgenommene, bedeutungsvolle Änderungen, die handschriftlich vermutlich von Wiesenthal selbst eingefügt wurden. Der Begriff „Zigeuner" wurde so durch den Begriff „Roma" ersetzt.[68] Die Achtung der Benennungsfrage war einerseits Ausdruck von Respekt, andererseits zeigen die kurzfristigen Korrekturen aber auch, wie wenig bekannt diese Begriffe selbst unter Fachleuten 1981 noch waren.

Gleichzeitig war die Zusammenkunft in Göttingen ein wichtiges Forum für Menschen, die sich für die Sinti und Roma engagieren wollten. Beispielhaft sei dafür der polnische Regisseur Alexander Ramati genannt, der auf Einladung von Grattan Puxon in Göttingen teilnahm. Er traf in seiner Unterkunft auf den Überlebenden des Konzentrationslagers Auschwitz Roman Mirga, der ihm seine Geschichte erzählte und ihn bat, diese zu veröffentlichen.[69] Ramati schrieb ein Buch und produzierte einen Film.[70]

Neben den Aktivitäten der GfbV waren jedoch auch direkte Kontakte der Verbände der Sinti und Roma zu den etablierten politischen Parteien der Bundesrepublik von großer Relevanz für deren personelle Anerkennung. Deshalb sollen diese nun beleuchtet werden, besonders hinsichtlich der Frage, inwiefern die Parteien die Anliegen des VdS und der GfbV unterstützten. Die wenigsten Hinweise auf ausgeprägte Kontakte finden sich in den Archivbeständen der CDU/CSU.[71] Im Bestand des BPA ist jedoch ein Beschwerdebrief erhalten geblieben, den Romani Rose 1980 an die Geschäftsleitung der CDU schrieb. Darin kritisierte er, dass sich laut einer Pressemeldung CDU-Vertreter mit Minderheitenangehörigen getroffen hätten, ohne dass der VdS eingeladen worden wäre.[72] Kann hieraus ein ablehnendes Verhalten der CDU gegenüber dem VdS abgeleitet werden? Aufgrund des fehlenden Kontextes bleibt die Tragweite dieses Vorgangs unklar. Angesichts des Hungerstreiks in Dachau 1980[73] und der fortgesetzten Proteste des VdS gegen den bayerischen Innenminis-

---

67 Vgl. Pick, Simon Wiesenthal, S. 371.
68 Vgl. AGfbV, Sammlung Katrin Reemtsma, Abschrift des Redemanuskripts von Simon Wiesenthal zum „Zigeunerkongress" ROMA III, Mai 1981 Göttingen, handschriftliche Ersetzungen im Text enthalten.
69 Vgl. Ramati, Als die Geigen verstummten, S. 7–9.
70 Vgl. zur Bedeutung des Films die Darstellung im Kapitel VI.4.
71 Hierbei muss allerdings ein Quellenvorbehalt konstatiert werden; vgl. die Ausführungen im Kapitel I.4.
72 Vgl. BArch, B 122/23799, Schreiben von VdS (Romani Rose) an die Geschäftsleitung der CDU, Büro Dr. Kohl, vom 28.6.1980.
73 Der Hungerstreik zu Ostern 1980 im KZ Dachau, an dem 13 Sinti teilnahmen, der wiederum zu einem europaweiten Medienecho führte, wandte sich besonders gegen die Tätigkeiten der ehemaligen „Landfahrerzentrale" in München. Die Sinti wollten vom Innenminister eine Auskunft darüber, wo die Akten dieser Institution nach deren Auflösung verblieben seien; vgl. Margalit, Die Nachkriegsdeutschen und „ihre Zigeuner", S. 249 f.; Gress, Protest und Erinnerung, S. 197–203.

ter Tandler[74] war die Basis für Gesprächskontakte zwischen CDU/CSU und VdS offenkundig nicht groß. Tandler lehnte im April 1981 einen Unterredungswunsch des VdS ab, weil „die Basis für ein vertrauensvolles, persönliches Gespräch" nicht gegeben sei.[75] Auch die Ablehnung der Einrichtung eines Kulturzentrums für Sinti und Roma durch die CSU-Stadtratsmehrheit und den CSU-Oberbürgermeister von Dachau zeugten bereits im Juni 1980 von einer distanzierten, gar ablehnenden Haltung der Minderheit gegenüber.[76] Einzelfälle des Engagements, wie bei Heiner Geißler biographisch erklärbar, stellen eine Ausnahme dar.[77]

Innerhalb der SPD-Bundestagsfraktion gab es dagegen ein ausgeprägtes Netzwerk an UnterstützerInnen, deren Schlüsselfigur der Abgeordnete Klaus Thüsing war, daneben die Abgeordneten Heide Simonis, Norbert Gansel, Manfred Coppik und Horst Jungmann.[78] Nach der gewonnenen Bundestagswahl zeigte sich daher auch Romani Rose gegenüber Thüsing „sehr froh", dass die SPD in der Regierung bleiben würde.[79] Thüsing war nach der Übergabe des Forderungskatalogs an die Bundesregierung der Protagonist einer „ad hoc-Arbeitsgruppe", welche die Forderungen der Sinti und Roma für die Bundestagsfraktion bewerten sollte.[80] Der Begriff „ad hoc" lässt jedoch darauf schließen, dass auch die sozialdemokratischen Abgeordneten bislang kaum mit den Fragen vertraut waren, die von den Sinti und Roma aufgeworfen wurden.

Vor Beratungsaufnahme ließ der Fraktionsvorsitzende Herbert Wehner Thüsing wissen, dass Schritt für Schritt alles getan werden sollte, was möglich zu machen

---

74 Nach dem Hungerstreik setzte die SPD-Landtagsfraktion im Bayerischen Landtag das Thema auf die Tagesordnung, in der Plenardebatte wurde das ablehnende Verhältnis der sich äußernden CSU-Landtagsmitglieder zur Minderheit überdeutlich; vgl. Margalit, Die Nachkriegsdeutschen und „ihre Zigeuner", S. 252–254.
75 AZDSR, Sammlung Tandler, Schreiben des Bayerischen Staatsministers des Innern Tandler an VdS, Vorstandsvorsitzenden Romani Rose, vom 29.4.1981.
76 AZDSR, Sammlung Presse 1980, Schreiben des Oberbürgermeisters der Stadt Dachau Dr. Reitlinger an VdS vom 11.6.1980.
77 Vgl. Geißler, Das nicht gehaltene Wort, S. 269–271; in seiner biographischen Erinnerung ging Geißler im Kapitel über seine Kinderfreundschaft mit einem Sinto-Jungen hart mit der CDU ins Gericht, sie hätte sich zu oft den Vorurteilen der Gesellschaft angeschlossen. Zur Erzählung über die besondere Freundschaft vgl. Sattig, Das Zigeunerlager Ravensburg Ummenwinkel, S. 75 f.
78 Die acht Abgeordneten hatten das Memorandum an die Bundesregierung mitunterzeichnet. Ihr Kenntnisstand wies jedoch beträchtliche Defizite auf, wie ein Brief aus dem Dokumentationsarchiv des deutschen Widerstandes (DdW) an Thüsing offenbart. Dem Abgeordneten wurden auf vorherigen fernmündlichen Wunsch hin einige Schriften zum Thema empfohlen, darunter Mode, Steinmetz, aber auch Döring; vgl. AdsD, Bestand Klaus Thüsing, 1/KTAA 152, Schreiben von Dr. Barbara Mausbach Bromberger (DdW) an Herrn Klaus Thüsing (MdB) vom 1.10.1979.
79 Vgl. AdsD, Bestand Klaus Thüsing, 1/KTAA 152, Schreiben von VdS (Romani Rose) an Klaus Thüsing MdB vom 6.10.1980.
80 Vgl. BArch, B 138/75003, Protokoll der konstituierenden Sitzung der Bund-Länder-Arbeitsgruppe „Sinti und verwandte Gruppen in der Bundesrepublik Deutschland" vom 23.5.1980. Die genauen Forderungen werden in Kapitel VI.2 vorgestellt.

sei.⁸¹ In einem Schreiben von Horst Jaunich, dem Koordinator der Arbeitsgruppe, an Romani Rose wurde betont:

„Ich möchte besonders herausstreichen, daß auch für unsere Arbeitsgruppe das schwere den Sinti zugefügte Unrecht durch den Nationalsozialismus aus rassischen Gründen ein Ausgangspunkt für die Verpflichtung auch von Sozialdemokraten zur Hilfestellung für diese Personengruppe bedeutete."⁸²

Innerhalb der Freien Demokratischen Partei (FDP) gab es engagierte Einzelabgeordnete, wie Helga Schuchardt und Hildegard Hamm-Brücher, die als Staatsministerin im AA beim Bundesinnenminister Gerhart Baum dafür warb, die Belange der Sinti und Roma zu unterstützen.⁸³ Dieser erklärte sich bald darauf im Schriftverkehr mit der Cinti-Union Deutschland (CUD) – die mit dem VdS zusammenarbeitete – bereit, die Forderungen der Verbände zu unterstützen, wo es möglich sei.⁸⁴ Vom Parteipräsidium, der FDP-Bundestagsfraktion und der bayerischen FDP-Landtagsfraktion kamen während des Hungerstreiks in Dachau mehrere Unterstützungsschreiben.⁸⁵

Nicht zuletzt dank seiner guten politischen Netzwerkarbeit konnte es der VdS bereits ab 1980 erreichen, vom Hessischen Sozialministerium eine staatliche Förderung für die Verbandsarbeit zu erhalten.⁸⁶ Zur weiteren Vernetzung trug im Februar 1980 auch eine Veranstaltung der FNS gemeinsam mit dem *Verein zur Durchsetzung der Rechte der Zigeuner in der Stadtgemeinde Bremen* bei. Im Rahmen dieses Seminars konnten sich Verbände und Akteure der „Zigeunerhilfe" austauschen, dokumentiert wurde es von engagierten Dozierenden und Studierenden des Fachs Sozialwesen der Universität Bremen.⁸⁷ Diese gründeten ebenfalls 1980 das Projekt *Sinti in der Bundesrepublik*, das sich an der linken Hochschule – einer Neugründung aus dem Jahr 1971 mit reformorientiertem Projektstudium – schnell etablierte.⁸⁸ Als Projektziel wurde rückwirkend reflektiert: „Wir sahen es deshalb als eine wichtige Auf-

---

81 Vgl. AdsD, Bestand Klaus Thüsing, 1/KTAA 152, Schreiben des Fraktionsvorsitzenden Herbert Wehner an Klaus Thüsing MdB vom 7.5.1980.
82 AdsD, Bestand Klaus Thüsing, 1/KTAA 152, Kopie des Schreibens von Horst Jaunich (MdB) an Verband Deutscher Sinti vom 24.6.1980.
83 Vgl. BArch, B 106/94701, Schreiben von Hildegard Hamm-Brücher an Gerhart Baum vom 7.9.1979, Pag. 158.
84 Vgl. BArch, B 106/94701, Schreiben von Gerhart Baum (BMI) an CUD vom 26.3.1980, Pag. 235f.
85 Vgl. AdL, Bestand Wolfgang Mischnick, A38-445, Schreiben von Wolfgang Mischnick an den Bundesvorsitzenden der CUD (Oskar Birkenfelder) vom 18.4.1980; Ulrich Völklein, Was damals Rechtens war …, in: Die Zeit, 18.4.1980.
86 Vgl. BArch, B 122/23799, Schreiben von VdS (Romani Rose) an Bundespräsident Karl Carstens vom 15.9.1980.
87 Vgl. Landesbüro der Friedrich-Naumann-Stiftung Bremen (Hrsg.), Sinti in der Bundesrepublik.
88 Vgl. Gräfing, Tradition Reform, S. 67, 125, 201f.; Lang, Ein Studienprojekt der Universität Bremen, S. 4–9.

gabe an, eine breitere Öffentlichkeit über die Probleme der Sinti zu informieren und legten einen Schwerpunkt unseres Projektes auf Informationsarbeit."[89]

Die daraus entstandene Pressedokumentation wurde in drei Bänden publiziert und deckte den Zeitraum zwischen der Kundgebung in Bergen-Belsen und dem dritten „Roma-Weltkongress" 1981 in Göttingen ab. Die Auflage betrug anfangs allerdings nur 150 Exemplare.[90] Neben der Herausgabe dieser kritischen Pressedokumentation leistete das Projekt auch praktische Hilfen in einem Bremer Alphabetisierungsprogramm.[91] Aber die WissenschaftlerInnen bezogen auch politisch Stellung – sie stellten dem ersten Band der Pressedokumentation eine Erklärung voran, hinter den Forderungen der Hungerstreikenden in Dachau zu stehen.[92] Das Projekt dokumentiert somit eine neue Form der Zusammenarbeit zwischen Wissenschaft und Minderheit.

Auch JournalistInnen und FotografInnen begannen ihre veralteten Denkmuster in Frage zu stellen, in der Folge wurde die Berichterstattung empathischer hinsichtlich der Berücksichtigung der Belange der Minderheit. Man baute zahlreiche freundschaftliche Kontakte zu VertreterInnen der Sinti und Roma auf, solidarisierte sich mit deren politischen Forderungen, was auch mit Buchprojekten zur Aufzeichnung von Erzählungen der Überlebenden einherging.[93] Der Band *Zigeuner heute* von Anita Geigges und Bernhard Wette blickte sehr kritisch auf die Behandlung der „Zigeuner" in der Bundesrepublik – die Veröffentlichung von Familienfotos aus dem Privatbesitz verschiedener Sinti ermöglichte einen anderen, respektvolleren Bilddiskurs.[94] Von besonderem Interesse ist auch das darin von Geigges/Wette abgedruckte Interview mit dem BMJFG-Mitarbeiter Kursawe. Ohne um seine hoch problematische Rolle im Anerkennungsprozess zu wissen, stellten sie ihm sehr kritische Fragen zu den bisherigen Aktivitäten des BMJFG.[95] Ein weiterer Wandel hinsichtlich des Bilddiskurses ist in dem von Jörg Boström und anderen herausgegebenen *Buch der Sinti* zu sehen, weil die Persönlichkeitsrechte der Aufgenommenen geachtet und auf eine respektvolle Darstellung Wert gelegt wurde.[96]

---

89 Lang, Ein Studienprojekt der Universität Bremen, S. 6.
90 Vgl. Bauer/Bura/Lang (Hrsg.), Der Hungerstreik der Sinti in Dachau; dies. (Hrsg.), Sinti und Roma; dies. (Hrsg.), Roma-Weltkongreß und Sinti-Alltag.
91 Vgl. Lang, Ein Studienprojekt der Universität Bremen, S. 5.
92 Vgl. Bauer/Bura/Lang (Hrsg.), Der Hungerstreik der Sinti in Dachau, S. 1.
93 Vgl. etwa Krausnick (Hrsg.), „Da wollten wir frei sein!"; ders., Die Zigeuner sind da.
94 Vgl. Geigges/Wette, Zigeuner heute; zur Würdigung vgl. Reuter, Der Bann des Fremden, S. 464 f.
95 Vgl. Geigges/Wette, Zigeuner heute, S. 190–196.
96 Vgl. Boström (Hrsg.), Das Buch der Sinti. Zur Würdigung vgl. Reuter, Der Bann des Fremden, S. 465 f.

Das 1981 veröffentlichte Buch *Zigeuner – Das verachtete Volk* des *Zeit*-Journalisten und studierten Historikers Ulrich Völklein war reich illustriert, teilweise mit klassischen „Zigeunerbildern", aber auch mit sehr persönlichen Fotos.[97] Es besaß keine Belegstruktur, dafür aber am Ende des Buches eine Liste mit Literaturhinweisen, welche die Titel von Arnold, Döring, Jochimsen und sogar Grellmann[98] enthielt. Gleich in Anzahl und Gewichtung wurde aber auch Literatur von Zülch, Puxon und Acton genannt. Diesen folgte der Autor in der Argumentation, das Kapitel zur „NS-Zigeunerverfolgung" war überschrieben mit dem Titel *Der Völkermord im Dritten Reich*.[99] Der Stalling Verlag, in dem das Buch erschien, hatte sich in der Vergangenheit mit der Herausgabe von Militaria hervorgetan, man kann ihn als rechten *Gesinnungsverlag* sehen.[100] In dem Buch von Völklein spürt man die intellektuelle Unruhe der Zeit daran, wie sich die Denkstile gegenüberstehen.

2 Anerkennungsforderungen, organisierter Gegenwind und Legitimationsfragen

Am 2. November 1979 – wenige Tage nach der Kundgebung in Bergen-Belsen – wurde der Bundesregierung ein Memorandum des VdS und der GfbV übergeben.[101] Es enthielt zahlreiche Forderungen und begann mit den Worten: „Wenigstens eine halbe Million europäischer Sinti und Roma fielen der Rassenpolitik des Dritten Reiches zum Opfer. Sie sind in den Konzentrationslagern verhungert, wurden vergast oder erschossen."[102] Damit war die grundsätzliche geschichtspolitische Position klar, die weiteren zentralen Forderungen bestanden in: Anerkennung des Völkermords, Verbesserungen in der „Wiedergutmachung", die Zuerkennung des Status einer nationalen Minderheit, die Förderung eines Kulturzentrums, Verbesserungen im Sozial-

---

97 Vgl. Völklein, Zigeuner; Völklein, Was damals Rechtens war ..., in: Die Zeit, 18.4.1980.
98 Zur Einordnung der Bedeutung von Grellmann, Die Zigeuner, vgl. die Bemerkungen in Kapitel I.3.
99 Vgl. Völklein, Zigeuner, S. 50–54, hier bes. S. 50 f.
100 Vgl. Blaschke, Verleger machen Geschichte, S. 285, 404.
101 Das Forderungsdokument ist bereits quellenkritisch von der Historikerin Daniela Gress, die an einer Dissertation zur Bürgerrechtsbewegung arbeitet, analysiert und seiner Bedeutung wegen in die Sammlung der Quellen zur Geschichte der Menschenrechte aufgenommen worden; vgl. Gress, Memorandum des Verbandes Deutscher Sinti und der Romani-Union, in: Quellen zur Geschichte der Menschenrechte, hrsg. vom Arbeitskreis Menschenrechte im 20. Jahrhundert, September 2018; online unter: www.geschichte-menschenrechte.de/schluesseltexte/memorandum-verband-sinti-roma/ [8.1.2019].
102 AGfbV, Sammlung Katrin Reemtsma, Memorandum des Verbandes Deutscher Sinti e. V., undatiert.

recht, bei Staatsbürgerschaftsstreitfällen,[103] der Situation von Landfahrerplätzen, der Wohnraumversorgung und der Bildungssituation.[104]

Das Memorandum wurde durch die GfbV massenhaft verbreitet, unter anderem 40 000-mal als Postsendung und 15 000-mal als Plakat. Unterzeichnet war es auch von 48 Bundestagsabgeordneten und Personen des öffentlichen Lebens.[105] Dennoch war die Übergabe mit Hindernissen versehen. Während der VdS das Schriftstück dem Bundeskanzler persönlich aushändigen wollte, war das Bundeskanzleramt (BKAmt) der Auffassung, es solle an der Wache abgegeben werden. Dieser Vorschlag ging nachweislich auf den Rat Kursawes zurück.[106] Letztlich nahm der Abteilungsleiter für Innere Angelegenheiten des BKAmt Gerhard Konow[107] das Dokument entgegen und schrieb im Anschluss eine erste Kurzbewertung des Papiers.[108] Konow bemerkte, dass die Petenten massiv darauf gedrungen hatten, das Papier dem Bundeskanzler persönlich übergeben zu dürfen. Seine politische Bewertung des Vorgangs ist aufschlussreich. Zunächst stellte er fest:

> „Das BKAmt hat sich bisher mit der Problematik nur am Rande befaßt. Mein vorläufiges Urteil geht dahin, daß wir nicht routinemäßig handeln, sondern uns mit den Forderungen der Sinti eingehend auseinandersetzen sollten. Im Kern scheinen mir die Vorwürfe der Sinti berechtigt zu sein. Die Delegation hat auf mich keinen schlechten Eindruck gemacht."[109]

Dass er eingesteht, sich mit der Thematik wenig beschäftigt zu haben, gleichzeitig aber die Forderungen der Sinti als grundsätzlich berechtigt beurteilt, zeugt von einem stark ausgebildeten historisch-politischen Bewusstsein Konows. Trotz dieser ersten Einschätzung ließ er Vorsicht walten und empfahl neben einer gründlichen Prüfung der aufgelisteten Forderungen, sich genauer über die GfbV und die Verbän-

---

103 Hintergrund waren die vielfach von deutschen Behörden angezweifelten deutschen Staatsbürgerschaften von Sinti und Roma und deshalb entzogene Personalausweise. In diesem Punkt konnte bereits auf einer Besprechung der Staatsangehörigkeitsreferenten des Bundes und der Länder am 26./27. November 1980 eine Einigung darüber erzielt werden, dass bei Einbürgerungsanträgen von Angehörigen aus der Minderheit die Anforderungen weniger streng gehandhabt werden sollten; vgl. BArch, B 136/28310, Vermerk (Abdruck) einer Besprechung der Staatsangehörigkeitsreferenten des Bundes und der Länder am 26./27. November 1980 in Bonn vom 5.12.1980.
104 Vgl. AGfbV, Sammlung Katrin Reemtsma, Memorandum des Verbandes Deutscher Sinti e. V., undatiert.
105 Vgl. Seybold/Staats, Dokumentation, S. 162.
106 Vgl. AdsD, Helmut-Schmidt-Archiv, 1/HSAA006842, Vermerk von Referat 32 betreffend Übergabe eines Memorandums des Verbands der Sinti Deutschlands e. V. an den Bundeskanzler vom 29.10.1979.
107 Vgl. Knoll, Das Bonner Bundeskanzleramt, S. 238.
108 Vgl. AdsD, Helmut-Schmidt-Archiv, 1/HSAA006842, Vermerk von AL 3 zum Memorandum der Roma-Welt-Union und des Verbands Deutscher Sinti an die Bundesregierung und die Regierungen der Länder, vorgelegt von der Gesellschaft für bedrohte Völker vom 5.11.1979.
109 Vgl. AdsD, Helmut-Schmidt-Archiv, 1/HSAA006842, Vermerk von AL 3 betrifft Memorandum der Roma-Welt-Union und des Verbands Deutscher Sinti an die Bundesregierung und die Regierungen der Länder, vorgelegt von der Gesellschaft für bedrohte Völker vom 5.11.1979, S. 3.

de zu informieren. Denn er schloss einen Versuch der GfbV nicht aus, diesen Fall zu nutzen, um zu belegen, wie „inhuman" und „rassistisch" Deutschland noch immer sei.[110] Auf einen Vorschlag Konows hin wurde das Thema nicht dem Fachressort (BMJFG) überstellt, sondern zunächst im BKAmt auf Abteilungsleiterebene erörtert und erst im Anschluss den jeweiligen Ressorts zur Klärung der Detailfragen übermittelt.[111] Auf der anberaumten Abteilungsleiterbesprechung am 24. Januar 1980 wurde schließlich entschieden, dass zunächst das BKAmt die groben politischen Positionen der Bundesregierung in einem Brief an den VdS mitteilen sollte, bevor später im Detail auf die Forderungen reagiert werden sollte.[112] Ob die Eingabe auch ernsthaft und ergebnisoffen geprüft worden wäre, wenn sich das federführende BMJFG und das zuständige Referat (Kursawe) damit befasst hätten, ist mehr als zweifelhaft.

Der VdS setzte, wie bereits aufgezeigt, große Hoffnungen in die SPD und auch in den Bundeskanzler Helmut Schmidt, dies machen Telegramme an den Kanzler deutlich.[113] Die Frage der Verfolgung der Sinti und Roma im Nationalsozialismus und deren „Wiedergutmachung" durch die Bundesrepublik kam bei einer Polenreise des Bundeskanzlers im August 1979 am Rande eines Tischgesprächs zur Sprache.[114] Er bat das zuständige Fachreferat, ihn über das Thema zu unterrichten. Dieses legte zügig die Einschätzung vor, die „NS-Zigeunerverfolgung" sei teilweise – zumindest später aber überwiegend – ein „rassisch" motiviertes Verbrechen der Nationalsozialisten gewesen, die Sinti und Roma seien nach den Gesetzen der „Wiedergutmachung" daher grundsätzlich anspruchsberechtigt und somit nicht benachteiligt worden.[115] Diese Einschätzung stellte die Sachverhalte nur unzureichend dar. Leider sind die Quellen für diese Bewertung aus den Akten nicht ersichtlich. Nachforschungen von Mitarbeitenden im Fachreferat „Bund-Länder-Verhältnis" des BKAmt gingen bis in den April 1980 hinein, dieses stellte eine kompakte, aber fundierte Zusammenfassung der „NS-Zigeunerverfolgung" zusammen, leider ohne erkennbare Schriften- oder Quellennachweise.[116] Wie bewertete aber die Bundesregierung die zentralen Forderungen des VdS und der GfbV? Das BMJ sah bereits im Beschluss des

---

110 Vgl. ebenda, S. 4.
111 Vgl. ebenda, S. 5.
112 Vgl. AdsD, Helmut-Schmidt-Archiv, 1/HSAA006842, Vermerk von Referat 31 betrifft Memorandum der Roma-Welt-Union und des Verbands Deutscher Sinti an die Bundesregierung und die Regierungen der Länder, vorgelegt von der Gesellschaft für bedrohte Völker vom 5.11.1979.
113 AdsD, Helmut-Schmidt-Nachlass, 1/HSAA009825, Glückwunschtelegramm vom Verband der Cinti (Vinzenz Rose) an Herrn Bundeskanzler Schmidt vom 24.3.1980.
114 Der Historiker Dominik Pick – der eine Studie zum Verhältnis von Helmut Schmidt und Polen vorgelegt hat – ist der Meinung, dass das Tischgespräch am Rande der privaten Polenreise des Kanzlers zur Sprache gekommen sein müsste; vgl. Schriftliche Auskunft von Dominik Pick vom 3.2.2016; Pick, Brücken nach Osten.
115 Vgl. BArch, B 136/11009, Vermerk von Referat 44 betreffend Verfolgungsmaßnahmen gegen Zigeuner und Wiedergutmachung vom 24.8.1979.
116 Vgl. BArch, B 136/28310, Vermerk von Referat 31 zur Unterrichtung über die Zigeunerfrage vom 18.4.1980.

BEG-SG juristisch eine Anerkennung des Völkermords, daher wurde dieser zentralen Forderung auch von allen Ministerien entsprochen.[117] Einer entsprechenden Erklärung des Bundeskanzlers stand somit nichts im Weg. Daher wurde die Fragestellung der Dimension des Verbrechens und der Bezeichnung als Völkermord in den behördlichen Abstimmungen nicht diskutiert.

Obschon die Anerkennung des Verbrechens keine ministeriellen Gegenstimmen nach sich gezogen hatte, konnte ein obskurer, vergangenheitspolitisch zweifelhafter Presseartikel von Dr. O. Müller in der *Amerika-Woche,* einer deutschsprachigen Auslandswochenzeitung, Zweifel an Ausmaß und rassischer Intention der „NS-Zigeunerverfolgung" wecken.[118] Das BMI schlug dem BMJFG aufgrund dieses Meinungsberichts vor, eine klärende Anfrage an das IfZ zu richten.[119] Das BMF nahm den Zeitungsbericht gar zum Anlass, bei allen Behörden nachzufragen, die an der Abwicklung der Entschädigungsgesetzgebung beteiligt waren, ob es ernstzunehmende Hinweise gebe, dass Opferzahlen bewusst gefälscht worden seien.[120] Das Hamburger Amt für Wiedergutmachung teilte mit, aus den dort befindlichen Unterlagen gehe hervor, dass aus Hamburg etwa 1000 „Zigeuner" deportiert worden seien.[121] Weitere angeschriebene Landesämter für „Wiedergutmachung" antworteten, dass sie keine Informationen über Opferzahlen beitragen könnten.[122] Die Prüfaktionen gleich mehrerer Bundesministerien in Folge des abseitigen Presseberichts waren Ausdruck einer sachlichen Unsicherheit, möglicherweise aber auch des Wunsches, der deutsche Staat habe vielleicht doch „nur" den Völkermord an den Juden zu verantworten.

Die entschädigungsrelevanten Forderungen waren zweigeteilt – neben der Abschaffung der Fristen für individuelle Entschädigungsanträge wurde die Zahlung einer Blockentschädigung analog den Zahlungen an Israel und die Jewish Claims Conference (JCC) gefordert.[123] Viele Berechtigte hatten ihren individuellen Anspruch

---

117 Vgl. BArch, B 126/111850, Brief von Bundesministerin Antje Huber zur Vorbereitung des Gesprächs des Herrn Bundeskanzlers mit Vertretern der Sinti und Roma, Anlage zum Schreiben vom 11.1.1982, S. 2.
118 Vgl. BArch, B 106/94701, Zeitungsbericht der Amerika-Woche „Fünfhunderttausend Roma: Eine Berichtigung" von Dr. O. Müller vom 6.11.1980, Pag. 408–411.
119 Vgl. BArch, B 106/94701, Schreiben des BMI (Dr. Geißler) an BMJFG vom 2.6.1981, Pag. 436. Das IfZ konnte nach telefonischer Rückfrage des BMI keine konkreten Zahlenangaben machen; vgl. BArch, B 189/37238, Schreiben des BMF an BMJFG vom 3.7.1981.
120 Vgl. PA AA, B 86, Bd. 2203, Schreiben von BMF (Brodesser) an die für die Durchführung des Bundesentschädigungsgesetzes (BEG) zuständigen obersten Landesbehörden und die beteiligten Bundesbehörden vom 19.2.1981.
121 Vgl. PA AA, B 86, Bd. 2203, Schreiben des Amtes für Wiedergutmachung in Hamburg an BMF vom 18.3.1981. Die negativen Antworten der Behörden der anderen Bundesländer sind ebenfalls in der Akte enthalten.
122 Vgl. PA AA, B 86, Bd. 2203, diverse negative Antworten der Behörden der anderen Bundesländer an das BMF unterschiedlichen Datums.
123 Vgl. AGfbV, Sammlung Katrin Reemtsma, Memorandum des Verbandes Deutscher Sinti e. V., undatiert.

nicht geltend machen können, weil sie entweder die willkürlichen Antragsfristen nach BEG oder BEG-SG versäumt hatten, mit Erstanträgen an behördlichen Schikanen gescheitert waren oder andere juristische Formalien nicht beachtet hatten.[124] Die Sprachregelung des BMF sah die Verantwortung für die Missstände bei den Betroffenen:

> „Es ist allerdings nicht auszuschließen, daß nicht alle verfolgten Sinti und Roma in den Genuß der ihnen zustehenden Entschädigungsleistungen gekommen sind. Die Ursachen hierfür liegen aber nicht in diskriminierenden Handlungen staatlicher Organe, sondern sind in dem Verhalten oder den Lebensumständen einzelner Verfolgter zu suchen."[125]

Diese Einschätzung war nur aus der Ressortlogik heraus so zu treffen, sie war Spiegel der immer noch bestehenden Vorurteile gegenüber den Sinti und Roma und eines ignoranten Blicks auf die massiven sozialen Probleme, welche die „NS-Zigeunerverfolgung" nach sich gezogen hatte.

Die finanziellen Forderungen des VdS an die Bundesregierung kollidierten mit den laufenden Verhandlungen der Bundesrepublik mit der JCC über eine endgültige „Abschlussgeste". Diese hatte die Bundesregierung bereits 1973 noch unter Bundeskanzler Brandt versprochen, um weitergehende Forderungen der JCC abzuwenden.[126] Der von Schmidt benannte Emissär war sein Staatsminister im BKAmt Hans-Jürgen Wischnewski, der Verhandlungsstand sah eine einmalige Zahlung von 440 Millionen Mark für jüdische Härtefälle vor.[127] Finanzminister Matthöfer wollte das Projekt gemäß seiner Ressortlogik aufhalten, aber Schmidt setzte sich durch. Am 14. November 1979 fasste der Bundestag einen entsprechen Entschließungsantrag.[128] Nach den von der Bundesregierung am 25. August 1980 beschlossenen Richtlinien sollten nur bisher nicht entschädigte, in Not geratene und mit erheblichen Gesundheitsschäden belastete Verfolgte einen Anspruch haben. Die Entscheidung hierüber oblag allein der JCC, die hinter vorgehaltener Hand befugt war, großzügig zu befinden.[129]

Nach Plänen des Vorsitzenden des Wiedergutmachungsausschusses des Deutschen Bundestags Gerhard Jahn (SPD) und der ad hoc-Arbeitsgruppe der Fraktion sollten Härtefälle aus den anderen „Opfergruppen" durch eine neu einzurichtende „Stiftung Wiedergutmachung" berücksichtigt werden. Parallel standen aber auch Forderungen der CDU/CSU zur Besserstellung von Vertriebenen und Opfern von Kriegsfolgen in der Bundesrepublik im Raum.[130] Um diesen nicht entsprechen zu

---

124 Vgl. Feyen, „Wie die Juden"?, S. 346f.
125 Vgl. AdsD, Helmut-Schmidt-Archiv, 1/HSAA007413, Schreiben des Chefs des BKAmt an den VdS, die GfbV und die Roma-Welt-Union (analoge Bezeichnung der IRU) vom 1.4.1980.
126 Vgl. Goschler, Schuld und Schulden, S. 331.
127 Vgl. ebenda, S. 332, 338.
128 Vgl. ebenda, S. 339f.
129 Vgl. ebenda, S. 342f.
130 Vgl. ebenda, S. 346.

müssen, begrub man auch die Pläne für eine „Stiftung Wiedergutmachung". Es geht auf das Engagement von Gerhard Jahn, Herbert Wehner und besonders Hans-Jochen Vogel zurück, dass der Bundestag zumindest eine analoge Regelung für die nichtjüdischen Härtefälle beschloss, die am 26. August 1981 im Bundesanzeiger veröffentlicht wurde.[131] Dem Fonds standen für die nächsten Jahre bis zu 80 Millionen Euro zur Verfügung, die Verwaltung und Abwicklung übernahm das Regierungspräsidium in Köln. Die Kriterien für die Anspruchsberechtigung blieben die gleichen, sie wurden aber streng geprüft, was im Laufe der 1980er Jahre zu skandalös hohen Ablehnungsquoten führte.[132]

Um der weiteren Forderung zur Zahlung einer Blockentschädigung, die in Form eines Bildungsfonds realisiert werden sollte, nicht nachkommen zu müssen, griff das zuständige BMF auf eine Sprachregelung zurück, die es 1978 für das AA entworfen hatte, um seinerzeit Forderungen der IRU erfolgreich abzuweisen. Argumentativ stellte man sich zunächst auf den allgemeinen Standpunkt, dass alle Fragen zur „Wiedergutmachung" als abgeschlossen gelten.[133] Das BMF erarbeitete für das AA darüber hinaus eine Sprachregelung, falls Nachfragen dazu kämen, warum die Bundesrepublik Milliarden an Israel und die JCC gezahlt habe:

> „Die Leistungen der Bundesrepublik Deutschland an Israel sind einem Staat zur Verfügung gestellt worden, der es auf sich genommen hatte, ‚viele entwurzelte und mittellose jüdische Flüchtlinge aus Deutschland und den ehemals unter deutscher Herrschaft stehenden Gebieten in Israel anzusiedeln, und deshalb einen Anspruch gegen die Bundesrepublik Deutschland auf globale Erstattung der entstandenen Eingliederungskosten geltend gemacht hat.' (Präambel des Israel-Vertrages von 1952) [...] Demgegenüber sind bei den Zigeunern keine vergleichbaren Umstände gegeben, die zu ähnlichen Regelungen wie denen mit dem Staat Israel und der Claims Conference hätten Anlaß geben können. Dies gilt insbesondere mit Rücksicht auf den seit dem Ende der NS-Verfolgung vergangenen Zeitraum von 33 Jahren."[134]

Das BMF adaptierte seine argumentative Strategie aus dem Jahr 1978 und versagte 1981 mit fast gleichem Wortlaut die geforderte Blockentschädigung.[135]

Die Forderung nach Anerkennung des Status als nationale Minderheit wurde federführend vom BMI bearbeitet. Sie wurde zunächst auf Referatsebene analysiert und juristisch bewertet:

> „Man kann Sinti und Roma als ethnische Minderheit mit eigener Sprache, Kultur und Geschichte einordnen. Daraus folgt jedoch keineswegs, daß ihnen wie der dänischen Minderheit

---

131 Vgl. Goschler, Schuld und Schulden, S. 347; Meyer, Die SPD und die NS-Vergangenheit, S. 420 f.
132 Vgl. Goschler, Schuld und Schulden, S. 347 f.
133 Vgl. PA AA, B 86, Bd. 2203, Schreiben der Botschaft der Bundesrepublik Deutschland in Bern (Botschaftsrat R. Marks) an Herrn Dr. Jan Cibula, Präsident der Romano [sic] Union vom 18.9.1978.
134 PA AA, B 86, Bd. 2203, Schreiben des BMF (im Auftrag Brodesser) an AA vom 20.9.1978, S. 3 f.
135 Vgl. BArch, B 126/11010, Schreiben des Chefs des BKAmt an den Präsidenten der Romani Union vom 27.1.1981.

2 Anerkennungsforderungen, organisierter Gegenwind und Legitimationsfragen — 157

ein besonderer Status als nationale Minderheit eingeräumt werden müßte oder auch nur sollte. Die Anerkennung als nationale Minderheit ist vielmehr auf die Fälle der Inkongruenz der Staatsgebiete mit den angestammten Siedlungsgebieten verschiedener Völker beschränkt: in dem Gebiet eines – nach dem Nationalstaatsprinzip ausgebildeten und abgegrenzten – Staates liegt ein angestammter Siedlungsraum eines anderen Volkes. Das ist bei den Sinti und Roma nicht der Fall."[136]

Diese Rechtsauffassung folgte dem Nationalstaatsprinzip und entsprach den bis dato geltenden Minderheitenschutzregelungen.[137] Doch die Begründung ging weiter:

„Wenn ein solcher Sonderstatus auch später zuwandernden fremden Volksgruppen gewährt wird, so bedeutet das die Einleitung einer Entwicklung zum Vielvölkerstaat. Anderen Gruppen, insbesondere etwa den zahlenmäßig weitaus stärkeren Türken, könnte man das gleiche nicht verwehren."[138]

Aus dieser Bewertung sprach das nach wie vor geltende preußische Staatsangehörigkeitsrecht, das dem Prinzip des „ius sanguinis" folgte und deshalb die deutsche Staatsbürgerschaft an eine gemeinsame ethnische – früher auch im „rassischen" Sinne gemeinte – Herkunft koppelte.[139] Sinti und Roma waren somit nach der Auffassung des BMI nicht Teil des deutschen Volkes. Diese Einschätzung wurde weder von der Hausspitze des BMI noch von der Führung des BKAmt in Frage gestellt und so in die Vorbereitungen auf das Gespräch mit dem ZDSR übernommen.

Weiteres wichtiges Anliegen des VdS war die Errichtung eines Kulturzentrums für die Sinti und Roma. Zur Untermauerung der Forderung nach staatlicher Förderung einer solchen Einrichtung sandte der VdS am 30. Mai 1980 einen Orientierungsrahmen an die Bundesregierung.[140] Das Zentrum sollte demnach eine Fortbildungsakademie, ein Dokumentationszentrum und eine Begegnungsstätte beinhalten, in Dachau verortet sein und vom Bund, dem Land Bayern und ggf. den beiden großen Kirchen finanziert werden.[141] Das BMF verweigerte zunächst strikt jede Finanzierungszusage für das Zentrum, in einem internen Protokoll des BKAmt wurde ein leitender Mitarbeiter des BMF mit den Worten wiedergegeben:

„BMF (MDgt Pfeiffer) vertrat apodiktisch den Standpunkt, daß jegliche Förderung von kulturellen Aktivitäten der Sinti durch den Bund abzulehnen sei, ohne Rücksicht darauf, ob es sich um institutionelle Förderung oder um Projektförderung handelt. Vom BMF wird dabei eingeräumt,

---

136 BArch, B 106/94701, Internes Rundschreiben von Referat VI6 an diverse andere Referate vom 25.8.1981, Pag. 454–456, hier Pag. 455.
137 Vgl. Luchterhandt, Autochthone und neue Minderheiten in Deutschland, S. 117–133, hier S. 129–132.
138 BArch, B 106/94701, Internes Rundschreiben von Referat VI6 an diverse andere Referate vom 25.8.1981, Pag. 454–456, hier Pag. 455.
139 Vgl. Hansen, Die Ethnisierung des deutschen Staatsbürgerrechts, S. 112–130, hier bes. S. 115 f.
140 Vgl. BArch, B 106/94701, Orientierungsrahmen zum Kulturzentrum der Sinti in Dachau des VdS vom 30.5.1980, Pag. 511–513.
141 Vgl. ebenda, Pag. 512 f.

daß finanzverfassungsrechtliche Gründe nur vorgeschoben werden. Entscheidend ist die Erwägung, daß aus Haushaltsgründen neue Finanzierungen abgelehnt werden."[142]

Wiederum war es Konow vom BKAmt, der eine andere Richtung vorgab: „Die schwierige Lage des Bundeshaushalts kann nicht jede neue Finanzierung ausschließen."[143] Und er ergänzte noch eine politische Beurteilung, die sich letztlich gegen die Argumente des BMF durchsetzte:

„Der politisch-moralische Anspruch der Sinti auf Förderung ihrer Kultur und Sprache ist angesichts des Schicksals der Sinti im Dritten Reich, angesichts der vielfältigen Maßnahmen (individuell und kollektiv) für jüdische Verfolgte, angesichts der Fördermaßnahmen für Vertriebene und ausländische Flüchtlinge unabweisbar."[144]

Neben den moralischen Aspekten leiteten Konow auch strategische Motive, die Innenpolitik betreffend. Er empfahl auch deshalb die Zusage für eine Förderung des Kulturzentrums, weil man so mit dem linken Flügel der SPD-Bundestagsfraktion auf einer Linie sei.[145] Einigkeit in der Fraktion war vor dem Hintergrund des Nato-Doppelbeschlusses nur selten gegeben.[146]

Das Memorandum des VdS und der GfbV wurde in der Bundesregierung unterschiedlich bewertet. Während das BMF alle Forderungen, die sich finanziell hätten auswirken können, bremste und das BMJFG den Fortgang der Gespräche noch bis ins Jahr 1981 über den Referatsleiter Kursawe torpedierte, zeigte sich das BKAmt gewogen. Doch vor einem offiziellen Gespräch mit dem Bundeskanzler mussten noch Hürden genommen werden.

Dafür verantwortlich waren unter anderem die traditionellen „Zigeunerexperten" Arnold und Sobeck, denen die verstärkten Bemühungen des VdS und der GfbV um öffentliche Wahrnehmung und den Aufbau von stabilen Beziehungen in die Politik nicht entgangen waren. Sie wehrten sich damit gleichzeitig gegen Versuche der Verbände, die Diskursposition der tradierten „Spezialisten" zu erschüttern.

Eine Strategie Arnolds bestand darin, die Netzwerk-Arbeit des VdS und der GfbV zu torpedieren, indem er diese bei politischen EntscheidungsträgerInnen in Misskredit brachte. Den bayerischen Innenminister Gerold Tandler, der gerade selbst im Konflikt mit den Verbänden stand, informierte er in einem Schreiben darüber, dass die Verbände angeblich „kommunistisch unterwandert" seien.[147] Im „Kalten Krieg" waren solche Vorwürfe geeignet, den VdS und die GfbV in Misskredit zu bringen.

---

142 BArch, B 136/11010, Rücksprachevermerk betrifft Kulturzentrum in Dachau von AL 3 an den Chef des BKAmt vom 25.7.1980, S. 1 f.
143 Ebenda, S. 3.
144 Ebenda, S. 4.
145 Vgl. ebenda, S. 4.
146 Vgl. Hansen, Abschied vom Kalten Krieg?, bes. S. 153–196.
147 Vgl. AZDSR, Sammlung Tandler, Schreiben von Hermann Arnold an das Bayerische Staatsministerium des Innern vom 2.4.1980.

Tatsächlich entbehren diese Anschuldigungen aber jeder Grundlage. Aus den Akten des Ministeriums für Staatssicherheit (MfS) der DDR wird ersichtlich, dass die Hauptabteilung XXII Terrorabwehr der DDR 1979 damit begann, Informationen über die „Internationalen Organisationen der Zigeuner" in der Bundesrepublik zu sammeln, die von einer „zuverlässigen Quelle im Operationsgebiet" bereitgestellt wurden. Diese erstreckten sich auch auf die GfbV, die als „Zigeunerorganisation" bezeichnet wurde.[148] In der Folge erhob man über den Verein noch weitere Informationen mit nachrichtendienstlichen Mitteln.[149] Die Zentrale Auswertungs- und Informationsgruppe (ZAIG) des Minister Mielke fertigte 1984 ein resümierendes Urteil über die GfbV an:

> „Die GfbV entwickelt – neben der Anprangerung von diskriminierenden Maßnahmen gegen Minderheiten in kapitalistischen Staaten und vor allem in Entwicklungsländern – massive antisowjetische und antisozialistische Aktivitäten."[150]

Nachfolgend wurden noch Informationen zu Aufbau, handelnden Personen – besonders zu Tilman Zülch –, zu Protestformen und zu Aktionen gegen sozialistische Länder aufgezählt.[151] Alle diese Aktivitäten des MfS machen deutlich, dass der Vorwurf einer Unterstützung des VdS oder der GfbV aus dem „Osten" hanebüchen war.

Eine weitere Strategie Arnolds bestand darin, die Innenministerien des Bundes und der Länder vor kriminellen oder gewalttätigen Aktivitäten des VdS zu warnen, um die Verbandsvertreter zu diskreditieren. So warnte ein anonymer Hinweisgeber,[152] bei dem es sich vermutlich um Arnold selbst handelte, das Hessische Innenministerium kurz nach dem Hungerstreik zu Ostern 1980 davor, dass der Verband weitere Aktionen plane und nicht vor Gewalt, Besetzungen und Drohungen gegen Dissidenten zurückschrecke.[153] Die Anschuldigungen wurden ernst genommen und auch auf Bundesebene geprüft. Nachdem jedoch keine Belege für die Richtigkeit der Vorwürfe gefunden wurden, legte man den Vorgang zu den Akten.[154]

Arnolds Stern begann zu sinken, dies war eng verknüpft mit der auch zunehmenden Kritik an seinem Protegé Harmsen. Dieser geriet 1971 erstmals in die Schlag-

---

148 Vgl. BStU, MfS-HA XXII, Nr. 5732, Bd. 2, Information G/4631/09/79 über „Internationale Organisationen der Zigeuner", Pag. 123–126, hier bes. Pag. 123.
149 Vgl. BStU, MfS-ZAIG, Nr. 28201, Information A/6398/01/09/81, Hinweise zur gegnerischen „Gesellschaft für bedrohte Völker", Pag. 16–19.
150 BStU, MfS-ZAIG, Nr. 28201, Exposé über „Gesellschaft für bedrohte Völker – Gemeinnütziger Verein e. V.", gefertigt für den Genossen Minister am 23.11.1984, Pag. 10–12, hier Pag. 10.
151 Vgl. ebenda, Pag. 10–12.
152 Auch wenn das in der folgenden Anmerkung benannte Fernschreiben keinen Hinweisgeber namentlich benennt, kann aus dem vorhandenen Hintergrundwissen, dem Sprachduktus und der politischen Zielrichtung davon ausgegangen werden, dass es sich dabei um Arnold handelte.
153 Vgl. BArch, B 136/11010, Fernschreiben BMI an BKAmt und BMJ vom 28. 4. 1980; vgl. die ausführliche Darstellung dieses Vorgangs in Lotto-Kusche, Spannungsfelder, S. 236 f.
154 Vgl. BArch, B 136/11010, Schreiben des BMI an BMJFG, nachrichtlich an BKAmt und BMF vom 19.6.1980.

zeilen, nachdem in der Presse Äußerungen von ihm publik geworden waren, er trete für eine „gesonderte" Erfassung der Demographie von MigrantInnen ein. Das DGfBw-Gründungsmitglied Hermann Schubnell kritisierte ihn dafür öffentlich, intern drängte er auf eine Auflösung der DABW, die im Juni 1975 auch vollzogen wurde.[155] Da Arnolds „Dokumentationsstelle für die Probleme nichtsesshafter Familien" organisatorisch der DABW angegliedert war, wurde dies auch für Arnold zum Problem.[156] Immer öfter wurde Harmsen von FachkollegInnen für seine Positionen offen kritisiert. Nachdem er 1979 im Rahmen eines Expertenhearings des BMI die NS-Bevölkerungspolitik hinsichtlich ihrer „Strukturveränderungen" in der Geburtenpolitik gelobt hatte, kam es zum offenen Widerspruch seines DGfBw-Kollegen Wolfgang Köllmann. Köllmann argumentierte dagegen, dass die Geburtenzunahme im NS-Staat laut britischen Studien auf die strikteren Abtreibungsgesetze zurückzuführen sei.[157]

Aber auch Arnold selbst schlug öffentlich vorgetragene Kritik entgegen. Am 10. Juli 1979 versandte die GfbV eine dreiseitige Presseerklärung, zusätzlich eine 15-seitige Pressemappe mit Ausschnitten aus dem Schrifttum von Ritter, Justin, Arnold, aber auch einiger Kriminalbeamter, in der vordergründig der bayerische Innenminister aufgefordert wurde, die Tätigkeiten und eventuell verbliebene Akten der 1970 aufgelösten Landfahrerzentrale in München offenzulegen.[158] Darüber hinaus wurden darin die Zugehörigkeit Arnolds zum Expertenkreis des BMJFG, seine mit Ritter geteilten Positionen und sein persönlicher Zugriff auf die Akten der RHF kritisiert.[159]

Einen Tag zuvor hatte eine *Aktionsgruppe Deutscher Zigeuner* in der *taz* die Verantwortung für die Anbringung der Schriftzüge „Arnold, du Zigeunermörder" und „Du-Hitler-Bastard" am Haus von Hermann Arnold in Landau übernommen.[160] Am 12. Juli 1979 schrieb Herman Arnold – auch bezugnehmend auf mutwillige Verschmutzungen seines Hauses – einen Brief an den Geschäftsführer des DVöpF, in deren Arbeitsgruppe Landfahrer Arnold bis dato noch immer Mitglied war, und erklärte seinen Ausstieg aus dem Gremium. Laut Polizeiinformation planten „linke Gruppen", gegen seine Teilnahme an der Arbeitsgruppensitzung im September in Frankfurt zu protestieren, da der Hinweis auf diesen Termin aber nur aus der Ar-

---

155 Vgl. Pinwinkler, Historische Bevölkerungsforschungen, S. 374.
156 Vgl. ebenda, S. 373. Die Aktivitäten im Kontext des BMJFG-Sachverständigenkreises, die Arnold Mitte der 1970er Jahre entwickelte, sprechen für ein Ausweichverhalten auf andere Organisationen seinerseits; vgl. auch die Schilderung dazu im Kapitel V.1.
157 Vgl. ebenda, S. 327.
158 Vgl. BArch, B 106/94701, Presseerklärung der GfbV vom 10.7.1979 inkl. Pressemappe, Pag. 159–161, 167–181.
159 Vgl. ebenda, Pag. 160 f.
160 Vgl. Aktionsgruppe deutscher Zigeuner, Anonyme Pressemitteilung der „Aktionsgruppe deutscher Zigeuner", in: taz, 9.7.1979.

beitsgruppe heraus lanciert worden sein könne, sah er sich außer Stande, in diesem Kreis weiter mitzuwirken.¹⁶¹

Trotz der Skandale um Arnold blieb eine öffentliche Debatte jedoch zunächst aus.¹⁶² Dies veranlasste die FDP-Bundestagsabgeordnete Helga Schuchardt, am 17. September 1979 eine Kleine Anfrage an die Bundesregierung zu richten, die klären sollte, ob der Regierung bekannt sei, dass staatliches Archivgut der RHF in den Händen von Hermann Arnold liege und dieser im Expertengremium des BMJFG problematische Ansichten über „Zigeuner" verbreite.¹⁶³

Der parlamentarische Vorstoß zog weite Kreise. Nachdem die Deutsche Presse-Agentur den brisanten Inhalt der Anfrage verbreitet hatte, griff das Zweite Deutsche Fernsehen (ZDF) diese am 4. Oktober 1979 in seinen Abendnachrichten populär aufbereitet auf.¹⁶⁴ Der Druck auf Arnold wuchs weiter und das Thema war nun prominent in der Öffentlichkeit platziert.

Am 21. Oktober 1979 wandte sich Arnold diesbezüglich deshalb an seinen Protegé Harmsen und klagte darüber, was ihm in den letzten Wochen widerfahren sei, nachdem die GfbV ihn öffentlich kritisiert und in die intellektuelle Nähe zu Robert Ritter gerückt hatte.¹⁶⁵ Daneben offenbarte er Harmsen weitere Hintergrundinformationen über sein Engagement für Ritter: „Lieber Herr Harmsen, ich bin sicher, daß sie meine Auffassung teilen, man sei verpflichtet, für die Ehre eines Toten einzutreten, dessen wissenschaftlichen Nachlass man verwaltet."¹⁶⁶ Im weiteren Verlauf des Briefes wurde er konkreter:

> „Den Nachlaß des Ritter'schen Instituts beim Reichsgesundheitsamt habe ich teilweise übernommen, als niemand ihn haben wollte. Aus diesen Materialien und aus Gesprächen mit mehreren ehemaligen Mitarbeitern Ritters gewann ich die Überzeugung, daß für die Zigeunerverfolgung andere Personen verantwortlich zu machen sind."¹⁶⁷

Diese Perspektive spiegelte die mit Harmsen geteilte Überzeugung von der moralischen Integrität der „Bevölkerungswissenschaft" und der „Rasseforschungen" wider. Es war für Arnold undenkbar, dass etwas anderes als das kriminalpräventive Motiv handlungsleitend für die „NS-Zigeunerverfolgung" gewesen sein könnte. Am Ende des Briefes konkretisierte er sein Anliegen an Harmsen und bat ihn, auf Pastor

---

161 Vgl. BArch, ZSG 142/15, Schreiben von Hermann Arnold an den Geschäftsführer des Deutschen Vereins (W. Schellhorn) vom 12.7.1979.
162 Vgl. Schriftliche Auskunft von Helga Schuchardt vom 8.4.2014.
163 Vgl. AGfbV, Sammlung Katrin Reemtsma, Anfrage von Helga Schuchardt an die Bundesregierung vom 17.9.1979.
164 Vgl. BArch, N 1336/785, Schreiben von Hans Harmsen an Frau Helga Schuchardt vom 29.10.1979.
165 Vgl. BArch, N 1336/241, Duplikat eines Schreibens von Hermann Arnold an Hans Harmsen vom 21.10.1979.
166 Ebenda, S. 1.
167 Ebenda, S. 1.

Joachim Ziegenrücker, der im Förderkreis der GfbV aktiv war, einzuwirken, auf dass diese ihre Kampagne gegen Arnold beende.[168] Harmsen bereitete sich nachweislich auf das Gespräch mit Ziegenrücker vor, in der Akte ist auch ein anvisiertes Datum für ein Gespräch genannt, aber es ist unklar, ob der Termin stattfand.[169] Arnold versuchte zunehmend verzweifelt, die öffentlichen Anschuldigungen gegen sich abzuwehren, doch seine Versuche waren vergeblich.

Harmsen wurde jedoch an einer anderen Front für Arnold aktiv. Er schrieb einen Brief an Helga Schuchardt, die Arnold in einer Nachricht an Harmsen zuvor als „Dreckschleuder"[170] verunglimpft hatte, und warf ihr vor, haltlose Behauptungen zu verbreiten. Arnold habe das Material der RHF nur mit den besten Absichten an sich genommen und er teile ebenfalls die Auffassung Arnolds, Ritter von jeder Schuld freizusprechen. Die GfbV habe bloß eine Aktion gegen die Bundesregierung lostreten wollen, um finanzielle Mittel zu erpressen.[171] Schuchardt ließ über ihren Assistenten nur knapp fragen, ob es vertretbar sei, dass sich solch brisantes Aktenmaterial in privaten Händen befände. Weiterhin verwies sie auf inhaltliche Kontinuitäten zwischen Arnold und Ritter.[172]

Die öffentlichen Verlautbarungen blieben für Arnold nicht ohne Folgen. Bereits am 23. Oktober 1979 nahmen Mitarbeitende des Bundesarchivs mit seiner Zustimmung das von ihm gehortete Material in seinem Hause in Augenschein. Die Archivare kamen zu dem Schluss, dass die Unterlagen nur zu einem geringen Teil aus amtlichen Materialien bestünden, sie verabredeten mit Arnold eine gemeinsame Übernahme des gesamten Bestandes ins Bundesarchiv als Schenkung.[173]

Im August 1980 teilte die Anthropologin und ehemalige Mitarbeiterin der RHF Sophie Ehrhardt dem Bundesarchiv mit, sie halte einen Teil der Akten der RHF für ihre Forschungen zum „Handleistensystem" bei „Zigeunern" im Universitätsarchiv Tübingen in Benutzung und wolle dies auch in Zukunft so handhaben.[174] Dieses Schreiben wurde dem VdS zunächst nicht zur Kenntnis gegeben. Erst im Juli 1981 wurde die Selbstorganisation von dessen Inhalt unterrichtet, allerdings wurde behauptet, dem Bundesarchiv sei das Thema der Forschungen Ehrhardts unbekannt,

---

168 Vgl. ebenda, S. 2.
169 Vgl. BArch, N 1336/241, Gesprächsvorbereitung für Termin mit Pastor Ziegenrücker am 30.10.1979 um 16.30 Uhr in der Evangelischen Akademie undatiert.
170 Vgl. BArch, N 1336/241, Kurznotiz von Hermann Arnold an Hans Harmsen vom 21.10.1979.
171 Vgl. BArch, N 1336/785, Schreiben von Hans Harmsen an Frau Helga Schuchardt vom 29.10.1979.
172 Vgl. BArch, N 1336/785, Schreiben von Michael Kleff (Assistent im Büro Helga Schuchardt) an Professor Dr. Dr. Hans Harmsen vom 5.11.1979.
173 Vgl. BArch, ZSG 142, Nr. 56/1, Bericht über Unterlagen im Besitz von Herrn Prof. Dr. Hermann Arnold vom 31.10.1979.
174 Vgl. AZDSR, Kopie des Schreibens von Prof. Dr. Sophie Ehrhardt an den Präsidenten des Bundesarchivs (Prof. Dr. H. Booms) vom 27.8.1980; die vorliegende Kopie wurde dem VdS allerdings erst am 3.9.1981 zur Einsichtnahme übersendet; vgl. AZDSR, Schreiben des Bundesarchivs (Dr. Oldenhage) an Herrn Romani Rose vom 3.9.1981.

was offensichtlich nicht der Wahrheit entsprach.¹⁷⁵ Nun erhöhte der VdS den Druck auf das Bundesarchiv, dessen Präsident Professor Hans Booms die Überstellung der Akten an seine Dienststelle forderte, wenn Ehrhardts Forschungen abgeschlossen seien.¹⁷⁶

Der VdS befürchtete jedoch, dass zwischenzeitlich Aktenmaterial verschwinden könnte, und besetzte daher am 1. September 1981 das Universitätsarchiv Tübingen, in dem die Akten lagerten, und erzwang so deren sofortige Übergabe an das Bundesarchiv in Koblenz.¹⁷⁷ Am 3. November 1981 berichtete der Südwestfunk (SWF) in seiner Sendung *Report* über die Besetzungsaktion, die gefundenen Aktenteile, aber auch über die Rolle Arnolds in dem Fall.¹⁷⁸

Nach all der Kritik zog Arnold sich weitgehend aus der Öffentlichkeit zurück, nahm aber für den November 1982 eine Einladung zu einem Vortrag im Rahmen des Studium generale an der Universität Ulm an. Auf eine Nachfrage aus dem Publikum antwortend, erklärte er, dass die Hintergründe der „NS-Zigeunerverfolgung" aufgrund der schlechten Überlieferungslage kaum erforschbar seien.¹⁷⁹ Nach seinem Vortrag – der unter dem Titel *Fahrendes Volk – Zirkusleute, Schausteller, Hausierer* angekündigt worden war – gab es Kritik in der Presse: „Die Frage bleibt, ob die Universität Ulm gut beraten war, sich im Zeichen von ‚Freiheit für Wissenschaft und Lehre' hinter einen dubiosen Laien zu stellen."¹⁸⁰

Arnolds wissenschaftliche Reputation war unwiederbringlich dahin. Und doch war dies noch nicht das Ende der Auseinandersetzungen. Nachdem der ZDSR 1983 mehrere eidesstattliche Versicherungen überlebender Sinti gesammelt hatte, die Arnold beschuldigten, als freier Mitarbeiter der RHF im Jahr 1938 die medizinischen Vermessungen in Württemberg unterstützt zu haben, erstattete der ZDSR am 20. Juli 1983 eine Anzeige gegen Arnold unter anderem wegen Beihilfe zum Mord.¹⁸¹ Das Verfahren wurde allerdings durch die Staatsanwaltschaft Landau am 6. Juli 1984 mangels Tatnachweises eingestellt. In der Einstellungsverfügung wurden die eidesstattlichen Versicherungen der ZeugInnen – die eine Mitwirkung Arnolds beteuert hatten – für nicht relevant erklärt, da die „NS-Zigeunerverfolgung" 1938 „noch in

---

175 Vgl. AGfbV, Sammlung Katrin Reemtsma, Schreiben des Bundesarchivs (Dr. Oldenhage) an VdS vom 20.7.1981.
176 Vgl. AGfbV, Sammlung Katrin Reemtsma, Durchschrift des Schreibens vom Präsidenten des Bundesarchivs (Prof. Dr. Hans Booms) an Frau Professor Dr. Sophie Ehrhardt vom 18.8.1981.
177 Vgl. Henke, Quellenschicksale und Bewertungsfragen, S. 63 f.
178 Vgl. BArch, ZSG 142, Nr. 56/2, verschriftlichter Mitschnitt der Sendung Report von Wolfgang Moser, unter dem Titel: Die nationalsozialistische Zigeunerkartei – Grundlage für den planmäßigen Mord an einem Volk, gesendet am 3.11.1981 um 21.00 Uhr im TV-Programm des SWF 1.
179 Vgl. Seybold, „Wir brauchen nicht aufzuschreiben", S. 209.
180 Bock, Und mittendrin ein Rasseforscher. Ulmer Studium generale wieder im Zwielicht, in: Stuttgarter Zeitung, 20.11.1982.
181 Vgl. BArch, ZSG 142, Nr. 56/1, Einstellungsverfügung mangels Tatnachweises von Staatsanwalt Junker vom 6.7.1984, bes. S. 1, 2, 4.

einem relativen Anfangsstadium"[182] gewesen sei. Die Staatsanwaltschaft machte sich gar nicht die Mühe, einer etwaigen direkten Tatbeteiligung Arnolds nachzugehen. Es bleibt bis heute ungeklärt, ob Arnold zur NS-Zeit in die Arbeit der RHF involviert war, auch sein obsessives Eintreten für Ritter bleibt erklärungsbedürftig.[183] Der Vorwurf einer vermeintlichen Falschaussage im Prozess gegen Eva Justin wurde nicht geprüft, weil diesbezüglich im Jahr 1964 eine Verjährung eingetreten war.[184] Die Anschuldigung der Unterschlagung von Archivgut wurde juristisch verworfen – Arnold habe die Unterlagen nur einige Jahre mit staatlichem Wissen verwahrt, ihm könne daher kein Vorwurf gemacht werden.[185]

Juristisch war Arnold zwar nicht zu belangen, doch hatte er immer größere Mühe, Verlage für seine Schriften zu finden. Sein Plädoyer für eine neue „Eugenik" erschien 1988 bereits im extrem rechten Mut-Verlag.[186] Für eines seiner letzten Bücher – eine Schmähschrift gegen die Verbände der Sinti und Roma und deren angeblichen Missbrauch der „NS-Zigeunerverfolgung" – fand er schließlich gar keinen Verlag mehr, es erschien nur im Antiquariat seines Bewunderers Karl-Heinz Gerster.[187] Seine Thesen wurden nur noch von Geschichtsrevisionisten – wie Udo Walendy – unkritisch aufgegriffen. Walendy zog die symbolische Opferzahl und die Einordnung als Völkermord als große, vom Ausland inszenierte Täuschung in Zweifel, bei der die „historische Wahrheit" auf der Strecke bleibe.[188] Der Fall Arnold zeigt, wie hitzig er, aber auch die Verbände der Sinti und Roma öffentlich und im Hintergrund gegeneinander agierten.

Weitere Auseinandersetzungen gab es zwischen der Caritas-Mitarbeiterin Silvia Sobeck und der GfbV bzw. dem VdS. Sobeck stellte die „Zigeuner" auf eine Stufe mit verhaltensauffälligen Kindern, die nicht fähig seien, ein normales Leben zu führen.[189] Auf ihre Initiative hin berichtete die *Kölner Kirchenzeitung* in einem Artikel mit dem Titel *Zigeuner vor den Karren gespannt* übertrieben kritisch über den Hungerstreik in Dachau.[190] Die darin kritisierte GfbV drehte den Spieß um und veröffentlichte den – außerhalb Kölns bis dato kaum wahrgenommenen – Artikel in ihrer

---

182 Ebenda, S. 1, 8.
183 Vgl. Kelch, Dr. Hermann Arnold und seine „Zigeuner", S. 188.
184 Vgl. BArch, ZSG 142, Nr. 56/1, Einstellungsverfügung mangels Tatnachweises von Staatsanwalt Junker vom 6.7.1984, S. 12.
185 Vgl. ebenda, S. 16–18.
186 Vgl. Arnold, Medizin und Ethik, S. 26.
187 Vgl. Arnold, Die NS-Zigeunerverfolgung.
188 Vgl. Walendy, Zigeuner bewältigen 1/2 Million, bes. S. 13. Die Publikation ist so abseitig erschienen, dass sie kaum jemandem bekannt ist, sie ist aber trotzdem aufschlussreich, wenn man Strategien von Revisionisten im Hinblick auf die Relativierung der „NS-Zigeunerverfolgung" studieren möchte.
189 Vgl. Kelch, Dr. Hermann Arnold und seine „Zigeuner", S. 404 f., 458 f.
190 Vgl. Rollik, Zigeuner vor den Karren gespannt, in: Kirchenzeitung für das Erzbistum Köln, 25.4.1980.

Zeitschrift *Vierte Welt Aktuell* und versah diesen mit einem Kommentar.[191] Darin hieß es etwa:

> „Der Autor bedient sich offen rassistischer Ansichten über Zigeuner: Alle Zigeuner sind gleich – wesensgleich! Zigeuner lebten nach einer epikureischen Auffassung, die Hungerstreikenden hätten zu viele ‚zigeuner-untypische Verhaltensweisen', Zigeuner verzichteten nie freiwillig auf Nahrung, Zigeuner fordern kein Recht mit der Faust, es sei denn, es sind unechte Zigeuner."[192]

Die *Vierte Welt Aktuell* wurde neben *Pogrom* kostenlos an das GfbV-Netzwerk verteilt.[193] Sobeck von der KZN verfolgte eine andere Verteidigungsstrategie als der ihr inhaltlich nahestehende Arnold und nutzte dafür ihre guten Kontakte in die Minderheit selbst. So versuchte sie den VdS und die GfbV in Misskredit zu bringen, indem sie behauptete, die Verbände würden durch öffentliche Demonstrationen aggressive Reaktionen der staatlichen Institutionen provozieren.[194]

Die GfbV und der ZDSR beließen es indes nicht dabei, nur publizistisch gegen Sobeck vorzugehen. In den Jahren 1980–1982 forderten sie mehrfach öffentlich und gegenüber dem zuständigen Bischof in Hildesheim, Silvia Sobeck bei der KZN zu entlassen und durch einen Sinto zu ersetzen. Dafür vorgesehen war Ranco Brantner, der Bischof lehnte jedoch die Diakonenweihe für diesen ab und Sobeck blieb bis mindestens 1989 im Amt.[195] So konnte sie zwar institutionell weiterwirken, verlor aber an Vertrauenswürdigkeit in der Community der Sinti und besonders darüber hinaus. Sie suchte nicht mehr den Weg in die Öffentlichkeit und vermied direkte Konfrontationen.

Mit dem schwindenden Einfluss von Arnold und Sobeck eröffnete sich für den VdS die Chance, das lange geforderte Treffen mit dem Bundespräsidenten und dem Bundeskanzler zu realisieren. Die ungeklärte Vertretungsfrage stand dem jedoch noch entgegen. Bei den regional organisierten Verbänden der Sinti und Roma setzte ab 1979 ein verstärktes Nachdenken über die Gründung eines Dachverbandes ein. Bereits auf dem ersten, schon benannten Seminar *Sinti in der Bundesrepublik – zur Rechtslosigkeit verurteilt?* der FNS in Bremen im Februar 1980 beschlossen die drei anwesenden Verbände, im Beisein von Zülch (GfbV), „regional und überregional mit

---

191 Vgl. o. V., Erläuterungen zum Artikel der Katholischen Kirchenzeitung, S. 14.
192 Rollik, „Zigeuner vor den Karren gespannt".
193 Vgl. BArch, B 259/739, Vierte Welt Aktuell (1980), Heft 15.
194 Vgl. AGfbV, Sammlung Katrin Reemtsma, Kopie eines Massenbriefes der KZN (Silvia Sobeck) an einen unbekannten Empfängerkreis vom 17.3.1982.
195 Vgl. Wuttke, Das Leiden und die Lebenspläne des Sinto Ranco Brantner, S. 310–312. Der 1931 in Chemnitz geborene Ranco Brantner wurde im Alter von 13 Jahren im Ausweichkrankenhaus Hochweitzschen zwangssterilisiert, worunter er ein Leben lang litt, 22 Familienmitglieder von ihm wurden in verschiedenen NS-Lagern getötet, nach 1945 suchte er erst Halt in der katholischen Kirche, in den 1980er Jahren war er tragendes Mitglied des ZDSR, bevor er diesen Ende des Jahrzehnts im Gram verließ, aufgrund der zunehmenden Politisierung des Verbandes. Vgl. ebenda, S. 300, 302, 304, 309, 319, 320.

den gleichen Zielen zusammenzuarbeiten".[196] Der Seminarleiter der FNS, Wilhelm Friedmann, begrüßte die Anwesenden mit den Worten:

„Dieses Seminar ist auf Anregung meiner Freunde Gisela Hüller und Uli Müller, die in guter Verbindung zu den Bremer Sinti stehen, zustandegekommen. Wir haben es zusammen vorbereitet und wollten damit eine Plattform schaffen, um die anstehenden Probleme der Sinti besprechen zu können. Allerdings nicht in der Form, daß wieder nur wir, die Nicht-Sinti, reden."[197]

Diese Worte markieren einen Schritt hin zur personellen Anerkennung der Sinti und Roma.

Silvia Sobeck hatte ihre Teilnahme kurzfristig abgesagt, nachdem sie von den ebenfalls anwesenden Verbänden der Sinti öffentlich massiv kritisiert worden war.[198] Sie überließ damit den Verbänden das Feld.

Vom 4. bis 6. Juli 1980 fand auf Einladung der FNS, diesmal des Landesbüros Schleswig-Holstein, ein Seminar mit dem Titel *Sinti-Bewegung oder die neue Entstehung eines alten Volkes* im Kieler Hans-Geiger-Gymnasium statt. Der Teilnehmerkreis ähnelte dem des Bremer Seminars, hinzu kamen jedoch Vertreter des *Vereins zur Durchsetzung der Rechte der Sinti in Kiel und Schleswig-Holstein*, darunter Matthäus Weiß und das Duo „Z".[199] Die Musikergruppe Duo „Z" – die aus den erfolgreichen Liedermachern Tornado Rosenberg und Rudko Kawczynski bestand – persiflierte mit ironischen Liedtexten die bekannten „Zigeunerlieder" der Mehrheitsgesellschaft. Rosenberg und Kawczynski gründeten wenig später die Rom und Cinti Union (RCU) in Hamburg.[200] Am Abend des zweiten Seminartags stand eine „interne Diskussion der Verbände zum Thema: ‚Gründung eines Dachverbands'" auf der Tagesordnung.[201] Teilnehmer dieses Treffens erinnern als Ergebnis dieser Beratungen ein ge-

---

196 Vgl. o. V., Kommuniqué der Sinti-Verbände, S. 74–76, hier S. 75.
197 Friedmann, Warum wir hier zusammengekommen sind (Begrüßung), S. 15–18, hier S. 15.
198 Vgl. ebenda, S. 16 f.
199 Für das Seminar konnten bisher keine Protokolle aufgefunden werden, nur die erhalten gebliebene Einladung gibt Aufschluss über die Anlage des Seminars; vgl. Stadtarchiv Kiel, Akten der Stadtverwaltung – Neues Archiv ab 1945, Bestand 53261, Einladung der Friedrich-Naumann-Stiftung – Landesbüro Schleswig-Holstein in Zusammenarbeit mit dem Verein zur Durchsetzung der Rechte der Sinti in Kiel und Schleswig-Holstein e. V. zum Seminar „Sinti-Bewegung oder die neue Entstehung eines alten Volkes" vom 22.5.1980, S. 1 f.
200 Vgl. Klein, „Wir haben ein Recht stolz zu sein.", S. 288.
201 Stadtarchiv Kiel, Akten der Stadtverwaltung – Neues Archiv ab 1945, Bestand 53261, Einladung der Friedrich-Naumann-Stiftung – Landesbüro Schleswig-Holstein in Zusammenarbeit mit dem Verein zur Durchsetzung der Rechte der Sinti in Kiel und Schleswig-Holstein e. V. zum Seminar „Sinti-Bewegung oder die neue Entstehung eines alten Volkes" vom 22.5.1980, S. 2.

nerelles Übereinkommen zur Gründung eines Zentralrats.[202] Weitere Vorbereitungs- und Diskussionstreffen fanden in Hildesheim, Köln und Frankfurt statt.[203]

Vom 5. bis 6. Februar 1982 trafen sich in Darmstadt schließlich neun regionale Verbände, acht davon trugen den Begriff „Sinti" oder „Cinti" im Namen, und formulierten folgendes Problem:

> „Sinti und Roma hatten bisher wenige Freunde und Verbündete und daher keine starke Lobby in Deutschland; und sie haben kein Land, das sich für sie als Minderheit einsetzt. Dies war mit ein Grund dafür, daß auch nach dem Krieg Sinti und Roma weiter diskriminiert werden konnten. [...] Diese fortgesetzte und erneute Diskriminierung macht es in der heutigen Situation notwendig, daß sich Sinti und Roma zusammenschließen und ihre Belange gemeinsam vertreten."[204]

Weiterhin wurden organisatorische und inhaltliche Aufgaben des Zentralrats diskutiert und beschlossen. So sollte sich der ZDSR nur auf die Außenvertretung der Minderheit beschränken und sich in den bereits bekannten Themenbereichen des Memorandums engagieren, auch mit ehrenamtlichen Kommissionen.[205] Abschließend wurden noch einige organisatorische Beschlüsse gefasst. So wurde gebilligt, dass der Zentralratsvorsitzende durch alleinige Entscheidung einzelne Mitglieder aus dem ZDSR ausschließen dürfe.[206] Romani Rose wurde intern gefragt, was ein möglicher Ausschlussgrund wäre. Laut Protokoll antwortete er, „daß im Namen des Zentralrats niemand sich für die Verteidigung von Straffälligen [sic] Sinti oder Roma einsetzen darf bei professioneller Kriminalität".[207]

Den „kriminellen Zigeuner" aus den Köpfen der Mehrheitsbevölkerung zu verbannen, dies war Romani Rose offenbar ein Anliegen. Die am Ende der Gründungssitzung beschlossene Satzung enthielt aber noch weitere wichtige Punkte. So wurde der Vorstand in relativ langen Abständen von vier Jahren gewählt. Außerdem durfte der Vorsitzende allein Pressemitteilungen herausgeben und für potenziell auszuschließende Mitglieder des Zentralrats kommissarisch neue ernennen. Gleichzeitig war es dem Zentralrat gestattet, sich in die Arbeit der Landesverbände einzuschalten.[208] Die abschließende Wahl des Vorstands des ersten Zentralrats hatte folgendes Ergebnis:

---

202 Vgl. Interview des Verfassers mit Matthäus Weiß am 15.6.2016.
203 Vgl. BArch, B 122/23799, Schreiben von VdS (Romani Rose) an Chef BPA (StS Hans Neusel) vom 18.7.1981.
204 Vgl. AGfbV, Sammlung Katrin Reemtsma, Kopie des Protokolls der Gründungssitzung des Zentralrats Deutscher Sinti und Roma am 5. und 6.2.1982 in Darmstadt, datiert auf den 8.2.1982, S. 2.
205 Vgl. ebenda, S. 3–5.
206 Vgl. ebenda, S. 6.
207 Ebenda, S. 6 f.
208 AGfbV, Sammlung Katrin Reemtsma, Kopie der Gründungssatzung des Zentralrates Deutscher Sinti und Roma, undatiert, handschriftlich unterschrieben, bes. S. 2–6.

„Wilfried Jebero Ansehns, Heinz Bamberger, Oskar Lolotz Birkenfelder, Anton Franz, Ernst Kebru Klimt, Josef Kwiek, Romani Rose, Wilhelm Boble Spindler, Erwin Wagner. [...] Als Erster Vorsitzender wurde einstimmig Romani Rose vom Verband Deutscher Sinti gewählt."[209]

Die machtvolle Stellung des Zentralratsvorsitzenden stellte im Vergleich zu den 1969 in Hildesheim aufgestellten Vorstellungen über die mögliche Beschaffenheit einer Zentralvertretung einen deutlichen Wandel dar.[210]

Mit der Gründung des ZDSR waren nun die Voraussetzungen für ein Treffen mit dem Bundeskanzler erfüllt. Ein Treffen des Bundespräsidenten mit Vertretern der Sinti und Roma – darunter Romani Rose und der VdS – hatte bereits im November 1981, also vor der Gründung des Zentralrats stattgefunden. Wie wurde das Zustandekommen dieser Zusammenkunft intern von den handelnden Akteuren im BPA gerechtfertigt?

Zunächst trat am 15. September 1980 Romani Rose mit der brieflichen Bitte um ein offizielles Gespräch an den Bundespräsidenten Karl Carstens heran.[211] Carstens war erst seit einem Jahr im Amt, im Vorfeld seiner Wahl am 23. Mai 1979 hatte es wegen seines rechtskonservativen Auftretens und seiner Mitgliedschaft in der NSDAP Proteste gegen ihn gegeben.[212] Während seiner Amtszeit entwickelte er erwartungsgemäß keine besonderen Ambitionen hinsichtlich einer verstärkten Beschäftigung mit dem Nationalsozialismus. Er trug vielmehr die spätere „geistig-moralische Wende" von Helmut Kohl mit.[213]

Das BPA fragte auf Roses Anschreiben hin im BMJFG nach dem Vertretungsanspruch des VdS. Dieser wurde vom Referatsleiter Kursawe negiert, infolgedessen wurde von einer Unterredung mit dem Bundespräsidenten abgeraten.[214] Wenige Monate später ging ein zehnseitiger Beschwerdebrief vom VdS an Hans-Georg Wolters, Staatssekretär im BMJFG, in dem die parteiische und voreingenommene Rolle, die Kursawe im Referat des BMJFG spielte, und seine guten Kontakte zu Arnold angeprangert wurden. Gleichzeitig legte der Verband gegen die Literaturstudie *Stand der Forschung* des BMJFG aus dem Jahr 1978 Protest ein, besonders gegen die Arnold-

---

209 AGfbV, Sammlung Katrin Reemtsma, Kopie des Protokolls der Gründungssitzung des Zentralrats Deutscher Sinti und Roma am 5. und 6.2.1982 in Darmstadt, datiert auf den 8.2.1982, S. 7.
210 Vgl. die Darstellung der Frühphase der Verbände im Kapitel V.3.
211 Vgl. BArch, B 122/23799, Schreiben von VdS (Romani Rose) an Bundespräsident Karl Carstens vom 15.9.1980.
212 Vgl. Szatkowski, Die Wahl von Karl Carstens, S. 155–178, hier S. 155, 163. Seine tatsächliche NS-Belastung wird von Szatkowski als gering eingeschätzt.
213 Vgl. ebenda, bes. S. 159–162, 166 f.
214 Vgl. BArch, B 122/23799, Vorlage von MR Dr. Wemmer betreffend Verband Deutscher Sinti e. V. vom 25.3.1981.

schen Rekurse auf Ritter.[215] Im Verlaufe des Herbstes 1981 wurde Kursawe daraufhin von seinen Aufgaben im Referat entbunden.[216]

Am 18. Juli 1981 betonte Rose in einem Brief an den Chef des BPA, dass sein Verband größer werde und sich mit anderen vernetze.[217] Am 21. Juli 1981 erstellte der Referatsleiter Dr. Wemmer dann eine erneute Vorlage für die Entscheidung, ob der Bundespräsident den VdS treffen solle und schlug nun vor – auch aufgrund des positiv verlaufenden Gesprächs des VdS mit dem Staatssekretär im BPA am 17. Juli 1981 – den Verband zu treffen, um ihn in seinen Bemühungen um Anerkennung innerhalb der Minderheit zu unterstützen.[218] Diesem Vorschlag stimmte der Bundespräsident zu und so kam es am 5. November 1981 schließlich zu dem lange geforderten Gespräch. Das Staatsoberhaupt zeigte sich tief bewegt von dem Treffen, dies geht aus einem Vermerk von Dr. Wemmer hervor.[219]

Eine Rede, die Carstens wenige Tage danach in Mainz vor TeilnehmerInnen des Schülerwettbewerbs des Bundespräsidenten hielt, lässt ein Problembewusstsein erkennen:

> „Sie nennen sich jetzt nicht mehr Zigeuner und hören es nicht gern, wenn man sie so nennt, sondern sie nennen sich Sinti. Es gibt davon etliche bei uns. Sie haben berichtet über das Schwere und Schreckliche, was sie in der Zeit des Nationalsozialismus erlebt haben."[220]

Auch wenn diese Formulierung keine „TäterInnen" kannte, lässt sich aus ihr schließen, dass Carstens die Minderheitsvertreter mit ihren Anliegen ernst nahm und sie als menschliche Gegenüber anerkannte.

Vor dem geforderten Gespräch mit dem Bundeskanzler wurde innerhalb des BMJFG ebenfalls über die Vertretungsberechtigung des VdS entschieden. Schließlich ordnete das BMJFG an, nur Vertreter des VdS und der Sinti Union einzuladen.[221] Als

---

215 Vgl. BArch, B 122/23799, Schreiben von VdS (Romani Rose) an BMJFG (StS Hans-Georg Wolters) vom 11.7.1981, bes. S. 2.
216 Vgl. Greußing, Die Kontinuität der NS-Zigeunerforschung, S. 385–392, hier S. 388. Dass Karl-Heinz Kursawe lange Jahre im BMI und später im BMJFG für „Zigeunerfragen" zuständig war und dass er im Juli 1981 von dieser Aufgabe entbunden wurde, darüber findet sich kein Wort in seinen Personalakten. Es findet sich auch kein Hinweis darauf, warum er so restriktiv gegenüber den Verbänden der Sinti und Roma handelte, wie es mehrfach in dieser Studie zur Sprache kommt. Einzig eine mögliche Vorbelastung bzw. Prägung hinsichtlich „Zigeunerfragen" durch den Vater (Hauptmann der Gendarmerie) erscheint denkbar, ist aber nicht zu belegen; vgl. die Personalunterlagen in den Personalakten: BArch, Pers 101/89004–89008.
217 Vgl. BArch, B 122/23799, Schreiben von VdS (Romani Rose) an StS Hans Neusel vom 18.7.1981.
218 Vgl. BArch, B 122/23799, Vorlage von MR Dr. Wemmer betrifft Verband Deutscher Sinti e. V. vom 21.7.1981.
219 Vgl. BArch, B 122/23799, Vermerk von MR Dr. Wemmer betrifft Verband Deutscher Sinti e. V. vom 5.11.1981, bes. S. 4.
220 Vgl. BArch, B 122/23799, Schreiben von Dr. Wemmer an Irmgard Colonius vom 25.3.1981.
221 Vgl. BArch, B 126/111850, Vorbereitung eines Gesprächs des Herrn Bundeskanzlers mit Vertretern der Sinti und Roma, Anlage zum Schreiben von BMJFG (Antje Huber) vom 14.1.1982, S. 15.

Rechtfertigung für diese Entscheidung wurde genannt: „Es erscheint mir nicht zweckmäßig, durch die Einladung einiger nur örtlich agierender Verbände den Eindruck der Zersplitterung der Organisation zu unterstreichen."[222] Die Gründung des Zentralrats kurz vor dem Gespräch machte diese Überlegungen dann ohnehin obsolet.

Wenige Tage vor dem anvisierten Termin bündelte das zuständige Spiegelreferat 32 für das BMJFG im BKAmt die Vorarbeiten und Positionen der Bundesregierung als Gesprächsvorbereitung für den Bundeskanzler und die am Gespräch teilnehmenden MitarbeiterInnen.[223] Diese Vorlage wurde mit einer allgemeinen Vorbemerkung eingeleitet: „Die Vertreter des Zentralrates legen Wert darauf, nicht als Zigeuner oder Landfahrer, sondern als Sinti und Roma bezeichnet zu werden."[224] Neben der lange strittigen Frage des Vertretungsanspruchs des VdS, der nun durch Gründung des ZDSR geklärt sei, wurde zweitens ein weiterer Grund genannt, warum das Treffen erst jetzt anberaumt worden sei: „Bei ehrlicher Betrachtung waren Bundesregierung, Parlament und Länder auf den Inhalt des Memorandums sachlich nicht vorbereitet."[225]

Dieses Eingeständnis offenbarte die große Kluft, die vor Übergabe des Forderungskatalogs zwischen Staatsführung und Minderheit bestand. Anschließend wurden die ermittelten Positionen der Bundesregierung zu den Detailfragen des Memorandums aufgelistet. In den finanziell und juristisch wichtigen Bereichen bedeutete dies, dass die Zahlung einer Blockentschädigung abgelehnt und die Anerkennung als nationale Minderheit versagt werden sollte.[226] Dem zentralen Anliegen, der moralischen Anerkennung des Völkermords, sollte jedoch entsprochen werden. Allerdings wurde darauf geachtet, dass eben diese als offizielle Äußerung „rein deklaratorisch" sei und keine „Rechtsfolgen" bzw. „Finanzfolgen" entstehen würden.[227] Besonders sollte der Bundeskanzler darauf achten, sich nicht auf Veränderungen des Pressetextes einzulassen, die den Beginn der NS-Verfolgung auf den Zeitpunkt der „Machtergreifung" vorverlegen oder Vergleiche mit der Judenverfolgung anstellen würden, weil beide Änderungen finanzielle Folgen nach sich ziehen könnten.[228] Ebenfalls sollte die Anerkennung als nationale Minderheit nicht in den Text aufgenommen werden, da diese „unerfüllbar" sei, auch darauf sollte im Gespräch hingewiesen werden.[229] Zugeständnisse sollten dagegen bei Verbesserungen im Staatsan-

---

222 Ebenda
223 Vgl. AdsD, Helmut-Schmidt-Archiv, 1/HSAA008980, Vorbereitung der Gruppe 32 vom 10.3.1982 für Gespräch mit dem Zentralrat Deutscher Sinti und Roma am Mittwoch, den 17.3.1982, 16.00 Uhr, Kleiner Kabinettssaal.
224 Ebenda, S. 1.
225 Ebenda, S. 2.
226 Vgl. ebenda, S. 2.
227 Vgl. ebenda, S. 5.
228 Vgl. ebenda, S. 6.
229 Vgl. ebenda, S. 5.

gehörigkeitsrecht gemacht werden. Die staatliche Förderung eines Kulturzentrums wurde grundsätzlich in Aussicht gestellt, die anderen Forderungen überwies man mit Absichtsbekundungen an die Länder und Kommunen.[230]

Das Gespräch fand dann wie geplant am 17. März 1982 im BKAmt statt. Teilnehmende waren der Bundeskanzler, der parlamentarische Staatssekretär von Schoeler, der BMJFG-Staatssekretär Fülgraff und die Mitarbeitenden Hegelau und Melzer sowie auf Seiten der Verbände: Romani Rose, Josef Kwiek, Ernst Klimt, Oskar Birkenfelder, Anton Franz, Wallani Georg, Heinz Bamberger, Egon Siebert, Franz Lehmann und Fritz Greußing.[231]

Zu Beginn wurde Helmut Schmidt eine Geige als Geschenk überreicht, die er dankend annahm. Sodann begrüßte Schmidt den Zentralrat. Im Protokoll wurde gleich zu Anfang eine grundlegende Äußerung Schmidts zum Motiv der „NS-Zigeunerverfolgung" vermerkt. Er konstatierte, „daß die Sinti und Roma durch die NS-Diktatur rassisch verfolgt wurden".[232]

Romani Rose bat den Bundeskanzler, in die Presseerklärung – wie es vom BKAmt auch erwartet worden war – die Ergänzungen zum früheren Verfolgungsbeginn und zur vergleichbaren Verantwortung der Bundesregierung für beide Opfergruppen aufzunehmen, was der Bundeskanzler jedoch geschickt an den Bundestag delegierte.[233] Auch forderte Romani Rose die Anerkennung der Sinti und Roma als nationale Minderheit, was der Bundeskanzler aufgrund rechtlicher Bedenken negierte. Für eine Klärung sollte auch hier der Bundestag sorgen. In der kurz nach dem Gespräch veröffentlichten Presseerklärung fanden sich die historischen Sätze Schmidts: „Den Sinti und Roma ist durch die NS-Diktatur schweres Unrecht zugefügt worden. Sie wurden aus rassischen Gründen verfolgt. Viele von ihnen wurden ermordet. Diese Verbrechen sind als Völkermord anzusehen."[234] Nach dem Gespräch mit dem ZDSR hätte Schmidt das Thema zu den Akten legen können, für die Detailfragen waren nun die Fachministerien oder gar die Bundesländer zuständig. Doch aus einer Gesprächsaufzeichnung vom 18. März 1982 mit Gerhard Jahn geht hervor, dass Schmidt die Große Anfrage zur Situation der Sinti und Roma – die Ende 1982 von der neuen Bundesregierung im Deutschen Bundestag beantwortet werden musste – selbst initiiert hatte. Der anwesende Legationsrat Franke hielt Schmidts Begründung dafür zusammenfassend fest: „Das sei wichtig, da die Deutschen z. B. nicht

---

230 Vgl. ebenda, S. 2 f.
231 AdsD, Helmut-Schmidt-Archiv, 1/HSAA008980, Anlage (Teilnehmerliste) zum Vermerk von Dr. Melzer (Gruppe 32) über das Gespräch des Bundeskanzlers mit dem Zentralrat Deutscher Sinti und Roma am Mittwoch, den 17.3.1982.
232 AdsD, Helmut-Schmidt-Archiv, 1/HSAA008980, Vermerk von Dr. Melzer (Gruppe 32) über das Gespräch des Bundeskanzlers mit dem Zentralrat Deutscher Sinti und Roma am Mittwoch, den 17.3.1982, S. 1.
233 Vgl. ebenda, S. 3.
234 Ebenda, S. 2.

wüßten, daß die Sinti in Auschwitz genauso wie die Juden behandelt worden seien. Herr Jahn begrüßt die Idee und will in diesem Sinne tätig werden."²³⁵

Diese Initiative Schmidts spricht dafür, dass auch ihn das Gespräch mit dem ZDSR nachhaltig bewegt hatte. Auch nach seiner Abwahl blieb er in der Sache engagiert. 1985 richtete er im Vorfeld der von der Partei *Die Grünen* angestoßenen Plenardebatte zum Thema einen Brief an alle Fraktionsvorsitzenden des Deutschen Bundestags, der folgende Bitte enthielt: „Ich möchte Ihnen aus Anlaß der kommenden Debatte meine Überzeugung zum Ausdruck bringen, daß Sinti und Roma bei ihrem Anliegen die Unterstützung aller Fraktionen des Deutschen Bundestages verdienen."²³⁶

Auch der Realpolitiker Schmidt erkannte die moralische Verpflichtung, dass die Bundesrepublik die Versäumnisse der Vergangenheit klären musste. Die Anerkennung des Völkermords im Rahmen des offiziellen Empfangs 1982 war daher auch im Hinblick auf die personelle Anerkennung ein besonderer symbolischer Akt. Bleibt zu fragen, ob sie den Beginn, eine Wegmarke oder den Schlusspunkt auf dem Weg zur Etablierung des genozidkritischen Denkstils der „NS-Zigeunerverfolgung" markierte.

3 Disziplinäre Innovationen und Forschungskonflikte um einen neuen Denkstil

Die Erforschung marginalisierter Gruppen erfuhr im Laufe der 1980er Jahre in der Geschichtswissenschaft einen spürbaren Aufschwung. 1982 gelang es dem gut vernetzten Historiker Reinhard Rürup, die Technische Universität Berlin dazu zu bewegen, ein Zentrum für Antisemitismusforschung zu gründen.²³⁷ Rürup eröffnete 1984 den Deutschen Historikertag in Berlin mit einem einleitenden Statement, das den Titel *Integration und Identität. Minderheiten und Minderheitspolitik in der neueren Geschichte* trug.²³⁸ Er begann seine Ausführungen über die Potenziale und Risiken in der Erforschung von Minderheiten: „Der Begriff der ‚Minderheit' weist heutzutage eine sehr geringe Trennschärfe auf; [...] so daß jede irgendwie benachteiligte Sozialgruppe [...] als Minderheit bezeichnet wird."²³⁹

Im Sektionsprogramm des Historikertags wurde allerdings nur in zwei Sektionen über Minderheitengeschichte im weiteren Sinne debattiert und dies nur am Rande.²⁴⁰ Das Thema war in der breiten Forschungspraxis noch nicht angekommen.

---

235 Auswärtiges Amt/Institut für Zeitgeschichte (Hrsg.), Akten zur auswärtigen Politik, S. 424.
236 AGG, Bestand Fraktionsvorstand, B.II.1, Nr. 2742, Schreiben von Helmut Schmidt (MdB) an den Sprecher der Fraktion der Grünen im Deutschen Bundestag Christian Schmidt vom 28.10.1985.
237 Vgl. Schieder, Reinhard Rürup (1934–2018), S. 319.
238 Vgl. Rürup, Integration und Identität, S. 36 f.
239 Ebenda, S. 36.
240 Vgl. Verband der Historiker Deutschlands (Hrsg.), Bericht über die 35. Versammlung, S. 193, 242.

3 Disziplinäre Innovationen und Forschungskonflikte um einen neuen Denkstil — 173

1985 hielt die Historikerin Stefi Jersch-Wenzel auf der Mitgliederversammlung der Historischen Kommission zu Berlin einen beachtenswerten Vortrag. Sie reflektierte den Beginn ihrer Forschungen auf dem Gebiet der Minderheiten in den 1960er Jahren, als es noch schwierig war, unter HistorikerInnen Gesprächspartner für das Thema zu finden.[241] Auch berichtete Jersch-Wenzel über ein Vorkommnis ein Jahrzehnt später, das die enormen disziplinären Widerstände offenbarte, welche die Beschäftigung mit Minderheiten heraufbeschwor:

> „Als ich 1974 an einigen Beispielen vergleichend nachzuweisen versuchte, daß die Lage von Minderheiten als Indiz für den Stand der Emanzipation einer Gesellschaft insgesamt anzusehen sei, warnten mich wohlmeinende Kritiker vor der Gefahr, ‚die Welt aus dem Tautropfen' erklären zu wollen (mundus in gutta)."[242]

Dieses Beispiel offenbart einen bis heute wirkmächtigen Diskurs um die Sinnhaftigkeit der Beschäftigung mit Minderheiten – HistorikerInnen würden dabei riskieren, die Mehrheitsgesellschaft aus dem Blick zu verlieren.

Große Beachtung und Verbreitung fand in den 1980er Jahren die vom Osnabrücker Historiker Klaus J. Bade entwickelte sozialhistorische Migrationsforschung, die im Kontext der politischen Kontroversen um die ungelöste „Gastarbeiterfrage" in der Bundesrepublik wichtige Schnittstellen zwischen sozial-ökonomischen und politischen Forschungsaspekten ausleuchtete.[243]

Aber auch sozialhistorische Forschungen zum Mittelalter und der Frühen Neuzeit wurden angestellt – besonders das Thema Armut sollte in seinen damaligen Wirkzusammenhängen analysiert werden.[244] Dabei waren vor allem französische Impulse sehr bereichernd für die Arbeit deutscher HistorikerInnen.[245] Die zeitgenössische deutsche Forschung differenzierte noch zwischen starken Räuberbanden, die gegen die Unterdrückung durch die Obrigkeit kämpften, und den ausgestoßenen Armen, zu denen auch die „Zigeuner" gezählt wurden.[246] Der Historiker Uwe Danker kam nach intensiven Studien diesbezüglich zu dem Ergebnis, dass die Unterscheidung aufzugeben sei, da man auch den Räuberbanden keine politischen Motive nachweisen könne.[247] Er machte aber auch mit einigen Beispielen auf die sehr radikale Abschreckungspolitik gegenüber den „Zigeunern" aufmerksam, die schon bei vergleichsweise geringen Vergehen den Mord einer ganzen Gruppe von Menschen nach sich zog.[248] Danker schloss aus seinen Forschungen, dass die Thesen Hermann Arnolds in vielerlei Hinsicht historisch nicht belegbar seien und ihnen in ihrer Be-

---

241 Vgl. Jersch-Wenzel, Der „mindere Status" als historisches Problem, S. 1.
242 Ebenda, S. 1.
243 Vgl. Pinwinkler, Historische Bevölkerungsforschungen, S. 328 f.
244 Vgl. Hunecke, Überlegungen zur Geschichte der Armut im vorindustriellen Europa, S. 480–512.
245 Vgl. ebenda, S. 491, Anm. 37.
246 Vgl. ebenda, S. 490 f.
247 Vgl. Danker, Räuberbanden im Alten Reich, S. 493 f.
248 Vgl. ebenda, S. 346–348.

wertung widersprochen werden müsse.[249] Er nahm abseits seines eigentlichen Untersuchungsthemas zur Kenntnis, dass es um die RHF, die Weiterverwendung der „Zigeunerakten" durch die Polizei nach 1945 und um die Rolle Arnolds heftige Auseinandersetzungen gab.[250]

Doch nicht nur die Beschäftigung mit Minderheiten hatte inzwischen Konjunktur, auch die Forschungen zur Organisation der NS-Verbrechen kamen voran, besonders die zu den bislang wenig untersuchten „Einsatzgruppen". Zugleich intensivierten sich auch die Forschungen zu den ideologischen Prämissen der Mordkommandos des RSHA in Europa, in erster Linie hinsichtlich der Ermordung der Juden. Informationen über die „Zigeuner" waren dabei zumeist nur „Quellenbeifang", der nicht weiter thematisiert wurde.[251] 1981 legten Helmut Krausnick und Hans-Heinrich Wilhelm schließlich das Monumentalwerk *Die Truppe des Weltanschauungskrieges* vor.[252] Krausnick verfügte über eine gewisse Fachexpertise in Bezug auf die „NS-Zigeunerverfolgung", hatte er doch eine prominente Rolle bei der Publikation des Döring-Aufsatzes in den *Vierteljahrsheften für Zeitgeschichte* inne.[253] Seine Studie – die sich sehr intensiv auf die Ereignismeldungen UdSSR des Chefs des SD und die Tätigkeits- und Lageberichte der Einsatzgruppen der Sicherheitspolizei und des SD in der UdSSR stützte – förderte nur wenige Erkenntnisse über den Umgang der Einsatzgruppen mit den Roma zu Tage.[254] Dabei annotierte Krausnick bisweilen zu den Quellen, er habe einen systematischen Mordbefehl gegenüber den Roma erkennen können. Seine Ausführungen dazu blieben aber im Ungefähren und kamen je nach gerade ausgewerteter Quelle zu sehr unterschiedlichen Schlussfolgerungen.

Eine Leerstelle der Studie von Krausnick und Wilhelm war die fehlende Einbeziehung sowjetischer Archivbestände, besonders der Akten der Außerordentlichen Staatskommissionen und des Verteidigungsministeriums. Auch wenn diese aufgrund des besonderen Propaganda-Auftrags der regionalen Komitees nur mit großer Vorsicht zu verwenden sind, enthalten sie wichtige Details über die Mordpraxis der Einsatzgruppen, besonders gegenüber der sesshaften Roma-Bevölkerung, wie Holler später – nach Öffnung der Archive – aufzeigt.[255] Dennoch markiert die Studie Kraus-

---

249 Vgl. ebenda, S. 277, 303, 477.
250 Vgl. ebenda, S. 756.
251 Vgl. Hillgruber, Die ideologisch-dogmatische Grundlage der Nationalsozialistischen Politik, S. 263–296, hier bes. S. 278; auf der benannten Seite wird von Hillgruber aus den „Ereignismeldungen UdSSR" der „Einsatzgruppe A" zitiert, dass neben 136 421 Juden bis 25.11.1941 fünf „Zigeuner exekutiert" wurden.
252 Vgl. Krausnick/Wilhelm, Die Truppe des Weltanschauungskrieges.
253 Vgl. die Darstellung des Falls im Kapitel III.3.
254 Vgl. Krausnick/Wilhelm, Die Truppe des Weltanschauungskrieges, S. 158 f., 276 f., 649–654.
255 Vgl. Holler, Hat Otto Ohlendorf die systematische Vernichtung sowjetischer Roma initiiert?, S. 77, 84–87, 90.

nicks und Wilhelms einen Erkenntnisgewinn bei der Untersuchung der Verbrechen von Polizei und SS.

Doch wie konnten solche Fortschritte über die Ländergrenzen hinweg ausgetauscht werden, um das Verständnis der NS-Massenverbrechen zu vertiefen? Während in den USA bereits in den 1970er Jahren – 1970 in New York und 1977/78 in San José – größere Konferenzen zu Forschungen zum Holocaust ausgerichtet worden waren, fand in der Bundesrepublik erst 1984 eine vergleichbare Veranstaltung statt.[256] Um teilzunehmen, reisten auch internationale ExpertInnen nach Stuttgart. Allerdings überdeckte der Konflikt zwischen Intentionalisten und Funktionalisten – die entweder nach persönlichen Motivationen der NS-Führung oder nach Parametern struktureller Radikalisierung hinsichtlich der Judenverfolgung suchten – die Debatten.[257] Diese konträren Betrachtungsweisen konnten für die Erforschung der „NS-Zigeunerverfolgung" keine „adäquate Folie" liefern, weil es einerseits kaum Verlautbarungen von Hitler über die „Zigeuner" gab und andererseits der strukturalistische Ansatz kein Erklärungsmodell für die Verfolgung lieferte.[258] Folglich spielte das Thema auch keine Rolle in Stuttgart. Götz Alys kritischer Kommentar, der eine Erweiterung des Untersuchungsfeldes anmahnte, und sein Vorschlag zur Interpretation der Judenverfolgung unter „sozialpolitischem Kalkül" verhallten ungehört im Raum und fanden keinen Eingang in den Konferenzband.[259]

Dennoch waren auch erste Fortschritte in der fachwissenschaftlichen Erforschung der „NS-Zigeunerverfolgung" zu verzeichnen. 1982 erschien die deutsche Übersetzung von Hilbergs *Die Vernichtung der europäischen Juden* im Verlag Ole und Wolters. Dieser war jedoch kein ausgewiesener geschichtswissenschaftlicher Qualitätsverlag, sondern publizierte in erster Linie die Werke radikaler und feministischer AutorInnen, was der Reputation des Buches nicht zuträglich war.[260] Für Forschungen zur „NS-Zigeunerverfolgung" konnte das Buch zu diesem Zeitpunkt auch nicht mehr als sonderlich innovativ gelten, denn es basierte auf der englischen Erstausgabe von 1961.[261] Erst in den 1990er Jahren baute Hilberg mit Dokumenten aus dem United States Holocaust Memorial Museum (USHMM) seinen Abschnitt über die Verfolgung der Sinti und Roma erheblich aus.[262]

Der Ende der 1980er Jahre auch im deutschsprachigen Raum publizierende amerikanische Historiker Henry Friedländer – der die Verbindungslinien und Unterschiede zwischen den Massenverbrechen der Nationalsozialisten untersuchte – bezog die „NS-Zigeunerverfolgung" nur in sehr begrenztem Umfang in seine Darstel-

---

256 Vgl. Brechtken, Raul Hilberg, S. 47–70, hier S. 48 f.
257 Ebenda, S. 63–69.
258 Vgl. Berg, Der Holocaust und die westdeutschen Historiker, S. 652.
259 Vgl. Brechtken, Raul Hilberg, S. 66–68.
260 Vgl. Blaschke, Verleger machen Geschichte, S. 479 f.
261 Vgl. Hilberg, Die Vernichtung der europäischen Juden (1982), bes. S. 155, 318, 424, 471–475, 634 f., 640, 677 f., 680.
262 Vgl. Browning, Biographie eines Buches, S. 37–46, hier S. 44.

lung der Zusammenhänge ein.[263] Es mangelte nach wie vor an HistorikerInnen, die sich dem Thema widmeten, was folgendes Beispiel verdeutlicht: 1987 organisierte das HIS im Kontext des Erscheinens der von ihm herausgegebenen deutschen Edition der polnischen *Auschwitz-Hefte* die Veranstaltungswoche *Viereinhalb Jahre Auschwitz 1940–1945*. Im Zuge dieser hielt Reimar Gilsenbach einen Vortrag zum Thema *Die Verfolgung der Sinti und Roma – ein Weg, der in Auschwitz endete*.[264] Um ihn zu halten, reiste jener aus der DDR an, was verdeutlicht, wie dünn die Personaldecke in diesem Bereich in der Bundesrepublik war.

Eine neue Strömung innerhalb der deutschen Geschichtswissenschaften begann dies zu ändern. Die bereits genannte Alltagsgeschichte ging produktive Verbindungen mit der Sozialgeschichte zur Erforschung des Nationalsozialismus ein, diese Initiativen hatten die „NS-Volksgemeinschaft" im Blick. Das neue Forschungsparadigma musste viel Kritik einstecken, denn einflussreiche Historiker wie Heinrich August Winkler empfanden es als nicht erkenntnisleitend, einen Mythos zum analytischen Forschungskonzept zu erheben.[265] Detlev Peukert und andere entwickelten darauf basierend ein innovatives Analysemodell des Nationalsozialismus. Die „NS-Volksgemeinschaft" hatte nach Peukerts 1982 erschienenem Buch *Volksgenossen und Gemeinschaftsfremde*

> „zwei Stoßrichtungen: nach ‚innen' wollte sie die in unterschiedliche Traditionen, Schichten und Sozialmilieus zerklüftete Gesellschaft künstlich zu einer opferbereiten Leistungsgemeinschaft formieren; nach ‚außen' wollte sie alle jene diskriminieren und letztlich ‚ausmerzen', die aus realen oder eingebildeten Gründen in der Volksgemeinschaft keinen Platz finden durften: die ‚Fremdvölkischen', die ‚unverbesserlichen' politischen Gegner, die ‚Asozialen', die Juden."[266]

Peukert konstatierte in Bezug auf die „Zigeuner" eine umfassende Vernichtungsabsicht der Nationalsozialisten. Er benannte auch deren Einbeziehung in die „Asozialenverfolgung".[267]

Der 1950 geborene Peukert war ehemaliges Mitglied im MSB Spartakus und Doktorand bei Hans Mommsen. Gemeinsam mit dem Historiker Michael Zimmermann konzipierte er in der *Alten Synagoge* in Essen die Ausstellung *Widerstand und Verfolgung in Essen*, die 1980 eröffnet wurde.[268] Ansatzpunkt für seine Forschungen waren

---

263 Vgl. Friedländer, Das nationalsozialistische Euthanasieprogramm, S. 277–297, hier S. 279, 282.
264 Vgl. Archiv des Hamburger Instituts für Sozialforschung, Bestand HIS 514,05, Programmübersicht der Veranstaltungswoche „Viereinhalb Jahre Auschwitz 1940–1945" vom 19. bis 23.10.1987, undatiert.
265 Vgl. Mommsen, Nationalsozialismus als vorgetäuschte Modernisierung, S. 31–46.
266 Peukert, Volksgenossen und Gemeinschaftsfremde, S. 247.
267 Vgl. ebenda, S. 248–251, hier bes. S. 248.
268 Vgl. Herbert, Arbeiterklasse und Gemeinschaftsfremde, S. 39–47, hier S. 40.

Fragestellungen zum Verhalten der Arbeiterklasse, von der er noch annahm, sie sei zumindest bis 1933 im Kern gegen die Nationalsozialisten eingestellt gewesen.[269]

Peukerts Buch erschien im linken Bund-Verlag, einem Gesinnungsverlag der Deutschen Gewerkschaften.[270] Ab 1988 leitete er die Hamburger Forschungsstelle für die Geschichte des Nationalsozialismus und etablierte in seiner – durch seinen frühen Tod bereits 1990 beendeten – Amtszeit das Projekt *Hamburger Lebensläufe*, das die Arbeit mit ZeitzeugInnen an einem historischen Forschungsinstitut auf vielversprechende Art institutionalisierte.[271]

Der Historiker Ulrich Herbert plädierte in einem 1989 veröffentlichten Artikel für einen Versuch, das „Arbeits- und Denkmodell" der Nationalsozialisten in Beziehung zu der Position und Behandlung der „Volksgenossen" auf der einen Seite und der völkisch Ausgeschlossenen – wie „Zigeuner", Erbkranke usw. – auf der anderen Seite zu setzen.[272] Es war schließlich Zimmermann, der dieses Plädoyer in Hinsicht auf die „NS-Zigeunerverfolgung" umsetzte.[273]

Auch in der Ethnologie kündigte sich ein Perspektivwechsel im Hinblick auf die Betrachtung der „Zigeuner" an. Bernhard Streck, einer der wichtigsten Vertreter der neuen Strömung Tsiganologie,[274] verfasste für den 1979 erschienenen Sammelband *In Auschwitz vergast, bis heute verfolgt* einen Beitrag über die „NS-Zigeunerverfolgung".[275] Die Tsiganologen waren angetreten, die traditionelle „Zigeunerforschung" abzulösen, sie interpretierten das „Zigeunerische" jedoch lediglich um: „,Rasse' wird in Eigensinn und Asozialität in Flexibilität"[276] transformiert.

Strecks Blick auf die „NS-Zigeunerverfolgung" wurde mit den Jahren immer problematischer. Sein eigentlich vielversprechender Beitrag über die Geschichte des „Zigeunerlagers Auschwitz" beinhaltete massive historische Fehlannahmen.[277] Er behauptete darin etwa fälschlich, dass das „Familienlager" als separates Lager im Lager geschaffen worden war, da keine Vernichtungsabsicht gegenüber den Zigeunern bestanden hätte und diese geschont werden sollten.[278] Auch widersprach Streck der Vorstellung, Rassismus sei ein handlungsleitendes Motiv der Nationalso-

---

269 Vgl. Wildt, Ambivalenz des Volkes, S. 52f.
270 Vgl. Blaschke, Verleger machen Geschichte, S. 285.
271 Vgl. Reichel/Schmid, Von der Katastrophe zum Stolperstein, S. 41.
272 Vgl. Herbert, Arbeiterschaft, S. 320–360, hier S. 335.
273 Vgl. die Ausführungen zur Rolle Zimmermanns im Kapitel VI.3; Zimmermann, Rassenutopie und Genozid.
274 Das Projekt entstand 1978 am Fachbereich Soziologie der Universität Gießen, Mitglieder waren Edith Gerth, Reimer Gronemeyer, Mark Münzel, Bernhard Streck, später auch Georgia Rakelmann; vgl. Niemann-Findeisen, Eine nomadische Kultur der Freiheit, S. 165–181, hier S. 166.
275 Vgl. Streck, Die „Bekämpfung des Zigeunerunwesens".
276 Niemann-Findeisen, Eine nomadische Kultur der Freiheit, S. 168.
277 Vgl. Streck, Zigeuner in Auschwitz, S. 69–128.
278 Vgl. ebenda, S. 115.

zialisten gewesen.²⁷⁹ Diese zweifelhaften Interpretationen führten schließlich auch zu massiven Konflikten mit der GfbV und dem ZDSR.

Das „Projekt Tsiganologie" wurde von der Deutschen Gesellschaft für Friedens- und Konfliktforschung (DGFK) gefördert, die Gustav Heinemann kurz nach seiner Amtsübernahme als Bundespräsident gegründet hatte, um die neue Forschungsrichtung der Friedensforschung in der Bundesrepublik zu unterstützen.²⁸⁰ Der ZDSR intervenierte 1981 bei der DGFK und forderte die Streichung der finanziellen Mittel für die Forschungsgruppe.²⁸¹ In Vertretung von Professor Jacobsen antwortete Karlheinz Koppe für die DGFK auf die Anwürfe: „Ich kann mich nur noch einmal wiederholen, daß für die DGFK keine Werturteile irgendwelcher Art entscheidend sind, sondern allein das wissenschaftliche Interesse."²⁸² Daraus sprach das Webersche Wissenschaftsideal, das nicht so recht zu einer Forschungsgesellschaft passte, die begründet wurde, um Friedensforschung zu befördern.

Dem Projekt Tsiganologie verbunden war der Fuldaer Sozialwissenschaftler Joachim Hohmann. Er verstand seine Forschungen auch als Beitrag zur Sozialgeschichte der fahrenden Völker, wobei besonders seine Theorieferne auffiel.²⁸³ In zwei frühen Schriften bündelte er Erkenntnisse zur „NS-Zigeunerverfolgung".²⁸⁴ Darin kritisierte er die „Zigeunerexperten" um Ritter und Arnold und ihre Verwicklung in die „NS-Zigeunerverfolgung" anhand einschlägiger Literatur und Quellen. Später entdeckte Hohmann jedoch die ältere „Zigeuner-Folklore" für sich, so zum Beispiel die Aufzeichnungen von Engelbert Wittich. Dieser hatte zu Beginn des 20. Jahrhunderts allerlei Trivialitäten und Hörensagen über das Lebensumfeld von „Jenischen" und „Zigeunern" niedergeschrieben, so auch ein ganzes Kapitel über angebliche „zigeunerische Sexualpraktiken".²⁸⁵ Hohmann war fasziniert von diesen direkten Einblicken in ein vermeintlich „zigeunerisches" Alltagsleben. Er nahm Verhandlungen mit dem Fischer Taschenbuchverlag auf, um Wittichs Werk unter dem Titel *brawo sinto!* neu herauszugeben, was schließlich 1984 auch gelang.²⁸⁶ Nach Protesten des ZDSR stampfte der Verlag das Buch ein und zahlte Hohmann 5000 DM Entschädigung.²⁸⁷

---

279 Vgl. Streck, Gesellschaft als Pflegefall, S. 17–42, hier bes. S. 19, 42.
280 Vgl. Wette, Kann man aus der Geschichte lernen?, S. 83–97, hier S. 83.
281 Vgl. AGfbV, Sammlung Katrin Reemtsma, Schreiben von VdS (Romani Rose) an DGFK (Herrn Prof. Dr. Hans-Adolf Jacobsen) vom 22.12.1981.
282 Vgl. AGfbV, Sammlung Katrin Reemtsma, Schreiben von DGFK (Karlheinz Koppe) an VdS (Michael Braunwarth) vom 15.02.1982.
283 Vgl. Hohmann, Zigeunerleben, S. 7–23.
284 Vgl. Hohmann, Zigeuner und Zigeunerwissenschaft; Hohmann, Die Geschichte der Zigeunerverfolgung in Deutschland.
285 Vgl. Fings/Lotto-Kusche, Tsiganologie, S. 1152.
286 Vgl. Wittich, brawo sinto!, bes. S. 146–177.
287 Vgl. AGfbV, Sammlung Katrin Reemtsma, Schreiben der Geschäftsleitung des S. Fischer Verlags an Herrn Rechtsanwalt Martin Abel bzgl. der Zurückziehung des Taschenbuches „Brawo Sinto. Lebensspuren deutscher Zigeuner", hrsg. von Joachim Hohmann, vom 4.10.1985.

Der dem Zentralrat nahestehende Professor Erhard Meueler vom Pädagogischen Institut der Universität Heidelberg beendete nach diesem Vorfall sogar das dort betriebene Habilitationsverfahren Hohmanns.[288] Hohmann stilisierte sich fortan als Opfer einer Machtdemonstration des ZDSR. Allerdings waren seine handwerklichen Fehler real, er war ein Dilettant, was den Umgang mit Texten anging.[289] Der ZDSR begann die Legitimation der noch aktiven „Zigeunerforscher" und Tsiganologen anzugreifen, meist mit Pressekampagnen oder durch abermalige Nutzung eines breiten Netzwerkes. Auch sicherte sich der ZDSR wichtige Bestände der alten „Zigeunerforscher", so etwa über einen Mittelsmann der GfbV auch die Literatursammlung von Hermann Arnold.[290] Der ZDSR nutzte im weiteren Verlauf der 1980er Jahre aktiv das Netzwerk und die Zeitschrift *Pogrom* der GfbV, etwa 1987, um die Forderung nach Einrichtung eines Kulturzentrums öffentlich wieder mehr zu forcieren und Material für die Ausgestaltung einer solchen Errichtung zu sammeln.[291] Außerhalb des Kontextes der GfbV begann der ZDSR sehr früh, sich selbst und seine Arbeit zu historisieren, oft verbunden mit tagespolitischen Forderungen.[292] Der Zentralrat hatte sich mit Hilfe der GfbV sehr schnell und effektiv die Diskurshoheit über die „NS-Zigeunerverfolgung", aber auch über kulturelle Fragen im Kontext von Sinti und Roma erkämpft.

Mitte der 1980er Jahre begannen Sozialwissenschaftler und Ethnologen, sich mit der problematischen Fachgeschichte auseinanderzusetzen.[293] Martin Ruch setzte sich explizit mit den Schriften Wittichs auseinander und kam nach seiner Analyse zu dem Urteil:

> „Wie gezeigt wurde, bestehen schließlich aber auch in vielen anderen Punkten berechtigte Zweifel vor allem an den früheren Arbeiten Wittichs, so daß ein Rückgriff auf die dort gebotenen Informationen zur Kultur der deutschen Zigeuner nur schwerlich zu vertreten ist."[294]

Und Ruch wurde noch viel grundsätzlicher: „Die Geschichte der deutschsprachigen Zigeunerforschung erscheint über weite Strecken als die Geschichte einer wissenschaftlichen Absicherung zeit- und gesellschaftstypischer Vorurteile über die Sinti und Roma."[295] Die Ausstellung *Zigeuner* im Hamburger Völkerkundemuseum war in

---

288 Vgl. AGfbV, Sammlung Katrin Reemtsma, Schreiben von Prof. Dr. Erhard Meueler und Prof. Dr. Franz Hamburger an Dr. J. S. Hohmann vom 29.10.1984.
289 Vgl. Niemann-Findeisen, Eine nomadische Kultur der Freiheit, S. 168.
290 Vgl. BArch, B 138/75005, Vermerk von BMBW (Kremer) für Ministerin Dorothee Wilms vom 25.10.1982.
291 Vgl. Heuß, Für ein Kulturzentrum Deutscher Sinti und Roma, S. 2 f.
292 Vgl. Rose, Bürgerrechte für Sinti und Roma; ders., Sinti und Roma seit 600 Jahren in Deutschland.
293 Vgl. Martins-Heuß, Zur mythischen Figur des Zigeuners; Ruch, Zur Wissenschaftsgeschichte.
294 Ruch, Zur Wissenschaftsgeschichte, S. 335.
295 Ebenda, S. 339.

der Folge die letzte große „Zigeunerausstellung" in der Bundesrepublik.[296] Es war, wenn auch mit kritischen Untertönen, ein Abgesang auf die alte „Zigeunerfolklore". Die Suche nach dem „wahren Zigeunerischen" sollte und musste eingestellt werden.

Der Ethnologe und Sprachwissenschaftler Siegmund Wolf wünschte sich einen fundamentalen Wandel in der wissenschaftlichen Herangehensweise der zukünftigen „Zigeunerforschung". Er artikulierte 1983 in der *Rhein-Neckar-Zeitung*: „Man kann heute Zigeunerforschung nicht mehr über die Köpfe der Erforschten betreiben."[297] Seine Forderung zur Einbeziehung der Sinti und Roma in die Forschung markierte einen Wendepunkt in den Beziehungen zwischen Minderheit und Mehrheit. Er schrieb jedoch offensichtlich frustriert ein Jahr vor seinem Tod 1988 im Vorwort zu seiner zweiten Auflage des *Großen Wörterbuchs der Zigeunersprache*:

> „Doch ist die Romani-Feldforschung überall aussichtsreicher als in der Bundesrepublik, wo das angesichts der Kontinuität rassistischer Zigeunerforschung verständliche zigeunerische Mißtrauen [...] umfassenden Untersuchungen entgegensteht."[298]

Sein Appell für eine Reform der „Zigeunerforschung" fand aus theoretischen wie praktischen Gründen keinen Anklang.

Die Historikerzunft dagegen publizierte in diesem Jahrzehnt innovative Studien zur Sozial- und Gesundheitspolitik des Nationalsozialismus. Die AutorInnen dieser Schriften waren politisch meist links verortet und nutzten für die Veröffentlichung ihrer Texte alternative Verlage, die nicht in erster Linie wirtschaftliche Ziele verfolgten.[299] So war der in diesem Milieu beliebte Rotbuch Verlag – ein Gesinnungsverlag, der als Mitarbeiterkollektiv geführt wurde – 1973 als Abspaltung aus dem Wagenbach Verlag gegründet worden.[300]

1983 wurde in der Evangelischen Akademie Bad Boll der Verein zur Erforschung der nationalsozialistischen Gesundheits- und Sozialpolitik gegründet, der sich ab 1985 Dokumentationsstelle zur NS-Sozialpolitik nannte. Leiter war der Mediziner Karl-Heinz Roth – ein ehemaliger Protagonist der Außerparlamentarischen Opposition (APO) –, der sich seit den 1980er Jahren für die Erforschung der „vergessenen Opfergruppen" einsetzte.[301] Eine der ersten Veröffentlichungen aus diesem Kreis war die kritische, im Rotbuch Verlag erschienene Studie *Die restlose Erfassung*, die sich mit der nationalsozialistischen Bevölkerungsstatistik auseinandersetzte, aber auch politische Kritik an zeitgenössischen Volkszählungen übte.[302]

---

296 Vgl. Vossen, Zigeuner. Roma, Sinti, Gitanos, Gypsies; zur Kritik der Ausstellung vgl. Reemtsma, „Zigeuner" in der ethnographischen Literatur, S. 28.
297 Zit. nach Rosenhaft, Gefühl, Gewalt und Melancholie, S. 22–34, hier S. 34.
298 Wolf, Großes Wörterbuch der Zigeunersprache (1987), S. 12.
299 Vgl. Blaschke, Verleger machen Geschichte, S. 447.
300 Vgl. ebenda, S. 300.
301 Vgl. Brünger, Geschichte und Gewinn, S. 245.
302 Vgl. Aly/Roth, Die restlose Erfassung.

3 Disziplinäre Innovationen und Forschungskonflikte um einen neuen Denkstil — 181

Aus der Dokumentationsstelle zur NS-Sozialpolitik ging wenig später die Stiftung für Sozialgeschichte des 20. Jahrhunderts hervor, die auch eine eigene wissenschaftliche Zeitschrift herausbrachte. Diese sollte einen politischen Standpunkt vertreten, wie aus dem einleitenden Kommentar des Förderers Jan Philipp Reemtsma hervorging.[303] Bereits im zweiten Jahrgang der Zeitschrift enthielt diese einen sehr umfassenden Aufsatz zur Geschichte der „Zigeunerkinder" in der St. Josefspflege in Mulfingen von Johannes Meister.[304] Im Artikel wurden eindrücklich die Schicksale der von Eva Justin für ihre Dissertation „angeforderten" Sinti-Kinder in Mulfingen nachvollzogen, die nach dem Ende der „Forschungen" Justins allesamt nach Auschwitz deportiert worden waren.[305]

Die Publikation *Heilen und Vernichten im Mustergau Hamburg* setzte in der Stadt wiederum auch Forschungen der etablierten WissenschaftlerInnen zur Geschichte der Medizin und zur Geschichte der Polizei in Gang. Der Genetiker Benno Müller-Hill schrieb 1984 im Rowohlt Taschenbuch Verlag eine kritische Studie über die Verwicklung von Medizin, Anthropologie und Genetik in die nationalsozialistischen Gewaltverbrechen, in der er auch einen knappen Exkurs zur Erfassung der „Zigeuner" durch die RHF integrierte.[306] Die Studie leistete zweierlei: Zum einen enthielt sie interessante Gespräche mit Nachkommen oder ehemaligen MitarbeiterInnen von in dem Buch besprochenen ProtagonistInnen der nationalsozialistischen Medizin- und Bevölkerungsforschung, darunter auch Adolf Würth.[307] Zum anderen gelang es Müller-Hill, die erhalten gebliebene DFG-Akte Ritters einzusehen und auszuwerten, was das Bild der „NS-Zigeunerverfolgung" um einen Mosaikstein ergänzte.[308]

Der Humanbiologe Horst Seidler und der Mediziner Andreas Rett schrieben ebenfalls eine engagierte Studie über die Rolle der „Rassenbiologie" im Nationalsozialismus.[309] Das Buch beleuchtete viele bislang wenig bekannte Einflussbereiche und behördliche Verbindungen zwischen den NS-Institutionen. Allerdings war der Aufbau der Studie unsystematisch, Quellen und Zitate reihten sich aneinander.

Die Studie *Parteisoldaten* der beiden Juristen Helmut Fangmann und Udo Reifner ist eine der ersten kritischen Studien, die sich mit den verschiedenen Verwicklungen der Polizei in die NS-Diktatur auf regionaler Quellenbasis auseinandersetzten.[310] Die Beteiligung der örtlichen Polizei an der zunehmenden Repressionspolitik

---

303 Vgl. Reemtsma, ... abgesehen von, S. 2 f.
304 Vgl. Meister, Die „Zigeunerkinder", S. 14–51. Dem Artikel war eine Schülerarbeit beim ersten Geschichtswettbewerb des Bundespräsidenten zum „Alltag im Nationalsozialismus" 1980/81 vorausgegangen, die der Autor des Artikels betreut hatte; vgl. ebenda, S. 48 Anm. 27.
305 Vgl. ebenda, S. 25–33.
306 Vgl. Müller-Hill, Tödliche Wissenschaft, S. 59–64.
307 Vgl. ebenda, S. 119–175.
308 Vgl. ebenda, S. 110 Anm. 94.
309 Vgl. Rett/Seidler, Das Reichssippenamt entscheidet.
310 Vgl. Fangmann/Reifner/Steinborn, „Parteisoldaten".

gegenüber Sinti und Roma stellten die Autoren anhand von Archivalien aus dem Staatsarchiv Hamburg in Grundzügen heraus.[311]

Auch Wolfgang Wippermann legte in dieser Zeit zwei bedeutende Regionalstudien zur „NS-Zigeunerverfolgung" vor.[312] Weitere wichtige Impulse kamen 1983 erneut aus Österreich, dort erschien die Studie *Nationalsozialismus und Zigeuner in Österreich* von Erika Thurner.[313] Interessant ist die Tatsache, dass der Autorin zunächst keine Originalquellen zum „Lager Lackenbach" zur Verfügung standen, auch in internationalen Archiven wurde sie nicht fündig. Erst ein Besuch des Lagergeländes und das Aufbrechen einiger Seitenwände des ehemaligen Gebäudes der Kommandantur brachten wichtige Dokumente ans Licht, die Thurner für die Forschung zur Verfügung stellte.[314] Dieses Verhalten zeugte davon, dass eine für das Thema sehr engagierte Historikerin am Werk war. Ihre bemerkenswerte Studie baute auf der Vorarbeit von Selma Steinmetz aus den 1960er Jahren auf. Thurner schrieb eine umfassende Geschichte des „Zigeunerlagers Lackenbach". Sie äußerte sich darin auch zum Verfolgungsmotiv der „NS-Zigeunerverfolgung": „Der Zigeuner-Genocid [sic] war keineswegs ein konsequenter und logischer Plan. Die Rassentheoretiker mußten zuerst ideologisch-wissenschaftliche Grundlagen für ein Zigeunergesetz schaffen."[315] An der „rassischen" Motivation ließ sie damit keinen Zweifel.

Auch zur direkten Vorgeschichte der „NS-Zigeunerverfolgung" begannen Historiker zu forschen. Rainer Hehemann legte 1987 im Haag + Herchen Verlag[316] seine Dissertationsschrift zur „Zigeunerpolitik" in der Weimarer Republik und im deutschen Kaiserreich vor.[317] Ein elaborierter Beitrag des Literaturwissenschaftlers Arnold Spitta über die Entschädigungsfrage für „Zigeuner" schaffte es 1989 in den IfZ-Sammelband von Ludolf Herbst und Constantin Goschler.[318] Wichtig für die kommenden Forschungen sollte die Publikation *Kalendarium der Ereignisse im Konzentrationslager Auschwitz-Birkenau 1939–1945* werden, die 1989 erstmals auf Deutsch im Rowohlt Verlag erschien.[319] Der spezifische Widerstand von Sinti und Roma gegen das NS-Regime wurde von dem Politikwissenschaftler Ulrich König erforscht.[320] Er vertrat einen ebenso problematischen wie zeitgenössisch nicht unüblichen, eng gefassten Widerstandsbegriff, der auf politische Aktionen gegen das Regime fokus-

---

311 Vgl. ebenda, S. 110–112.
312 Vgl. Wippermann, Das Leben in Frankfurt zur NS-Zeit II; Brucker-Boroujerdi/Wippermann, Nationalsozialistische Zwangslager in Berlin, S. 189–201.
313 Vgl. Thurner, Nationalsozialismus und Zigeuner in Österreich.
314 Vgl. ebenda, S. 6, nicht nummerierter Anhang.
315 Ebenda, S. 8.
316 Der Verlag war kein ausgewiesener Geschichtsverlag, was der Rezeption nicht förderlich war.
317 Vgl. Hehemann, Die „Bekämpfung des Zigeunerunwesens" im Wilhelminischen Deutschland.
318 Vgl. Spitta, Entschädigung für Zigeuner?, S. 385–401.
319 Vgl. Czech, Kalendarium der Ereignisse im Konzentrationslager Auschwitz-Birkenau, bes. S. 774 f.
320 Vgl. König, Sinti und Roma unter dem Nationalsozialismus.

siert war.³²¹ Es verwundert daher nicht, dass König die angeblich unpolitischen Widerstandshandlungen der Sinti und Roma auf eine vermeintlich spezifische „Zigeunerwiderstandskultur" zurückführte, was tradierte Vorurteile bediente.³²²

Der von Götz Aly herausgegebene Sammelband *Feinderklärung und Prävention* war ein Quantensprung für die Erforschung der „NS-Zigeunerverfolgung", jener erschien in der Reihe *Beiträge zur Nationalsozialistischen Gesundheits- und Sozialpolitik* 1988 im Rotbuch Verlag.³²³ Bereits ein Auszug im Editorial war bemerkenswert:

> „Bei unserer Arbeit kommt es auf Dokumente und Tatsachen an. Seit einigen Jahren kursiert die Zahl ‚eine halbe Million', wenn es um die Ermordung der Zigeuner im deutschen Herrschaftsbereich zwischen 1938–1945 geht. Nachweisbar in diesem Zusammenhang ist der Tod von etwa 277 000 Menschen. Die Verbrechen werden durch allzu pauschale Aufrundungen nicht größer, größer aber die Angriffsflächen für diejenigen, die es auf eine Revision des Bildes der deutschen Geschichte des Zwanzigsten Jahrhundert anlegen."³²⁴

Auch wenn kein Adressat für diesen Vorwurf genannt wird, ist dieser doch klar auszumachen: der ZDSR und alle AutorInnen in seinem Umfeld, welche die symbolische Opferzahl von 500 000 Todesopfern der „NS-Zigeunerverfolgung" ohne Nachweise über die Herkunft der Schätzung verbreitet hatten. Die Warnung, diese Zahl könne von nicht wohlmeinenden Kreisen missbraucht werden, um den genozidalen Charakter der Verfolgung in Zweifel zu ziehen, war mehr als berechtigt, wie die Beispiele Streck, Walendy und Müller in der vorliegenden Studie exemplifizierten. Anzumerken ist, dass auch die HerausgeberInnen des Sammelbands ihrerseits keinen Beleg für die Zahl von 277 000 Todesopfern lieferten.

Der erste inhaltliche Beitrag in dem Sammelband war eine Niederschrift des Vortrags von Reimar Gilsenbach, den er 1987 bei der Tagung am HIS in Hamburg gehalten hatte.³²⁵ Dieser sehr persönliche, essayistische Beitrag wurde vom Herausgeber-Team mit belastbaren Nachweisen versehen, die Gilsenbach vermutlich nicht mitgeliefert hatte. Sein Beitrag war auch für auf diesem Gebiet weniger versierte LeserInnen ein gelungener Einstieg ins Thema. Es folgte ein Text von Wolfgang Ayaß, der die bislang wenig beleuchtete „Aktion Arbeitsscheu Reich", von der auch Sinti und Roma betroffen waren, vorstellte.³²⁶ Als wegweisend musste auch der Beitrag von Patrick Wagner gelten, der einen Aufsatz zur Geschichte der Kriminalpolizei, speziell zugeschnitten auf die „NS-Zigeunerverfolgung", beisteuerte.³²⁷ Ein weiterer Text von Reimar Gilsenbach beschrieb anhand der Biographie von Eva Justin, wie jene ihren akademischen sowie beruflichen Aufstieg an der RHF schaffen und gleichermaßen

---

321 Vgl. Zimmermann, Rassenutopie und Genozid, S. 35.
322 Vgl. König, Sinti und Roma unter dem Nationalsozialismus, S. 175.
323 Vgl. Aly u. a. (Hrsg.), Feinderklärung und Prävention.
324 Aly u. a., Editorial, S. 7–9, hier S. 9.
325 Vgl. Gilsenbach, Die Verfolgung der Sinti, S. 11–41.
326 Vgl. Ayaß, „Ein Gebot der nationalen Arbeitsdisziplin", S. 43–74.
327 Vgl. Wagner, Das Gesetz über die Behandlung Gemeinschaftsfremder, S. 75–99.

nach 1945 in Frankfurt mit Hilfe Ritters als Sozialarbeiterin noch über Jahrzehnte weiterarbeiten konnte.[328] Dieser Artikel – ebenfalls mit reichhaltigen Belegen versehen – war richtungsweisend für Forschungen zu weiblicher TäterInnenschaft im Rahmen der NS-Gewaltverbrechen. Daneben war die Untersuchung der Kontinuitäten der deutschen „Zigeunerforschung" von Matthias Winter eine Pionierarbeit, besonders die belastbare und gut recherchierte Kritik an Arnold und Harmsen betreffend.[329] Abschließend steuerte Ursula Körber einen Beitrag über die Praxis der Entschädigung für Sinti und Roma bei, der sich an instruktiven Beispielen orientierte.[330] Ausblickend war ein Prozessbericht aus dem seit 1987 laufenden Gerichtsverfahren gegen Ernst-August König angefügt, der als ehemaliger Blockführer im „Zigeunerlager Auschwitz" wegen Beihilfe zum Mord angeklagt war.[331] Dieses Verfahren hatte der ZDSR mit beharrlichen Interventionen maßgeblich angestoßen.[332] Eine wichtige Austauschmöglichkeit für den bis dato weitgehend informellen Kreis derer, die sich in der Bundesrepublik historisch mit der „NS-Zigeunerverfolgung" beschäftigten, war der Rezensionsteil des Sammelbandes.[333] Besonders ins Auge stach hier die vernichtende Rezension des Politikwissenschaftlers Jochen August über die Studie von Bernd Wehner zur Geschichte der deutschen Kriminalpolizei.[334]

Die hier vorgestellten Aktivitäten und Studien ebneten mit den Weg für eine seriöse und zugleich engagierte Forschung über die Abläufe, Tatmotive, Ideologien, Kontinuitäten der „NS-Zigeunerverfolgung". Auch der ZDSR initiierte eigene Forschungsvorhaben zum Thema. Am 20. August 1985 versandte dieser eine Pressemitteilung mit folgender Ankündigung:

> „Verfolgungserfahrung von Sinti und Roma wird erstmals wissenschaftlich dokumentiert. Der Völkermord an Sinti und Roma im 3. Reich soll jetzt zum ersten Mal in der Bundesrepublik Deutschland umfassend wissenschaftlich erforscht und dokumentiert werden."[335]

Das Forschungsvorhaben war am Erziehungswissenschaftlichen Seminar der Universität Heidelberg angesiedelt, stand unter der Leitung von Micha Brumlik, Helmut Baitsch und Lutz Niethammer. Finanziert wurde es zunächst für ein Jahr von der DFG.[336] Starten sollte das Pilotprojekt mit exemplarischen Interviews von Überlebenden der „NS-Zigeunerverfolgung", um die individuellen Erfahrungen zu dokumen-

---

328 Vgl. Gilsenbach, Wie Lolitschai zur Doktorwürde kam, S. 101–134.
329 Vgl. Winter, Kontinuitäten in der deutschen Zigeunerforschung.
330 Vgl. Körber, Die Wiedergutmachung und die „Zigeuner", S. 165–175.
331 Vgl. Landgrebe, „Die schönste Zeit meines Lebens", S. 199–204.
332 Zum Verfahren informiert: Roßberg, Die Aufarbeitung des NS-Völkermordes, S. 94–113.
333 Vgl. ebenda, S. 176–198.
334 Vgl. August, Rezension zu: Bernd Wehner. Dem Täter auf der Spur, S. 176–182.
335 Vgl. AZDSR, Sammlung Tandler, Presseerklärung „Verfolgungserfahrung von Sinti und Roma wird erstmals wissenschaftlich dokumentiert" des ZDSR vom 20.8.1985.
336 Vgl. ebenda, S. 1.

tieren. Ergänzend war eine systematische Archivrecherche vorgesehen.[337] Der ZDSR ging am Ende seiner Projektankündigung auf die besondere Verantwortung der Förderinstitution ein:

> „Der Zentralrat Deutscher Sinti und Roma begrüßt es, daß die Deutsche Forschungsgemeinschaft als die wissenschaftlich repräsentative Institution der Bundesrepublik Deutschland mit diesem Projekt auch einer besonderen historischen Verpflichtung nachgekommen ist."[338]

Hiermit spielte der ZDSR auf die Förderung der Arbeiten der RHF und Robert Ritters von insgesamt 120 000 Mark durch die DFG-Vorgängerorganisation, den Reichsforschungsrat, an.[339] Doch wie kam es zur Zusammenarbeit zwischen ZDSR und DFG?

Im März 1983 betonte der ZDSR in einem Antrag an die DFG die Verantwortung der Forschungsgemeinschaft für die Finanzierung der RHF während der NS-Zeit und die Nachkriegsförderungen Sophie Ehrhardts und schlug vier Projektideen vor.[340] Ein Forschungsvorhaben zur Befragung der noch lebenden Opfer, eine große internationale Konferenz über die Geschichte des Völkermords, ein Aktenerschließungsprojekt für die an das Bundesarchiv abgegebenen Bestände der RHF und schließlich eine einwöchige Konferenz, in deren Rahmen sich Sinti und Roma über eine Konzeption für das noch zu gründende Kulturzentrum austauschen könnten.[341] Der ZDSR betonte die besondere Relevanz der ersten Projektidee, die letztlich auch gefördert wurde. Was aus den anderen Projekten geworden ist, bleibt unklar.[342] Es erscheint nachvollziehbar, dass die Studie von Erhard Meueler und Marion Papenbrok, die sich mit interkulturellen Effekten eines potenziellen Kulturzentrums für die Sinti und Roma auseinandersetzte und ab 1983 von der Volkswagenstiftung gefördert wurde, aus der vierten an die DFG mitgeteilten Projektidee hervorgegangen sein könnte.[343]

Das Forschungsvorhaben *Verfolgungserfahrungen von Sinti und Roma unter dem Nationalsozialismus* startete schließlich Mitte 1985. Die Archivrecherchen sollte Michael Zimmermann vornehmen. Darüber hinaus fiel auch das Führen einzelner Interviews in seinen Aufgabenbereich.[344] Doch was qualifizierte ihn dafür?

Wie bereits erwähnt, konzipierte der 1951 geborene Michael Zimmermann gemeinsam mit Detlev Peukert die Ausstellung *Widerstand und Verfolgung in Essen* in

---

337 Vgl. ebenda, S. 1.
338 Ebenda, S. 2.
339 Vgl. Wagner, Notgemeinschaften der Wissenschaft, S. 243.
340 Vgl. AGfbV, Sammlung Katrin Reemtsma, Schreiben des ZDSR an die DFG (Herrn Dr. Fritz Fischer) vom 25.3.1983, S. 1.
341 Vgl. ebenda, S. 1–4.
342 Vgl. ebenda, S. 4 f.
343 Vgl. Meueler/Papenbrok, Kulturzentren in der Kultur- und Sozialarbeit von Sinti und Roma, bes. S. 5, 19.
344 Vgl. Zimmermann, Rassenutopie und Genozid, S. 9; dort gab Zimmermann nur den Zeitraum 1985/86 als Pilotphase des Projektes an.

der Alten Synagoge.³⁴⁵ 1981 erarbeitete er gemeinsam mit BewohnerInnen des Orts Hochlarmark eine Publikation zur Geschichte des Ruhrgebietsorts, worüber er auch seine Dissertation verfasste.³⁴⁶

Im Nachlass Zimmermanns sind Arbeitspapiere aus der Anfangsphase des DFG-Projekts erhalten geblieben. In einem Schriftsatz von Micha Brumlik werden einige interessante Schwerpunkte und Fragen offenbar.³⁴⁷ Die Ziele des Projekts waren ambitioniert: Es sollten auf Basis der Biographien der Interviewten Informationen über die „objektiven Abläufe" der Verfolgung der Sinti und Roma erhoben und gleichzeitig die Erfahrungen, die Sinti und Roma im Umgang mit dem Verbrechen im Nachkriegsdeutschland machten, aufgezeichnet werden. Ergänzt werden sollte dies durch eine intensive Quellensuche in staatlichen Archiven.³⁴⁸ Diese Recherchen sollten folgende Schwerpunkte haben:

> „Informationen über die Vorgeschichte der Verfolgung, die Ursachen ihres Einsetzens in den Jahren 1936/37, die Beteiligung kommunaler und zentraler politischer sowie wissenschaftlicher Institutionen sowie die Haltung der Bevölkerung".³⁴⁹

Methodisch bediente sich das Projekt auch der Psychoanalyse – mit narrativen Tiefeninterviews sollten biographische Informationen „hervorgelockt" werden.³⁵⁰ Auch wurde ein für die damalige Zeit ausgeklügeltes technisches Verfahren zur Aufzeichnung der Interviews entworfen, das auch einen standardisierten Erfassungsbogen jeder interviewten Person umfasste.³⁵¹ In einem erhalten gebliebenen Beschlussprotokoll einer Projektsitzung vom 4. Dezember 1985 wurde noch einmal bekräftigt, dass die Interviews „offen" erfolgen und ab Januar 1986 von zwei Schreibkräften verschriftlicht werden sollten.³⁵² Mit Kirsten Martins-Heuß wurde im Protokoll noch eine weitere Mitarbeiterin erwähnt, allerdings ohne genaue Nennung ihres Aufgabengebiets.³⁵³ Zimmermann legte schließlich noch ein sehr umfängliches Papier mit Vorüberlegungen zur anstehenden Archivarbeit vor.³⁵⁴ Darin fasste er seine damali-

---

345 Vgl. Herbert, Arbeiterklasse und Gemeinschaftsfremde, S. 40.
346 Vgl. ebenda, S. 43.
347 Vgl. Archiv FBI, Nachlass Michael Zimmermann 1, Vorüberlegungen zum Projekt „Verfolgungserfahrungen von Sinti und Roma unter dem Nationalsozialismus" vom Juli 1985.
348 Vgl. ebenda, S. 1.
349 Ebenda, S. 1.
350 Vgl. ebenda, S. 3.
351 Vgl. Archiv FBI, Nachlass Michael Zimmermann 1, Vorschlag zum technischen Verfahren bei der Interviewbearbeitung inkl. einer Vorlage für einen dreiseitigen Begleitbogen für jeden Interviewten, undatiert.
352 Vgl. Archiv FBI, Nachlass Michael Zimmermann 1, Protokoll der Projektsitzung vom 4.12.1985, S. 1f.
353 Martins-Heuß hatte 1983 eine kritische Studie über die Geschichte der „Zigeunerforschung" vorgelegt; vgl. Martins-Heuß, Zur mythischen Figur des Zigeuners.
354 Vgl. Archiv FBI, Nachlass Michael Zimmermann 1, Vorüberlegungen zur Archivarbeit, undatiert.

gen Kenntnisse über die „NS-Zigeunerverfolgung" zusammen. Zunächst identifizierte er eine Schwäche der bisherigen Forschungen zum Thema:

> „Die Forschung, die sich der Verfolgung der Sinti und Roma unter dem NS-Regime zugewandt hat, hat sich mit unterschiedlichen, wenn nicht einander entgegengesetzten Motiven, Problemstellungen, Schwerpunkt- und Zielsetzungen [...] den einschlägigen Entscheidungen und Erlassen des Reichsführers der SS ab 1937/38, der Tätigkeit jener Psychiater und Anthropologen, die der SS amalgiert waren, und der Praxis des Völkermords in Auschwitz zugewandt."[355]

Zimmermann plädierte dagegen für ein anderes Vorgehen:

> „Es läßt sich allerdings zeigen, daß die Historiographie weder tief genug in die arcana imperii eingedrungen ist, noch den Genozid, wie er außerhalb Auschwitz durchgeführt wurde, dokumentiert und analysiert hat. Trotz der gewiß sehr großen Quellenprobleme sollte die Forschung zum Genozid an Sinti und Roma sich an dem wissenschaftlichen Standard orientieren, den die Untersuchungen zum Holocaust an den Juden erreicht haben. Das sind wir den Sinti und der deutschen Gesellschaft insgesamt schuldig."[356]

Diese Äußerung beinhaltet zum einen die Einsicht, dass es wichtige, bislang unerforschte Bereiche der Verfolgungsgeschichte gab, denen er sich zuwenden wollte, und betont zweitens eine moralische Verpflichtung zur Ableistung qualitativ guter Quellenarbeit. Doch das Papier enthielt noch eine Innovation:

> „Anmerkungen: [...] 3) ,Widerstand' ist hier nicht in einem ethnozentristischen Sinne als politische Opposition mit dem Ziel, das NS-Regime zu stürzen, gemeint, sondern breiter als Spektrum der Widerständigkeiten gegen das Regime und seine Maßnahmen."[357]

Diese weit gefasste Definition von Widerstand gegen das NS-Regime war ungewöhnlich für die Zeit. Zimmermann konnte hier produktiv an seine Erkenntnisse aus seiner Beschäftigung mit dem Arbeiterwiderstand anknüpfen.

Doch das ambitionierte Forschungsprojekt kam nicht zum Abschluss. Es wurde unter ominösen Umständen abgebrochen, die schwer zu ergründen sind. Es gibt keine bisher aufgefundenen, zeitgenössischen Quellen, die das Scheitern des Projekts dokumentieren, deshalb wird an dieser Stelle ersatzweise auf Erinnerungsberichte von Projektbeteiligten und Interviews zurückgegriffen. In seiner Autobiographie beschreibt Micha Brumlik den Abbruch des Projekts und deutet mehrere Gründe an.[358] Nach Brumlik unterschieden sich Vorstellungen von Zielsetzung und Vorgehensweise erheblich. Während der ZDSR in erster Linie an der Erhebung belastenden Materials gegen TäterInnen der „NS-Zigeunerverfolgung" interessiert war, ging es den WissenschaftlerInnen in erster Linie um Erkenntnisse zur individuellen Verarbeitung

---

355 Ebenda, S. 23.
356 Ebenda, S. 23.
357 Ebenda, S. 29.
358 Vgl. Brumlik, Kein Weg als Deutscher und Jude, S. 191–195.

der Verfolgungserfahrung.[359] Besonders die Thematisierung von sexuellen Missbrauchserfahrungen, die in den Interviews geschildert wurden, waren für einige Nachkommen der zweiten Generation der Sinti ein nicht hinnehmbarer Affront.[360] Die jüdische Erziehungswissenschaftlerin Cilly Kugelmann erinnert sich an eine konfliktreiche Zusammenarbeit in diesem für sie als sehr belastend empfundenen Projekt, in dem sie sich bisweilen sogar als Jüdin in die „Täterecke" gedrängt fühlte. Kugelmann war als Interviewerin an zahlreichen Befragungen im Projekt beteiligt.[361] Nach Schilderungen von Brumlik wurden Teile der Tonbänder durch Vertreter des ZDSR vernichtet.[362] Brumlik teilte auf Nachfrage mit, dass er sämtliche noch vorhandenen Tonbänder und Akten nach dem Tode Michael Zimmermanns an den ZDSR geschickt habe.[363] Sicher ist, dass mehrere Interviews in verschriftlichter Form heute im Archiv des Fritz Bauer Instituts zu finden sind.[364]

Indirekte Resultate des Pilotprojekts waren dennoch zu verzeichnen. 1987 veröffentlichte Zimmermann einen Artikel im Debattenmagazin *Aus Politik und Zeitgeschichte* mit dem Titel: *Die nationalsozialistische Vernichtungspolitik gegen Sinti und Roma*.[365] Der Beitrag profitierte von seinen bis dato ermittelten Archivfunden. 1989 erschien seine Studie *Verfolgt, vertrieben, vernichtet* im linken Klartext-Verlag.[366] Auch diese Publikation basierte auf seinem umfangreichen Quellenstudium. Sie enthielt darüber hinaus ein Novum, eine kritische Geschichte der Darstellung der „NS-Zigeunerverfolgung".[367] Das von Zimmermann skizzierte Bild der Begebenheiten im Deutschen Reich war überzeugend, aber es mangelte noch an Details zur europäischen Dimension des Verbrechens. Das Vorwort des Buches enthielt eine Schlussfolgerung, die er aus dem Pilotprojekt zog: „Die zentrale Schlußfolgerung, die sich für mich aus diesem Projekt ergibt, lautet, daß ein langfristiges Engagement ohne Raum zur Distanz kaum möglich und erst recht nicht sinnvoll ist."[368] Die Feststellung erscheint rückblickend als besonders bitterer Lerneffekt.

---

[359] Vgl. ebenda, S. 192.
[360] Vgl. ebenda, S. 194.
[361] Vgl. Interview des Verfassers mit Cilly Kugelmann am 22.12.2016.
[362] Vgl. Brumlik, Kein Weg als Deutscher und Jude, S. 193.
[363] Vgl. schriftliche Auskunft von Micha Brumlik vom 5.4.2016.
[364] Vgl. Archiv FBI, Nachlass Michael Zimmermann 1, 2, 3.
[365] Vgl. Zimmermann, Die nationalsozialistische Vernichtungspolitik gegen Sinti und Roma, S. 31–45. Auf der ersten Seite des Artikels ist ein Hinweis auf das Pilotprojekt vorhanden.
[366] Vgl. Zimmermann, Verfolgt, vertrieben, vernichtet.
[367] Vgl. ebenda, S. 87–98.
[368] Ebenda, S. 9.

4 Der Kampf um einen Platz in der Geschichte

Brach nach dem Kanzlersturz Schmidts und dem Ende der sozial-liberalen Koalition eine neue Phase der Beziehung zwischen ZDSR und der Bundesregierung unter Kohl an, mussten die Verbände gar Rückschritte befürchten?[369] Im Zuge ihrer Sparpolitik setzten CDU und FDP inhaltlich andere Akzente, auch ihre Sozialpolitik betreffend. Besonders der Abbau sozialer Benachteiligungen von Familien und die Reduzierung der Arbeitslosigkeit standen im Fokus.[370] Doch was war die Position Kohls im Jahr 1982 in Bezug auf den Völkermord, der an Sinti und Roma verübt worden war?

Kohl traf sich, damals noch als Vorsitzender der CDU/CSU-Bundestagsfraktion, bereits am 19. März 1982 mit dem ZDSR und schrieb Tage später einen Brief an den noch amtierenden Bundeskanzler:

> „Wichtig für die weiteren notwendigen Kontakte mit dem Zentralrat erscheint auch mir, daß wir den Tatbestand des Völkermordes an den Sinti und Roma während der Zeit der NS-Diktatur anerkennen und die daraus folgenden moralischen Aspekte bei der Behandlung der Anliegen der Sinti und Roma öffentlich deutlich machen. Deshalb halte ich eine Bundestagsdebatte über diese Thematik für hilfreich und nützlich; ich selbst würde mich daran durch einen Debattenbeitrag beteiligen."[371]

Das Schreiben offenbart eine hohe Übereinstimmung in der Sache, auch mit den Positionen der Bundesregierung in den Detailfragen des Memorandums. Auch Kohl erkannte den Völkermord in einer extra herausgegebenen Pressemitteilung an.[372] Romani Rose bezeichnete 1987 die aktuelle Bundesregierung gegenüber dem ZDSR in seiner Publikation *Bürgerrechte für Sinti und Roma* als „grundsätzlich gesprächsbereit".[373] Er nannte jedoch einige Beispiele für nicht eingehaltene Zusagen seitens der Regierung und wies auf wiederholt verschobene Gesprächstermine hin.[374]

Die SPD war als bisheriger Garant für die Wahrnehmung der Interessen der Minderheit aus der Regierung ausgeschieden. Wie veränderte sich dadurch das Verhältnis zwischen SPD und ZDSR? Hans-Jochen Vogel und Renate Schmidt wandten sich im Oktober 1986 gemeinsam mit Romani Rose und etwa 400 Betroffenen in Bonn direkt an den Bundeskanzler, um eine Überprüfung der Entschädigungsanträge zu erreichen.[375] Das Engagement für die Minderheit gehörte somit weiter fest zum Selbstverständnis der Sozialdemokraten. Für bundesweite Eruptionen sorgte allerdings

---

369 Zum Ende der Kanzlerschaft Schmidts vgl. Conze, Die Suche nach Sicherheit, S. 505–514.
370 Leibfried, Zeit der Armut, S. 224.
371 AdsD, Helmut-Schmidt-Archiv, 1/HSAA009294, Schreiben von Helmut Kohl an den Bundeskanzler der Bundesrepublik Deutschland Herrn Helmut Schmidt vom 19.4.1982.
372 Vgl. AdsD, Helmut-Schmidt-Archiv, 1/HSAA009294, Meldung des Pressedienstes der CDU/CSU-Fraktion im Deutschen Bundestag vom 19.3.1982.
373 Vgl. Rose, Bürgerrechte für Sinti und Roma, S. 162.
374 Vgl. ebenda, S. 162–167.
375 Vgl. ebenda, S. 163.

ein Konflikt in Darmstadt, welche die Belastbarkeit des Verhältnisses zwischen SPD und ZDSR auf eine harte Belastungsprobe stellen sollte. Im Jahr 1979 waren circa 50 Roma aus Jugoslawien zu einem Musikfest nach Darmstadt gekommen.[376] Der damalige SPD-Oberbürgermeister Heinz Winfried Sabais sorgte dafür, dass denjenigen, die in der Stadt bleiben wollten, zunächst der Messplatz der Stadt und später feste Unterkünfte angeboten wurden. Der 1981 auf Sabais folgende SPD-Oberbürgermeister Günther Metzger ließ viele der Roma unter Anwendung teils rechtswidriger Praktiken abschieben. Ein Haus wurde in Abwesenheit der BewohnerInnen sogar abgerissen, als die Familien im Urlaub waren, um ihre Rückkehr zu verhindern. Besonders dieses Vorgehen der Stadt führte zu einer gewaltigen Protestwelle gegen Metzger.[377]

In einem kritischen Telegramm wandte sich etwa Luise Rinser an den Darmstädter Oberbürgermeister.[378] In der Folge verhärteten sich die Fronten und die Causa begann nicht nur die Partei vor Ort zu spalten, dies verdeutlichen zahlreiche Unterstützungsschreiben, aber auch unzählige Protestbriefe an den SPD-Parteivorsitzenden Willy Brandt.[379] Im Juni 1985 war das Zerwürfnis zwischen Partei und Selbstorganisation so groß geworden, dass auch Horst Ehmke – damals stellvertretender Fraktionsvorsitzender – einen Brief an Willy Brandt sandte, damit jener in der Darmstädter Konfliktsituation interveniere.[380] In dessen Folge kam es zu einem klärenden Gespräch zwischen Partei und ZDSR. Schließlich beruhigte sich die Lage wieder, auch weil viele der Abgeschobenen kein Interesse an einer Rückkehr hatten.[381]

Mit dem Austritt vieler linksliberaler FDP-Mitglieder nach dem Übertritt der Partei in eine Koalition mit der CDU verloren die Liberalen, neben ihrem vormaligen Alleinstellungsmerkmal, dem Engagement für Umweltschutz, auch ihre besondere Rolle bei der Unterstützung von ehemals Verfolgten an die Grünen.[382] Diese neue Partei[383] nahm sich als ehemals außerparlamentarische Opposition der sogenannten

---

376 Vgl. Stadt Darmstadt (Hrsg.), Roma-Dokumentation, S. 1, 18–20.
377 Vgl. o. V., Ruckzuck ab, in: Der Spiegel, 21.5.1984; AdsD, 1/HJVA101499, Massenbrief des ZDSR an alle Abgeordneten des Bundestags, der Landtage, des Europaparlaments und der Stadtparlamente vom 12.6.1984; Einladung zur internationalen Pressekonferenz am Mittwoch dem 31.10.1984 mit Simon Wiesenthal vom 22.10.1984.
378 Vgl. Rinser, Wer wirft den Stein?, S. 9.
379 Vgl. AdsD, Willy-Brandt-Archiv, Bestand A 10.1, Nr. 108, diverse Schreiben von SPD-Gliederungen und Mandatsträger an Willy Brandt, aber auch Schriftverkehr seines Büroleiters Klaus-Henning Rosen.
380 Vgl. AdsD, Willy-Brandt-Archiv, Bestand A 10.1, Nr. 109, Schreiben von Prof. Dr. Horst Ehmke an Willy Brandt vom 10.6.1985.
381 Vgl. AdsD, Willy-Brandt-Archiv, Bestand A 10.1, Nr. 109, Vermerk von Klaus-Henning Rosen vom 1.7.1985.
382 Vgl. Bösch, Zeitenwende 1979, S. 298.
383 Zur Gründungsgeschichte und zu den vielfältigen politischen Einflussgrößen der neuen Partei vgl. Mende, Nicht rechts, nicht links, sondern vorn, bes. S. 37–134.

vergessenen Opfer an.[384] 1985 initiierte sie maßgeblich die erste Bundestagsdebatte zum Thema.[385] Im Zuge dieser Debatte ergriff auch Bundeskanzler Helmut Kohl, wie angekündigt, das Wort und wiederholte die Erklärung Schmidts, dass es sich bei der „NS-Zigeunerverfolgung" um einen Völkermord gehandelt habe, dem „etwa 500 000" Personen zum Opfer gefallen seien.[386]

Gemeinsam mit der SPD, aber dezidert kritisch gegenüber der bundesdeutschen Entschädigungsarchitektur, sorgten die Grünen dafür, dass wiederholt Anträge in den Deutschen Bundestag eingebracht wurden, in denen sie eine Verbesserung der Wiedergutmachungsgesetze für Sinti und Roma forderten – allerdings ohne den erwünschten Erfolg.[387] Auf Landesebene führten die Initiativen der Grünen immerhin dazu, dass diverse Länderstiftungen und verbesserte Bestimmungen für die bislang vernachlässigten „Opfergruppen" beschlossen wurden – so in Berlin, Hamburg und später auch in Bremen, Niedersachsen, Schleswig-Holstein, Hessen und Nordrhein-Westfalen.[388] Ende der 1980er Jahre unterbreiteten Grüne und SPD Gesetzesvorschläge, welche die bislang ausgebliebene Zwangsarbeiterentschädigung regeln sollten – das wäre auch den Sinti und Roma zugutegekommen. Entgegen der geschichtswissenschaftlichen Expertise des involvierten Ulrich Herbert wurden diese jedoch von der Bundesregierung abgelehnt, weil man die Tätigkeiten als nicht „ns-spezifisch" beurteilte.[389]

Bis zum Ende des Jahrzehnts avancierten die Grünen zum wichtigsten Bündnispartner der Minderheit im Parlament. Beispielhaft lässt sich dies an einer Teletex-Nachricht von Herbert Heuss (ZDSR) an die Grünen aus dem März 1989 nachvollziehen, in der er um Unterstützung bei der anstehenden Diskussion um die Errichtung eines zentralen Denkmals bat.[390] Besonders Hans-Christian Ströbele und auch Joschka Fischer taten sich für die Minderheit hervor, beide vermerkten auf einem vorbereitenden Schriftstück zur Debatte im Bundestag 1985: „Die Sinti und Roma brauchen die GRÜNEN, um ihre politische und soziale Lage im Parlament wirkungsvoll diskutiert zu bekommen. Das Vorgehen muß daher sorgfältig mit den Sinti und Roma abgestimmt werden."[391] Die Grünen wirkten in die Geschichtskultur der 1980er Jahre hinein, wie folgendes Beispiel verdeutlicht. Nach ihrer Wahl in die Hamburgische Bürgerschaft kritisierte die örtliche Grün-Alternative-Liste (GAL) die

---

384 Vgl. Meyer, Die SPD und die NS-Vergangenheit, S. 479.
385 Vgl. Meyer, Offizielles Erinnern, S. 253–260.
386 Vgl. BArch, B 136/24352, Redemanuskript des Bundeskanzlers Dr. Helmut Kohl zum Thema „Lage und Forderungen der Sinti, Roma und verwandter Gruppen" vor dem Plenum des Deutschen Bundestages am 7.11.1985, bes. S. 2f.; Meyer, Offizielles Erinnern, S. 261.
387 Vgl. Die Grünen im Bundestag (Hrsg.), Anerkennung und Versorgung aller Opfer.
388 Goschler, Schuld und Schulden, S. 350.
389 Ebenda, S. 355f.
390 Vgl. AGG, Bestand Fraktionsvorstand, B.II.1., Nr. 2242, Teletex-Nachricht von ZDSR an Bundesvorstand der Partei Die Grünen (Ruth Hammerbacher) vom 22.3.1989, S. 2.
391 Vgl. AGG, Bestand Fraktionsvorstand, B.II.1., Nr. 4774, Vermerk von Hans-Christian Ströbele und Joschka Fischer vom 19.9.1985, S. 2.

von Bürgermeister Klaus von Dohnanyi 1984 angestoßene Hamburger Initiative, eine Beschäftigung mit der Stadtgeschichte im Nationalsozialismus anzustoßen. Geplant waren Ausstellungen und eine verstärkte finanzielle Förderung von Forschungsinitiativen.[392] Im Zuge dessen wurde von der GAL auch die bisherige Arbeit der Forschungsstelle für die Geschichte des Nationalsozialismus unter der Leitung von Werner Jochmann kritisiert, weil sie sich der NS-Geschichte Hamburgs zu unkritisch gewidmet habe.[393] Anfang der 1980er Jahre hatten sich in Hamburg mehrere Geschichtswerkstätten gegründet, darunter 1981 das erste Stadtteilarchiv Ottensen. Diese Initiativen zielten auf eine Geschichte „von unten", dies war auch Ausdruck einer bundesweiten Entwicklung.[394]

In diesem Umfeld entstand die Publikation *Heilen und Vernichten im Mustergau Hamburg*, die 1984 im Hamburger Konkret Verlag erschien.[395] Darin wurden die Themen der NS-Bevölkerungs- und Gesundheitspolitik in der Hansestadt erstmals kritisch aufgegriffen.[396] Die Publikation flankierte eine gleichnamige Ausstellung in Hamburg, die von der GAL und dem Mäzen Jan Philipp Reemtsma finanziell gefördert wurde.[397] Sie enthielt einen Beitrag des in der RCU aktiven Rudko Kawczynski, der sich als Angehöriger der Minderheit selbst in den wissenschaftlichen Diskurs einbrachte und einen Beitrag über die „Zigeunerverfolgung" in Hamburg verfasste.[398]

Vorausgegangen war 1983 ein Hungerstreik der RCU in der KZ-Gedenkstätte Neuengamme, mit dem Einsicht in die im Staatsarchiv Hamburg lagernden Hamburger Landfahrerakten erzwungen werden sollte. Diese Unterlagen aus der NS-Zeit wurden von der Kriminalpolizei immer noch erkennungsdienstlich weitergenutzt.[399]

1986 setzte sich der Soziologe Rainer Mackensen – innerlich und im kleinen Kreis schon seit Jahren gegen Harmsens Positionen ankämpfend – als neuer DGfBw-Vorsitzender durch. Er begann behutsam, die inhaltlich wie ethisch problematischen Hinterlassenschaften der Bevölkerungsforschung der vergangenen Jahrzehnte zu thematisieren.[400]

Auch im Bundesgesundheitsamt (BGA) setzte man sich auf Anregung der ÖTV-Betriebsgruppe im Rahmen einer Ausstellung mit der Vergangenheit der Vorgänger-

---

392 Vgl. Reichel/Schmid, Von der Katastrophe zum Stolperstein, S. 40, 88–90.
393 Vgl. ebenda, S. 40 f.
394 Vgl. Strnad, „Grabe, wo du stehst", S. 162–198, hier S. 167 f.
395 Da er kein expliziter Geschichtsverlag war, wird er von Blaschke nicht erwähnt, es steht aber außer Zweifel, dass der Verlag als linker Gesinnungsverlag einzustufen ist; vgl. Fischer, „... kaum ein Verlag, der nicht auf der Wiederentdeckungswelle der Verschollenen mitreitet.", S. 71–92, hier S. 86.
396 Vgl. Ebbinghaus/Kaupen-Haas/Roth (Hrsg.), Heilen und Vernichten.
397 Vgl. ebenda, S. 6.
398 Vgl. Kawczynski, Zigeunerverfolgung, S. 45–53.
399 Vgl. ebenda, S. 51; Herold, Proteste von Roma und Sinti, S. 74.
400 Vgl. Pinwinkler, Historische Bevölkerungsforschungen, S. 374 Anm. 300.

einrichtung auseinander. Dem war wiederum eine Besetzungsaktion des ZDSR vorausgegangen, der die Herausgabe der noch im BGA verbliebenen Unterlagen der RHF forderte. Diese Forderung erging schließlich wenig später auch an das Bundesarchiv, allerdings war das Material kaum zur Erforschung der „NS-Zigeunerverfolgung" nutzbar.[401] Die Ausstellung im BGA wurde am 24. November 1988 eröffnet und im März 1989 erschien eine begleitende Dokumentation dazu in einem Sonderheft des *Bundesgesundheitsblatts*.[402] Diese war inhaltlich ein Gewinn für das Verständnis der Arbeitsweise des RGA und der RHF. Fachkundige WissenschaftlerInnen wie Wolfgang Wippermann hatten daran mitgewirkt. Allerdings war der Publikationsort nicht dafür geeignet, möglichst breit in die Wissenschaft zu wirken und ein weiterer Makel haftete dem Blatt an: Der damals amtierende Präsident des BGA Dieter Großklaus schrieb in seinem Vorwort der Broschüre über das Personal der Vorgängereinrichtung: „Denn die meisten leisteten Hervorragendes, verhielten sich sicherlich redlich und menschlich untadelig."[403] Dieses Statement offenbarte eine noch immer vorherrschende Geisteshaltung, die es nicht vermochte, die Medizin- und Sozialverbrechen während der NS-Zeit auch nur im Ansatz in ihrer Dimension zu erfassen. Die Besetzungsaktion durch den ZDSR zeigte aber Wirkung – für die Öffentlichkeit war das Bild über die RHF etwas klarer geworden.

Doch welche Schwerpunkte setzte der ZDSR in öffentlichen Debatten? Gedenkpolitisch standen Mitte der 1980er Jahre wichtige Jubiläen an. Der Bundespräsident hielt am 8. Mai 1985 seine Rede anlässlich des 40. Jahrestages des Kriegsendes und formulierte darin den Satz: „Wir gedenken der ermordeten Sinti und Roma, getöteten Homosexuellen, der umgebrachten Geisteskranken, der Menschen, die um ihrer religiösen oder politischen Überzeugung willen sterben mußten."[404] Auch wenn im kollektiven Gedächtnis diese Rede besonders mit dem „Tag der Befreiung" verbunden ist, hat Weizsäcker damit die NS-Opfer in die deutsche Erinnerungskultur hineingeholt.[405] Romani Rose wurde gebeten, einen Beitrag für eine kleine Publikation beizusteuern, die in Erinnerung an diese Rede 1986 erschien. Hier schrieb er:

> „Erst die Bürgerrechtsarbeit bot die Möglichkeit, sich selbstbewußt zur eigenen Identität zu bekennen. Durch die Anerkennung, die diese Arbeit inzwischen gefunden hat – ausgedrückt zuletzt durch den Empfang einer Sinti-Delegation beim Bundespräsidenten anläßlich der ersten Debatte im Deutschen Bundestag zur Lage der Sinti und Roma – wird ein gleichberechtigter Dialog in Zukunft möglich werden."[406]

Diese zeitgenössische Äußerung Roses war Ausdruck eines veränderten Verbundenheitsgefühls, eine Form der empfundenen personellen Anerkennung, die alle drei

---

401 Vgl. Henke, Quellenschicksale und Bewertungsfragen, S. 69.
402 Vgl. Bundesgesundheitsamt (Hrsg.), Das Reichsgesundheitsamt 1933–1945.
403 Großklaus, Erinnerung an die Vergangenheit, S. 5.
404 von Weizsäcker, Ansprache des Bundespräsidenten am 8. Mai 1985, S. 175–191, hier S. 177.
405 Vgl. Wirsching, Primärerfahrung und kulturelles Gedächtnis, S. 113–128, hier S. 128.
406 Rose, Erinnerung an die Vergangenheit, S. 27–35, hier S. 35.

Dimensionen – Autorität, Sorge, Werte – beinhaltete, auch wenn dies nur eine Momentaufnahme darstellte.

Ein anderer Gedenktag sorgte für Spannungen zwischen dem ZDSR, dem Zentralrat der Juden, und der Bundesregierung. Helmut Kohl war eingeladen, auf einer vom Zentralrat der Juden organisierten Gedenkveranstaltung zur Erinnerung an die Befreiung des Konzentrationslagers Bergen-Belsen eine Ansprache zu halten. Der ZDSR wiederum hatte sich an den Bundeskanzler gewandt und um Beteiligung eines Vertreters gebeten, was vom jüdischen Zentralratsvorsitzenden in einem Brief an Romani Rose als Einmischung in die eigenen Angelegenheiten kritisiert wurde.[407] Rose reagierte mit Verständnis, betonte allerdings die Position einer gemeinsamen Verantwortung aufgrund der geteilten „rassischen" Verfolgungserfahrung.[408] Auch Simon Wiesenthal intervenierte beim mit ihm befreundeten Bundeskanzler Kohl für eine Teilnahme des ZDSR an der Gedenkveranstaltung – Kohls Ausweg war schließlich eine deutliche Würdigung der Opfer der Sinti und Roma in seiner Ansprache.[409]

Diese aufziehenden Opferkonkurrenzen spiegelten sich 1986 auch in dem im Feuilleton ausgetragenen „Historikerstreit". Ausgelöst wurde diese Debatte durch einen Artikel Ernst Noltes in der *Frankfurter Allgemeinen Zeitung*, der den Titel trug: *Vergangenheit, die nicht vergehen will*.[410] Darin unternahm Nolte den Versuch, Gemeinsamkeiten zwischen Nationalsozialismus und Bolschewismus, explizit auch in den Massenverbrechen beider Regime entdecken zu wollen. Dies allein hätte vermutlich keinen Skandal provoziert – ein wirklich gravierender Angriff auf das Geschichtsbild der Bundesrepublik bestand aber darin, dass er einen „kausalen Nexus" postulierte:

> „Vollbrachten die Nationalsozialisten, vollbrachte Hitler eine ‚asiatische' Tat vielleicht nur deshalb, weil sie sich und ihresgleichen als potentielle oder wirkliche Opfer einer ‚asiatischen' Tat betrachteten? War nicht der ‚Archipel Gulag' ursprünglicher als Auschwitz? War nicht der ‚Klassenmord' der Bolschewiki das logische und faktische Prius des ‚Rassenmords' der Nationalsozialisten? Rührte Auschwitz vielleicht in seinen Ursprüngen aus einer Vergangenheit, die nicht vergehen wollte?"[411]

Diese Zeilen konnten als Entschuldigung für die Nationalsozialisten gelesen werden und wurden mit weitgehender Ablehnung quittiert. Dem vorausgegangen war be-

---

407 Vgl. AdsD, Willy-Brandt-Archiv, Bestand A 10.1, Nr. 109, Schreiben des Vorsitzenden des Direktoriums des Zentralrates der Juden in Deutschland Werner Nachmann an den ZDSR z. H. Herrn Romani Rose vom 27.2.1985.
408 Vgl. AdsD, Willy-Brandt-Archiv, Bestand A 10.1, Nr. 109, Schreiben des ZDSR (Romani Rose) an den Vorsitzenden des Direktoriums des Zentralrates der Juden in Deutschland Herrn Werner Nachmann vom 1.3.1985.
409 Vgl. Pick, Simon Wiesenthal, S. 371 f.
410 Vgl. Nolte, Vergangenheit, die nicht vergehen will, in: Frankfurter Allgemeine Zeitung, 6.6.1986.
411 Ebenda.

reits eine Publikation Andreas Hillgrubers, die eine Angleichung der Erinnerung an den Holocaust und den Verlust der deutschen Ostgebiete forderte.[412] Die prominenteste Antwort auf diese Thesen formulierte Jürgen Habermas, der Nolte, Hillgruber und einige weitere Historiker heftig kritisierte und sich im Kern gegen die Relativierung der deutschen Schuld am Holocaust und gegen die von konservativen PolitikerInnen versuchte „Normalisierung" der deutschen Geschichte wandte.[413] Wippermann wies im Laufe der Debatte darauf hin, dass niemand die Sinti und Roma als Beleg gegen die Singularität des Holocaust ins Feld führe.[414] Im Falle Noltes verwundert dies nicht, weil dieser die Bewertung der „NS-Zigeunerverfolgung" als Genozid ablehnte.[415] Peukert nahm im „Historikerstreit" eine ambivalente Rolle ein – er widersprach der These der Singularität, weil diese die Opfer in eine höhere und niedrigere Kategorie einordnen würde.[416] Er plädierte andererseits am Ende eines Buchbeitrags für die verstärkte Erforschung der Alltagsgeschichte des Rassismus, was Nolte sicherlich nicht beabsichtigt hatte.[417] Die Debatte hatte zur Folge, dass das Thema Nationalsozialismus und die damit verbundenen Massenverbrechen nun endgültig im Zentrum der Öffentlichkeit angekommen war.[418]

Wenig Aufmerksamkeit dagegen wurde dem 1988 von Alexander Ramati produzierten Film *And the Violins Stopped Playing* zuteil, für den Ramati selbst auch die literarische Vorlage geliefert hatte.[419] Der Film, eine polnisch-amerikanische Koproduktion, orientierte sich stark an der amerikanischen Serie *Holocaust*, reichte dramaturgisch allerdings nicht an deren Qualität heran.[420] Ob der Film jemals in einem deutschen Kino oder im deutschen Fernsehen gezeigt wurde, lässt sich nicht klären.[421] Selbst der Umstand, dass der bekannte deutsche Schauspieler Horst Buchholz darin eine der Hauptrollen spielte, konnte keine Öffentlichkeit für den Film in der Bundesrepublik erzeugen.[422] Die fehlende Rezeption ist wohl auch auf die nicht vorhandene deutsche Synchronisation zurückzuführen. Zumindest erschien kurz nach der Wiedervereinigung die Buchvorlage in deutscher Sprache als Taschenbuch.[423]

Auch in der DDR veränderte sich in den 1980er Jahren etwas in der Auseinandersetzung mit dem Nationalsozialismus. Anlässlich des 50. Jahrestages der „Reichspogromnacht" wurden die Gedenkaktivitäten intensiviert. Auch die Bürger der DDR interessierten sich vor dem Hintergrund der intensiv zur Kenntnis genommenen

---

412 Vgl. Hillgruber, Zweierlei Untergang.
413 Vgl. Habermas, Eine Art Schadensabwicklung, in: Die Zeit, 11.7.1986.
414 Vgl. Wippermann, „Auserwählte Opfer?", S. 95.
415 Vgl. ebenda, S. 96.
416 Vgl. Peukert, Alltag und Barbarei, S. 51–61, hier S. 54.
417 Vgl. ebenda, S. 60 f.
418 Vgl. Hammerstein, Gemeinsame Vergangenheit, S. 314.
419 Der Film basiert auf diesem Buch; vgl. Ramati, And the Violins Stopped Playing.
420 Vgl. Stiglegger, Auschwitz-TV, S. 19 f.
421 Vgl. Auskunft der Deutschen Kinemathek – Museum für Film und Fernsehen vom 5.8.2019.
422 Vgl. Ramati, Als die Geigen verstummten, Frontcover.
423 Vgl. Ramati, Als die Geigen verstummten.

Berichterstattung der Bundesrepublik-Medien vermehrt für das Thema. Darauf reagierte die Staatsführung mit gelenkten Gedenkveranstaltungen.[424]

Anders agierten staatliche Strafverfolgungsorgane, wenn sie Informationen zu Personen erhielten, die möglicherweise in die „NS-Zigeunerverfolgung" involviert waren. Als Reaktion auf eine Pressemeldung aus der *Frankfurter Allgemeinen Zeitung*, die auf eine neue Publikation des Niederländischen Staatsinstituts für Kriegsdokumentation[425] hinwies, beauftragte die Generalstaatsanwaltschaft der DDR die eigene Auslandsvertretung, diese zu beschaffen.[426] Nachdem dies geschehen war, wurde die Publikation von den Staatsanwälten ausgewertet. Diese kamen in einem Vermerk zu dem Ergebnis, dass darin Informationen über die Liquidierung des „Zigeunerlagers Auschwitz" enthalten seien, die allerdings bereits in der hauseigenen Akte über ein Verfahren gegen Sawatzki/Frey vor dem Landgericht Frankfurt 1973 enthalten seien. So wurde zum Abschluss des Vorgangs lakonisch vermerkt, dass die beiden Angeklagten im Jahr 1974 freigesprochen wurden.[427] Auch dieses Beispiel exemplifiziert das Desinteresse der DDR an der juristischen Ahndung der „NS-Zigeunerverfolgung".

Die DDR-Medien berichteten, wenn überhaupt, nur am Rande über die Aktivitäten der GfbV oder des VdS Anfang der 1980er Jahre in der Bundesrepublik, was im Hinblick auf die angeblich „feindliche Gesinnung" der GfbV auch nicht verwunderte.[428]

Es war allein dem Drängen von Reimar Gilsenbach zu verdanken, dass 1985 zumindest ein Gedenkstein am Ort des ehemaligen „Zigeunerlagers" im Berliner Stadtteil Marzahn aufgestellt wurde.[429] Ende der 1980er Jahre begann sich die engagierte Kirchenszene der DDR für das Thema zu interessieren. In den *Blättern der Gemeinde* des Ökumenischen Forums Berlin-Marzahn erschien im März 1988 eine kleine Studie von Dagmar-Julia Kunz, die eine kurze historische, aber vor allem theologische Ausarbeitung beinhaltete und sich auf die Studien von Rose, Zülch, Rinser und Gilsenbach stützte.[430]

---

424 Vgl. Hammerstein, Gemeinsame Vergangenheit, S. 345–348.
425 Gemeint ist die Studie: Sijes, Vervolging van zigeuners in Nederland 1940–1945. Die Studie wurde nie ins Deutsche übersetzt, sie beinhaltet lediglich eine kurze englische Zusammenfassung; vgl. ebenda, S. 167–173.
426 BArch, DP3/2149, Schreiben der Generalstaatsanwaltschaft der DDR (Staatsanwalt Wieland) an Ministerium für Auswärtige Angelegenheiten (Genossin Seidel) vom 9.5.1979.
427 BArch, DP3/2149, Verfügungen der Generalstaatsanwaltschaft der DDR (Staatsanwalt Winkler) vom 2.11.1979 und vom 12.12.1980.
428 Vgl. Baetz u. a., Die Rezeption des nationalsozialistischen Völkermords, S. 127–130.
429 Vgl. Pientka, Das Zwangslager für Sinti und Roma, S. 197–202; Margalit, Die Nachkriegsdeutschen und „ihre Zigeuner", S. 258 f.
430 Vgl. Archiv FBI, Nachlass Michael Zimmermann 35, Blätter für die Gemeinde, Nachdenkenswertes über Sinti und Roma. „Zigeuner" in Vergangenheit und Gegenwart, März 1988.

VII Schlussbetrachtung

1 Ausblick: Etablierung des genozidkritischen Denkstils nach 1990

1996 erschien Michael Zimmermanns Buch *Rassenutopie und Genozid*, das auf den Recherchen seiner Studie über den Völkermord an den Sinti und Roma aufbaute.[1] Mit Hilfe eines Reisestipendiums der DFG konnte er die dafür notwendigen, den europäischen Kontext der „NS-Zigeunerverfolgung" ausleuchtenden Archivrecherchen in der Zentralen Stelle in Ludwigsburg und in Archiven in Osteuropa durchführen.[2] Die Studie erfuhr über Presserezensionen unter anderem in der *Frankfurter Rundschau* öffentliche Bekanntheit, was den ZDSR dazu veranlasste, von August bis Oktober 1997 eine Verleumdungskampagne gegen die Teilnahme Zimmermanns an einem Symposium in der Gedenkstätte Buchenwald zu starten. Ihm wurde vorgeworfen, den genozidalen Charakter der „NS-Zigeunerverfolgung" verneint zu haben, die Todesopferzahl relativiert zu haben und in einigen Fällen der Propaganda der Nationalsozialisten gegenüber „Zigeunern" aufgesessen zu sein.[3] Diese Kritik an Zimmermann entbehrte jeder Grundlage. Er war wie kein Zweiter darauf bedacht, mit den Überlebenden sensibel umzugehen, davon zeugten seine umfänglichen Vorüberlegungen und seine offen geschilderten Probleme der Überidentifikation mit einigen Opfern der Minderheit.[4] Ein immer größeres Unbehagen dürfte sich bei Zimmermann eingestellt haben, als er am 26. August 1997 ungefragt Post ausgerechnet von Hermann Arnold bekam:

> „Sehr geehrter Herr Zimmermann, die von der dpa berichtete Attacke des Herrn Rose gegen Sie ist der Anlaß, Ihnen eine Darstellung des ‚Sinti und Roma'-Schwindels zu schicken. Ist Ihnen meine Schrift ‚Die NS-Zigeunerverfolgung, ihre Ausdeutung und Ausbeutung' bekannt?"[5]

Wippermann warf Zimmermann vor, dass es aufgrund seiner niedrigeren Opferschätzung rechtsextremistische Bestrebungen der Leugnung gebe. Er machte ihm

---

1 Vgl. Zimmermann, Verfolgt, vertrieben, vernichtet.
2 Vgl. Zimmermann, Rassenutopie und Genozid, S. 9.
3 Vgl. Margalit, Die Nachkriegsdeutschen und „ihre Zigeuner", S. 271. Haustein, Geschichte im Dissens, S. 412–414.
4 Vgl. Berg, Der Holocaust und die westdeutschen Historiker, S. 638–640; von Interesse ist hier auch der reflektierende Artikel von Zimmermann, der sich vor allem mit dem Phänomen der Überidentifikation beschäftigte, vgl. Michael Zimmermann, „Jetzt" und „Damals" als imaginäre Einheit. Erfahrungen in einem lebensgeschichtlichen Projekt über die nationalsozialistische Verfolgung von Sinti und Roma, S. 225–242.
5 Vgl. Archiv FBI, Nachlass Michael Zimmermann 39, Brief von Hermann Arnold an Herrn Michael Zimmermann, c/o Klartext Verlag Essen, vom 26.8.1997.

Vorhaltungen, dass er dies hätte vorausahnen müssen.⁶ Allerdings spielen nicht belastbare zu hohe Schätzungen gerade den RevisionistInnen und HolocaustleugnerInnen in die Hände. Obwohl Zimmermann unsachlich angegangen wurde, blieb er auf das Thema bezogen stets sachlich und versuchte etwa im Singularitätsstreit nach der deutschen Einheit eine vermittelnde Position einzunehmen.⁷ Sein Plädoyer, die Mehrheitsgesellschaft sei moralisch verpflichtet, mit großem Einsatz, aber auch mit Ehrlichkeit an diese schwierigen Fragen zu gehen, muss hier noch einmal nachdrücklich unterstützt werden. Es bleibt ebenfalls zu hoffen, dass die erhaltenen Interviews aus dem abgebrochenen Heidelberger DFG-Projekt ihren Weg in die Öffentlichkeit finden – selbstverständlich bei Wahrung der Persönlichkeitsrechte der Interviewten und einfühlsamer Bearbeitung durch Fachleute. Denn es wären für den deutschen Sprachraum vergleichsweise frühe Interviews, die einen erheblichen Beitrag zur Erinnerung an den NS-Völkermord leisten könnten.

Gilad Margalit legte in den 1990er Jahren als einer der wenigen HistorikerInnen den Finger in die Wunde, dass die Opferzahl der 500 000 Sinti und Roma erstmals in den 1960er Jahren in Presseberichten aufgetaucht sei.⁸ Die Zahl wurde nach Margalit „seit 1979 auch von der ‚Gesellschaft für bedrohte Völker' und Zigeunerorganisationen genannt".⁹ Die Genese der Opferzahl von 500 000 konnte in dieser Studie genauer nachvollzogen werden. Dem Urheber dieser Schätzung konnte noch einmal ein Schritt nähergekommen werden: Mateo Maximoff mit seinem 1946 erschienenen Artikel im *Journal of the Gypsy Lore Society*.¹⁰ Vermutlich führt die Spur noch weiter zurück zu Imre Gyomai, dies müssen weitere Nachforschungen aufklären. Seit den 1980er Jahren wird diese Zahl wie eine Symbolzahl durch die deutsche Öffentlichkeit getragen. Aber würde es das Verbrechen relativieren, wenn es weniger Opfer wären?

Die Fortschritte in der Forschung und die Etablierung des genozidkritischen Denkstils führten auch zu einigen heftigen Auseinandersetzungen um eine Abgrenzung der Völkermorde an den Juden und an den Sinti und Roma. Der israelische Historiker Gilad Margalit will bereits seit Ende der 1950er Jahre die Etablierung eines „quasi-jüdischen" Narratives der „NS-Zigeunerverfolgung" beobachtet haben.¹¹

Die Vorstellung, einem noch nie dagewesenen Verbrechen zum Opfer gefallen zu sein: Dieser Gedanke kam vielen verfolgten Juden bereits in den Ghettos, Konzentrations- und Vernichtungslagern.¹² Die Singularitätsthese wurde allerdings erst in den 1970er und 1980er Jahren zunächst in den USA forciert und befeuerte dann ein Jahrzehnt später die Debatten in der Bundesrepublik um die zentralen Denkmäler

---

6 Vgl. Wippermann, Der Rassenmord an den Roma und seine Leugnung, S. 245–263, hier S. 258.
7 Vgl. Zimmermann, Die nationalsozialistische Verfolgung der Juden und „Zigeuner", S. 50–71.
8 Vgl. Margalit, Die Nachkriegsdeutschen und „ihre Zigeuner", S. 270.
9 Ebenda, S. 270.
10 Vgl. Maximoff, Germany and the Gypsies, S. 107.
11 Vgl. Margalit, Die Nachkriegsdeutschen und „ihre Zigeuner", S. 209–222.
12 Vgl. Löw, „Ein Verbrechen, dessen Grauen mit nichts zu vergleichen ist", S. 125–143.

im Berliner Regierungsviertel.¹³ Nadine Blumer betonte in der Bewertung dieser akademischen Debatten in den USA, dass die „Singularität" eine Strategie gewesen sei, um die jüdische Verhandlungsposition gegenüber der Bundesrepublik zu verbessern.¹⁴ Nach der Wiedervereinigung kam es in der Bundesrepublik zwischen Yehuda Bauer und Sybil Milton, zwischen Gilad Margalit und Silvio Peritore sowie zwischen Yehuda Bauer und Romani Rose zu heftigen Auseinandersetzungen um die Frage der Vergleichbarkeit der beiden Völkermorde, alle waren eingebettet in die Debatten rund um die Berliner Denkmäler.¹⁵ Diese Beispiele zeigen, wie geschichtspolitisch brisant das Thema Mitte der 1990er Jahre noch war. Der genozidkritische Denkstil etablierte sich erst merklich in den folgenden Jahren.

Aber nicht nur im Fachdiskurs musste die neue Position ausgelotet werden. Auch öffentlich wurden nun zunehmend Fragen nach den Verantwortlichen gestellt. So kochte in den 1990er Jahren die Debatte um die Rolle der deutschen Wissenschaftsorganisationen hoch. Die DFG war herausgefordert, sich ihrer eigenen Geschichte zu stellen – auf das Thema bezogen besonders ihrer Rolle bei der Finanzierung von Robert Ritter. Die erste Studie zur Geschichte der DFG entstammte der Feder des Historikers Notker Hammerstein und erschien 1999. Enthalten war folgende Passage zu Ritter:

„Solche Forschungsprogramme gab es schon lange. Sie gehörten in das bereits genannte Umfeld sozialer, hygienischer und allgemeinmedizinischer Forschung. Sie waren international üblich und weitgehend akzeptiert. Daß sie in einer für uns heute unzulässig erscheinenden Vermischung von staatlichem Ordnungsdenken, biologischem Determinismus, wissenschaftsgläubigem Fortschrittsdenken und gesellschaftspolitischem Machbarkeitswahn angegangen wurden: dafür haben erst die schrecklichen Verbrechen die Augen geöffnet."¹⁶

Selbst wenn man Hammerstein zugutehält, dass er die Einflussnahme von Ritter und der RHF auf die Entscheidungen des RKPA noch nicht kannte, ist diese Einschätzung schwer erträglich. So erscheint es, auch gerade für das Fazit der vorliegenden Studie, doch legitim zu fragen: Stellte es eine zu hohe intellektuelle Hürde dar, diese Zusammenhänge zu erkennen? Konnte er dem Denkstil vom „Zigeuner" als „Berufsverbrecher" nicht widerstehen?

Je öfter man sie liest, desto mehr erscheinen Hammersteins Worte wie Vernebelungen, denn für alle diese Dinge – „Ordnungsdenken, Determinismus, Fortschrittsdenken und Machbarkeitswahn" – gab es Gegenpositionen. So kam auch der Rezensent Ingo Haar über Hammersteins Studie zu dem erschütternden Fazit:

---

13 Vgl. Stavginski, Das Holocaust-Denkmal, S. 36–42; Robel, Verhandlungssache Genozid, S. 177–214; Kirsch, Nationaler Mythos oder historische Trauer?, bes. S. 167–183.
14 Vgl. Blumer, From Victim Hierarchies to Memorial Networks, S. 92–96, bes. S. 93.
15 Vgl. die Darstellung dieser Auseinandersetzungen bei: Fings, Opferkonkurrenzen, S. 84–88.
16 Hammerstein, Die Deutsche Forschungsgemeinschaft, S. 353.

> „Der Preis, den Hammerstein eingelöst sehen will, um die Ehre großer Wissenschaftler zu retten oder die Herkunft auch im Zivilbereich nach 1945 genutzter Techniken aus der Kriegsentwicklung zu vernebeln, ist viel zu hoch, als daß die bewährten analytischen Grundsätze der Wissenschaftsgeschichte aufgegeben werden sollten."[17]

Haar unterstellte bewusstes Wegschauen. Wozu dies führen kann, konnte in dieser Studie anhand der Unterstützung für Arnold gezeigt werden. Es ist eine Sache, problematische wissenschaftsethische Prämissen oder Schlussfolgerungen einer Theorie oder einer Methode nicht als solche zu erkennen, eine andere, sie bewusst zu verschweigen. Erst der Historiker Patrick Wagner und andere lösten den Anspruch einer kritischen Erforschung der Geschichte der DFG ein.[18]

2 Wer oder was wurde wann anerkannt?

Nun bleibt zu resümieren, wie der kriminalpräventive Denkstil durch den genozidkritischen Denkstil abgelöst wurde und was von staatlicher Seite hinsichtlich des Völkermords genau anerkannt wurde.

Der Historiker Paul Nolte wies in seiner wegweisenden Studie *Die Ordnung der deutschen Gesellschaft* darauf hin, die persönliche Unsicherheit der Nachkriegszeit habe dazu geführt, dass die traditionellen Eliten auch nach Gründung der Bundesrepublik weitgehend im Amt blieben und auch die bekannten gesellschaftlichen Handlungsmuster und Wirklichkeitsbeschreibungen in den 1950er Jahren zunächst unangetastet weiterhin galten.[19] Nur so ist zu erklären, dass die abwehrende Haltung vieler Kommunen, die wiederaufgenommene polizeiliche Sondererfassung und generell der kriminalpräventive Denkstil im Hinblick auf die „NS-Zigeunerverfolgung" die Zäsur 1945 fast unbeschadet überdauern konnten.

Wie lange dieses Denkmuster noch vorherrschte, macht ein Blick in die 1970er Jahre deutlich. In der Überlieferung des BKAmt findet sich ein Vorgang, der die Kriminalisierung der „Zigeuner" noch für das Jahr 1977 auf höchster Regierungsebene dokumentiert. Aufmerksam geworden durch Medienberichte fragte Bundeskanzler Helmut Schmidt im Februar 1977 Jahren nach dem Sachstand der Abschiebung eines „Zigeunerstammes", der aus den Niederlanden in die Bundesrepublik eingereist war.[20] Das zuständige Referat antwortete wenige Tage später zu dem Fall:

---

17 Haar, Rezension zu: Notker Hammerstein. Die Deutsche Forschungsgemeinschaft in der Weimarer Republik und im Dritten Reich. Wissenschaftspolitik in Republik und Diktatur. München 1999, in: H-Soz-Kult, 25.9.2000; online unter: http://www.hsozkult.de/publicationreview/id/reb-2434 [20.1.2020].
18 Vgl. Wagner, Notgemeinschaften der Wissenschaft.
19 Vgl. Nolte, Die Ordnung der deutschen Gesellschaft, S. 399.
20 Vgl. BArch, B 136/31971, Schreiben an Herrn Abteilungsleiter 2 vom 2.2.1977.

> „Die Aufenthaltserlaubnis muß versagt werden, wenn die Anwesenheit Belange der Bundesrepublik beeinträchtigt. Dies ist regelmäßig der Fall, wenn nach § 10 Abs. 1 AuslG eine Ausweisung gerechtfertigt wäre. Das ist hier der Fall (illegale Einreise, Bettelei, Landfahrerei, Lebensunterhalt nur unter Inanspruchnahme von Sozialhilfe."[21]

Doch nicht nur in der Politik und Verwaltung waren die tradierten Denkmuster nach Kriegsende weiter präsent. Auch zwischen den Überlebenden aus den unterschiedlichen „Opfergruppen" herrschten vorgeprägte Wahrnehmungen. Joskowicz bezeichnete die Beziehung zwischen jüdischen Überlebenden und Überlebenden aus der Minderheit der Sinti und Roma als „multidimensional".[22] Die Befunde in dieser Studie unterstreichen dies. Neben großer und länderübergreifender Solidarität funktionierten die tradierten Vorurteile auch gegenüber der jeweils anderen Minderheit in ganz erheblichem Maße. Dies belegen die hochgradig vorurteilsbelasteten Äußerungen Lucie Adelsbergers, die prominent Eingang in die vom IfZ herausgegebenen Höß-Memoiren fanden.

Wo war der „historische Ort" der „NS-Zigeunerverfolgung" in der Bundesrepublik nach 1945? In der direkten Nachkriegszeit gab es zwar Initiativen und Akteure, die das Verbrechen benannten und publik machen wollten, wie Kogon, Pankok und vielfach Wolf. Aber entweder ihre institutionellen Positionen waren zu schwach oder sie beherrschten nicht das Handwerkszeug der HistorikerInnen, um Wesentliches von Unwesentlichem zu trennen und damit auch ein nachhaltiges, historiographisches Narrativ der „NS-Zigeunerverfolgung" zu schaffen. Der *SS-Staat* von Eugen Kogon ist ein solches Beispiel. Volkhard Knigge kam in seiner abschließenden Bewertung zu dem Fazit:

> „So gesehen ist ‚Der SS-Staat' trotz der hohen Auflagenzahl auch ein Zeugnis sich abmühender politischer und gesellschaftlicher Einsamkeit unter permanenter Präsenz der KZs, die für Kogon keine distanzierten Forschungsgegenstände waren, sondern unaufhebbare innere Gegenwart."[23]

Siegmund Wolf musste lange um eine Stellung im Universitätssystem kämpfen, gleichzeitig waren seine Zuträgerdienste für die „NS-Zigeunerverfolgung" eine immerwährende moralische Hypothek für ihn, die er durch sein sehr engagiertes Engagement für die Minderheit in den unterschiedlichsten gesellschaftlichen Bereichen zu kanalisieren versuchte. Ihm kommen zwar einige Verdienste auf dem Weg der Anerkennung zu, allerdings konnte er sich zeitlebens nicht von seinem „Zigeunerbild" verabschieden, das man als romantisch verklärt und in „rassischen Entitäten" denkend charakterisieren muss.

---

21 BArch, B 136, 31971, Antwort Referat 132 an Bundeskanzler vom 9.2.1977, S. 2; AuslG ist die juristische Abkürzung für das Ausländergesetz.
22 Joskowicz, Separate Suffering, Shared Archives, S. 125.
23 Knigge, „Die organisierte Hölle", S. 28.

Das IfZ steuerte dagegen nicht mehr als die spärlichen Gutachten und den Abdruck des zweifelhaften Aufsatzes von Hans-Joachim Döring in den *Vierteljahrsheften für Zeitgeschichte* zum Thema „NS-Zigeunerverfolgung" bei, was auch mit der primären Aufgabe des Instituts zu erklären ist. Nach den Historikern Olaf Blaschke und Jens Thiel lag jene darin: „Das IfZ sollte primär wissenschaftlich forschen, der demokratischen Erziehung und Aufklärung dienen und zugleich Deutschland vor dem Ausland rehabilitieren."[24] Auch diese Feststellung wird durch die in dieser Studie dargestellten Befunde gestützt. Die fehlende Wahrnehmung der „rassischen" Verfolgung durch die deutschen Nachkriegshistoriker mag auch biographische Gründe gehabt haben. Helmut Krausnick, der Schriftleiter der *Vierteljahrshefte für Zeitgeschichte*, ließ den Artikel des Kriminalisten Döring vermutlich deshalb passieren, weil dessen Grundaussage zum generellen „Zigeunerbild" und zum kriminalpräventiven Denkstil dieser Jahre passte. Es ist jedoch auch denkbar, dass er seine eigene Verwicklung in die NS-Bewegung, seine Scham über die frühe Mitarbeit für die NSDAP nicht auch noch mit einem weiteren Völkermord belastet sehen wollte?[25]

Es gab aus der deutschen Geschichtswissenschaft heraus in diesen ersten Jahrzehnten – auch aufgrund des weitgehenden Fehlens von Primärquellen – keine ernstzunehmenden Versuche, die „NS-Zigeunerverfolgung" zu erforschen, es forderte aber auch niemand öffentlich wahrnehmbar ein. Zimmermann charakterisierte die wenigen Forschungen in Form der Gerichtsgutachten völlig treffend als „juristische Hilfswissenschaft".[26] Zusätzlich hemmend wirkte, dass die deutschen HistorikerInnen dieser Jahrzehnte wegen ihrer Objektivitätsvorstellungen Zeugenaussagen und Erinnerungsberichte der Überlebenden nur selten in ihre historische Forschung einbezogen.[27]

Nicolas Berg stellte in seiner viel diskutierten Studie die These auf, die deutschen HistorikerInnen, die sich bezogen auf den Holocaust lange in Intentionalisten und Funktionalisten separierten, hätten keine Lesart für die Verbrechen an den Sinti und Roma finden können.[28] Auch die Nichtbeachtung von internationalen Arbeiten, wie von Myriam Novitch, Selma Steinmetz und auch Raul Hilberg, trug dazu bei, dass die historische Forschung nicht in Gang kam und intellektuelle Unruhe gar nicht erst entstand. Die Nichtbeachtung und die Nichtthematisierung stabilisierten sich gegenseitig. Das geringe Interesse führte zu keinen nennenswerten Forschungen, und das wiederum führte zu keinem größeren Interesse. Die Verlage verhinderten aufgrund der geringen Nachfrage für entsprechende Titel zum Thema den ein oder anderen möglichen Fortschritt. Das Kaufinteresse förderte dagegen Buchtitel, die sich mit der Mystik und den Geheimnissen der „Zigeuner" beschäftigten. Auch

---

24 Blaschke/Thiel, Konsolidierung und Politisierung, S. 331–415, hier S. 358.
25 Vgl. Berg, Der Holocaust und die westdeutschen Historiker, S. 405 f.
26 Zimmermann, Rassenutopie und Genozid, S. 34.
27 Vgl. Berg, Der Holocaust und die westdeutschen Historiker, S. 274, 319.
28 Vgl. ebenda, S. 652.

diese populärwissenschaftlichen Produktionen konnten sich aber mit der Zeit den Informationen über die „rassische" Verfolgung der Minderheit nicht mehr verschließen, wie gezeigt werden konnte. Insofern waren solche Bücher zwar ein problematischer, aber nicht zu unterschätzender Indikator für den gesellschaftlichen Wandel.

Der Frankfurter Auschwitz-Prozess war ein Meilenstein, was die öffentliche Thematisierung der Verbrechen an den Sinti und Roma anbelangte. Sechs ZeugInnen aus der Minderheit sagten über ihre Leidensgeschichte aus. Aber der Anklagepunkt im Verfahren gegen Pery Broad – der seine Beteiligung an der Liquidation des „Zigeuner-Familienlagers" aufgriff – wurde vom Verfahren abgespalten und schließlich von den verantwortlichen Justizbehörden verschleppt. Der Blick auf das NS-Regime blieb auch im Prozess vornehmlich an die NS-Herrschaftsstrukturen orientiert, eine nähere Beschäftigung mit den unterschiedlichen Opfergruppen und deren Verfolgungshintergründen blieb aus. Malte Beeker urteilt im Hinblick auf die Gutachten Buchheims für den Prozess ambivalent. Zwar teilt auch er die Kritik an Buchheims Gutachten hinsichtlich der als schief zu bezeichnenden Trennung des NS-Systems von der Gesellschaft.[29] Allerdings sieht Beeker in den Gutachten auch Fortschritte hin zu einer „Abkehr von der hitlerzentrierten Interpretation der NS-Zeit".[30]

Der Streit, ob das kriminalpräventive oder das „rassische" Verfolgungsmotiv die „NS-Zigeunerverfolgung" dominiert habe, offenbart in der Rückschau einen Gegensatz in der grundsätzlichen Wahrnehmung der Minderheit in der Bundesrepublik, letztlich aber auch insgesamt im Verständnis über die Funktionsweise des Nationalsozialismus. AutorInnen, die das „rassische" Motiv betonten, standen meist am Rande der gesellschaftlichen Eliten, waren oft selbst NS-Verfolgte und bezogen die Berichte von Überlebenden kritisch in ihre Betrachtungsweise ein. Allerdings darf nicht vergessen werden, dass auswärtige Historiker wie Raul Hilberg sich ebenfalls unzureichend mit den Berichten der Überlebenden auseinandersetzten.[31] Auch waren die internationalen Forschungen kaum vernetzt und hatten keine institutionellen Rahmen.

Der kriminalpräventive Denkstil in der Bundesrepublik wurde stark durch die Tradition der „Volksgeschichte" des Nationalsozialismus beeinflusst. Die dann in der Bundesrepublik stark vorherrschende „Bevölkerungsgeschichte" beeinflusste indirekt auch die Sichtweise auf den Völkermord an Sinti und Roma. Damit wird den bisher tradierten Erklärungsmustern für den deutschen „Sonderweg" in der Perspektive von Migration und Bevölkerung eine Facette hinzugefügt.[32]

Auch Armut war und ist ein unterschiedlich diskursiv fassbarer Zustand, denn die bloße Feststellung von materieller Armut anhand von Zahlen ist quantifizierbar,

---

29 Vgl. Beeker, „Führerbefehl", S. 482.
30 Ebenda, S. 483.
31 Vgl. Steinbacher, Akribie, Ernst und Strenge, S. 32.
32 Vgl. Pleinen, Ein Europa von Sonderfällen?, S. 255–273, hier S. 255. Pleinen führt diesen Sonderweg noch aus: Er läge im Erbe des Nationalsozialismus und in den fehlenden Traditionen von außereuropäischer Migration und Multikulturalismus.

die Bewertung der Ursachen dagegen unterlagen und unterliegen gesellschaftlichen und medialen Wandlungen[33] – in der Gestalt, dass der Zusammenhang zwischen gesellschaftlicher Problemwahrnehmung von Armut der Sinti und Roma in der Nachkriegsgesellschaft und dem Blick der Mehrheit auf die Motivation der „NS-Zigeunerverfolgung" in engem Zusammenhang standen. Zwar wurde seit Beginn der 1960er Jahre die Armut von Sinti und Roma von der soziologischen Forschung erkannt, doch verstellten zynische und rassistische Auffassungen über die Gründe der tief verwurzelten Benachteiligung der Minderheit den Blick auf wirksame partizipative Unterstützungsangebote.[34]

Aber auch die „Zigeunerforschung" hatte ihren Anteil an der schleppenden Bearbeitung und Verklärung des Themas. Die Schilderungen über die Kultur der „echten Zigeuner" schienen vielen interessanter als die Verfolgungsgeschichten. Arnold passte mit seinen Studien in dieses Bild, er nutzte das Netzwerk von Hans Harmsen, stieg zu *dem* „Zigeunerexperten" der Bundesrepublik auf. Der kriminalpräventive Denkstil wurde auch von den wieder in die Ämter gelangten Kriminalisten weiter tradiert und verteidigt, um der Strafverfolgung zu entgehen, aber auch um die polizeiliche Überwachung der nun „Landfahrer" genannten Personen über 1945 hinaus zu rechtfertigen. Karola Fings sieht in der „Schuldumkehr" die Zielrichtung der Nachkriegsaktivitäten der ehemaligen VerfolgerInnen.[35] Auch viele „Zigeunerforscher" der Nachkriegszeit – meist Ethnologen oder Soziologen – blieben dem kriminalpräventiven Denkstil verhaftet. Kurz gesagt, der „Zigeuner" wurde weiterhin als zwanghaft „kriminell" angesehen, weil es ihm im „Blut" liege, der NS-Staat habe somit seine militärischen, sozialen und wirtschaftlichen Interessen durch repressive Maßnahmen schützen müssen. Nur wenige konnten aus diesem Denkkollektiv ausbrechen. Doch was waren die Gründe dafür?

Zwar konnten Einzelpersonen bereits frühzeitig nach 1945 aus dem vorherrschenden kriminalpräventiven Denkstil ausbrechen, wie anhand des CDU-Politikers Franz Böhm und anderer Einzelpersonen – vornehmlich mit eigener Verfolgungserfahrung – gezeigt werden konnte. Diese Sichtweise aber auch gesellschaftlich und im Fachdiskurs durchzusetzen, bedurfte – wie der Sprachwissenschaftler Clemens Knobloch theoretisch argumentiert – überpersoneller Bestrebungen.[36] Mit Fleck gesprochen:

> „Man kann etwas Neues und Abgeändertes nicht einfach und sofort sehen. Zuerst muß sich der ganze Denkstil verändern, muß die ganze intellektuelle Stimmung ins Wanken kommen, muß die Gewalt der gerichteten Denkbereitschaft aufhören. Es muß eine spezifische intellektu-

---

33 Vgl. Leibfried, Zeit der Armut, S. 210.
34 Vgl. etwa Jochimsen, Wie leben die Zigeuner in der Bundesrepublik?, S. 370 f.
35 Vgl. Fings, Schuldabwehr durch Schuldumkehr, S. 145–164, hier S. 151 f.
36 Vgl. Knobloch, Überlegungen zur Theorie der Begriffsgeschichte, S. 7–24, hier S. 20.

elle Unruhe und eine Wandlung der Stimmungen des Denkkollektivs entstehen, die erst die Möglichkeit und die Notwendigkeit dazu schafft, etwas Neues, Abgeändertes zu sehen."[37]

Die Behandlung der Minderheit im NS-Staat wurde in den ersten Nachkriegsjahrzehnten in der Bundesrepublik nicht öffentlich thematisiert, auch nicht im Parlament.[38] Aber warum wurde dies nicht von der DDR oder Österreich eingefordert? Kathrin Hammerstein hat in ihrer vergleichenden Analyse der Erinnerungskulturen der drei Nachkriegsstaaten auf eine interessante Gemeinsamkeit hingewiesen:

„Der Holocaust und seine Opfer [...] spielten in allen drei Selbstentwürfen zunächst keine Rolle. [...] Bestimmte Opfergruppen wurden somit nicht nur Opfer der NS-Verfolgung, sondern in gewisser Weise auch der Geschichtskonstruktionen nach 1945."[39]

Hammerstein differenziert die Gründe für diese Schlussfolgerung. In der DDR wurden mit dem „antifaschistischen Gründungsmythos" alle Bürger quasi zu Widerstandleistenden erklärt.[40] Die Erkenntnisse über das offizielle Verhalten der DDR in dieser Studie haben das Bild vom DDR-Antifaschismus weiter relativiert. Es bestätigt und verschärft sich ein bestehendes Bild, welches Gilsenbach rückblickend so beschrieb:

„In keinem DDR-Hochschullehrbuch zur deutschen Geschichte kommt es vor, in keinem Schulbuch. Mein eigener Versuch [...] ein Werk mit dem Titel ‚Der Völkermord an den Sinti' zu veröffentlichen, stieß nach anfänglichem Interesse auf Ablehnung – plötzlich und ohne Begründung."[41]

Österreich erklärte sich gleich in Gänze zum „ersten Opfer" des Nationalsozialismus.[42] Und in der Bundesrepublik sorgte nicht zuletzt die Politik Konrad Adenauers dafür, dass eine umfängliche Selbstentlastung der Bevölkerung möglich wurde, indem allein Hitler und seinem Umfeld die Schuld für die NS-Verbrechen gegeben wurde.[43] Den Befunden Hammersteins ist vor dem Hintergrund der in der vorliegenden Studie beschriebenen Beispiele zuzustimmen. Die Mittlerstellung Österreichs zwischen Ost und West und sein einflussreicher „KZ-Verband" machten dann jedoch einen Unterschied zwischen den Staaten aus, was sich auf das Thema bezogen be-

---

37 Fleck, Erfahrung und Tatsache, S. 78.
38 Zwischen 1949 und 1970 gab es keinen parlamentarischen Vorgang; vgl. Meyer, Offizielles Erinnern, S. 233.
39 Hammerstein, Gemeinsame Vergangenheit, S. 91.
40 Vgl. ebenda, S. 55.
41 Gilsenbach, Wer wußte was?, S. 91.
42 Vgl. ebenda, S. 61.
43 Vgl. Hammerstein, Gemeinsame Vergangenheit, S. 71; Meyer, Die SPD und die NS-Vergangenheit 1945–1990, S. 113, 121, 126.

sonders anhand der frühen Publikation von Steinmetz offenbart.[44] In der Bundesrepublik fehlten für eine Initiative die Verfolgtenverbände, die Opfergruppen übergreifend vertraten.

Betrachtet man die beiden Begriffsebenen der Anerkennung der Sinti und Roma, kommt man für die frühe Bundesrepublik zu dem Ergebnis, dass das Verbrechen erstens nicht als „rassisch" motiviertes Verbrechen – schon gar nicht offiziell – benannt wurde.[45] Zweitens gab es keinen Dialog zwischen der Bundesregierung und VertreterInnen der Sinti und Roma, auch weil Letzteren eine schlagkräftige Vertretungsorganisation fehlte.

Doch die Gesellschaft und deren Wirklichkeitsauffassungen begannen sich zu wandeln. So fing die kriminologische Forschung an, Verbrechen nicht mehr auf vererbte Persönlichkeitsmerkmale zurückzuführen, sondern auf die sozialen Lebensumstände der Person.[46] Auch die historische Beschäftigung löste sich langsam vom Fokus auf die vertriebenen „Deutschen".[47] Auch wenn die 1970er Jahre für die direkte Erforschung der „NS-Zigeunerverfolgung" in der Bundesrepublik nicht ertragreich waren, gab es übergreifende Entwicklungen, die den Weg für valide Forschungen ebneten. So sieht Michael Wildt das 1973 begonnene „Bayern-Projekt" des IfZ als eine richtungsweisende Forschungsleistung, die den Blick auf soziale Praxen öffnete.[48] Zentral aber war der generelle Wandel des öffentlichen Bewusstseins, was den Opfern des Nationalsozialismus überhaupt erst Möglichkeiten zur Wahrnehmung in der bundesdeutschen Gesellschaft schaffte. Welchen Einfluss darauf die Serie *Holocaust* hatte, ist umstritten. Hammerstein argumentierte in ihrer Studie nachvollziehbar, dass „vielmehr von einem Konglomerat von Faktoren, einem Faktorenbündel für die narrative Perspektivenverschiebung ausgegangen [werden muss], bei dem vor allem auch der Generationenwechsel nicht übersehen werden darf".[49]

Doch hinter einem gesellschaftlichen Wandel stehen nicht nur neue wissenschaftliche, kulturelle und politische Konzepte, es sind auch neue Akteure notwendig, die ihn vorantreiben. Hinter diesem Wandel standen neue ProtagonistInnen, die einen Paradigmenwechsel[50] bzw. einen neuen Denkstil ermöglichen. Die Aktivitäten von Donald Kenrick etwa wirkten wie ein historiographischer Magnet auf die überall auf der Welt verstreuten Hinweise, Berichte und Quellen über das Ausmaß der „NS-Zigeunerverfolgung", vor allem auch in ihrer genozidalen Praxis. Die unauf-

---

44 Vgl. zur Rolle Österreichs: Kriechbaumer (Hrsg.), Die Ära Josef Klaus, S. 83; Steinmetz, Österreichs Zigeuner im NS-Staat.
45 Vgl. begriffsgeschichtliche Anerkennungsdefinition in Kapitel I.3.
46 Vgl. Baumann, Kriminalwissenschaft zwischen Aussonderung und Resozialisierung, S. 478, 482; Berbüsse, Das Bild der „Zigeuner", S. 137.
47 Vgl. Ohliger, Menschenrechtsverletzung oder Migration?, S. 429–438, hier S. 430 f.
48 Vgl. Wildt, „Das Bayern-Projekt", S. 126.
49 Hammerstein, Gemeinsame Vergangenheit, S. 160.
50 Karola Fings benutzte den Terminus für den Wandel; vgl. Fings, Neuere Literatur zur NS-Verfolgung, S. 50.

hörlich suchende Myriam Novitch aus Israel half ebenfalls beträchtlich, ohne dass ihre Rolle bisher ausreichend gewürdigt worden wäre. Später waren es dann HistorikerInnen aus der Generation Michael Zimmermanns, die dem Thema historiographisch zum Durchbruch verhalfen. Die Historikerin Yfaat Weiss hat eine gruppenbiographische Feststellung getroffen, die sich auch in dieser Studie bestätigt hat:

„Radikales Denken artikuliert sich als Protest der dritten Generation von Erforschern des Nationalsozialismus, die von der Peripherie, nicht aus dem Zentrum des akademischen Betriebes kommt. [...] [So] kamen Studien über die Verfolgung anderer, nicht-jüdischer Gruppen – Sinti und Roma, Homosexueller, ‚asozialer Elemente' – nicht aus der Mitte des akademischen Establishments."[51]

Der Generationswechsel vollzog sich allmählich in den Geschichtswissenschaften, aber auch in der Politik, den Medien und der Öffentlichkeit. Nicht mehr der „Blick von oben", sondern die „Nähe zu den abgebildeten Menschen" war maßgebend für viele Fotografen.[52] Auch reflektierten viele Journalisten die bisherige vorurteilsbelastete Berichterstattung, sie begannen Buchprojekte mit Sinti und Roma, um über die individuelle Verfolgungsgeschichte zu berichten.

Der Vorsitzende der Jüdischen Gemeinde in Berlin Heinz Galinski wies in seiner Rede auf der vorbereitenden Konferenz für den Kongreß über den Holocaust an Sinti und Roma darauf hin, dass durch die Aktivitäten der vergangenen Jahre nun gelte: „Die Belange und die Anliegen der Roma und Sinti werden in der Öffentlichkeit zumindest wahrgenommen."[53] Die Perspektiven und die Interessen verschoben sich zu Beginn der 1980er Jahre sehr schnell. Der Wandel lässt sich anhand von zwei Ausgaben der Zeitungsbeilage *Aus Politik und Zeitgeschichte* ablesen. Der Historiker Olaf Blaschke bescheinigt dieser Beilage der Wochenzeitung *Das Parlament*, ein Seismograph für gesellschaftliche Debatten zu sein.[54] Im März 1981 veröffentlichte der Völkerkundler und Erziehungswissenschaftler Karl Jokisch in den Heften einen langen Artikel unter der Überschrift *Zigeuner – Fremdgebliebene unter uns*, in dem es – ganz im Sinne der tradierten ethnologischen und auch der frühen sozialwissenschaftlichen Erforschung der Minderheit – um die kulturellen und geschichtlichen Vorstellungen ging, die in den vergangenen Jahrzehnten zentral für das romantische „Zigeunerbild" gewesen waren. Der Artikel thematisierte Herkunft, Mythen, Tabusysteme und nur am Rande auch die soziale Situation und nur ganz schemenhaft die NS-Verfolgung.[55] Bereits ein Jahr später erschien ein bemerkenswerter von Tilman Zülch geschriebener Artikel unter der Überschrift *Sinti und Roma in Deutschland. Ge-*

---

51 Weiss, Kann es zu viel Geschichte geben?, S. 229–246, hier S. 239.
52 Vgl. Reuter, Der Bann des Fremden, S. 466.
53 Vgl. Galinski, Rede auf der ersten vorbereitenden Konferenz, S. 17 f., hier S. 17.
54 Vgl. Blaschke, Die „Hand am Puls der Forschung", S. 106.
55 Vgl. Jokisch, Zigeuner – Fremdgebliebene unter uns, S. 3–17.

schichte einer verfolgten Minderheit, in dem es hauptsächlich um die Ereignisse und Strukturen der NS-Verfolgung, aber auch um ihre Kontinuitäten nach 1945 ging.[56]

Die 1980er Jahre waren für die Erforschung dieses Massenverbrechens eine besonders wichtige Zeit. Die neuen sozialen Bewegungen und die damit verbundene Geschichtswerkstätten-Bewegung sowie schließlich die neuen Forschungen zur „NS-Volksgemeinschaft" waren für das heutige Verständnis des Völkermords an Sinti und Roma zentral. Die enge Verwobenheit der „Zigeuner"-Begriffsebenen ließ die Motive, Leitlinien und Grenzen der Ablehnung, der Repression, der Vertreibung, der Unfruchtbarmachung und schließlich der unmittelbaren Vernichtung menschlichen Lebens immer wieder amalgamieren.

Doch was gab den gesellschaftlichen Ausschlag dafür, dass sich die Forschung in diesem Bereich fortentwickeln konnte? Ein wesentlicher Faktor war die öffentlich geäußerte Anerkennung durch Helmut Schmidt 1982. Doch was trieb Schmidt an, die historischen Worte als Bundeskanzler zu sprechen? In der einschlägigen Biographie wird das Thema nur kurz erwähnt, Hartmut Soell schrieb nebulös über Schmidts Geste:

> „Die intensivere Wahrnehmung von Problemen, die bisher nicht im Zentrum seiner alltäglichen Sorgen standen, ermöglichte auch einen wesentlichen Schritt zur symbolischen Wiedergutmachung an einem vom NS-Regime begangenen Verbrechen, das bisher nicht zureichend gesühnt worden war [...]".[57]

Dieser Bewertung muss im Ergebnis der vorliegenden Studie entschieden widersprochen werden, sowohl im Hinblick auf die Folgen der politischen Anerkennung des Völkermords für die Sinti und Roma als auch auf die Impulse, die damit in die Forschung gesendet wurden. Die gesellschaftspolitische Bedeutung dieses Schritts darf nicht unterschätzt werden. Michael Luttmer stellte eine ganz direkte Reaktion der Schulbuchverlage auf die Anerkennung des Völkermords an den Sinti und Roma durch den Bundeskanzler fest. Die Schulbücher begannen ab diesem Zeitpunkt, die Opfergruppe zu erwähnen.[58] Die DDR-Schulgeschichtsbücher reagierten im Vergleich erst erheblich später.[59] Doch eines darf nicht vergessen werden: Zwar verbreitete sich der genozidkritische Denkstil in der Öffentlichkeit nach der Anerkennung des Völkermords durch Schmidt in hohem Tempo. Doch die Forschung hinkte den öffentlichen Verlautbarungen erheblich hinterher. Erst im Laufe der 1980er Jahre fügte sich ein stimmiges Bild dieses Verfolgungskomplexes zusammen, welches den nun vorherrschenden genozidkritischen Denkstil auch mit empirischen Belegen versah. Besonders die Studien von Detlef Peukert und die von ihm initiierten Forschun-

---

56 Vgl. Zülch, Sinti und Roma in Deutschland, S. 27–45.
57 Soell, Helmut Schmidt, S. 868.
58 Vgl. Luttmer, AG „Für den Frieden", S. 307.
59 Vgl. Baetz u. a., Die Rezeption des nationalsozialistischen Völkermords, S. 83–89.

gen über die „NS-Volksgemeinschaft" waren richtungsweisend.[60] Diese Forschungsinnovation, deren konzeptionelle Basis in den 1980er Jahren gelegt wurde, entfaltete sich aber erst einige Zeit später.[61] Viele halfen dabei, diesem Bild Kontur zu verleihen. Zu nennen sind Götz Aly, Karola Fings, Ulrich Herbert, Wolfgang Wippermann, aber auch Benno Müller-Hill, Reinhard Rürup, Reimar Gilsenbach und viele mehr. Die Mehrzahl dieser Personen kam aus einem linksgerichteten, engagierten Umfeld. Die Beschäftigung mit der Verfolgungsgeschichte der Sinti und Roma war nicht zuletzt auch ein Stück Protest und vorübergehender Ausbruch aus dem etablierten Wissenschaftssystem.

Geschichtspolitisch stand das Thema in den 1980er Jahren im Windschatten des sich öffentlich entfaltenden „Holocaustgedenkens". Dies zeigten die Beispiele der (Nicht-)Thematisierung im „Historikerstreit" und der Missachtung bei der Gedenkfeier 1985 im ehemaligen Konzentrationslager Bergen-Belsen. Der Wahrnehmungsraum für die Opfer des Nationalsozialismus war in den 1980er Jahren zwar größer geworden, aber wer insbesondere in der eigenen Familie keine NS-Opfer hatte, für den blieb die „NS-Zigeunerverfolgung" fremd, auch wenn Medien, Gedenkstätten, Museen, PolitikerInnen sowie zivilgesellschaftliche Akteure nun viel Kraft darin investierten, diesen bisher vernachlässigten Verfolgungskomplex der Gesamtgesellschaft näherzubringen. Die Historikerin Andrea Löw wies im Fazit ihres Artikels über die frühen Berichte der empfundenen Singularität des Holocaust auf einen interessanten Aspekt hin:

> „Die Überlebenden des nationalsozialistischen Judenmords verließ das Empfinden nie, Einzigartiges durchgemacht zu haben. Dass viele dies später betonten und in der Debatte über die Singularität auch einforderten, hatte viel damit zu tun, dass nach Kriegsende in Europa und anderswo in der Öffentlichkeit jahrelang unbeachtet geblieben war, was für ein existenzieller Einbruch die NS-Verfolgung für sie war."[62]

Bei Sinti und Roma kommt noch hinzu, wie in dieser Studie verdeutlicht wurde, dass die rassistischen Denkmuster, die die „NS-Zigeunerverfolgung" ins Werk gesetzt hatten, nach 1945 gesellschaftlich nicht geächtet waren.

Erst nach 1990 erlangte die Schrift Raul Hilbergs breitere Bekanntheit in der Bundesrepublik, da der Fischer Taschenbuchverlag sie preisgünstig neu herausgab.[63] Das Zustandekommen der Taschenbuchausgabe war das Verdienst des Lektors Walter Pehle, der die wissenschaftliche *Schwarze Reihe* im Verlag verantwortete.[64] Dieser Fall kann somit beispielhaft dafür gelten, wie Verlage die Produktion von historischen Titeln und damit auch die Wissensproduktion über die „NS-Zigeunerverfolgung" massiv beeinflussten.

---

60 Einen Überblick liefert: Wildt, Die Ambivalenz des Volkes.
61 Vgl. Hachtmann/Reichardt (Hrsg.), Detlef Peukert und die NS-Forschung.
62 Löw, „Ein Verbrechen, dessen Grauen mit nichts zu vergleichen ist", S. 142 f.
63 Vgl. Hilberg, Die Vernichtung der europäischen Juden (1990).
64 Vgl. Blaschke, Verleger machen Geschichte, S. 295, 480, 506.

Zwar fand sich auch in der Fachwissenschaft – zumal in der Bundesrepublik – in den 1990er Jahren kaum jemand, der das „rassische" Verfolgungsmotiv öffentlich in Frage stellte, doch die aufkommende Debatte um die Singularität des Holocaust eröffnete ein neues Konfliktfeld. Zeitgenössisch diskutiert wurde auch über die Aspekte: Welche Zielrichtung sollte die Forschung über die „NS-Zigeunerverfolgung" haben? Sollten über die bloße historische Aufklärung hinaus auch die wenigen noch lebenden TäterInnen angeklagt werden? Oder müsste man sich nicht besser mit ganzer Kraft der Sicherung der individuellen Berichte der Überlebenden widmen? Die Anerkennung des Massenverbrechens hatte noch nicht darüber entschieden, wo genau der „Ort in der Geschichte" in der Geschichtskultur und auch in der etablierten akademischen Geschichtsschreibung sein sollte.

Was aber bedeutete die Anerkennung des Massenverbrechens für die Sinti und Roma und ihre Beziehungen zur Mehrheitsgesellschaft? Nach dem entscheidenden Schritt durch Helmut Schmidt konnten die Familien der Sinti und Roma der eigenen Opfer nun ohne größere Angst oder Scham öffentlich gedenken. Damit war man bereits ein gutes Stück vorangekommen, auch wenn dies nicht bedeutete, dass alle BundesbürgerInnen diese Ansicht teilten.[65] Matthäus Weiß, Vorsitzender des Verbands Deutscher Sinti und Roma – Landesverband Schleswig-Holstein, erinnert sich allerdings an etwas Bemerkenswertes im Kontext der Anerkennung des Völkermords: „Ich erinnere mich an die Angst der ‚alten' Leute, sie fürchteten eine staatliche Reaktion, meine Mutter war über Monate aufgewühlt."[66]

Offenbar war bei manchen Sinti und Roma nicht etwa Erleichterung die erste Reaktion, sondern die erneute Furcht vor einer staatlichen Reaktion, besonders der Polizei. Dieses Beispiel offenbart einerseits die Bedeutung dieses Schritts für die Sinti und Roma, andererseits wird hieran aber auch deutlich, wie viel Wegstrecke noch vor ihnen und der Mehrheitsgesellschaft lag. Für Personen aus der Mehrheitsbevölkerung bedeuteten die Worte Schmidts wenig, sie waren davon kaum betroffen. Angesichts der realen Entschädigungspolitik mussten sie in den Augen der Sinti und Roma wohl als halbleere Worte erscheinen.

In der Studie konnte herausgearbeitet werden, dass die Verhandlungen um den Härtefonds für die nichtjüdischen Opfer parallel zur „Abschlussgeste" für die JCC stattfanden und diesen Prozess maßgeblich bestimmten. Im Fokus des Regierungshandelns standen auf deutscher Seite die Abwehr von Forderungen der Vertriebenenverbände und weiterer Petenten, dies war handlungsleitend.[67] Aber auch die Forderungen des ZDSR zur Gewährung von umfangreichen Entschädigungsgeldern in Form einer Blockentschädigung scheiterten mit Verweis auf die angespannte Haushaltslage.[68] Der ZDSR distanzierte sich schließlich von der Forderung nach Zah-

---

65 Vgl. die beiden zentralen Bedeutungsebenen für den Begriff Anerkennung in Kapitel I.3.
66 Vgl. Interview des Verfassers mit Matthäus Weiß am 15.6.2016.
67 Vgl. Henry, Confronting the Perpetrators. S. 61–63.
68 Vgl. Bökenkamp, Wechsel statt Wende, S. 161–182, bes. S. 167–170.

lung einer Globalentschädigung – 2014 wollte er die Forderung nicht mal erhoben haben: „Diese Forderung hat es von mir, von uns nie gegeben, das war eine Forderung im Allgemeinen, die mal von der Internationalen Romani Union in die Diskussion gebracht worden ist."[69]

Tatsache ist jedoch, dass die Globalentschädigung in dem 1979 an die Bundesregierung überreichten Memorandum stand, und wenn sie Realität geworden wäre, hätte sie Impulse, etwa in Form des Bildungsfonds, zur Verbesserung der Situation der Minderheit in ganz Europa setzen können. Denn die „NS-Zigeunerverfolgung" war ein Verbrechen, das in weiten Teilen Europas Spuren hinterlassen hat, in allen Generationen.

Noch ein weiterer Aspekt wirkte indirekt auf die überlebenden Sinti und Roma. Das deutsche Entschädigungsrecht war so aufgebaut, dass eine „rassische" Verfolgung nachgewiesen werden musste, auch wenn man sich im Zweifelsfall vielleicht gar nicht als Angehöriger der Minderheit betrachtete. Daher musste der Nachweis der Existenz einer ethnischen Gruppe und der Zugehörigkeit zu ihr geführt werden, bevor eine Anerkennung als genozidales Verbrechen möglich war. Die europäische Roma-Bewegung reagierte darauf mit einem später wieder erlahmenden „Nation-Building-Prozess", dem sich die deutschen Verbände allerdings widersetzten. Hatten doch viele die Erfahrung machen müssen, der deutschen Staatsbürgerschaft beraubt worden zu sein, wohlgemerkt vom demokratischen Nachkriegsstaat. Viele erlangten erst zu Beginn der 1980er Jahre die deutsche Staatsbürgerschaft zurück. Diese Feststellung lässt es zumindest für die Bundesrepublik nicht als sinnvoll erscheinen zu untersuchen, ob die Verbände bestimmte Gruppen aus ihrer Mitte exkludieren wollten.

Lassen sich die Verbände der Sinti und Roma als eine soziale Bewegung bezeichnen? In den letzten Jahren sind die Definitionsversuche immer differenzierter geworden, wenn es darum ging, Protestbewegungen zu beschreiben und Wesensmerkmale herauszuarbeiten. So betonen etwa Jürgen Mittag und Helke Stadtland, dass bis heute der Definitionsvorschlag von Joachim Raschke wegweisend für die Protestforschung in Deutschland sei.[70] Demnach sind soziale Bewegungen durch Mobilisierung gekennzeichnet, kennen keine traditionellen Verbände, teilen gemeinsame Symbole und wollen auf die gesamte Gesellschaft wirken.[71] Diese Zuschreibung als soziale Bewegung ist auf die Verbände der Sinti und Roma nicht sinnvoll anwendbar. Auch wenn die Verbände zum Großteil in der Zeit der neuen sozialen Bewegungen entstanden und von dort erhebliche Unterstützung bekamen, setzte sehr schnell eine Institutionalisierung ein. Es gab zu früh zu viele Vereine, um sich effektiv zu organisieren. Die öffentliche Kampagne der GfbV und des VdS und deren Erfolg können nur auf die tatsächliche Leerstelle im öffentlichen Bewusstsein

---

69 Vgl. Interview des Verfassers mit Romani Rose am 13.2.2014.
70 Vgl. Mittag/Stadtland, Soziale Bewegungsforschung, S. 13–60, hier S. 19.
71 Vgl. ebenda, S. 19.

zurückgeführt werden, die das NS-Massenverbrechen bis dato hinterlassen hatte. Natürlich aber halfen die Demonstrationserfahrungen der GfbV.

Wie wirkmächtig biologistische Vorstellungen des „Deutschen" in der Mehrheitsbevölkerung noch waren, zeigte beispielhaft die ablehnende Haltung des BMI und letztlich auch der Bundesregierung gegenüber der Forderung der Sinti und Roma, als nationale Minderheit anerkannt zu werden. Dies darf allerdings auch nicht den Blick darauf verstellen, dass ganz erhebliche Verbesserungen der prekären sozialen Situation der Minderheit erreicht werden konnten, auch wenn diese in vielen Fällen zunächst nur als Absichtserklärungen vorlagen.

So erinnert sich etwa Matthäus Weiß daran, dass das Gespräch mit dem Bundespräsidenten Karl Carstens 1981 – an dem er teilnahm – ein Schlüsselerlebnis war und den Weg zum Gespräch mit dem Bundeskanzler und den darauf aufbauenden Erfolgen ebnete.[72] Dies hat sich durch die Auswertung des staatlichen Archivguts bestätigt. Zeitlich weiter zurückreichend war aber ein anderer Politiker wichtiger, dies konnte hier eindrücklich anhand von Primärquellen nachgewiesen werden: Bundespräsident Gustav Heinemann. Er empfing den Rom Rudolf Karway mit einer Delegation und setzte damit eine am Ende erfolgreiche Selbstvergewisserungsdebatte in Gang.

Verschiedene Beispiele in der Studie belegen, wie beträchtlich die Einflussmöglichkeiten von politischen Beamten in den Ministerien waren. Manche nahmen ihre politische Aufgabe in einem Geiste der Sympathie gegenüber der Minderheit wahr, wovon verschiedentliche Vermerke und Stellungnahmen im BKAmt (Konow) und BPA (Wemmer) zeugen. Aber auch das Gegenteil konnte der Fall sein, wie das Wirken des BMJFG-Mitarbeiters Kursawe zeigt. Mit subtilen Argumenten und hanebüchenen Mitteln versuchte er, den Ausschluss der Minderheit aus jeder Partizipation auch für die Zukunft sicherzustellen. Kursawe wurde schließlich auf Druck der Verbände aus dem Referat entfernt. Bei seinen über ein Jahrzehnt andauernden Aktivitäten für zwei Ministerien stand er dabei ganz offensichtlich maßgeblich unter dem Einfluss von Hermann Arnold. Doch auch der Kampf gegen Arnold war schließlich erfolgreich, auch wenn dieser sich mit allen Mitteln dagegen wehrte.

Noch ein weiterer Aspekt im Verhältnis zwischen Mehrheitsgesellschaft und Sinti und Roma änderte sich: Die Verbände wollten aktiv an Forschungsprojekten beteiligt werden, wie dies an folgendem Beispiel deutlich wurde. Andreas Hundsalz schickte 1980 am Ende der Erstellungsphase seiner zweiten Regierungsstudie über die *Soziale Situation der Sinti in der Bundesrepublik*[73] den vorläufigen Abschlussbericht an Romani Rose und bat darum, „ihn kritisch zu lesen und zu prüfen, ob er im Einklang mit Deinen eigenen Beobachtungen steht".[74] Rose verfasste ein Vorwort zur Regierungsstudie und bemerkte in ihr:

---

72 Vgl. Interview des Verfassers mit Matthäus Weiß am 15.6.2016.
73 Vgl. Hundsalz, Soziale Situation der Sinti in der Bundesrepublik Deutschland.
74 AGfbV, Sammlung Katrin Reemtsma, Schreiben von Dr. Andreas Hundsalz (Heidelberg) an Romani Rose vom 12.4.1980.

> „Diese Vorurteile haben die Geschichte der Sinti und Roma in Deutschland zu einer Geschichte der Verfolgung gemacht, die ihren Höhepunkt im deutschen Faschismus fand, dem über 500 000 Sinti und Roma in Europa zum Opfer fielen."[75]

Rose lancierte damit die geschätzte Opferzahl der „NS-Zigeunerverfolgung" des VdS und der GfbV in eine offizielle Regierungspublikation. Weiter schrieb er:

> „Die Geschichte des Holocaust an Sinti und Roma wurde von der deutschen Forschung nicht behandelt; und dort, wo sie sich zu Wort meldete, übernahm sie die Rechtfertigungsgründe der Nazis als historische Tatsachen, um so die eigentliche Verfolgung aus rassischen Gründen zu relativieren."[76]

Hier fällt die begriffliche Aneignung des Begriffs Holocaust auch für die „NS-Zigeunerverfolgung" ins Auge.

Selbstbewusste Sinti und Roma forderten nun verstärkt die Einbeziehung in den Diskurs. Neben Romani Rose sind Ranco Brantner, Mélanie Spitta, Matthäus Weiß und viele andere zu nennen. Aber auch Einzelpersonen aus anderen Teilen der Gesellschaft leisteten ihren Teil, damit das Thema endlich präsenter wurde, darunter Simon Wiesenthal, Eugen Kogon, Klaus Thüsing, Helga Schuchardt, Hans-Christian Ströbele und Heiner Geißler. Durch die vielfältigen Kontakte, die zwischen Mehrheit und Minderheit in diesen Jahren entstanden, konnte die Anerkennung der Volksgruppe in der Bundesrepublik gelingen, letztlich auch als nationale Minderheit durch Rückenwind aus der europäischen Politik.

Die Anerkennung der Minderheit im weiten Sinne, und damit ist vor allem die vorurteilsfreie Aufnahme von persönlichen, freundschaftlichen, partnerschaftlichen und öffentlichen Kontakten gemeint, ist einem Transformationsprozess unterworfen gewesen. Gab es, zumindest nach aktuellem Kenntnistand, nach Kriegsende kaum Kontakte zwischen Mehrheit und Minderheit, so wandelte sich bis heute das Verhältnis insofern, dass ihr mehr und mehr Respekt, Toleranz und Verständnis entgegengebracht wird. Und dennoch müssen wir uns als Mehrheitsgesellschaft noch selbst fragen, woher unsere Bilder über die Minderheit stammen. Die Bilder müssen dringend der Realität angepasst werden – dabei hilft nur so viel Begegnung wie möglich.

3 Was bleibt zu tun?

Das vordringlichste Desiderat ist eine Gesamtdarstellung der „NS-Zigeunerverfolgung" für den gesamten europäischen Einflussbereich des Nationalsozialismus, die auch die Frage nach der ungefähren Anzahl der Todesopfer empirisch voranbringt. Das von Karola Fings begonnene Projekt einer Enzyklopädie des NS-Völkermords

---

75 Hundsalz, Soziale Situation der Sinti in der Bundesrepublik Deutschland, S. 15.
76 Ebenda, S. 15.

verspricht hierbei Fortschritte.[77] Ebenfalls dringend geboten ist, eine kommentierte Quellenedition zur „NS-Zigeunerverfolgung" zu erstellen, wie es sie für die Judenverfolgung bereits gibt.[78]

Auch wurden die Bezugspunkte zwischen den verschiedenen Kriegsparteien und später den Besatzungsmächten und der Minderheit bislang zu wenig erforscht. Die Regierungen Großbritanniens und der USA waren spätestens seit Januar 1944 durch Berichte von polnischen Häftlingen über die Massenmorde in den seit 1943 in Betrieb genommenen Gaskammern, darunter auch an 12 000 „Zigeunern", im Vernichtungslager Auschwitz-Birkenau unterrichtet.[79]

Die zunehmende Digitalisierung im Archiv des ITS wird weitere Forschungen zur Behandlung der Opfergruppe nach 1945 in der Entschädigungsgesetzgebung ermöglichen. Auch hierfür fehlt bislang eine bundesweit vergleichende Studie, die auch die verschiedenen Landesregelungen im Entschädigungsrecht berücksichtigt. Die Anerkennung als Minderheit in den Bundesländern wäre ebenfalls vergleichend zu untersuchen.

Ebenso relevant wäre es, sich mit der Rezeption der Auschwitz-Prozesse auf die Opfergruppe der Sinti und Roma bezogen zu befassen. Auch der Eichmann-Prozess sollte vor dem Hintergrund der nicht erfolgten Verurteilung Eichmanns für seine Beteiligung an der „NS-Zigeunerverfolgung" detailliert untersucht werden.

Zwar hat die vorliegende Studie in Ansätzen die Unterstützung für die Sinti und Roma in den vier maßgeblichen Parteien der alten Bundesrepublik herausgearbeitet. Es bleibt aber ein Desiderat, sich mit dem Fokus auf eine Partei respektive auch auf alle Parteien auseinanderzusetzen. Diskursanalytisch orientierte Untersuchungen könnten das Bild der Minderheit in den Parteien, aber auch in anderen Massenorganisationen, reflektieren helfen.

Im Bereich der gesellschaftlichen Organisationen und Institutionen wäre noch zu untersuchen, wie sich das wechselseitige Verhältnis zwischen jeweiliger Organisation bzw. Institution und Minderheit entwickelt hat. Auf die vielfältigen Monita im Hinblick auf die Beziehungsgeschichte zu den Kirchen wurde bereits hingewiesen.[80] Aber auch im karitativen Bereich hat die Auseinandersetzung mit der eigenen Geschichte in kirchlichen und sozialpädagogisch tätigen Vereinigungen erst begonnen.[81] Auch in den Blick zu nehmen sind Binnendiskurse, die innerhalb der Minderheit geführt wurden. Ebenso sollten AkteurInnen der Verbände biographisch untersucht werden, über die bisher nur wenig bekannt ist, darunter Mélanie Spitta,

---

77 Vgl. Fings, Perspektiven auf den Völkermord, S. 14.
78 Vgl. Bundesarchiv/Institut für Zeitgeschichte/Lehrstuhl für Neuere und Neueste Geschichte der Universität Freiburg (Hrsg.), Die Verfolgung und Ermordung der europäischen Juden.
79 Vgl. Hilberg, Die Vernichtung der europäischen Juden (1994), S. 1203 f.
80 Vgl. Meier, Gutachten zum Forschungsstand, S. 13–19.
81 Vgl. die weitgehend unkritische Darstellung zum Sinti-Projekt der Caritas Düsseldorf: Brzosa, 100 Jahre Caritasverband für die Stadt Düsseldorf, S. 964–981.

Ranco Brantner. Aber auch schon bekanntere Persönlichkeiten sollten einer kritischen Würdigung unterzogen werden, etwa Romani Rose und Tilman Zülch.

Auch wenn einige Teilbefunde über die Situation in der DDR in dieser Studie enthalten sind, die vor allem den Blick auf die Behandlung der Sinti und Roma in der Bundesrepublik aufzeigen, so ist eine Gesamtbetrachtung des Themas ein Desiderat. Im Hinblick auf die Ausgestaltung der „Wiedergutmachung" in der DDR bedarf es Studien zur regionalen Praxis der Verleihung des OdF-Titels auf Bezirksebene.

Genauer zu untersuchen wären auch die Beiträge von Fernsehdokumentationen im Anerkennungsprozess, ebenso hinsichtlich positiven wie negativen Rückwirkungen des „Zigeunerschlagers" und anderer populärkultureller Massenphänomene. Auch der Wandel in der Präsenz der Thematik in Schulgeschichtsbüchern ist ein relevantes Thema. In den letzten Jahren häufen sich Untersuchungen von Schulbüchern, besonders über die Judenverfolgung im Nationalsozialismus. Brian Puaca konnte zeigen, dass in Westdeutschland bereits zu Beginn der 1960er Jahre – und damit nicht, wie häufig angenommen, als Reaktion auf die Studentenproteste um 1968 – eine neue Generation Schulbücher mit ausführlicheren Darstellungen des Holocaust herausgegeben worden sind.[82] Die Darstellung der Opfergruppe der Sinti und Roma in Schulbüchern ist dagegen erst in wenigen Studien beleuchtet worden, eine Gesamtbetrachtung fehlt bislang.[83] Die dabei untersuchten Schulbücher bis in die 2000er Jahre waren voll von teils falschen Informationen, einem oft unreflektierten Täterblick und nicht selten einer nur unzureichend vom NS-Jargon distanzierenden Sprache.[84]

Die außerschulische Geschichtskultur wurde bisher nur von angrenzenden Disziplinen wie der Literaturwissenschaft betrachtet.[85] Auch für die Bundesrepublik könnten Studien zu populären Produkten wie etwa der Spiele- oder der Filmindustrie ertragreiche Erkenntnisse über den Einfluss dieser Phänomene auf unser Geschichtsbewusstsein nach sich ziehen. Wieso veröffentlichen Kunst- und Kulturverlage zwar Bücher über „Zigeuner", warum enthielten diese aber hauptsächlich Trivia aus dem Bereich der „Zigeunerromantik"?[86] Daher wäre in einer weiteren Studie zu untersuchen, wie besonders die Populärliteratur sich zu den „Zigeunern" und deren Verfolgung verhielt.

---

82 Vgl. Puaca, Mastering the Past?, S. 357–373, hier S. 371.
83 Vgl. Luttmer, AG „Für den Frieden", S. 307.
84 Vgl. ebenda, S. 305–315; Stachwitz, Der nationalsozialistische Völkermord an den Sinti und Roma, S. 163–175.
85 Vgl. etwa Josting u. a. (Hrsg.), „Denn sie rauben sehr geschwind jedes böse Gassenkind".
86 Vgl. die Definition des Kulturverlags von Blaschke. Eine politische Einordnung ist damit schwierig, denn es gab diese Verlage in allen politischen Spektren. Als ein Merkmal des „Kulturverlags", zumindest für den betrachteten Untersuchungszeitraum, kann eine Hinwendung dieser Verlagstypen zu Phänomenen der „Hochkultur" festgestellt werden; vgl. Blaschke, Verleger machen Geschichte, S. 285 f.

Am Ende bleibt die Frage, was gesellschaftspolitisch aus der vorliegenden Studie geschlossen werden sollte? Die Behandlung des Themas in den ersten Jahrzehnten der Bundesrepublik in Politik und Zivilgesellschaft skizzierte der damalige Politiker der Grünen Otto Schily 1985 in einer Bundestagsrede: „Es ist nicht möglich [...] nicht ohnmächtigen Zorn, Erbitterung und tiefe Scham zu empfinden."[87] Es erscheint nun müßig, nach „wehret den Anfängen" zu rufen, das Denken in Rassen, in Aus- und Inländern sowie in „Wir" und „Ihr" hat noch nicht wirksam genug aufgehört.

Es braucht Wege, nicht nur das mittlerweile häufig ritualisierte Erinnern an den Gedenktagen zu ergänzen. Spätestens wenn die letzten ZeitzeugInnen verstorben sind, muss über neue Formen nachgedacht werden. Vielleicht wäre es sinnvoll, regelmäßig auch daran zu gedenken, warum Aufarbeitung und Entschädigungen so behindert wurden. Dabei darf das Thema den Familien der Überlebenden nicht aufgenötigt werden, denn auch Enkelkinder und deren Kinder haben Betroffenheit und Traumatisierungen „geerbt". Um mit David Becker zu sprechen:

> „Das Recht auf Selbstbestimmung muss für die Opfer im Zweifelsfalle höher angesetzt werden als die Wahrheit. Für die Gesellschaft allerdings müssen die Wahrheit und langfristig auch die Wahrheiten das höchste Gut werden.
> [...] Vielleicht ist Gerechtigkeit, die heilen kann, kein irgendwann zu erreichendes Ereignis, sondern ein Prozess, in dessen Verlauf eine Gesellschaft lernt, ihre Opfer wirklich anzuerkennen, mitsamt der Wahrheit, dass ihr Leid weniger schmerzhaft, integrierter werden kann, aber nie ganz verschwindet."[88]

Der Prozess ist nicht abgeschlossen, ein wirkliches Anerkennen der Minderheit setzt weitere Forschungsanstrengungen über jedes Detail der Verfolgung voraus.

---

[87] Schily, Vom Zustand der Republik, S. 21.
[88] Becker, Können Wahrheit und Gerechtigkeit heilen? Traumatheorie, Menschenrechtsdebatten und Praxismodelle, S. 139–148, hier S. 148.

Abkürzungen

AA	Auswärtiges Amt
ACDP	Archiv für Christlich-Demokratische Politik
AdL	Archiv des Liberalismus
AdSD	Archiv der sozialen Demokratie
AGfbV	Archiv der Gesellschaft für bedrohte Völker
AGG	Archiv Grünes Gedächtnis
AL	Abteilungsleiter
APO	Außerparlamentarische Opposition
ARD	Arbeitsgemeinschaft der öffentlich-rechtlichen Rundfunkanstalten der Bundesrepublik Deutschland
AStA	Allgemeiner Studierenden Ausschuss
AZDSR	Archiv des Zentralrats Deutscher Sinti und Roma
AuslG	Ausländergesetz
BArch	Bundesarchiv
BBC	British Broadcasting Corporation
BEG	Bundesentschädigungsgesetz
BEG-SG	Bundesentschädigungsschlussgesetz
BGA	Bundesgesundheitsamt
BiB	Bundesinstitut für Bevölkerungsforschung
BKA	Bundeskriminalamt
BKAmt	Bundeskanzleramt
BGH	Bundesgerichtshof
BMBW	Bundesministerium für Bildung und Wissenschaft (Bezeichnung von 1969–1994)
BMF	Bundesministerium der Finanzen
BMI	Bundesministerium des Innern
BMJ	Bundesministerium der Justiz
BMJFG	Bundesministerium für Jugend, Familie und Gesundheit (Bezeichnung von 1969–1986)
BPA	Bundespräsidialamt
BRD	Bundesrepublik Deutschland
BSHG	Bundessozialhilfegesetz
BStU	Der Bundesbeauftragte für die Unterlagen des Staatssicherheitsdienstes
CDU	Christlich Demokratische Union Deutschlands
CIR	Comité International Rom
CIT	Comité International Tzigane
CSU	Christlich-Soziale Union in Bayern
CUD	Cinti-Union Deutschland
DABW	Deutsche Akademie für Bevölkerungswissenschaft
DdW	Dokumentationsarchiv des deutschen Widerstandes
DBK	Deutsche Bischofskonferenz
DDR	Deutsche Demokratische Republik
DFG	Deutsche Forschungsgemeinschaft
DGfBw	Deutsche Gesellschaft für Bevölkerungswissenschaft
DGFK	Deutsche Gesellschaft für Friedens- und Konfliktforschung
DKR	Deutscher Koordinierungsrat der Gesellschaften für christlich-jüdische Zusammenarbeit
DM	Deutsche Mark
DÖW	Dokumentationsarchiv des österreichischen Widerstandes

DP	Displaced Person
DPA	Deutsche Presse-Agentur
DVöpF	Deutscher Verein für öffentliche und private Fürsorge
FBI	Fritz Bauer Institut
FDP	Freie Demokratische Partei
FNS	Friedrich-Naumann-Stiftung
GAL	Grün-Alternative-Liste
Gestapo	Geheime Staatspolizei
GfbV	Gesellschaft für bedrohte Völker
HICOG	High Commission for Occupied Germany
HIS	Hamburger Institut für Sozialforschung
IAK	Internationales Auschwitz Komitee
IfZ	Institut für Zeitgeschichte
IKRK	Internationales Komitee vom Roten Kreuz
IRO	International Refugee Organization
IRU	International Romani Union
ITS	International Tracing Service
IV	Internationaler Versöhnungsbund
IZRM	Internationale Zigeunerrechtsmission
JCC	Jewish Claims Conference
Jusos	Arbeitsgemeinschaft der Jungsozialisten in der SPD
KMK	Kultusministerkonferenz
KSZE	Konferenz für Sicherheit und Zusammenarbeit in Europa
KWG	Kaiser-Wilhelm-Gesellschaft
KZ	Konzentrationslager
KZN	Katholische Zigeuner- und Nomadenseelsorge
MdB	Mitglied des Bundestags
MDgt	Ministerialdirigent
MfS	Ministerium für Staatssicherheit
MPG	Max-Planck-Gesellschaft
MR	Ministerialrat
MSB	Marxistischer Studentenbund
NDR	Norddeutscher Rundfunk
NSDAP	Nationalsozialistische Deutsche Arbeiterpartei
NWDR	Nordwestdeutscher Rundfunk
NS	Nationalsozialismus
OdF	„Opfer des Faschismus"
OFG	Opferfürsorgegesetz
ORF	Österreichischer Rundfunk
PA AA	Politisches Archiv des Auswärtigen Amts
Pag.	Paginierung
RBZ	Reichszentrale zur Bekämpfung des Zigeunerunwesens
RCU	Roma und Cinti Union
RHF	Rassenhygienische Forschungsstelle am Reichsgesundheitsamt
RKPA	Reichskriminalpolizeiamt
RSHA	Reichssicherheitshauptamt
SD	Sicherheitsdienst des Reichsführers SS
SPD	Sozialdemokratische Partei Deutschlands
SS	Schutzstaffel

StS	Staatssekretär
SWF	Südwestfunk
UdSSR	Union der Sozialistischen Sowjetrepubliken
UN	United Nations
UNESCO	United Nations Educational, Scientific and Cultural Organization
URO	United Restitution Organization
USA	Vereinigte Staaten von Amerika
USHMM	United Staates Holocaust Memorial Museum
VdS	Verband der Sinti
WDR	Westdeutscher Rundfunk
YIVO	Institute for Jewish Research
ZAIG	Zentrale Auswertungs- und Informationsgruppe
ZDF	Zweites Deutsches Fernsehen
ZDSR	Zentralrat Deutscher Sinti und Roma
ZS	Zentrale Stelle der Landesjustizverwaltungen zur Aufklärung von nationalsozialistischen Gewaltverbrechen
ZZD	Zentralkomitee der Zigeuner Deutschlands

Quellen und Literatur

1. Ungedruckte Quellen

Institute for Jewish Research (YIVO), New York
RG 1258 Nachlass Philipp Friedman

Bundesarchiv (BArch), Koblenz
B 106 Bundesministerium des Innern
B 122 Bundespräsidialamt
B 126 Bundesministerium der Finanzen
B 136 Bundeskanzleramt
B 138 Bundesministerium für Bildung und Wissenschaft
B 189 Bundesministerium für Jugend, Familie, Frauen und Gesundheit
B 198 Bundesarchiv
B 259 Deutscher Koordinierungsrat der Gesellschaften für christlich-jüdische Zusammenarbeit
N 1336 Nachlass Hans Harmsen
Pers 101 Personalakten von Beschäftigten des öffentlichen Dienstes

Bundesarchiv (BArch), Berlin-Lichterfelde
ZSG 142 Sammlung Arnold
DP 3 Generalstaatsanwaltschaft der DDR

Bundesarchiv (BArch), Außenstelle Ludwigsburg
B 162 Zentrale Stelle der Landesjustizverwaltungen

Politisches Archiv des Auswärtigen Amts (PA AA), Berlin
B 86 Rechtsabteilung

Der Bundesbeauftragte für die Unterlagen des Staatssicherheitsdienstes (BStU), Berlin
MfS-HA XXII
MfS-ZAIG
MfS-HA IX

Archiv des Fritz Bauer Instituts (Archiv FBI), Frankfurt am Main
Nachlass Michael Zimmermann

Archiv des Instituts für Zeitgeschichte München-Berlin (IfZ Arch), München
Bestand Materialsammlungen
Hausarchiv

Archiv des Liberalismus (AdL), Gummersbach
Depositum Wolfgang Mischnick

Archiv der sozialen Demokratie (AdsD), Bonn
Bestand SPD-Bundestagsfraktion
Helmut-Schmidt-Archiv
Willy-Brandt-Archiv
Depositum Hans-Jochen Vogel
Depositum Klaus Henning Rosen
Depositum Klaus Thüsing

Archiv Grünes Gedächtnis (AGG), Berlin
Petra-Kelly-Archiv
Personenbestand Joschka Fischer
Bestand Fraktionsvorstand
Bestand Arbeitskreis Recht und Gesellschaft
Abgeordnetenbüro Hans-Christian Ströbele

Archiv für Christlich-Demokratische Politik (ACDP), Sankt Augustin
Nachlass Franz Böhm
Pressesammlung Helmut Kohl

Archiv der Gesellschaft für bedrohte Völker (AGfbV), Göttingen
Sammlung Katrin Reemtsma

Archiv des Zentralrats Deutscher Sinti und Roma (AZDSR), Heidelberg
Presse-Sammlung 1980
Sammlung Tandler
Sammlung Metzger
Sammlung Bundesarchiv/Tübingen

Archiv der Freien Universität, Berlin
Bestand Philosophische Fakultät – Verwaltung
Nachlass Ernst Fraenkel

Archiv des Hamburger Instituts für Sozialforschung, Hamburg
Bestand HIS 514

Hochschul- und Landesbibliothek, Fulda
Nachlass Joachim Hohmann

Körber Stiftung, Hamburg
Bestand Geschichtswettbewerb des Bundespräsidenten

Stadtarchiv Kiel, Kiel
Akten der Stadtverwaltung – Neues Archiv ab 1945, Bestand 53261

2. Interviews und Auskünfte

Die Interviews wurden teilweise verschriftlicht, bei längeren Interviews wurden Tonaufzeichnungen mitgeschnitten, jeweils mit Erlaubnis der Interviewten.
Ingrid Bolling-Ladegaard (Verlagsauskunft des Hanser Verlags vom 12.7.2018)
Micha Brumlik (Schriftliche Auskunft vom 5.4.2016)
Stefan Dalmühle (Verlagsauskunft des Herder Verlags vom 11.8.2018)
Heiner Geißler (Schriftliche Auskunft vom 22.12.2016)
Cilly Kugelmann (Telefoninterview am 22.12.2016)
Daniel Meiller (Schriftliche Auskunft der Deutschen Kinemathek – Museum für Film und Fernsehen vom 5.8.2019)
Silvio Peritore (Schriftliche Auskunft des Dokumentations- und Kulturzentrum Deutscher Sinti und Roma vom 8.3.2013)
Dominik Pick (Schriftliche Auskunft vom 3.2.2016)
Romani Rose (Interview vom 13.2.2014)
Helmut Schmidt (Schriftliche Auskunft vom 26.3.2013)

Helga Schuchardt (Schriftliche Auskunft vom 8.4.2014)
Hans-Christian Ströbele (Interview am 30.6.2016)
Matthäus Weiß (Interview vom 15.6.2016)
Tilman Zülch (Interview vom 9.12.2013)

3. Zeitungen und Zeitschriften

Der Spiegel
o. V., Zigeuner. So arisch, in: Der Spiegel, 24.4.1963.
o. V., Schüsse am Sonntag, in: Der Spiegel, 27.11.1972.
o. V., Einfach nicht normal, in: Der Spiegel, 22.4.1974.
o. V., Bei Hitler waren wir wenigstens Deutsche, in: Der Spiegel, 22.10.1979.
o. V., Ruckzuck ab, in: Der Spiegel, 21.5.1984.
Kleeberg, Michael, Lebensläufe. Luise Rinsers Vergesslichkeit. Wie sich die prominente Nachkriegs-
    autorin zur Widerständlerin stilisierte, in: Der Spiegel, 10.1.2011.
Pfister, René, Der Schatz von Oggersheim, in: Der Spiegel, 30.6.2014.

Die Zeit
Poelchau, Maria, Mit Zigeunern durch die Welt, in: Die Zeit, 11.7.1957.
Strothmann, Dietrich, Das Protokoll des Perry Broad, in: Die Zeit, 6.11.1964.
Hermann, Ruth, Der Traum vom Ausweis, in: Die Zeit, 25.10.1968.
Völklein, Ulrich, Was damals Rechtens war..., in: Die Zeit, 18.4.1980.
Habermas, Jürgen, Eine Art Schadensabwicklung, in: Die Zeit, 11.7.1986.
Kraft, Rudolf, In trennendem Gedenken, in: Die Zeit, 24.7.1992.

Frankfurter Allgemeine Zeitung
Siegburg, Friedrich, Rezension zu: Marta Adler. Mein Schicksal waren die Zigeuner. Bremen 1957,
    in: Frankfurter Allgemeine Zeitung, 11.1.1958.
Korn, Karl, Rezension zu: Martin Broszat. Kommandant in Auschwitz. Autobiographische Aufzeich-
    nungen. Stuttgart 1958, in: Frankfurter Allgemeine Zeitung, 27.9.1958.
Mehren, Günther, Rezension zu: Thomas Münster. Zigeuner-Saga. Von Geigern, Gauklern und Gal-
    genvögeln. Freiburg 1969, in: Frankfurter Allgemeine Zeitung, 21.1.1970.
Nolte, Ernst, Vergangenheit, die nicht vergehen will, in: Frankfurter Allgemeine Zeitung, 6.6.1986.

Kölner Kirchenzeitung
Rollik, Wolfgang, Zigeuner vor den Karren gespannt, in: Kirchenzeitung für das Erzbistum Köln,
    25.4.1980.

Stuttgarter Zeitung
Bock, Annegret, Und mittendrin ein Rasseforscher. Ulmer Studium generale wieder im Zwielicht, in:
    Stuttgarter Zeitung, 20.11.1982.

taz, die tageszeitung
Aktionsgruppe deutscher Zigeuner, Anonyme Pressemitteilung der „Aktionsgruppe deutscher
    Zigeuner", in: taz, die tageszeitung, 9.7.1979.

4. Gedruckte Quellen und Sekundärliteratur

Abakunova, Anna/About, Ilsen, The Genocide and Persecution of Roma and Sinti. Bibliography und Historiographical Review, hrsg. von der International Holocaust Remembrance Alliance, Berlin 2016.
Acton, Thomas, Meetings of the Social and War Crimes Commissions of the World Romani Congress. April 25–29, 1972. A Summary Report, in: Journal of the Gypsy Lore Society 51 (1972), Heft 3–4, S. 96–101.
Acton, Thomas, Introduction. The Life and Times of Donald Simon Kenrick, in: Ders. (Hrsg.), Scholarship and the Gypsy Struggle. Commitment in Romani Studies. A Collection of Papers and Poems Celebrate Donald Kenrick's Seventieth Year, Hertfordshire 2000, S. XI–XXXI.
Acton, Thomas/Klímová, Ilona, The International Romani Union. An East European Answer to West European Questions? Shifts in the Focus of World Romani Congresses 1971–2000, in: Guy, Will (Hrsg.), Between Past and Future. The Roma of Central and Eastern Europe, Hatfield 2001, S. 157–219.
Acton, Thomas, Scientific Racism, Popular Racism and the Discourse of the Gypsy Lore Society, in: Ethnic and Racial Studies 39 (2016), Heft 7, S. 1187–1204.
Adam, Uwe Diedrich, Judenpolitik im Dritten Reich, Düsseldorf 1972.
Adelsberger, Lucie, Auschwitz. Ein Tatsachenbericht. Das Vermächtnis der Opfer für uns Juden und für alle Menschen, Berlin 1956.
Adler, Hans Günther/Langbein, Hermann/Lingens-Reiner, Ella (Hrsg.), Auschwitz. Zeugnisse und Berichte, Frankfurt a. M. 1962.
Adler, Marta, Mein Schicksal waren die Zigeuner. Ein Lebensbericht, hrsg. von R. A. Stemmle, Bremen 1957.
Adorno, Theodor W., Aspekte des neuen Rechtsradikalismus. Ein Vortrag, Berlin 2019.
Aly, Götz/Roth, Karl Heinz, Die restlose Erfassung. Volkszählen, Identifizieren, Aussondern im Nationalsozialismus, Berlin 1984.
Aly, Götz u. a., Editorial, in: Ders. u. a. (Hrsg.), Feinderklärung und Prävention. Kriminalbiologie, Zigeunerforschung und Asozialenpolitik, Berlin 1988, S. 7–9.
Aly, Götz u. a. (Hrsg.), Feinderklärung und Prävention. Kriminalbiologie, Zigeunerforschung und Asozialenpolitik, Berlin 1988.
Amengual, Gabriel, Anerkennung, in: Sandkühler, Hans-Jörg (Hrsg.), Enzyklopädie Philosophie, Bd. 1, Hamburg 2010, S. 91 f.
Anderson, Benedict, Die Erfindung der Nation. Zur Karriere eines folgenreichen Konzepts, Frankfurt a. M. ³2005.
Angrick, Andrej, Besatzungspolitik und Massenmord. Die Einsatzgruppe D in der südlichen Sowjetunion 1941–1943, Hamburg 2003.
Angrick, Andrej, „Aktion 1005" – Spurenbeseitigung von NS-Massenverbrechen 1942–1945. „Eine geheime Reichssache" im Spannungsfeld von Kriegswende und Propaganda, Göttingen 2018.
Anton, Andreas, Das Paranormale im Sozialismus. Zum Umgang mit heterodoxen Wissensbeständen, Erfahrungen und Praktiken in der DDR, Berlin 2018.
Arendt, Hannah, Eichmann in Jerusalem – A Report on the Banality of Evil, New York 1963.
Arendt, Hannah, Eichmann in Jerusalem. Ein Bericht von der Banalität des Bösen, München 1964.
Arnold, Hermann, Zur Problematik der Belegung von Barackenlagern mit Asozialen, in: Städtehygiene 6 (1954), Heft 8, S. 190 f.
Arnold, Hermann, The Gypsies of the Palatinate, in: Journal of the Gypsy Lore Society 36 (1957), Heft 1–2, S. 70–72.
Arnold, Hermann, Vaganten, Komödianten, Fieranten und Briganten. Untersuchungen zum Vagantenproblem an vagierenden Bevölkerungsgruppen vorwiegend in der Pfalz, hrsg. von Ministeri-

aldirektor Dr. Josef Stralau und Ministerialrat Dr. Arnold Habernoll, Schriftenreihe aus dem Gebiete des öffentlichen Gesundheitswesens, Heft 9, Stuttgart 1958.
Arnold, Hermann, Wer ist Zigeuner?, in: Zeitschrift für Ethnologie 87 (1962), Heft 1, S. 115–134.
Arnold, Hermann, Die Zigeuner. Herkunft und Leben der Stämme im deutschen Sprachgebiet, Olten/Freiburg 1965.
Arnold, Hermann, Some Observations on Turkish and Persian Gypsies, in: Journal of the Gypsy Lore Society 46 (1967), Heft 3–4, S. 105–122.
Arnold, Hermann, On the Assimilation of Gypsy Population, in: Journal of the Gypsy Lore Society 49 (1970), Heft 3–4, S. 61–64.
Arnold, Hermann, Ein Menschenalter danach. Anmerkungen zur Geschichtsschreibung der Zigeunerverfolgung, Mainz 1977.
Arnold, Hermann, Medizin und Ethik. Problemfeld Eugenik, hrsg. von der Zeitgeschichtlichen Forschungsstelle, Asendorf 1988.
Arnold, Hermann, Die NS-Zigeunerverfolgung. Ihre Ausdeutung und Ausbeutung. Fakten – Mythos – Agitation – Kommerz, Aschaffenburg 1989.
Auerbach, Hellmuth, Die Gründung des Instituts für Zeitgeschichte, in: Vierteljahrshefte für Zeitgeschichte 18 (1970), Heft 4, S. 529–554.
August, Jochen, Rezension zu: Bernd Wehner. Dem Täter auf der Spur. Die Geschichte der deutschen Kriminalpolizei. Bergisch-Gladbach 1983, in: Aly, Götz u. a. (Hrsg.), Feinderklärung und Prävention. Kriminalbiologie, Zigeunerforschung und Asozialenpolitik, Berlin 1988, S. 176–182.
Auswärtiges Amt/Institut für Zeitgeschichte (Hrsg.), Akten zur auswärtigen Politik der Bundesrepublik Deutschland 1982. 1. Januar bis 30. Juni, München 2013.
Ayaß, Wolfgang, „Ein Gebot der nationalen Arbeitsdisziplin". Die Aktion „Arbeitsscheu Reich" 1938, in: Aly, Götz u. a. (Hrsg.), Feinderklärung und Prävention. Kriminalbiologie, Zigeunerforschung und Asozialenpolitik, Berlin 1988, S. 43–74.
Ayaß, Wolfgang, „Asoziale" im Nationalsozialismus, Stuttgart 1995.

Baberowski, Jörg u. a., NS-Forschung und Genozidforschung, in: Zeithistorische Forschungen 5 (2008), Heft 3, S. 413–437.
Baberowski, Jörg, Was sind Repräsentationen sozialer Ordnungen im Wandel?, in: Ders. (Hrsg.), Arbeit an der Geschichte. Wie viel Theorie braucht die Geschichtswissenschaft, Frankfurt a. M./New York 2009, S. 7–18.
Baetz, Michaela u. a., Die Rezeption des nationalsozialistischen Völkermords an den Sinti und Roma in der sowjetischen Besatzungszone und der DDR. Eine Dokumentation zur politischen Bildung, hrsg. vom Dokumentations- und Kulturzentrum Deutscher Sinti und Roma, Heidelberg 2007.
Bajohr, Frank/Pohl, Dieter, Der Holocaust als offenes Geheimnis. Die Deutschen, die NS-Führung und die Alliierten, München 2006.
Bajohr, Frank/Löw, Andrea (Hrsg.), Der Holocaust. Ergebnisse und neue Fragen der Forschung, Frankfurt a. M. 2015.
Bajohr, Frank, Vom Herrschaftssystem zur Volksgemeinschaft. Der lange Weg zu einer Gesellschaftsgeschichte des Nationalsozialismus, in: Danker, Uwe/Schwabe, Astrid (Hrsg.), Die NS-Volksgemeinschaft. Zeitgenössische Verheißung, analytisches Konzept und ein Schlüssel zum historischen Lernen?, Göttingen 2017, S. 23–36.
Barth, Bernd Rainer, Reimar Gilsenbach, in: Enbergs, Helmut Müller u. a. (Hrsg.), Wer war wer in der DDR? Ein Lexikon ostdeutscher Biographien, Berlin [5]2010, S. 393.
Bauer, Fritz, Genocidium (Völkermord), in: Sieverts, Rudolf (Hrsg.), Handwörterbuch der Kriminologie, Berlin [2]1966, S. 268–274.

Bauer, Rudolf/Bura, Josef/Lang, Klaus (Hrsg.), Der Hungerstreik der Sinti in Dachau. Pressespiegel zum Thema: Zigeuner in der BRD. Erstellt im Projekt „Sinti in der Bundesrepublik" der Universität Bremen, Veröffentlichungen zur Situation der „Zigeuner" in der Bundesrepublik Deutschland, Nr. 1, Bremen 1980.

Bauer, Rudolf/Bura, Josef/Lang, Klaus (Hrsg.), Sinti und Roma. Zwischen Erfolg und Verfolgung. Kommentierter Pressespiegel II (April 1980–Februar 1981). Erstellt im Projekt „Sinti in der Bundesrepublik" der Universität Bremen, Veröffentlichungen zur Situation der „Zigeuner" in der Bundesrepublik Deutschland, Nr. 2, Bremen 1981.

Bauer, Rudolf/Bura, Josef/Lang, Klaus (Hrsg.), Roma-Weltkongreß und Sinti-Alltag. Pressespiegel III. Berichterstattung zum Thema Sinti und Roma im Jahr 1981. Erstellt im Projekt „Sinti in der Bundesrepublik" der Universität Bremen, Veröffentlichungen zur Situation der „Zigeuner" in der Bundesrepublik Deutschland, Nr. 3, Bremen 1982.

Bauer, Stephan, Von Dillmanns Zigeunerbuch zum BKA. 100 Jahre Erfassung und Verfolgung der Sinti und Roma in Deutschland, Heidenheim 2006.

Bauer, Yehuda, Die dunkle Seite der Geschichte. Die Shoah in historischer Sicht. Interpretationen und Re-Interpretationen, Frankfurt a. M. 2001.

Baum, Herwig, Varianten des Terrors. Ein Vergleich zwischen der deutschen und rumänischen Besatzungsverwaltung in der Sowjetunion 1941–1944, Berlin 2011.

Baumann, Imanuel, Dem Verbrechen auf der Spur. Eine Geschichte der Kriminologie und Kriminalpolitik in Deutschland 1880–1980, Göttingen 2006.

Baumann, Imanuel, Kriminalwissenschaft zwischen Aussonderung und Resozialisierung, in: Zimmermann, Michael (Hrsg.), Zwischen Erziehung und Vernichtung. Zigeunerpolitik und Zigeunerforschung im Europa des 20. Jahrhunderts, Stuttgart 2007, S. 463–482.

Baumann, Imanuel u. a., Schatten der Vergangenheit. Das BKA und seine Gründungsgeneration in der frühen Bundesrepublik, hrsg. vom Bundeskriminalamt, Köln 2011.

Baumann, Stefanie Michaela: Menschenversuche und Wiedergutmachung. Der lange Streit um Entschädigung und Anerkennung der Opfer nationalsozialistischer Humanexperimente, München 2009.

Bäumer-Schleinkofer, Änne, Rezension zu: Joachim Hohmann. Robert Ritter und die Erben der Kriminalbiologie. „Zigeunerforschung" im Nationalsozialismus und in Westdeutschland im Zeichen des Rassismus, Frankfurt a. M. 1991, in: Berichte zur Wissenschaftsgeschichte 15 (1992), S. 198.

Baumgartner, Gerhard, Wann endlich wird dies himmelschreiende Unrecht an uns gut gemacht werden? Frühe Zeugnisse österreichischer Roma und Romnia zu ihrer Verfolgung während des Nationalsozialismus, in: Jahrbuch des Dokumentationsarchivs des österreichischen Widerstandes 1 (2015), S. 43–80.

Becker, David, Können Wahrheit und Gerechtigkeit heilen? Traumatheorie, Menschenrechtsdebatten und Praxismodelle, in: Brunner, José/Stahl, Daniel (Hrsg.), Recht auf Wahrheit. Zur Genese eines neuen Menschenrechts, Göttingen 2016, S. 139–148.

Becker, Manuel, Geschichtspolitik in der „Berliner Republik". Konzeptionen und Kontroversen, Wiesbaden 2013.

Becker, Siegfried, Eine Fotodokumentation zur materiellen Kultur Rumäniens des Tsiganologen Martin Block (1891–1972), in: Österreichische Zeitschrift für Volkskunde 108 (2005), S. 383–406.

Bedorf, Thomas, Verkennende Anerkennung. Über Identität und Politik, Frankfurt a. M. 2010.

Beeker, Malte, „Führerbefehl" und „suspendiertes Unrechtsbewusstsein"? Das zeitgeschichtliche Gutachten Hans Buchheims im Auschwitz-Prozess und seine strafrechtswissenschaftliche Rezeption, in: Zeitschrift für Geschichtswissenschaft 64 (2016), Heft 5, S. 464–483.

Beismann, Dennis, Eugen Kogons Netzwerke in der Bundesrepublik Deutschland, in: Lothar-Beyer-Stiftung (Hrsg.), Passagen in den Sozialwissenschaften, Kassel 2014, S. 218–234.
Beismann, Dennis, Eugen Kogon in der frühen Bundesrepublik. Ein öffentlicher Intellektueller zwischen Lehrstuhl und Fernsehstudio 1949–1969, Berlin/Boston 2020.
Benz, Wolfgang, Der Holocaust, München 1995.
Benz, Wolfgang (Hrsg.), Lexikon des Holocaust, München 2002.
Benz, Wolfgang/Widmann, Peter, Vorurteile aus geschichts- und kunstwissenschaftlicher Perspektive, in: Pelinka, Anton (Hrsg.), Vorurteile. Ursprünge, Formen, Bedeutung, Berlin/Boston 2012, S. 263–285.
Benz, Wolfgang, Der Holocaust, München [8]2014.
Benz, Wolfgang, Sinti und Roma. Die unerwünschte Minderheit. Über das Vorurteil Antiziganismus, Berlin 2014.
Berbüsse, Volker, Das Bild „der Zigeuner" in deutschsprachigen kriminologischen Lehrbüchern seit 1949. Eine erste Bestandsaufnahme, in: Jahrbuch für Antisemitismusforschung 1 (1992), S. 117–151.
Berg, Nicolas, Lesarten des Judenmords, in: Herbert, Ulrich (Hrsg.), Wandlungsprozesse in Westdeutschland. Belastung, Integration, Liberalisierung 1945–1980, Göttingen [2]2003, S. 91–139.
Berg, Nicolas, Der Holocaust und die westdeutschen Historiker. Erforschung und Erinnerung, Göttingen [3]2004.
Berger, Stefan/Nehring, Holger (Hrsg.), The History of Social Movements in Global Perspective. A Survey, Basingstoke 2017.
Bettwieser, Ingrid/Borcke, Tobias von, „Richtige" Lehren aus der Geschichte gezogen? Antiziganismus und der Umgang der DDR mit Sinti und Roma, in: Heitzer, Enrico u. a. (Hrsg.), Nach Auschwitz. Schwieriges Erbe DDR. Plädoyer für einen Paradigmenwechsel in der DDR-Zeitgeschichtsforschung, Schwalbach 2018, S. 189–205.
Bihl, Wolfdieter, Orientalistik an der Universität Wien. Forschungen zwischen Maghreb und Ost- und Südasien. Die Professoren und Dozenten, Köln/Weimar/Wien 2009.
Billig, Joseph, L'Allemagne et le genocide, Paris 1950.
Blaschke, Olaf, Die „Hand am Puls der Forschung". Konjunkturen der Zeitgeschichtsforschung und ihre Verleger seit 1945, in: Vierteljahrshefte für Zeitgeschichte 57 (2009), Heft 1, S. 99–115.
Blaschke, Olaf, Der Markt der Zeitgeschichtsschreibung. Ein Plädoyer für mehr Empirie, in: Zeithistorische Forschungen 6 (2009), Heft 3, S. 441–448.
Blaschke, Olaf, Verleger machen Geschichte. Buchhandel und Historiker seit 1945 im deutsch-britischen Vergleich, Göttingen 2010.
Blaschke, Olaf/Thiel, Jens, Konsolidierung und Politisierung (1949/50–1958), in: Berg, Matthias u. a., Die versammelte Zunft. Historikerverband und Historikertage in Deutschland 1893–2000, Bd. 2, Göttingen 2018, S. 331–415.
Block, Martin, Zigeuner, in: Gunkel, Hermann (Hrsg.), Die Religion in Geschichte und Gegenwart. Handwörterbuch für Theologie und Religionswissenschaft, Bd. 5, Tübingen [2]1931, Spalte 2111 f.
Block, Martin, Zigeuner. Ihr Leben und ihre Seele. Dargestellt auf Grund eigener Reisen und Forschungen, Leipzig 1936.
Block, Martin, Zigeuner, in: Galling, Kurt (Hrsg.), Die Religion in Geschichte und Gegenwart. Handwörterbuch für Theologie und Religionswissenschaft, Bd. 6, Tübingen [3]1962, Spalte 1908 f.
Blumer, Nadine, From Victim Hierarchies to Memorial Networks. Berlin's Holocaust Memorial to Sinti and Roma Victims of National Socialism, Toronto 2011.
Boberach, Heinz, Reichssicherheitshauptamt. Bestand R 58, Findbücher zu Beständen des Bundesarchivs, Bd. 22, Koblenz 1982.
Bogdal, Klaus-Michael, Europa erfindet die Zigeuner. Eine Geschichte von Faszination und Verachtung, Berlin 2011.

Bökenkamp, Gérard, Wechsel statt Wende. Der Koalitionswechsel der FDP von 1982 aus dem Blickwinkel der realpolitischen Zwänge, in: Jahrbuch für Liberalismusforschung 28 (2016), S. 161–182.

Borggräfe, Henning/Leßlau, Hanne, Die Wahrnehmung der NS-Verbrechen und der Umgang mit den NS-Verfolgten im International Tracing Service, in: Urban, Susanne (Hrsg.), Fundstücke. Die Wahrnehmung der NS-Verbrechen und ihrer Opfer im Wandel, Göttingen 2015, S. 23–44.

Bösch, Frank, Ereignisse, Performanz und Medien in historischer Perspektive, in: Ders./Schmidt, Patrick (Hrsg.), Medialisierte Ereignisse. Performanz, Inszenierung und Medien seit dem 18. Jahrhundert, Frankfurt a. M./New York 2010, S. 7–29.

Bösch, Frank, Zeitenwende 1979. Als die Welt von heute begann, München 2019.

Boström, Jörg (Hrsg.), Das Buch der Sinti. „… nicht länger stillschweigend das Unrecht hinnehmen!", Berlin 1981.

Brechenmacher, Thomas, Konrad Adenauer, Franz Böhm und die Verhandlungen über das Luxemburger Abkommen, in: Historisch-politische Mitteilungen: Archiv für christlich-demokratische Politik 20 (2013), S. 305–321.

Brechtken, Magnus, Raul Hilberg, der Begriff Holocaust und die Konferenzen von San José bis Stuttgart, in: Schlott, René (Hrsg.), Raul Hilberg und die Holocaust-Historiographie, Göttingen 2019, S. 47–70.

Breckenfelder, Michaela, Der Künstler als Theologe. Otto Pankoks Bildwerke im Religionsunterricht, Paderborn 2014.

Brieskorn, Dirk, „Vous, dans l'église, n'êtes pas aux marges, mais, sous certains aspects, vous êtes au centre, vous êtes au Coeur". Zur Geschichte der „Katholischen Zigeunerseelsorge" in Deutschland, in: Długoborski, Wacław (Hrsg.), Sinti und Roma im KL Auschwitz-Birkenau 1943–44. Vor dem Hintergrund ihrer Verfolgung unter der Naziherrschaft, Oświęcim 1998, S. 396–412.

Browning, Christopher, Ganz normale Männer. Das Reserve-Polizeibataillon 101 und die „Endlösung" in Polen, Reinbek 1993.

Browning, Christopher, Biographie eines Buches. Die drei Ausgaben von The Destruction of the European Jews, in: Schlott, René (Hrsg.), Raul Hilberg und die Holocaust-Historiographie, Göttingen 2019, S. 37–46.

Brucker-Boroujerdi, Ute/Wippermann, Wolfgang, Nationalsozialistische Zwangslager in Berlin III. Das „Zigeunerlager" Marzahn, in: Ribbe, Wolfgang (Hrsg.), Berlin-Forschungen II, Berlin 1987, S. 189–201.

Brumlik, Micha, Kein Weg als Deutscher und Jude. Eine bundesrepublikanische Erfahrung, München 2000.

Brünger, Sebastian, Geschichte und Gewinn. Der Umgang deutscher Konzerne mit ihrer NS-Vergangenheit, Göttingen 2017.

Brzosa, Ulrich, 100 Jahre Caritasverband für die Stadt Düsseldorf. Die Geschichte der Caritas in Düsseldorf von den Anfängen bis zur Gegenwart, hrsg. vom Caritasverband für die Stadt Düsseldorf, Köln/Weimar/Wien 2004.

Buchheim, Hans, Das Dritte Reich. Grundlagen und politische Entwicklung, München 1958.

Buchheim, Hans, Die Zigeunerdeportation vom Mai 1940, in: Institut für Zeitgeschichte (Hrsg.), Gutachten des Instituts für Zeitgeschichte, Bd. 1, München 1958, S. 51–60.

Buchheim, Hans u. a., Anatomie des SS-Staates. Gutachten des Instituts für Zeitgeschichte, München ^{6}1994 (1965).

Buhl, Hendrik, Eugen Kogon. Der SS-Staat, in: Fischer, Torben/Lorenz, Matthias (Hrsg.), Lexikon der ‚Vergangenheitsbewältigung' in Deutschland. Debatten- und Diskursgeschichte des Nationalsozialismus nach 1945, Bielefeld ^{3}2015, S. 34–36.

Bundesarchiv/Internationaler Suchdienst (Hrsg.), Gedenkbuch: Opfer der Verfolgung der Juden unter der nationalsozialistischen Gewaltherrschaft in Deutschland 1933–1945, 2 Bde., Koblenz 1986.
Bundesarchiv/Institut für Zeitgeschichte/Lehrstuhl für Neuere und Neueste Geschichte der Universität Freiburg (Hrsg.), Die Verfolgung und Ermordung der europäischen Juden durch das nationalsozialistische Deutschland 1933–1945, 16 Bde., Berlin/Boston 2008–2019.
Bundesgesundheitsamt (Hrsg.), Das Reichsgesundheitsamt 1933–1945 – eine Ausstellung, in: Bundesgesundheitsblatt 32 (1989) Sonderheft.
Burleigh, Michael/Wippermann, Wolfgang, The Racial State: Germany 1933–1945, Cambridge 1991.
Büsch, Otto, Beiträge zur Organisation der historischen Forschung in Deutschland. Aus Anlaß des fünfundzwanzigjährigen Bestehens der Historischen Kommission zu Berlin am 3. Februar 1984, Berlin/New York 1984.

Calvelli-Adorno, Franz, Die rassistische Verfolgung der Zigeuner vor dem 1. März 1943, in: Rechtsprechung zum Wiedergutmachungsrecht 12 (1961), Heft 12, S. 529–537.
Cavallo, Guglielmo/Chartier, Roger (Hrsg.), Die Welt des Lesens. Von der Schriftrolle zum Bildschirm, Frankfurt a. M./New York 1999.
Chartier, Roger, Die unvollendete Vergangenheit. Geschichte und die Macht der Weltauslegung, Berlin 1989.
Chaumont, Jean-Michael, Die Konkurrenz der Opfer. Genozid, Identität und Anerkennung, Lüneburg 2001.
Clébert, Jean-Paul, Les Tziganes, Paris 1961.
Clébert, Jean-Paul, Das Volk der Zigeuner, Wien 1964.
Cohn, Norman, Warrant for Genocide. The Myth of the Jewish World-Conspiracy and the Protocols of the Elders of Zion, London 1967.
Conze, Eckart, Die Suche nach Sicherheit. Eine Geschichte der Bundesrepublik von 1949 bis in die Gegenwart, München 2009.
Conze, Eckart/Weinke, Annette, Krisenhaftes Lernen? Formen der Demokratisierung in deutschen Behörden und Ministerien, in: Freimüller, Tobias u. a. (Hrsg.), Demokratisierung der Deutschen. Errungenschaften und Anfechtungen eines Projekts, Göttingen 2020, S. 87–101.
Cottar, Anne-Marie/Lucassen, Leo/Willems, Gypsies and Other Itinerant Groups. A Socio-Historical Approach, Basingstoke 2001.
Cramer, John, Belsen Trial 1945. Der Lüneburger Prozess gegen Wachpersonal der Konzentrationslager Auschwitz und Bergen-Belsen, Göttingen 2011.
Czech, Danuta, Kalendarium der Ereignisse im Konzentrationslager Auschwitz-Birkenau 1939–1945, Reinbek 1989.

Danckwortt, Barbara, Sozialarbeit mit ‚Zigeunern'? – Ein historisch vorbelastetes Verhältnis, in: Castro Varela, Maria del Mar u. a. (Hrsg.), Suchbewegungen. Interkulturelle Beratung und Therapie, Tübingen 1998, S. 73–108.
Danckwortt, Barbara, Wissenschaft oder Pseudowissenschaft? Die ‚Rassenhygienische Forschungsstelle' am Reichsgesundheitsamt, in: Hahn, Judith/Kavcic, Silvija/Kopke, Christoph (Hrsg.), Medizin im Nationalsozialismus und das System der Konzentrationslager. Beiträge eines interdisziplinären Symposiums, Frankfurt a. M. 2005, S. 140–164.
Danker, Uwe, Räuberbanden im Alten Reich um 1700. Ein Beitrag zur Geschichte von Herrschaft und Kriminalität in der Frühen Neuzeit, Frankfurt a. M. 1988.
Danker, Uwe (Hrsg.), Geteilte Verstrickung: Elitenkontinuitäten in Schleswig-Holstein, Husum 2021.
Dawidowicz, Lucy, The Holocaust and the Historians, Cambridge/London 1981.

Delfeld, Jacques (Hrsg.), 20 Jahre für Bürgerrechte. Verband Deutscher Sinti und Roma Landesverband Rheinland-Pfalz, Landau 2005.

Deppisch, Sven, Täter auf der Schulbank. Die Offiziersausbildung der Ordnungspolizei und der Holocaust, Baden-Baden 2017.

Deutscher Verein für öffentliche und private Fürsorge (Hrsg.), Soziale Arbeit mit Zigeunern. Einige Orientierungshilfen aus der Praxis für die Praxis. Zusammengestellt von Mitgliedern der Arbeitsgruppe „Landfahrer" des Deutschen Vereins, Frankfurt a. M. 1981.

Diener, Eveline, Das Bayerische Landeskriminalamt und seine „Zigeunerpolizei". Kontinuitäten und Diskontinuitäten der bayerischen „Zigeunerermittlung" im 20. Jahrhundert, Frankfurt a. M. 2021.

Distel, Barbara, „Ich sammle die Tränen der ermordeten Juden". Die Obsession der Miriam Novitch (1908–1990), in: Dachauer Hefte 18 (2002), S. 97–108.

Döring, Hans-Joachim, Zur Kenntnis des Zigeuners von heute, in: Kriminalistik 12 (1958), Heft 9, S. 380.

Döring, Hans-Joachim, Die Motive der Zigeuner-Deportation vom Mai 1940, in: Vierteljahrshefte für Zeitgeschichte 7 (1959), Heft 4, S. 418–428.

Döring, Hans-Joachim, Die Zigeuner im nationalsozialistischen Staat, Kriminologische Schriftenreihe aus der Deutschen Kriminologischen Gesellschaft, Bd. 12, Hamburg 1964.

Dörner, Bernward, Die Deutschen und der Holocaust. Was niemand wissen wollte, aber jeder wissen konnte, Berlin 2007.

Dostal, Walter, Zigeunerleben und Gegenwart, in: Starkie, Walter, Auf Zigeunerspuren. Von Magie und Musik, Spiel und Kult der Zigeuner in Geschichte und Gegenwart, München 1957, S. 275–297.

Drechsler, Wilhelm, Zigeunertransport, in: Die Deutsche Polizei 9 (1941), Nr. 10, S. 346 f.

Dreßen, Willi, Die Zentrale Stelle der Landesjustizverwaltungen zur Aufklärung von NS-Verbrechen in Ludwigsburg, in: Dachauer Hefte 6 (1990), S. 85–93.

Dussel, Konrad, Vom Radio- zum Fernsehzeitalter. Medienumbrüche in sozialgeschichtlicher Perspektive, in: Lammers, Karl Christian/Schildt, Axel/Siegfried, Detlef (Hrsg.), Dynamische Zeiten. Die 60er Jahre in den beiden deutschen Gesellschaften, Hamburg ²2003, S. 673–694.

Earl, Hilary, Beweise, Zeugen, Narrative. Der Einsatzgruppenprozess und die historische Forschung zur Genese der „Endlösung" in: Priemel, Kim/Stiller, Alexa (Hrsg.), NMT. Die Nürnberger Militärtribunale zwischen Geschichte, Gerechtigkeit und Rechtschöpfung, Hamburg 2013, S. 127–157.

Ebbinghaus, Angelika/Kaupen-Haas, Heidrun/Roth, Karl Heinz (Hrsg.), Heilen und Vernichten im Mustergau Hamburg. Bevölkerungs- und Gesundheitspolitik im Dritten Reich, Hamburg 1984.

Ebeling, Helmut, 100 Jahre Kriminalpolizei Hamburg. Eine Betrachtung, in: Bund Deutscher Kriminalbeamter (Hrsg.), Dokumentation Verbrechensbekämpfung des Landesverbands Hamburg anläßlich der Festwoche 100 Jahre Kripo Hamburg, Düsseldorf 1975, S. 12–32.

Eckel, Jan, Neugeburt der Politik aus dem Geist der Moral – Erklärungen einer heterogenen Konjunktur, in: Ders./Moyn, Samuel (Hrsg.), Moral für die Welt? Menschenrechtspolitik in den 1970er Jahren, Göttingen 2012, S. 22–67.

Eckel, Jan, Die Ambivalenz des Guten. Menschenrechte in der internationalen Politik seit den 1940ern, Göttingen 2014.

Eckel, Jan, Menschenrechte und der Wandel der Außenpolitik in den 1970er Jahren. Die Bundesrepublik im internationalen Vergleich, in: Levsen, Sonja/Torp, Cornelius (Hrsg.), Wo liegt die Bundesrepublik? Vergleichende Perspektiven auf die westdeutsche Geschichte, Göttingen 2016, S. 185–203.

Eckert, Astrid, Kampf um die Akten. Die Westalliierten und die Rückgabe von deutschem Archivgut nach dem Zweiten Weltkrieg, Stuttgart 2004.

Eder, Jacob, Ein Holocaustsyndrom? Die politischen Beziehungen zwischen der Bundesrepublik und amerikanisch-jüdischen Organisationen in den 1980er Jahren, in: Archiv für Sozialgeschichte 52 (2012), S. 633–665.

Eitz, Thorsten/Stötzel, Georg, Wörterbuch der Vergangenheitsbewältigung. Die NS-Vergangenheit im öffentlichen Sprachgebrauch, Bd. 2, Hildesheim 2009.

Eller, Hanns, Die Zigeuner – ein Problem, in: Kriminalistik 8 (1954), Heft 5, S. 124–126.

Elster, Alexander/Lingemann, Heinrich (Hrsg.), Handwörterbuch der Kriminologie und der anderen strafrechtlichen Hilfswissenschaften, 2 Bde., Berlin/Leipzig 1933–1936.

End, Markus, Adorno und die „Zigeuner", in: Ders./Herold, Kathrin/Robel, Yvonne (Hrsg.), Antiziganistische Zustände. Zur Kritik eines allgegenwärtigen Ressentiments, Münster 2009, S. 95–108.

End, Markus, Zur Verteidigung eines wissenschaftlichen Begriffs in kritischer Absicht, in: Dokumentations- und Kulturzentrum Deutscher Sinti und Roma (Hrsg.), Antiziganismus. Soziale und historische Dimensionen von „Zigeuner"- Stereotypen, Heidelberg 2015, S. 54–72.

Engbring-Romang, Udo, Die Verfolgung der Sinti und Roma in Hessen zwischen 1870 und 1950, Frankfurt a. M. 2001.

Essner, Cornelia, Die „Nürnberger Gesetze" oder die Verwaltung des Rassenwahns 1933–1945, Paderborn/München 2002.

Etzemüller, Thomas, Sozialgeschichte als politische Geschichte. Werner Conze und die Neuorientierung der westdeutschen Geschichtswissenschaft nach 1945, München 2001.

Etzemüller, Thomas, Kontinuität und Adaption eines Denkstils. Werner Conzes intellektueller Übertritt in die Nachkriegszeit, in: Weisbrod, Bernd (Hrsg.), Akademische Vergangenheitspolitik. Beiträge zur Wissenschaftskultur der Nachkriegszeit, Göttingen 2002, S. 123–146.

Falk, Georg, Entnazifizierung und Kontinuität. Der Wiederaufbau der hessischen Justiz am Beispiel des Oberlandesgerichts Frankfurt am Main, Marburg 2017.

Fangmann, Helmut/Reifner, Udo/Steinborn, Norbert, „Parteisoldaten". Die Hamburger Polizei im „3. Reich", Hamburg 1987.

Feddersen, Jan/Gessler, Philipp, Kampf der Identitäten. Für eine Rückbesinnung auf linke Ideale, Berlin 2021.

Feest, David, Repräsentationen und Konstruktionen. Wie viel Erkenntnistheorie braucht die Geschichtswissenschaft, in: Baberowski, Jörg (Hrsg.), Arbeit an der Geschichte. Wie viel Theorie braucht die Geschichtswissenschaft, Frankfurt a. M./New York 2009, S. 19–36.

Fennesz-Juhasz, Christine/Heinschink, Mozes, Selbstzeugnisse von Roma zu ihrer (Kultur-)Geschichte, in: Eder-Jordan, Beate/Hussl, Elisabeth/Thurner, Erika (Hrsg.), Roma und Travellers. Identitäten im Wandel, Innsbruck 2015, S. 135–158.

Feuchert, Sascha/Roth, Markus/Urban, Susanne (Hrsg.), Fundstücke. Stimmen der Überlebenden des „Zigeunerlagers" Lackenbach, Göttingen 2014.

Feyen, Martin, „Wie die Juden"? Verfolgte Zigeuner zwischen Bürokratie und Symbolpolitik, in: Brunner, José/Frei, Norbert/Goschler, Constantin (Hrsg.), Die Praxis der Wiedergutmachung. Geschichte, Erfahrung und Wirkung in Deutschland und Israel, Göttingen 2009, S. 323–355.

Ficowski, Jerzy, Cyganie Polscy, Warschau 1953.

Fieselmann, Nils, Vom „Zigeunerlager Preetzer Straße" zur „Wohnstätte am Rundweg". Zur Lage der Kieler Sinti in der Nachkriegszeit, in: Demokratische Geschichte 23 (2012), S. 127–152.

Fings, Karola, „z. Zt. Zigeunerlager". Die Verfolgung der Düsseldorfer Sinti und Roma im Nationalsozialismus, Köln 1992.

Fings, Karola/Sparing, Frank, Ach Freunde, wohin seid ihr verweht ...? Otto Pankok und die Düsseldorfer Sinti, Düsseldorf 1993.
Fings, Karola/Sparing, Frank, Vertuscht, verleugnet, versteckt. Akten zur NS-Verfolgung von Sinti und Roma, in: Dieckmann, Christoph (Hrsg.), Besatzung und Bündnis. Deutsche Herrschaftsstrategien in Ost- und Südosteuropa, Berlin/Göttingen 1995, S. 181–201.
Fings, Karola/Sparing, Frank, Rassismus, Lager, Völkermord. Die nationalsozialistische Zigeunerverfolgung in Köln, Köln 2005.
Fings, Karola, Die „gutachtlichen Äußerungen" der Rassenhygienischen Forschungsstelle und ihr Einfluss auf die nationalsozialistische Zigeunerpolitik, in: Zimmermann, Michael (Hrsg.), Zwischen Erziehung und Vernichtung. Zigeunerpolitik und Zigeunerforschung im Europa des 20. Jahrhunderts, Stuttgart 2007, S. 425–459.
Fings, Karola, „Rasse: Zigeuner". Sinti und Roma im Fadenkreuz von Kriminologie und Rassenhygiene 1933-1945, in: Uerlings, Herbert/Patrut, Iulia (Hrsg.), „Zigeuner" und Nation. Repräsentation – Inklusion – Exklusion, Frankfurt a. M. 2008, S. 273–309.
Fings, Karola/Opfermann, Ulrich (Hrsg.), Zigeunerverfolgung im Rheinland und in Westfalen 1933–1945. Geschichte, Aufarbeitung und Erinnerung, Paderborn 2012.
Fings, Karola, Neuere Literatur zur NS-Verfolgung von Sinti und Roma und zur Produktion von „Zigeuner-Stereotypen", in: Neue Politische Literatur 60 (2015), S. 27–52.
Fings, Karola, Opferkonkurrenzen. Debatten um den Völkermord an den Sinti und Roma und neue Forschungsperspektiven, in: S:I.M.O.N. – Shoah: Intervention. Methods. Documentation 2 (2015), Heft 1, S. 79–101.
Fings, Karola, Schuldabwehr durch Schuldumkehr. Die Stigmatisierung der Sinti und Roma nach 1945, in: Mengersen, Oliver von (Hrsg.), Sinti und Roma. Eine deutsche Minderheit zwischen Diskriminierung und Emanzipation, Bonn/München 2015, S. 145–164.
Fings, Karola, Sinti und Roma. Geschichte einer Minderheit, München 2016.
Fings, Karola/Lotto-Kusche, Sebastian, Tsiganologie, in: Fahlbusch, Michael/Haar, Ingo/Pinwinkler, Alexander (Hrsg.), Handbuch der völkischen Wissenschaften. Akteure, Netzwerke, Forschungsprogramme, Berlin ²2017, S. 1149–1158.
Fings, Karola, Perspektiven auf den Völkermord, in: Dies./Steinbacher, Sybille (Hrsg.), Sinti und Roma. Der nationalsozialistische Völkermord in historischer und gesellschaftspolitischer Perspektive, Göttingen 2021, S. 7–26.
Fischer, Ernst, „... kaum ein Verlag, der nicht auf der Wiederentdeckungswelle der Verschollenen mitreitet." Zur Reintegration der Exilliteratur in den deutschen Büchermarkt nach 1945, in: von der Lühe, Irmela/Krohn, Claus-Dieter, Fremdes Heimatland. Remigration und literarisches Leben nach 1945, Göttingen 2005, S. 71–92.
Fleck, Ludwig, Entstehung und Entwicklung einer wissenschaftlichen Tatsache. Einführung in die Lehre vom Denkstil und Denkkollektiv, Frankfurt a. M. 1980.
Fleck, Ludwig, Erfahrung und Tatsache. Gesammelte Aufsätze, Frankfurt a. M. 1983.
Foucault, Michel, Archäologie des Wissens, Frankfurt a. M. 1981.
Fraser, Angus, Friedemann Bach and the Gypsies. A Piece of Pseudo-Gypsy Lore, in: Journal of the Gypsy Lore Society 51 (1972), Heft 1–2, S. 30–34.
Fraser, Angus, Rezension zu: Donald Kenrick/Gratton Puxon. The Destiny of Europe's Gypsies. London 1972, in: Journal of the Gypsy Lore Society 52 (1973), Heft 1–2, S. 44–47.
Fraser, Nancy, Zur Neubestimmung von Anerkennung, in: Schmidt am Busch, Hans-Christoph/Zurn, Christopher (Hrsg.), Anerkennung, Berlin 2009, S. 201–212.
Frei, Norbert, Vergangenheitspolitik. Die Anfänge der Bundesrepublik und die NS-Vergangenheit, München 1996.
Frei, Norbert, 1945 und wir. Das Dritte Reich im Bewußtsein der Deutschen, München 2005.

Freimüller, Tobias, Alexander Mitscherlich. Gesellschaftsdiagnosen und Psychoanalyse nach Hitler, Göttingen 2007.
Freytag, Nils, „Eine Bombe im Taschenbuchformat"? Die „Grenzen des Wachstums" und die öffentliche Resonanz, in: Zeithistorische Forschungen 3 (2006), S. 465–469.
Friedländer, Henry, Das nationalsozialistische Euthanasieprogramm, in: Freytag, Aurelius/Marte, Boris/Stern, Thomas (Hrsg.), Geschichte und Verantwortung, Wien 1988, S. 277–297.
Friedman, Philip, The Extermination of the Gypsies. Nazi Genocide against an „Aryan People", in: Jewish Frontier (1951), Heft 1, S. 11–16.
Friedmann, Wilhelm, Warum wir hier zusammengekommen sind (Begrüßung), in: Landesbüro der Friedrich-Naumann-Stiftung Bremen (Hrsg.), Sinti in der Bundesrepublik – zur Rechtlosigkeit verurteilt? Dokumentation. Ein Seminar der Friedrich-Naumann-Stiftung Bremen in Zusammenarbeit mit dem Verein zur Durchsetzung der Rechte der Zigeuner in der Stadtgemeinde Bremen, Bremen 1980, S. 15–18.
Füssel, Marian/Neu, Tim, Diskursforschung in der Geschichtswissenschaft, in: Angermuller, Johannes u. a. (Hrsg.), Diskursforschung. Ein interdisziplinäres Handbuch, Bd. 1, Bielefeld 2014, S. 145–161.

Galinski, Heinz, Rede auf der ersten vorbereitenden Konferenz zu einem internationalen Kongreß über den Holocaust an Sinti und Roma im Dritten Reich, in: Pogrom 12 (1981), Nr. 84, S. 17 f.
Gallas, Elisabeth, Zwei ungleiche Väter. Raul Hilberg, Philip Friedman und die frühe Holocaustforschung, in: Schlott, René (Hrsg.), Raul Hilberg und die Holocaust-Historiographie, Göttingen 2019, S. 91–113.
Ganter, Stephan, Ethnizität und ethnische Konflikte. Konzepte und theoretische Ansätze für eine vergleichende Analyse, Freiburg 1995.
Gassert, Philipp, Bewegte Gesellschaft. Deutsche Protestgeschichte seit 1945, Darmstadt 2018.
Gedenk- und Bildungsstätte Haus der Wannseekonferenz/Stiftung Topographie des Terrors/Stiftung Denkmal für die Ermordeten Juden Europas (Hrsg.), Der Prozess – Adolf Eichmann vor Gericht, Berlin 2011.
Geigess, Anita/Wette, Bernhard, Zigeuner heute. Verfolgung und Diskriminierung in der BRD. Eine Anklageschrift, Bornheim-Merten 1979.
Geismar, Inse, Ein Leben für Kurdistan. Alexander Sternberg ist tot., in: Pogrom 46 (2015), Nr. 291, S. 88 f.
Geißler, Heiner, Das nicht gehaltene Wort. Politik im Namen Gottes, Köln 1997.
Gerlach, Christian, Kalkulierte Morde. Die deutsche Wirtschafts- und Vernichtungspolitik in Weißrußland 1941 bis 1944, Hamburg ²2000.
Gerlach, Christian, Extrem gewalttätige Gesellschaften. Massengewalt im 20. Jahrhundert, München 2011.
Gesellschaft für bedrohte Völker, Impressum, in: Pogrom 10 (1979), Nr. 68, S. 2.
Gesellschaft für bedrohte Völker, Vorwort, in: Puxon, Gratton/Kenrick, Donald, Sinti und Roma. Die Vernichtung eines Volkes im NS-Staat, hrsg. von der Gesellschaft für bedrohte Völker, Göttingen 1981, S. 7–10.
Gesellschaft für bedrohte Völker/Verband deutscher Sinti (Hrsg.), Sinti und Roma im ehemaligen KZ Bergen-Belsen am 27. Oktober 1979. Eine Dokumentation der „Gesellschaft für bedrohte Völker" und des „Verbands deutscher Sinti", Reihe Pogrom, Göttingen 1980.
Gesellschaft für bedrohte Völker, Flugblatt zur Veranstaltungsankündigung „Holocaust heißt auch die Vernichtung einer halben Million Zigeuner im Dritten Reich", in: Pogrom 12 (1981), Nr. 80/81, S. 77.
Geyer, Georg, Das Landfahrerwesen – polizeilich gesehen, in: Die neue Polizei 11 (1957), S. 6–8, 22 f.

Gilliat-Smith, Bernard, Rezension zu: „Johann Knobloch. Romani-Texte aus dem Burgenland. Wien 1943", in: Journal of the Gypsy Lore Society 32 (1953), Heft 1–2, S. 69–71.

Gilliat-Smith, Bernard, Gypsy Tales Concerning the Mulo. Collected by Johann Knobloch. Translated and edited by Bernard Gilliat-Smith, in: Journal of the Gypsy Lore Society 32 (1953), Heft 3–4, S. 124–143.

Gilliat-Smith, Bernard, Rezension zu: Hermann Arnold. Die Zigeuner. Herkunft und Leben der Stämme im deutschen Sprachgebiet. Olten/Freiburg 1965, in: Journal of the Gypsy Lore Society 45 (1966), Heft 3–4, S. 139–142.

Gilsenbach, Reimar, Die Verfolgung der Sinti – ein Weg, der nach Auschwitz führte, in: Aly, Götz u. a. (Hrsg.), Feinderklärung und Prävention. Kriminalbiologie, Zigeunerforschung und Asozialenpolitik, Berlin 1988, S. 11–41.

Gilsenbach, Reimar, Wie Lolitschai zur Doktorwürde kam, in: Aly, Götz u. a. (Hrsg.), Feinderklärung und Prävention. Kriminalbiologie, Zigeunerforschung und Asozialenpolitik, Berlin 1988, S. 101–134.

Gilsenbach, Reimar, Wer wußte was? Wer will nichts wissen? – Wie die Deutschen ihre Verbrechen gegen Sinti und Roma, insbesondere den Völkermord in Auschwitz-Birkenau, aus ihrer Erinnerung verdrängt haben, in: Długoborski, Wacław (Hrsg.), Sinti und Roma im KL Auschwitz-Birkenau 1943–44. Vor dem Hintergrund ihrer Verfolgung unter der Naziherrschaft, Oświęcim 1998, S. 90–104.

Gilsenbach, Reimar, Sinti und Roma – vergessene Opfer, in: Leo, Annette/Reif-Spirek, Peter (Hrsg.), Vielstimmiges Schweigen. Neue Studien zum DDR-Antifaschismus, Berlin 2001, S. 67–83.

Gingrich, Andre, Völkerkundliche Geheim-Expertise und Lagerforschung: Die Wiener „Lehr- und Forschungsstätte für den Vorderen Orient" im SS-„Ahnenerbe", in: Ders./Rohrbacher, Peter (Hrsg.), Völkerkunde zur NS-Zeit aus Wien (1938–1945). Institutionen, Biographien und Praktiken in Netzwerken, Wien 2021, S. 1217–1301.

Görtemaker, Manfred/Safferling, Christoph, Die Akte Rosenburg. Das Bundesministerium der Justiz und die NS-Zeit, München ²2016.

Goschler, Constantin/Herbst, Ludolf (Hrsg.), Wiedergutmachung in der Bundesrepublik Deutschland, München 1989.

Goschler, Constantin, Schuld und Schulden, Die Politik der Wiedergutmachung für NS-Verfolgte seit 1945, Göttingen 2005.

Gräfing, Birthe, Tradition Reform. Die Universität Bremen 1971–2001, Bremen 2012.

Grellmann, Heinrich Moritz, Die Zigeuner. Ein historischer Versuch über die Lebensart und Verfassung, Sitten und Schicksale dieses Volkes in Europa, nebst ihrem Ursprunge, Göttingen 1783.

Gress, Daniela, The Beginnings of the Sinti und Roma Civil Rights Movement in the Federal Republic of Germany, in: End, Markus u. a. (Hrsg.), Antiziganism. What's in a Word?, Newcastle upon Tyne 2015, S. 48–60.

Gress, Daniela, „Wir wollen Gerechtigkeit!" Die Ursprünge der Bürgerrechtsbewegung deutscher Sinti und Roma in Heidelberg, in: Heidelberg. Jahrbuch zur Geschichte der Stadt 22 (2018), S. 111–128.

Gress, Daniela, Geburtshelfer einer Bewegung? Die mediale Kampagne der „Gesellschaft für bedrohte Völker" für Bürgerrechte deutscher Sinti und Roma, in: Hofmann, Birgit (Hrsg.), Menschenrecht als Nachricht: Medien, Öffentlichkeit und Moral seit dem 19. Jahrhundert, Frankfurt a. M./New York 2020, S. 267–306.

Gress, Daniela: Protest und Erinnerung. Der Hungerstreik in Dachau 1980 und die Entstehung der Bürgerrechtsbewegung deutscher Sinti und Roma, in: Fings, Karola/Steinbacher, Sybille (Hrsg.), Sinti und Roma. Der nationalsozialistische Völkermord in historischer und gesellschaftspolitischer Perspektive, Göttingen 2021, S. 190–219.

Greußing, Fritz, Die Kontinuität der NS-Zigeunerforschung, in: Zeitschrift für Kulturaustausch 31 (1981), Heft 4, S. 385–392.
Grober-Glück, Gerda, Rezension zu: Hermann Arnold. Die Zigeuner. Herkunft und Leben der Stämme im deutschen Sprachgebiet, Olten/Freiburg 1965, in: Zeitschrift für Volkskunde 62 (1966), S. 98.
Großklaus, Dieter, Erinnerung an die Vergangenheit – Verpflichtung für die Zukunft, in: Bundesgesundheitsamt (Hrsg.), Das Reichsgesundheitsamt 1933–1945 – eine Ausstellung, in: Bundesgesundheitsblatt 32 (1989) Sonderheft, S. 5.
Grotum, Thomas, Das digitale Archiv. Aufbau und Auswertung am Beispiel der Geschichte des Konzentrationslagers Auschwitz, Frankfurt a. M. 2004.
Die Grünen im Bundestag (Hrsg.), Anerkennung und Versorgung aller Opfer nationalsozialistischer Verfolgung. Dokumentation parlamentarischer Initiativen der Grünen in Bonn und der Fraktion der Alternativen Liste Berlin. Einschätzungen der Grundlagen und Praxis der Wiedergutmachung. Anträge und Argumente gegen die Ausgrenzung einzelner Gruppen, Berlin 1986.
Grunert, Jasmin u. a., Gründungsstudenten, in: Baratellea, Nils/Hoffmann, Jessica/Seidel, Helena (Hrsg.), Geschichte der Freien Universität Berlin. Ereignisse – Orte – Personen, Berlin 2008, S. 137–146.
Günther, Klaus, Ein Modell legitimen Scheiterns. Der Kampf um Anerkennung als Opfer, in: Honneth, Axel/Lindemann, Ophelia/Voswinkel, Stephan (Hrsg.), Strukturwandel der Anerkennung. Paradoxien sozialer Integration in der Gegenwart, Frankfurt a. M./New York 2013, S. 185–247.

Hachtmann, Rüdiger/Reichardt, Sven (Hrsg.), Detlef Peukert und die NS-Forschung, Göttingen 2015.
Hackett, David (Hrsg.), Der Buchenwald-Report. Bericht über das Konzentrationslager Buchenwald bei Weimar, München 1996.
Hahn, Hans Henning, Stereotypen in der Geschichte und Geschichte im Stereotyp, in: Ders. (Hrsg.), Historische Stereotypenforschung. Methodische Überlegungen und empirische Befunde, Oldenburg 1995, S. 190–204.
Haller, Dieter, Die Suche nach dem Fremden. Geschichte der Ethnologie in der Bundesrepublik 1945–1990, Frankfurt a. M. 2012.
Hammerstein, Katrin, Gemeinsame Vergangenheit – getrennte Erinnerung? Der Nationalsozialismus in Gedächtnisdiskursen und Identitätskonstruktionen von Bundesrepublik Deutschland, DDR und Österreich, Göttingen 2017.
Hammerstein, Notker, Die Deutsche Forschungsgemeinschaft in der Weimarer Republik und im Dritten Reich. Wissenschaftspolitik in Republik und Diktatur, München 1999.
Hancock, Ian, Romanies and the Holocaust. A Re-Evaluation and Overview, in: Stone, Dan (Hrsg.), The Historiography of the Holocaust, Basingstoke 2004, S. 383–396.
Hansen, Georg, Die Ethnisierung des deutschen Staatsbürgerrechts und seine Tauglichkeit in der EU, in: Spetsmann-Kunkel, Martin (Hrsg.), Homogenitätsillusion und Normalitätskonstrukt. Aufsätze von Georg Hansen, Münster 2009, S. 112–130.
Hansen, Imke, „Nie wieder Auschwitz". Die Entstehung eines Symbols und der Alltag einer Gedenkstätte 1945–1955, Göttingen 2015.
Hansen, Jan, Abschied vom Kalten Krieg? Die Sozialdemokraten und der Nachrüstungsstreit (1977–1987), Berlin/Boston 2016.
Hansen, Niels, Franz Böhm mit Ricarda Huch. Zwei wahre Patrioten, Düsseldorf 2009.
Hansen, Reimer, Aus einem Jahrtausend historischer Nachbarschaft. Studien zur Geschichte Schleswigs, Holsteins und Dithmarschens, hrsg. von Uwe Danker, Malente 2005.

Hartmann, Heinrich, „In einem gewissen Sinne politisch belastet". Bevölkerungswissenschaft und Bevölkerungspolitik zwischen Entwicklungshilfe und bundesrepublikanischer Sozialpolitik (1960er und 1970er Jahre), in: Historische Zeitschrift 303 (2016), Heft 1, S. 98–125.
Haumann, Heiko, Die Akte Zilli Reichmann. Zur Geschichte der Sinti im 20 Jahrhundert, Frankfurt a. M. 2016.
Haupt, Gernot, Antiziganismus und Sozialarbeit. Elemente einer wissenschaftlichen Grundlegung, gezeigt an Beispielen aus Europa mit dem Schwerpunkt Rumänien, Berlin ²2009.
Haustein, Petra, Geschichte im Dissens. Die Auseinandersetzungen um die Gedenkstätte Sachsenhausen nach dem Ende der DDR, Leipzig 2006.
Havers, Wilhelm/Knobloch, Johann, Volkskundliche Sinti-Texte. Berichte deutscher Zigeuner über ihre Stammessitten, in: Anthropos 45 (1950), Heft 1–3, S. 223–240.
Hedemann, Volker, „Zigeuner!" – Zur Kontinuität der rassistischen Diskriminierung in der alten Bundesrepublik, Hamburg 2007.
Heerten, Lasse, A wie Auschwitz, B wie Biafra. Der Bürgerkrieg in Nigeria (1967–1970) und die Universalisierung des Holocaust, in: Zeithistorische Forschungen 8 (2011), Heft 3, S. 394–413.
Hehemann, Rainer, Die „Bekämpfung des Zigeunerunwesens" im Wilhelminischen Deutschland und in der Weimarer Republik, 1871–1933, Frankfurt a. M. 1987.
Heinemann, Behar, Romani Rose. Ein Leben für die Menschenrechte, Ulm 2017.
Heinsohn, Kirsten, Eigene Mitttererzählungen statt falscher Fragen, in: Aus Politik und Zeitgeschichte 68 (2018), Heft 38/39, S. 10 f.
Heinz, Marco, Wer ist Zigeuner? – Über die Konstruktion einer ethnischen Minderheit im wissenschaftlichen Diskurs, in: Bukow, Wolf-Dietrich/Ottersbach, Markus (Hrsg.), Die Zivilgesellschaft in der Zerreißprobe. Wie reagieren Gesellschaft und Wissenschaft auf die postmoderne Herausforderung?, Opladen 1999, S. 162–184.
Henke, Josef, Quellenschicksale und Bewertungsfragen. Archivische Probleme bei der Sicherung von Quellen zur Verfolgung der Sinti und Roma im Dritten Reich, in: Vierteljahrshefte für Zeitgeschichte 41 (1993), Heft 1, S. 61–79.
Henry, Marilyn, Confronting the Perpetrators. A History of the Claims Conference, London/Portland 2007.
Hepperle, Sabine, Die SPD und Israel. Von der Großen Koalition 1966 bis zur Wende 1982, Frankfurt a. M. 2000.
Herbert, Ulrich, Arbeiterschaft im „Dritten Reich". Zwischenbilanz und offene Fragen, in: Geschichte und Gesellschaft 15 (1989), Heft 3, S. 320–360.
Herbert, Ulrich, Geschichte Deutschlands im 20. Jahrhundert, München 2014.
Herbert, Ulrich, Arbeiterklasse und Gemeinschaftsfremde. Die Gesellschaft des NS-Staates in den Arbeiten Detlef Peukerts, in: Hachtmann, Rüdiger/Reichardt, Sven (Hrsg.), Detlef Peukert und die NS-Forschung, Göttingen 2015, S. 39–47.
Herbert, Ulrich, Holocaust-Forschung in Deutschland. Geschichte und Perspektive einer schwierigen Disziplin, in: Bajohr, Frank/Löw, Andrea (Hrsg.), Der Holocaust. Ergebnisse und neue Fragen der Forschung, Frankfurt a. M. 2015, S. 31–79.
Herbert, Ulrich, Best. Biographische Studien über Radikalismus, Weltanschauung und Vernunft 1903–1989, Neuauflage, München 2016.
Hermann, Ferdinand, Rezension zu: Hermann Arnold. Vaganten, Komödianten, Fieranten und Briganten. Untersuchungen zum Vagantenproblem an vagierenden Bevölkerungsgruppen vorwiegend in der Pfalz. Stuttgart 1958, in: Zeitschrift für Ethnologie 85 (1960), Heft 1, S. 126.
Herold, Kathrin, Proteste von Roma und Sinti an den KZ-Gedenkstätten Bergen-Belsen, Dachau und Neuengamme. Der nationalsozialistische Antiziganismus in der Erinnerungspolitik, in: Wrochem, Oliver von (Hrsg.), Das KZ Neuengamme und seine Außenlager. Geschichte, Nachgeschichte, Erinnerung, Bildung, Hamburg 2010, S. 164–180.

Hesse, Hans, Wilhelm Mündrath – Kriminalsekretär des Bremer „Zigeunerdezernats", in: Danckwortt, Barbara/Querg, Thorsten/Schöningh, Claudia (Hrsg.), Historische Rassismusforschung. Ideologen – Täter – Opfer, Hamburg 1995, S. 246–272.
Hesse, Hans/Schreiber, Jens, Vom Schlachthof nach Auschwitz. Die NS-Verfolgung der Sinti und Roma aus Bremen, Bremerhaven und Nordwestdeutschland, Marburg 1999.
Heumann, Johannes, The Holocaust and French Historical Culture, Basingstoke/New York 2015.
Heuß, Herbert, Für ein Kulturzentrum Deutscher Sinti und Roma, in: Pogrom 18 (1987), Nr. 130, S. 2 f.
Hilberg, Raul, The Destruction of the European Jews, Chicago 1961.
Hilberg, Raul, The Destruction of the European Jews. With a new Postscript by the Author, New York u. a. 1961.
Hilberg, Raul, Die Vernichtung der europäischen Juden. Die Gesamtgeschichte des Holocaust, Berlin 1982.
Hilberg, Raul, Die Vernichtung der europäischen Juden, 3 Bde., Frankfurt a. M. 1990.
Hilberg, Raul, Die Vernichtung der europäischen Juden, Bd. 3, Frankfurt a. M. 1994.
Hilberg, Raul, Unerbetene Erinnerung. Der Weg eines Holocaustforschers, Frankfurt a. M. 1994.
Hillgruber, Andreas, Die ideologisch-dogmatische Grundlage der Nationalsozialistischen Politik der Ausrottung der Juden in den besetzten Gebieten der Sowjetunion und ihre Durchführung 1941–1944, in: German Studies Review 2 (1979), Heft 3, S. 263–296.
Hillgruber, Andreas, Zweierlei Untergang. Die Zerstörung des Deutschen Reiches und das Ende des europäischen Judentums, Berlin 1986.
Hilss, Vanessa, Sinti und Roma. „Nicht aus Gründen der Rasse verfolgt"? Zur Entschädigungspraxis am Landesamt für Wiedergutmachung Karlsruhe, Karlsruhe 2017.
Hockerts, Hans Günter, Anwälte der Verfolgten. Die United Restitution Organization, in: Goschler, Constantin/Herbst, Ludolf (Hrsg.), Wiedergutmachung in der Bundesrepublik Deutschland, München 1989, S. 249–271.
Hofer, Walther, Der Nationalsozialismus. Dokumente 1933–1945, Neuausgabe, Frankfurt a. M. 1982.
Hohmann, Joachim, Zigeunerleben. Einleitende Bemerkungen zu einer Sozialgeschichte fahrender Völker, in: Ders./Schopf, Roland (Hrsg.), Zigeunerleben. Beiträge zur Sozialgeschichte einer Verfolgung, Darmstadt 1979, S. 7–23.
Hohmann, Joachim, Zigeuner und Zigeunerwissenschaft. Ein Beitrag zur Grundlagenforschung und Dokumentation des Völkermordes im „Dritten Reich", Marburg 1980.
Hohmann, Joachim, Die Geschichte der Zigeunerverfolgung in Deutschland, Frankfurt a. M./New York 1981.
Hohmann, Joachim, Robert Ritter und die Erben der Kriminalbiologie. „Zigeunerforschung" im Nationalsozialismus und in Westdeutschland im Zeichen des Rassismus, Frankfurt a. M. 1991.
Hohmann, Joachim, Die Forschungen des „Zigeunerexperten" Hermann Arnold, in: 1999. Zeitschrift für Sozialgeschichte des 20. und 21. Jahrhunderts 10 (1995), Heft 3, S. 35–49.
Hohmann, Joachim, Im Geiste Robert Ritters. Leben und Werk Professor Dr. Hermann Arnolds, in: Ders. (Hrsg.), Handbuch der Tsiganologie, Berlin u. a. 1996, S. 89–106.
Holler, Martin, Der nationalsozialistische Völkermord an den Roma in der besetzten Sowjetunion (1941–44). Gutachten für das Dokumentations- und Kulturzentrum Deutscher Sinti und Roma, Heidelberg 2009.
Holler, Martin, Hat Otto Ohlendorf die systematische Vernichtung sowjetischer Roma initiiert?, in: Quinkert, Babette/Morré, Jörg (Hrsg.), Deutsche Besatzung in der Sowjetunion 1941–1944. Vernichtungskrieg. Reaktionen. Erinnerung, Paderborn 2014, S. 76–94.
Holler, Martin, „Killing Fields". Der Völkermord an den Roma in Ost- und Südosteuropa am Beispiel der besetzten Sowjetunion und Jugoslawiens, in: Fings, Karola/Steinbacher, Sybille (Hrsg.),

Sinti und Roma. Der nationalsozialistische Völkermord in historischer und gesellschaftspolitischer Perspektive, Göttingen 2011, S. 82–111.

Holler, Martin, Historische Vorläufer des modernen Antiziganismusbegriffs, in: Dokumentations- und Kulturzentrum Deutscher Sinti und Roma (Hrsg.), Antiziganismus. Soziale und historische Dimensionen von „Zigeuner"- Stereotypen, Heidelberg 2015, S. 38–52.

Hölscher, Christoph, NS-Verfolgte im „antifaschistischen Staat". Vereinnahmung und Ausgrenzung in der ostdeutschen Wiedergutmachung (1945–1989), Berlin 2002.

Honneth, Axel, Anerkennung. Eine europäische Ideengeschichte, Berlin 2018.

Hörath, Julia, „Asoziale" und „Berufsverbrecher" in den Konzentrationslagern 1933–1938, Göttingen 2017.

Höß, Rudolf, Kommandant in Auschwitz. Autobiographische Aufzeichnungen. Eingeleitet und kommentiert von Martin Broszat, Stuttgart 1958.

Hroch, Miroslav, Minderheiten als Problem der vergleichenden Nationalismusforschung, in: Hahn, Hans Henning/Kunze, Peter (Hrsg.), Nationale Minderheiten und staatliche Minderheitenpolitik in Deutschland im 19. Jahrhundert, Berlin 1999, S. 9–18.

Hund, Wulf D., Rassismus, Bielefeld 2007.

Hund, Wulf D., Wie die Deutschen weiß wurden. Kleine (Heimat)Geschichte des Rassismus, Stuttgart 2017.

Hundsalz, Andreas, Stand der Forschung über Zigeuner und Landfahrer. Eine Literaturanalyse unter vorwiegend sozialwissenschaftlichen Gesichtspunkten, Schriftenreihe des Bundesministers für Jugend, Familie und Gesundheit, Bd. 64, Stuttgart u. a. 1978.

Hundsalz, Andreas, Soziale Situation der Sinti in der Bundesrepublik Deutschland. Lebensverhältnisse Deutscher Sinti unter besonderer Berücksichtigung der eigenen Aussagen und Meinungen der Betroffenen, Schriftenreihe des Bundesministers für Jugend, Familie und Gesundheit, Bd. 129, Stuttgart u. a. 1982.

Hunecke, Volker, Überlegungen zur Geschichte der Armut im vorindustriellen Europa, in: Geschichte und Gesellschaft 9 (1983), Heft 4, S. 480–512.

Ikäheimo, Heikki, Anerkennung, Berlin/Boston 2014.

Interessengemeinschaft deutscher Zigeuner, Kennst du die Zigeuner?, in: Die Vergessenen (1946), Nr. 3, S. 11 f.

Internationaler Militärgerichtshof (Hrsg.), Der Prozess gegen die Hauptkriegsverbrecher vor dem Internationalen Militärgerichtshof, Bd. 4, Nürnberg 1947.

Internationaler Militärgerichtshof (Hrsg.), Der Prozess gegen die Hauptkriegsverbrecher vor dem Internationalen Militärgerichtshof, Bd. 6, Nürnberg 1947.

Internationaler Militärgerichtshof (Hrsg.), Der Prozess gegen die Hauptkriegsverbrecher vor dem Internationalen Militärgerichtshof, Bd. 8, Nürnberg 1947.

Jersch-Wenzel, Stefi, Der „mindere Status" als historisches Problem. Überlegungen zur vergleichenden Minderheitenforschung, Informationen der Historischen Kommission zu Berlin, Beiheft 6, Berlin 1986.

Jochheim-Armin, Karl, Der rote Terror im KL. Erlebtes – Erlittenes, Frankfurt a. M. 1979.

Jochimsen, Lukrezia, Wie leben Zigeuner in der Bundesrepublik? Untersuchungen über die Lebenssituation in einem Wohnwagenlager, in: Soziale Welt 12 (1961), Heft 4, S. 370–378.

Jochimsen, Lukrezia, Zigeuner heute. Untersuchung einer Aussenseitergruppe in einer deutschen Mittelstadt, Stuttgart 1963.

Jockusch, Laura, Collect and Record! Jewish Holocaust Documentation in Early Postwar Europe, New York 2012.

Jokisch, Karl, Zigeuner – Fremdgebliebene unter uns, in: Aus Politik und Zeitgeschichte 31 (1981), Heft 12, S. 3–17.
Joskowicz, Ari, Separate Suffering, Shared Archives. Jewish and Romani Histories of Nazi Persecution, in: History and Memory 28 (2016), Heft 1, S. 110–140.
Josting, Petra u. a. (Hrsg.), „Denn sie rauben sehr geschwind jedes böse Gassenkind". „Zigeuner"-Bilder in Kinder- und Jugendmedien, Göttingen 2017.

Kaiser, Johannes, Verfolgung von Sinti und Roma in Karlsruhe im Nationalsozialismus, Karlsruhe/Bretten 2020.
Kampen, Wilhelm van, Holocaust. Materialien zu einer amerikanischen Fernsehserie über die Judenverfolgung im „Dritten Reich", Düsseldorf 1978.
Kämper, Heidrun, Der Schulddiskurs in der frühen Nachkriegszeit. Ein Beitrag zur Geschichte des sprachlichen Umbruchs nach 1945, Berlin/New York 2005.
Kater, Michael, Das „Ahnenerbe" der SS 1935–1945. Ein Beitrag zur Kulturpolitik des Dritten Reiches, München ⁴2006.
Kawczynski, Rudko, Zigeunerverfolgung, in: Ebbinghaus, Angelika/Kaupen-Haas, Heidrun/Roth, Karl Heinz (Hrsg.), Heilen und Vernichten im Mustergau Hamburg. Bevölkerungs- und Gesundheitspolitik im Dritten Reich, Hamburg 1984, S. 45–53.
Kelch, Christian, Dr. Hermann Arnold und seine „Zigeuner". Zur Geschichte der „Grundlagenforschung" gegen Sinti und Roma in Deutschland unter Berücksichtigung der Genese des Antiziganismusbegriffs, Erlangen 2020.
Kenkmann, Alfons, Von der bundesdeutschen „Bildungsmisere" zur Bildungsreform in den 60er Jahren, in: Lammers, Karl Christian/Schildt, Axel/Siegfried, Detlef (Hrsg.), Dynamische Zeiten. Die 60er Jahre in den beiden deutschen Gesellschaften, Hamburg ²2003, S. 402–423.
Kenrick, Donald, The World Romani Congress – April 1971, in: Journal of the Gypsy Lore Society 50 (1971), Heft 3–4, S. 101–108.
Kenrick, Donald/Puxon, Gratton, The Destiny of Europe's Gypsies, London/New York 1972.
Kenrick, Donald/Puxon, Gratton /Zülch, Tilman, Die Zigeuner: verkannt, verachtet, verfolgt, Hannover 1980.
Kenrick, Donald/Puxon, Gratton, Sinti und Roma. Die Vernichtung eines Volkes im NS-Staat, hrsg. von der Gesellschaft für bedrohte Völker, Göttingen 1981.
Keyser, Erich, Rezension zu: Hermann Arnold. Vaganten, Komödianten, Fieranten und Briganten. Untersuchungen zum Vagantenproblem an vagierenden Bevölkerungsgruppen vorwiegend in der Pfalz. Stuttgart 1958, in: Vierteljahrschrift für Sozial- und Wirtschaftsgeschichte 47 (1960), Heft 4, S. 539 f.
King, Thomas, The Inconvenient Indian. A Curious Account of Native People in North America, Toronto 2013.
Kirsch, Jan-Holger, Kommandant in Auschwitz. Autobiographische Aufzeichnungen von Rudolf Höß, in: Geschichte in Wissenschaft und Unterricht 49 (1998), Heft 7/8, S. 421–439.
Kirsch, Jan-Holger, Nationaler Mythos oder historische Trauer? Der Streit um ein zentrales „Holocaust-Mahnmal" für die Berliner Republik, Köln 2003.
Klee, Ernst, Das Personenlexikon zum Dritten Reich. Wer war was vor und nach 1945, Frankfurt a. M. 2003.
Klein, Anne Klein, „Wir haben ein Recht stolz zu sein." Die Emanzipationsbewegung der Roma und Sinti in der Bundesrepublik Deutschland 1950–1983, in: Melanie Behrens u. a. (Hrsg.), Inclusive City. Überlegungen zum gegenwärtigen Verhältnis von Mobilität und Stadtgesellschaft, Wiesbaden 2016, S. 279–298.
Knesebeck, Julia, The Roma Struggle for Compensation in Post-War Germany, Hertfordshire 2011.

Knigge, Volkhard, „Die organisierte Hölle". Eugen Kogons ambivalente Zeugenschaft, in: Danyel, Jürgen/Kirsch, Jan-Holger/Sabrow, Martin (Hrsg.), 50 Klassiker der Zeitgeschichte, Göttingen 2007, S. 24–28.
Knobloch, Clemens, Überlegungen zur Theorie der Begriffsgeschichte aus sprach- und kommunikationswissenschaftlicher Sicht, in: Archiv für Begriffsgeschichte 35 (1992), S. 7–24.
Knobloch, Johann, Romani-Texte aus dem Burgenland, Wien 1943.
Knobloch, Johann, Romani-Texte aus dem Burgenland. Berichte, Erzählungen und Märchen der burgenländischen Zigeuner. Aufgezeichnet, übersetzt und mit sprachlichen Bemerkungen versehen von Johann Knobloch, Eisenstadt 1953.
Knoll, Thomas, Das Bonner Bundeskanzleramt. Organisation und Funktionen von 1949–1999, Wiesbaden 2004.
Kocka, Jürgen, Klassengesellschaft im Krieg. Deutsche Sozialgeschichte 1914–1918, Göttingen 1973.
Kogon, Eugen, Der SS-Staat. Das System der Deutschen Konzentrationslager, Frankfurt a. M. 1946.
König, Ulrich, Sinti und Roma unter dem Nationalsozialismus. Verfolgung und Widerstand, Bochum 1989.
Korb, Alexander, Im Schatten des Weltkrieges. Massengewalt der Ustaša gegen Serben, Juden und Roma in Kroatien 1941–1945, Hamburg 2013.
Kurt Körber Stiftung (Hrsg.), Schülerwettbewerb Deutsche Geschichte um den Preis des Bundespräsidenten. Alltag im Nationalsozialismus. Vom Ende der Weimarer Republik bis zum Zweiten Weltkrieg. Lehrerheft, Hamburg 1980.
Kurt Körber Stiftung (Hrsg.), Nicht irgendwo, sondern hier bei uns. Materialien für Tutoren des Schülerwettbewerbs „Alltag im Nationalsozialismus – Die Kriegsjahre in Deutschland", Hamburg 1982.
Körber, Ursula, Die Wiedergutmachung und die „Zigeuner", in: Aly, Götz u. a. (Hrsg.), Feinderklärung und Prävention. Kriminalbiologie, Zigeunerforschung und Asozialenpolitik, Berlin 1988, S. 165–175.
Körner, Klaus, „Stürmt die Festung Wissenschaft". Otto H. Hess und der Colloquium Verlag 1947–1992, in: Aus dem Antiquariat (2006), Heft 6, S. 415–431.
Kötzing, Andreas, Kultur- und Filmpolitik im Kalten Krieg. Die Filmfestivals von Leipzig und Oberhausen in gesamtdeutscher Perspektive 1954–1972, Göttingen 2013.
Krammler, Jörg/Krause-Vilmar, Dietfried (Hrsg.), Volksgemeinschaft und Volksfeinde. Kassel 1933–1945. Eine Dokumentation, Fuldabrück 1984.
Krause, Peter, Der Eichmann-Prozess in der deutschen Presse, Frankfurt a. M. 2002.
Krausnick, Helmut/Wilhelm, Hans-Heinrich, Die Truppe des Weltanschauungskrieges. Die Einsatzgruppen der Sicherheitspolizei und des SD 1938–1942, Stuttgart 1981.
Krausnick, Michail, Die Zigeuner sind da, Würzburg 1981.
Krausnick, Michail (Hrsg.), „Da wollten wir frei sein!" Eine Sinti-Familie erzählt, Weinheim/Basel 1983.
Krauss, Joachim, Zigeunerkontinuum – die Raum und Zeit übergreifende Konstanz in der Beschreibung von Roma in Theorie und Empirie, in: Jahrbuch für Antisemitismusforschung 18 (2009), S. 161–180.
Kresing-Wulf, Felix (Bearb.), Judenverfolgung und jüdisches Leben unter den Bedingungen der nationalsozialistischen Gewaltherrschaft. Tondokumente und Rundfunksendungen 1947–1990, Bd. 2/1, Potsdam 1997.
Kreutz, Wilhelm/Strobel, Karen, Der Kommandant und die Bibelforscherin: Rudolf Höss und Sophie Strippel. Zwei Wege nach Auschwitz, Mannheim 2018.
Kriechbaumer, Robert (Hrsg.), Die Ära Josef Klaus. Österreich in den „kurzen" sechziger Jahren, Wien/Weimar/Köln 1998.

Krokowski, Heike, Die Last der Vergangenheit. Auswirkungen nationalsozialistischer Verfolgung auf deutsche Sinti, Frankfurt a. M. 2001.

Krummacher, Friedrich, Die Kontroverse Hannah Arendt, Eichmann und die Juden, München 1964.

Kuessner, Dietrich, Bekennen und Vergeben in der Nachkriegszeit. Ein Beitrag zum Verständnis der Auseinandersetzung von Landesbischof D. Martin Erdmann mit Max Witte und Georg Althaus, in: Pollmann, Klaus Erich (Hrsg.), Der schwierige Weg in die Nachkriegszeit. Die Evangelisch-lutherische Landeskirche in Braunschweig 1945–1950, Göttingen 1995, S. 100–130.

Kuller, Christiane, Familienpolitik im föderativen Sozialstaat. Die Formierung eines Politikfeldes in der Bundesrepublik 1949–1975, München 2004.

Laederich, Stephane/Tcherenkov, Lev, The Rroma. History, Language and Groups, Basel 2004.

Lagrene, Ilona, Zur Entstehung der Bürgerrechtsbewegung der Sinti und Roma in Baden-Württemberg. Ein persönlicher Rückblick, in: Bürger&Staat 68 (2018), Heft 1–2, S. 17–20.

Lamnek, Siegfried, Qualitative Sozialforschung. Lehrbuch, Weinheim/Basel ^{5}2010.

Landesbüro der Friedrich-Naumann-Stiftung Bremen (Hrsg.), Sinti in der Bundesrepublik – zur Rechtlosigkeit verurteilt? Dokumentation. Ein Seminar der Friedrich-Naumann-Stiftung Bremen in Zusammenarbeit mit dem Verein zur Durchsetzung der Rechte der Zigeuner in der Stadtgemeinde Bremen, Bremen 1980.

Landgrebe, Charlotte, „Die schönste Zeit meines Lebens". Zwischenbericht zum Prozeß gegen Ernst A. König, in: Aly, Götz u. a. (Hrsg.), Feinderklärung und Prävention. Kriminalbiologie, Zigeunerforschung und Asozialenpolitik, Berlin 1988, S. 199–204.

Landwehr, Achim, Historische Diskursanalyse, Frankfurt a. M./New York ^{2}2009.

Lang, Klaus, Ein Studienprojekt der Universität Bremen: „Sinti in der BRD", in: Bauer, Rudolf/Bura, Josef/Lang, Klaus (Hrsg.), Sinti und Roma. Zwischen Erfolg und Verfolgung. Kommentierter Pressespiegel II (April 1980-Februar 1981). Erstellt im Projekt ‚Sinti in der Bundesrepublik' der Universität Bremen, Veröffentlichungen zur Situation der „Zigeuner" in der Bundesrepublik Deutschland, Nr. 2, Bremen 1981, S. 4–9.

Langbein, Hermann, Der Auschwitz-Prozeß. Eine Dokumentation, Bd. 1, Frankfurt a. M. 1995.

Leendertz, Ariane/Meteling, Wencke, Beziehungsrevolutionen, Bedeutungsverschiebungen und Politik. Zur Einleitung, in: Dies. (Hrsg.), Die neue Wirklichkeit. Semantische Neuvermessungen und Politik seit den 1970er-Jahren, Frankfurt a. M./New York 2016, S. 13–33.

Lehmann-Richter, Arnold, Auf der Suche nach den Grenzen der Wiedergutmachung. Die Rechtsprechung zur Entschädigung für die Opfer der nationalsozialistischen Verfolgung, Berlin 2007.

Leibfried, Stephan u. a., Zeit der Armut. Lebensläufe im Sozialstaat, Frankfurt a. M. 1995.

Lemkin, Raphael, Axis Rule in Occupied Europe. Laws of Occupation. Analysis of Government. Proposals for Redress, Washington 1944.

Lengyel, Olga, Souvenirs de l'au-delà, Paris 1946.

Lengyel, Olga, Five Chimneys, Chicago 1947.

Lenski, Katharina, Sinti in der DDR. Zwischen alten Zuschreibungen und neuen Ängsten, in: Einsicht: Bulletin des Fritz Bauer Instituts 11 (2019) Ausgabe 20, S. 24–33.

Lewy, Guenter: „Rückkehr nicht erwünscht". Die Verfolgung der Zigeuner im Dritten Reich, Berlin/München 2001.

Lindemann, Helmut, Gustav Heinemann. Ein Leben für die Demokratie, München 1978.

Longerich, Peter, Heinrich Himmler. Biographie, München 2008.

Lotto-Kusche, Sebastian/Schmidt, Annika, Politik gegen „Zigeuner" und „Landfahrer" in Kassel im 20. Jahrhundert. Überblick und Forschungsperspektiven, in: Zeitschrift des Vereins für hessische Geschichte und Landeskunde 120 (2015), S. 149–168.

Lotto-Kusche, Sebastian, Spannungsfelder im Vorfeld der Anerkennung des Völkermords an den Sinti und Roma. Das Gespräch zwischen dem Zentralrat Deutscher Sinti und Roma und der

Bundesregierung der Bundesrepublik Deutschland am 17. März 1982, in: Brenneisen, Marco u. a. (Hrsg.), Stigmatisierung – Marginalisierung – Verfolgung. Beiträge zum 19. Workshop zur Geschichte und Gedächtnisgeschichte der nationalsozialistischen Konzentrationslager, Berlin 2015, S. 224–244.

Lotto-Kusche, Sebastian, Politische Anerkennung der Sinti und Roma in der Bundesrepublik Deutschland. Eine Untersuchung anhand des Wandels in der Sprachpraxis staatlicher Stellen, in: Kämper, Heidrun/Schmidt-Brücken, Daniel/Warnke, Ingo (Hrsg.), Textuelle Historizität. Interdisziplinäre Perspektiven auf das historische Apriori, Berlin/Boston 2016, S. 247–260.

Lotto-Kusche, Sebastian, Rassenhygienische Forschungsstelle, in: Fahlbusch, Michael/Haar, Ingo/Pinwinkler, Alexander (Hrsg.), Handbuch der völkischen Wissenschaften. Akteure, Netzwerke, Forschungsprogramme, Berlin ²2017, S. 1592–1596.

Lotto-Kusche, Sebastian, Robert Ritter, in: Fahlbusch, Michael/Haar, Ingo/Pinwinkler, Alexander (Hrsg.), Handbuch der völkischen Wissenschaften. Akteure, Netzwerke, Forschungsprogramme, Berlin ²2017, S. 637–639.

Lotto-Kusche, Sebastian, Minderheitengeschichte als historische Subdisziplin in Deutschland. Herausforderungen für die Forschung am Beispiel der Sinti und Roma, in: Aus Politik und Zeitgeschichte 68 (2018), Heft 38/39, S. 25–30.

Löw, Andrea, „Ein Verbrechen, dessen Grauen mit nichts zu vergleichen ist". Die Ursprünge der Debatte über die Singularität des Holocaust, in: Steinbacher, Sybille (Hrsg.), Holocaust und Völkermorde. Die Reichweite des Vergleichs, Frankfurt a. M./New York 2012, S. 125–143.

Lucassen, Leo, Zigeuner in Deutschland 1870–1945. Ein kritischer historiographischer Ansatz, in: 1999: Zeitschrift für Sozialgeschichte des 20. und 21. Jahrhunderts 10 (1995), Heft 1, S. 82–100.

Lucassen, Leo, Zigeuner. Die Geschichte eines polizeilichen Ordnungsbegriffes in Deutschland, Köln/Weimar/Wien 1996.

Luchterhandt, Martin, Der Weg nach Birkenau. Entstehung und Verlauf der nationalsozialistischen Verfolgung der „Zigeuner", Lübeck 2000.

Luchterhandt, Otto, Autochthone und neue Minderheiten in Deutschland. Über den Wert der Unterscheidung, in: Bergner, Christoph/Weber, Matthias (Hrsg.), Aussiedler- und Minderheitenpolitik in Deutschland. Bilanz und Perspektiven, München 2009, S. 117–133.

Ludz, Ursula, Nur ein Bericht? Hannah Arendt und ihr Eichmann-Buch, in: Renz, Werner (Hrsg.), Interessen um Eichmann. Israelische Justiz, deutsche Strafverfolgung und alte Kameradschaften, Frankfurt a. M. 2012, S. 259–288.

Luttmer, Michael, Die AG „Für den Frieden" und die Sinti und Roma. Versuche aus der Schule zur Unterstützung der Emanzipation einer Minderheit, Oldenburg 2008.

Macfie, Scott, Gypsy Persecutions. A Survey of a black Chapter in European History, in: Journal of the Gypsy Lore Society 22 (1943), Heft 3–4, S. 65–78.

Maierhof, Gudrun, Selbstbehauptung im Chaos. Frauen in der jüdischen Selbsthilfe 1933–1943, Frankfurt a. M./New York 2002.

Margalit, Gilad, Zwischen Romantisierung, Ablehnung und Rassismus. Zur Haltung der deutschen Gesellschaft gegenüber Sinti und Roma nach 1945, in: Jahrbuch für Antisemitismusforschung 6 (1997), S. 243–265.

Margalit, Gilad, „Großer Gott, ich danke dir, daß du kleine schwarze Kinder gemacht hast". Der „Zigeunerpastor" Georg Althaus, in: WerkstattGeschichte 25 (2000), S. 59–73.

Margalit, Gilad, Die Nachkriegsdeutschen und „ihre Zigeuner". Die Behandlung der Sinti und Roma im Schatten von Auschwitz, Berlin 2001.

Margalit, Gilad, Zigeunerpolitik und Zigeunerdiskurs im Deutschland der Nachkriegszeit, in: Zimmermann, Michael (Hrsg.), Zwischen Erziehung und Vernichtung. Zigeunerpolitik und Zigeunerforschung im Europa des 20. Jahrhunderts, Stuttgart 2007, S. 483–509.
Martin, Bernd/Schulin, Ernst (Hrsg.), Die Juden als Minderheit in der Geschichte, München 1981.
Martins-Heuß, Kirsten, Zur mythischen Figur des Zigeuners in der deutschen Zigeunerforschung. Mit einem Vorwort von Romani Rose, Frankfurt a. M. 1983.
Matras, Yaron, Die Sprache der Roma. Ein historischer Umriss, in: Matras, Yaron/Winterberg, Hans/Zimmermann, Michael (Hrsg.), Sinti, Roma, Gypsies. Sprache – Geschichte – Gegenwart, Berlin 2003, S. 231–261.
Matras, Yaron, The Development of the Romani Civil Rights Movement in Germany 1945–1996, in: Tebbutt, Susan (Hrsg.), Sinti and Roma. Gypsies in German-Speaking Society and Literature, New York/Oxford 2008, S. 49–63.
Matras, Yaron, Scholarship and the Politics of Romani Identity. Strategic and Conceptual Issues, in: European Yearbook of Minority Issues 10 (2011), S. 211–247.
Max, Frédéric, Le sort des Tsiganes dans les prisons et les camps de concentration de l'Allemagne hitlérienne, in: Journal of the Gypsy Lore Society 25 (1946), Heft 1–2, S. 24–34.
Maximoff, Mateo, Germany and the Gypsies. From the Gypsy's Point of View, in: Journal of the Gypsy Lore Society 25 (1946), Heft 3–4, S. 104–108.
Mayrhofer, Manfred, Rezension zu: Johann Knobloch. Romani-Texte aus dem Burgenland. Berichte, Erzählungen und Märchen der burgenländischen Zigeuner. Aufgezeichnet, übersetzt und mit sprachlichen Bemerkungen versehen von Johann Knobloch. Eisenstadt 1953, in: Indogermanische Forschungen 63 (1958), S. 198–199.
Mazirel, Lau, Die Verfolgung der „Zigeuner" im Dritten Reich. Vorgeschichte ab 1870 und Fortsetzung bis heute, in: Sijes, Benjamin (Hrsg.), Essays über Naziverbrechen. Simon Wiesenthal gewidmet, Amsterdam 1973, S. 124–176.
Meadows, Dennis u. a., Die Grenzen des Wachstums. Bericht des Club of Rome zur Lage der Menschheit, Stuttgart 1972.
Meier, Verena, Gutachten zum Forschungsstand zum Thema „Protestantismus und Antiziganismus", Heidelberg 2017.
Meischen, Vera, Stemmle, Robert (Adolf), in: Spiess, Volker (Hrsg.), Berliner biographisches Lexikon, Berlin ²2003, S. 413.
Meister, Johannes, Die „Zigeunerkinder" von der St. Josefspflege in Mulfingen, in: 1999. Zeitschrift für Sozialgeschichte des 20. und 21. Jahrhunderts 2 (1987), Heft 2, S. 14–51.
Mende, Silke, „Nicht rechts, nicht links, sondern vorn". Eine Geschichte der Gründungsgrünen, München 2011.
Menzel, Brigitte, Rezension zu: Walter Starkie. Auf Zigeunerspuren. Von Magie und Musik, Spiel und Kult der Zigeuner in Geschichte und Gegenwart. München 1957, in: Baesseler Archiv 32 (1959), Heft 1, S. 213–215.
Mergen, Armand, Kriminalität von Geisteskranken. Untersucht an 200 Fällen der Universitätsklinik Innsbruck, Luxembourg 1942.
Mergen, Armand, Das Teufelschromosom. Zum Täter programmiert, München 1995.
Meueler, Erhard/Papenbrok, Marion, Kulturzentren in der Kultur- und Sozialarbeit von Sinti und Roma. Ein interkultureller Vergleich. Mit einem Vorwort von Romani Rose, Weinheim/Basel 1987.
Meuser, Maria, Vagabunden und Arbeitsscheue. Der Zigeunerbegriff der Polizei als soziale Kategorie, in: Hund, Wulf (Hrsg.), Fremd, faul, frei. Dimensionen des Zigeunerstereotyps, Neuauflage, Münster 2014, S. 105–123.

Meyer, Gabi, Offizielles Erinnern und die Situation der Sinti und Roma in Deutschland. Der nationalsozialistische Völkermord in den parlamentarischen Debatten des Deutschen Bundestages, Wiesbaden 2013.

Meyer, Kristina, Die SPD und die NS-Vergangenheit 1945–1990, Göttingen 2015.

Meyer, Kristina, Mehr „Mut zur Wahrheit" wagen? Willy Brandt, die Deutschen und die NS-Vergangenheit, in: Schildt, Axel/Schmidt, Wolfgang (Hrsg.), „Wir wollen mehr Demokratie wagen". Antriebskräfte, Realität und Mythos eines Versprechens, Bonn 2019, S. 41–58.

Milton, Sybil, Vorstufe zur Vernichtung. Die Zigeunerlager nach 1933, in: Vierteljahrshefte für Zeitgeschichte 43 (1995), Heft 1, S. 115–130.

Mitscherlich, Alexander/Mielke, Fred (Hrsg.), Wissenschaft ohne Menschlichkeit. Medizinische und eugenische Irrwege unter Diktatur, Bürokratie und Krieg, Heidelberg 1949.

Mitscherlich, Alexander/Mielke, Fred (Hrsg.), Medizin ohne Menschlichkeit. Dokumente des Nürnberger Ärzteprozesses, Neuauflage, Frankfurt a. M. 1960.

Mittag, Jürgen/Stadtland, Helke, Soziale Bewegungsforschung im Spannungsfeld von Theorie und Empirie. Einleitende Bemerkungen zu Potenzialen disziplinärer Brückenschläge zwischen Geschichts- und Sozialwissenschaft, in: Dies. (Hrsg.), Theoretische Ansätze und Konzepte der Forschung über soziale Bewegungen in der Geschichtswissenschaft, Essen 2015, S. 13–60.

Mode, Heinz/Wölffling, Siegfried, Zigeuner. Der Weg eines Volkes in Deutschland, Leipzig 1968.

Mommsen, Hans, Nationalsozialismus als vorgetäuschte Modernisierung, in: Pehle, Walter (Hrsg.), Der historische Ort des Nationalsozialismus, Frankfurt a. M. 1990, S. 31–46.

Müller, Ernst/Schmieder, Falko, Begriffsgeschichte und historische Semantik. Ein kritisches Kompendium, Berlin 2016.

Müller-Hill, Benno, Tödliche Wissenschaft. Die Aussonderung von Juden, Zigeunern und Geisteskranken 1944–1945, Reinbek 1984.

Münster, Thomas, Die Zigeuner-Saga. Von Geigern, Gauklern und Galgenvögeln, Freiburg 1969.

Naimark, Norman, Genozid. Völkermord in der Geschichte, Darmstadt 2018.

Nerdinger, Winfried (Hrsg.), Die Verfolgung der Sinti und Roma in München und Bayern 1933–1945, Berlin 2016.

Nolte, Paul, Die Ordnung der deutschen Gesellschaft. Selbstentwurf und Selbstbeschreibung im 20. Jahrhundert, München 2000.

Novitch, Myriam, Le second genocide. L'extermination des Tziganes, in: Das neue Israel 12 (1961), Heft 6, S. 693–694.

Novitch, Myriam, Le Genocide des Tziganes sous le Regime Nazi, Paris 1968.

Nuernberg Military Tribunals (Hrsg.), Trials of War Criminals before the Nuernberg Military Tribunals Under Control Council Law No. 10. October 1946-April 1949, Volume IV, Washington 1950.

Office of United States Chief of Counsel for Prosecution of Axis Criminality (Hrsg.), Nazi Conspiracy and Aggression, Bd. 1–11, Washington 1946–1948.

Ohliger, Rainer, Menschenrechtsverletzung oder Migration? Zum historischen Ort von Flucht und Vertreibung der Deutschen nach 1945, in: Zeithistorische Forschungen 2 (2005), Heft 3, S. 429–438.

Olzog, Günter/Vinz, Curt (Hrsg.), Dokumentation deutschsprachiger Verlage, 1. Ausgabe, München/Wien 1962, 4. Ausgabe, München/Wien 1971.

Opfermann, Ulrich, „Seye kein Ziegeuner, sondern kayserlicher Cornet". Sinti im 17. und 18. Jahrhundert. Eine Untersuchung anhand archivalischer Quellen, Berlin 2007.

Opfermann, Ulrich, Die Jenischen und andere Fahrende. Eine Minderheit begründet sich, in: Jahrbuch für Antisemitismusforschung 19 (2010), S. 126–150.

Opfermann, Ulrich, Genozid und Justiz, in: Fings, Karola/Opfermann, Ulrich (Hrsg.), Zigeunerverfolgung im Rheinland und in Westfalen 1933–1945. Geschichte, Aufarbeitung und Erinnerung, Paderborn 2012, S. 315–326.

Opfermann, Ulrich, Von Ameisen und Grillen. Zu Kontinuitäten in der jüngeren und jüngsten deutschen Zigeunerforschung, in: Dokumentations- und Kulturzentrum Deutscher Sinti und Roma (Hrsg.), Antiziganismus. Soziale und historische Dimensionen von „Zigeuner"- Stereotypen, Heidelberg 2015, S. 200–222.

o. V., Zigeuner, ein arischer Stamm?, in: Das Schwarze Korps, 6.8.1936, S. 14.

o. V., „Meine liebsten Häftlinge". Der Lagerkommandant Höß schildert die Massenvernichtung von Zigeunern in Auschwitz – Erstmalige Veröffentlichung von handschriftlichen Aufzeichnungen, in: Der neue Mahnruf 10 (1957), Heft 1, S. 3.

o. V., „Einmal mehr: Lackenbach", in: Der neue Mahnruf 10 (1957), Heft 11, S. 4–5.

o. V., Zur Kenntnis des Zigeuners von heute, in: Kriminalistik 11 (1957), Heft 10, S. 378–379.

o. V., Nochmals: Zur Kenntnis des Zigeuners von heute, in: Kriminalistik 12 (1958), Heft 9, S. 380–381.

o. V., Rezension zu: Hermann Arnold. Vaganten, Komödianten, Fieranten und Briganten. Untersuchungen zum Vagantenproblem an vagierenden Bevölkerungsgruppen vorwiegend in der Pfalz. Stuttgart 1958, in: Sprachspiegel 14 (1958), Heft 6, S. 181–183.

o. V., Erläuterungen zum Artikel der Katholischen Kirchenzeitung, in: Vierte Welt Aktuell (1980), Heft 15, S. 14.

o. V., Kommuniqué der Sinti-Verbände zur Zusammenkunft in Bremen, in: Landesbüro der Friedrich-Naumann-Stiftung Bremen (Hrsg.), Sinti in der Bundesrepublik – zur Rechtlosigkeit verurteilt? Dokumentation. Ein Seminar der Friedrich-Naumann-Stiftung Bremen in Zusammenarbeit mit dem Verein zur Durchsetzung der Rechte der Zigeuner in der Stadtgemeinde Bremen, Bremen 1980, S. 74–76.

o. V., Buchela. (eigentlich Margarethe Goussanthier, geb. Meerstein), in: Köhler-Lutterbeck, Ursula/ Siedentopf, Monika (Hrsg.), Frauen im Rheinland. Außergewöhnliche Biographien aus der Mitte Europas, Köln 2001, S. 215–218.

Pankok, Otto, Zigeuner, Düsseldorf 1947.

Pastor Zippel, Ueber die Zigeuner, besonders im Königreich Preußen, in: Berlinische Monatsschrift 21 (1793), S. 360–393.

Patrut, Iulia, Phantasma Nation. „Zigeuner" und Juden als Grenzfiguren des „Deutschen", Würzburg 2014.

Patrut, Iulia, Antiziganismus/Opferkonkurrenz, in: Fischer, Torben/Lorenz, Matthias (Hrsg.), Lexikon der „Vergangenheitsbewältigung" in Deutschland. Debatten- und Diskursgeschichte des Nationalsozialismus nach 1945, Bielefeld ³2015, S. 326–336.

Pawlita, Cornelius, Der Beitrag der Rechtsprechung zur Entschädigung von NS-Unrecht und der Begriff der politischen Verfolgung, in: Hockerts, Hans Günter/Kuller, Christiane (Hrsg.), Nach der Verfolgung. Wiedergutmachung nationalsozialistischen Unrechts in Deutschland?, Göttingen 2003, S. 79–114.

Peritore, Silvio, Geteilte Verantwortung? Der nationalsozialistische Völkermord an den Sinti und Roma in der deutschen Erinnerungspolitik und in Ausstellungen zum Holocaust, Hannover 2012.

Peritore, Silvio/Reuter, Frank, Keine „Stunde Null". Die deutschen Sinti und Roma nach dem Genozid, in: Urban, Susanne u. a. (Hrsg.), Fundstücke. Entwurzelt im eigenen Land. Deutsche Sinti und Roma nach 1945, Göttingen 2015, S. 21–29.

Peritore, Silvio, Der nationalsozialistische Völkermord an den Sinti und Roma und seine Folgen für die Angehörigen der „Zweiten Generation", in: Fehlberg, Thorsten/Rebentisch, Jost/Wolf, Anke

(Hrsg.), Nachkommen von Verfolgten des Nationalsozialismus. Herausforderungen und Perspektiven, Frankfurt a. M. 2016, S. 129–138.
Peukert, Detlef, Volksgenossen und Gemeinschaftsfremde. Anpassung, Ausmerze und Aufbegehren unter dem Nationalsozialismus, Köln 1982.
Peukert, Detlef, Alltag und Barbarei. Zur Normalität des Dritten Reiches, in: Diner, Dan (Hrsg.), Ist der Nationalsozialismus Geschichte? Zu Historisierung und Historikerstreit, Frankfurt a. M. 1987, S. 51–61.
Pick, Dominik, Brücken nach Osten. Helmut Schmidt und Polen, Bremen 2011.
Pick, Hella, Simon Wiesenthal. Eine Biographie, Reinbek 1997.
Picker, Henry, Hitlers Tischgespräche im Führerhauptquartier 1941–42, Bonn 1951.
Pientka, Patricia, Auf den Spuren meiner Familie. Geschichtliche Einsichten auf dem Weg zu persönlicher und familiärer Identität, in: Informationen 28 (2003), Nr. 58, S. 10–18.
Pientka, Patricia, Das Zwangslager für Sinti und Roma in Berlin-Marzahn. Alltag, Verfolgung, Deportation, Berlin 2013.
Pinwinkler, Alexander, Historische Bevölkerungsforschungen. Deutschland und Österreich im 20. Jahrhundert, Göttingen 2014.
Pleinen, Jenny, Ein Europa von Sonderfällen? Überlegungen zu einer Migrationsgeschichte der Bundesrepublik in europäischer Perspektive, in: Levsen, Sonja/Torp, Cornelius (Hrsg.), Wo liegt die Bundesrepublik? Vergleichende Perspektiven auf die westdeutsche Geschichte, Göttingen 2016, S. 255–273.
Pohl, Dieter, Die Herrschaft der Wehrmacht. Deutsche Militärbesatzung und einheimische Bevölkerung in der Sowjetunion 1941–1944, München ²2009.
Pohl, Dieter, Verfolgung und Massenmord in der NS-Zeit 1933–1945, Darmstadt ³2011.
Die Präsidentin des Bundesgerichtshofs/Zentralrat Deutscher Sinti und Roma (Hrsg.), Doppeltes Unrecht – eine späte Entschuldigung. Gemeinsames Symposium des Bundesgerichtshofs und des Zentralrats Deutscher Sinti und Roma zu den Urteilen vom 7. Januar 1956, Karlsruhe/Heidelberg 2016.
Przyborski, Aglaja/Wohlrab-Sahr, Monika, Qualitative Sozialforschung. Ein Arbeitsbuch, München ²2009.
Puaca, Brian, Mastering the past? Nazism and the Holocaust in West German History Textbooks of the 1960s, in: Gross, Zehavit/Stevick, Doyle (Hrsg.), As the Witnesses Fall Silent. 21st Century Holocaust Education in Curriculum, Policy and Practice, Cham 2015, S. 357–373.
Pütter, Conrad, Hier ist England. Der Ätherkrieg gegen das Dritte Reich, in: Paul, Gerhard/Schock, Ralph (Hrsg.), Sound des Jahrhunderts. Geräusche, Töne, Stimmen 1889 bis heute, Bonn 2017, S. 230–235.

Ramati, Alexander, And the Violins Stopped Playing, London 1985.
Ramati, Alexander, Als die Geigen verstummten, Bergisch Gladbach 1991.
Ranan, David (Hrsg.), Sprachgewalt. Missbrauchte Wörter, und andere politische Kampfbegriffe, Bonn 2021.
Ranke, Kurt, Rezension zu: Johann Knobloch. Romani-Texte aus dem Burgenland. Berichte, Erzählungen und Märchen der burgenländischen Zigeuner. Aufgezeichnet, übersetzt und mit sprachlichen Bemerkungen versehen von Johann Knobloch. Eisenstadt 1953, in: Zeitschrift für Ethnologie 79 (1955), Heft 2, S. 279–280.
Rathert, Ronald, Verbrechen und Verschwörung: Arthur Nebe. Der Kripo-Chef des Dritten Reiches, Münster 2001.
Reemtsma, Jan Philipp, „… abgesehen von", in: 1999. Zeitschrift für Sozialgeschichte des 20. und 21. Jahrhunderts 1 (1986), Heft 1, S. 2 f.

Reemtsma, Katrin, „Zigeuner" in der ethnographischen Literatur. Die „Zigeuner" der Ethnographen, Frankfurt a. M. 1996.

Reemtsma, Katrin, Sinti und Roma. Geschichte, Kultur, Gegenwart, München 1996.

Reichel, Peter/Schmid, Harald, Von der Katastrophe zum Stolperstein. Hamburg und der Nationalsozialismus nach 1945, Hamburg 2005.

Reimesch, Christian, Vergessene Opfer des Nationalsozialismus? Zur Entschädigung von Homosexuellen, Kriegsdienstverweigerern, Sinti und Roma und Kommunisten in der Bundesrepublik Deutschland, Berlin 2003.

Reinhardt, Dotschy, Gypsy. Die Geschichte einer großen Sinti-Familie, Frankfurt a. M. 2008.

Reitlinger, Gerald, The Final Solution. The Attempt to exterminate the Jews of Europe 1939–1945, London 1953.

Reitlinger, Gerald, Die Endlösung. Hitlers Versuch der Ausrottung der Juden Europas 1939–1945, Berlin 1956.

Reitlinger, Gerald, Die SS. Tragödie einer deutschen Epoche, Wien/München/Basel 1956.

Rensing, Matthias, Geschichte und Politik in den Reden der deutschen Bundespräsidenten 1949–1984, Münster/New York 1996.

Renz, Werner, Der 1. Frankfurter Auschwitz-Prozess 1963–1965 und die deutsche Öffentlichkeit. Anmerkungen zur Entmythologisierung eines NSG-Verfahrens, in: Osterloh, Jörg/Vollnhals, Clemens (Hrsg.), NS-Prozesse und deutsche Öffentlichkeit. Besatzungszeit, frühe Bundesrepublik und DDR, Göttingen 2011, S. 349–362.

Rett, Andreas/Seidler, Horst, Das Reichssippenamt entscheidet. Rassenbiologie im Nationalsozialismus, Wien/München 1982.

Reuss, Anja, Kontinuitäten der Stigmatisierung. Sinti und Roma in der deutschen Nachkriegszeit, Berlin 2015.

Reuss, Anja, Return to Normality? The Struggle of Sinti and Roma Survivors to Rebuild a Life in Postwar Germany, in: Adler, Eliyana/Capkova, Katerina (Hrsg.), Jewish and Romani Families in the Holocaust and its Aftermath, New Jersey 2021, S. 141–155.

Reuter, Frank, Die Deportation von Sinti-Kindern aus dem katholischen Kinderheim St. Elisabeth in Neustrelitz. Fotografische Überlieferung und historischer Kontext, in: KZ-Gedenkstätte Neuengamme (Hrsg.), Die Verfolgung der Sinti und Roma im Nationalsozialismus, Bremen 2012, S. 167–184.

Reuter, Frank, Der Bann des Fremden. Die fotografische Konstruktion des „Zigeuners", Göttingen 2014.

Reuter, Frank, Zentrale Direktive und lokale Dynamik. Der nationalsozialistische Völkermord an den südwestdeutschen Sinti und Roma, in: Steinbach, Peter u. a. (Hrsg.), Entrechtet – verfolgt – vernichtet. NS-Geschichte und Erinnerungskultur im deutschen Südwesten, Stuttgart 2016, S. 281–327.

Riechert, Hansjörg, Im Schatten von Auschwitz. Die nationalsozialistische Sterilisationspolitik gegenüber Sinti und Roma, Münster/New York 1995.

Riege, Paul, Kleine Polizei-Geschichte, Lübeck 1954.

Rinser, Luise. Wer wirft den ersten Stein? Zigeuner sein in Deutschland. Eine Anklage, Stuttgart 1985.

Ritter, Robert, Ein Menschenschlag. Erbärztliche und erbgeschichtliche Untersuchungen über die – durch 10 Geschlechterfolgen erforschten – Nachkommen von Vagabunden, Jaunern und Räubern, Leipzig 1937.

Robel, Yvonne, Verhandlungssache Genozid. Zur Dynamik geschichtspolitischer Deutungskämpfe, Paderborn 2013.

Robel, Yvonne, Sinti und Roma in Hamburg. Zum Potenzial lokalgeschichtlicher Perspektiven auf Minderheiten, in: Forschungsstelle für Zeitgeschichte in Hamburg (Hrsg.), Nachrichten aus der Forschungsstelle für Zeitgeschichte in Hamburg (FZH) 2018, Hamburg 2019, S. 32–51.

Roepstorff, Jens, Die Ächtung und Verfolgung von Künstlern im Nationalsozialismus am Beispiel von Otto Pankok, in: Bauer, Anja/Ermacora, Beate (Hrsg.), Die geistige Emigration. Arthur Kaufmann – Otto Pankok und ihre Künstlernetzwerke, Bielefeld 2008, S. 40–47.

Rose, Romani, Sinti und Roma seit 600 Jahren in Deutschland. ‚Wir wollen Bürgerrechte und keinen Rassismus', Heidelberg 1985.

Rose, Romani, Erinnerung an die Vergangenheit – Verantwortung für die Gegenwart, in: Gill, Ulrich/Steffani, Winfried (Hrsg.), Eine Rede und ihre Wirkung. Die Rede des Bundespräsidenten Richard von Weizsäcker vom 8. Mai 1985 anläßlich des 40. Jahrestages der Beendigung des Zweiten Weltkrieges, Berlin 1986, S. 27–35.

Rose, Romani, Bürgerrechte für Sinti und Roma. Das Buch zum Rassismus in Deutschland, Heidelberg 1987.

Rose, Romani /Weiss, Walter, Sinti und Roma im „Dritten Reich". Das Programm der Vernichtung durch Arbeit, Göttingen 1991.

Rösener, Werner, Das Max-Planck-Institut für Geschichte (1956–2006). Fünfzig Jahre Geschichtsforschung, Göttingen 2014.

Rosenhaft, Eve, Gefühl, Gewalt und Melancholie in den Humanwissenschaften. Der „Zigeunerforscher" Hanns Weltzel und die Ambivalenz des ethnologischen Blicks, in: Sozialwissenschaftliche Informationen 30 (2001), Heft 3, S. 22–34.

Rosenhaft, Eve, Wissenschaft als Herrschaftsakt. Die Forschungspraxis der Ritterschen Forschungsstelle und das Wissen über Zigeuner, in: Zimmermann, Michael (Hrsg.), Zwischen Erziehung und Vernichtung. Zigeunerpolitik und Zigeunerforschung im Europa des 20. Jahrhunderts, Stuttgart 2007, S. 329–353.

Rosenhaft, Eve, At Large in the „Gray Zone". Narrating the Romani Holocaust, in: Jobs, Sebastian/Lüdtke, Alf (Hrsg.), Unsettling History. Archiving and Narrating in Historiography, Frankfurt a. M./New York 2010, S. 149–179.

Roßberg, Arnold, Die Aufarbeitung des NS-Völkermordes an den Sinti und Roma – Ermittlungsverfahren gegen die Täter und Anmerkungen zu dem Prozess beim Landgericht Siegen über das sog. „Zigeunerlager" Auschwitz-Birkenau, in: Heuß, Herbert/Roßberg, Arnold (Hrsg.), Schonung für die Mörder? Die justizielle Behandlung der NS-Völkermordverbrechen und ihre Bedeutung für die Gesellschaft und die Rechtskultur in Deutschland – Das Beispiel der Sinti und Roma, Heidelberg 2015, S. 94–113.

Roßberg, Arnold, Der Fall Pery Broad 1959–1993. Verfahren gegen eine Schlüsselfigur der Massenmorde an Sinti und Roma im Vernichtungslager Auschwitz, in: Heuß, Herbert/Roßberg, Arnold (Hrsg.), Schonung für die Mörder? Die justizielle Behandlung der NS-Völkermordverbrechen und ihre Bedeutung für die Gesellschaft und die Rechtskultur in Deutschland – Das Beispiel der Sinti und Roma, Heidelberg 2015, S. 143–181.

Rosskopf, Annette, Anwalt antifaschistischer Offensiven. Der DDR-Nebenklagevertreter Friedrich Karl Kaul, in: Wojak, Irmtrud (Hrsg.), „Gerichtstag halten über uns selbst …". Geschichte und Wirkung des ersten Frankfurter Auschwitz-Prozesses, Frankfurt a. M./New York 2001, S. 141–161.

Ruch, Martin, Zur Wissenschaftsgeschichte der deutschsprachigen ‚Zigeunerforschung' von den Anfängen bis 1900, Freiburg 1986.

Rürup, Reinhard, Integration und Identität. Minderheiten und Minderheitspolitik in der neueren Geschichte, in: Verband der Historiker Deutschlands (Hrsg.), Bericht über die 35. Versammlung deutscher Historiker in Berlin. 03. Oktober bis 07. Oktober 1984, Stuttgart 1985, S. 36–37.

Rüsen, Jörn, Geschichtskultur, in: Bergmann, Klaus u. a. (Hrsg.), Handbuch Geschichtsdidaktik, Seelze-Velber 1997, S. 38–41.
Rüsen, Jörn, Ethnozentrismus und seine Überwindung. Ansätze einer Kultur der Anerkennung durch Geschichte im 20. Jahrhundert, in: Kastner, Michael/Neumann-Held, Eva/Reick, Christine (Hrsg.), Kultursynergien und Kulturkonflikte. Eine interdisziplinäre Fragestellung, Lengerich 2007, S. 103–117.

Sabrow, Martin, Das Diktat des Konsenses. Geschichtswissenschaft in der DDR 1949–1969, München 2001.
Sabrow, Martin, Zeit-Worte in der Zeitgeschichte, in: Schildt, Axel/Schmidt, Wolfgang (Hrsg.), „Wir wollen mehr Demokratie wagen". Antriebskräfte, Realität und Mythos eines Versprechens, Bonn 2019, S. 24–37.
Sandkühler, Hans-Jörg, Kritik der Repräsentation. Einführung in die Theorie der Überzeugungen, der Wissenskulturen und des Wissens, Frankfurt a. M. 2009.
Sandkühler, Thomas, Jörn Rüsens „disziplinäre Matrix". Ein Beitrag zur Wissensgeschichte der Historik, in: Blanke, Horst Walter/Sandkühler, Thomas (Hrsg.), Historisierung der Historik. Jörn Rüsen zum 80. Geburtstag, Wien/Köln/Weimar 2018, S. 87–125.
Sands, Philippe, Rückkehr nach Lemberg. Über die Ursprünge von Genozid und Verbrechen gegen die Menschlichkeit, Frankfurt a. M. 2018.
Sarasin, Philipp, Geschichtswissenschaft und Diskursanalyse, Frankfurt a. M. 2003.
Sarasin, Philipp, Wie weiter mit Michel Foucault?, Hamburg 2008.
Sattig, Esther, Vorurteile und Feindbilder als Prämissen des Völkermords. Diskriminierung und Verfolgung der „Zigeuner" nach der Reichsgründung 1871, in: Zeitschrift für Geschichtswissenschaft 64 (2016), Heft 3, S. 235–257.
Sattig, Esther, Das Zigeunerlager Ravensburg Ummenwinkel. Die Verfolgung der oberschwäbischen Sinti, Berlin 2016.
Saupe, Achim, Zur Kritik des Zeugen in der Konstitutionsphase der modernen Geschichtswissenschaft, in: Frei, Norbert/Sabrow, Martin (Hrsg.), Die Geburt des Zeitzeugen nach 1945, Göttingen 2012, S. 71–92.
Schaginger, Eva Maria, Rezension zu: Hermann Arnold. Vaganten, Komödianten, Fieranten und Briganten. Untersuchungen zum Vagantenproblem an vagierenden Bevölkerungsgruppen vorwiegend in der Pfalz. Stuttgart 1958, in: Soziale Welt 10 (1959), Heft 1, S. 81–82.
Schär, Bernhard, „Nicht mehr Zigeuner, sondern Roma!" Emanzipation, Forschung und Strategien der Repräsentation einer Roma-Nation, in: Historische Anthropologie 16 (2008), Heft 2, S. 205–226.
Scharffenberg, Heiko, Sieg der Sparsamkeit. Die Wiedergutmachung nationalsozialistischen Unrechts in Schleswig-Holstein, Bielefeld 2004.
Schieder, Wolfgang, Reinhard Rürup (1934–2018). Wissenschaftlicher Wegbegleiter und Öffentlicher Historiker, in: Geschichte und Gesellschaft 44 (2018), Heft 2, S. 312–320.
Schifner, Kurt, Otto Pankok. Eingeleitet und mit Schriften von und über Otto Pankok versehen, Dresden 1962.
Schildt, Axel, Zeitgeschichte, in: Goertz, Hans-Jürgen (Hrsg.), Geschichte. Ein Grundkurs, Reinbek 1998, S. 318–330.
Schildt, Axel, Avantgarde der Alltagsgeschichte. Der Schülerwettbewerb Deutsche Geschichte von den 1970er bis zu den 1980er Jahren, in: Andresen, Knud/Apel, Linde/Heinsohn, Kirsten (Hrsg.), Es gilt das gesprochene Wort. Oral History und Zeitgeschichte heute, Göttingen 2015, S. 195–209.
Schily, Otto, Vom Zustand der Republik, Berlin 1986.

Schleiermacher, Sabine, Hans Harmsen, in: Fahlbusch, Michael/Haar, Ingo/Pinwinkler, Alexander (Hrsg.), Handbuch der völkischen Wissenschaften. Akteure, Netzwerke, Forschungsprogramme, Berlin ²2017, S. 259–262.

Schlott, René, Raul Hilberg: Leben und Werk. Einführende Überlegungen, in: Ders. (Hrsg.), Raul Hilberg und die Holocaust-Historiographie, Göttingen 2019, S. 9–22.

Schmidt-Degenhard, Tobias, Vermessen und Vernichten. Der NS-„Zigeunerforscher" Robert Ritter, Stuttgart 2012.

Schmitt-Maass, Hety, Die Zigeuner unter uns, in: Gewerkschaftliche Monatshefte 21 (1970), Heft 5, S. 281–288.

Schmitz-Berning, Cornelia, Vokabular des Nationalsozialismus, München ²2007.

Schmuhl, Hans-Walter, Das Kaiser-Wilhelm-Institut für Anthropologie, menschliche Erblehre und Eugenik 1927–1945, Göttingen 2005.

Schneider, Christof, Nationalsozialismus als Thema im Programm des Nordwestdeutschen Rundfunks (1945–1948), Potsdam 1999.

Schönemann, Bernd, Geschichtsdidaktik, Geschichtskultur, Geschichtswissenschaft, in: Günther Arndt, Hilke/Zülsdorf-Kersting, Meik (Hrsg.), Geschichtsdidaktik. Praxishandbuch für die Sekundarstufe I und II, Berlin ⁶2014, S. 11–23.

Schüler-Springorum, Stefanie, Deutsch-jüdische Geschichte in Hamburg, in: Nicolaysen, Rainer/Schildt, Axel (Hrsg.), 100 Jahre Geschichtswissenschaft in Hamburg, Berlin 2011, S. 253–269.

Schulle, Diana, Das Reichssippenamt. Eine Institution nationalsozialistischer Rassenpolitik, Berlin 2001.

Schüller, Elke, Neue, andere Menschen, andere Frauen? Kommunalpolitikerinnen in Hessen 1945–1956. Ein biographisches Handbuch, Bd. 1, Königstein 1995.

Schulze, Winfried, Probleme der institutionellen Neuordnung der Geschichtswissenschaft in der Bundesrepublik Deutschland in den 50er Jahren, in: Prinz, Wolfgang/Weingart, Peter (Hrsg.), Die sog. Geisteswissenschaften: Innenansichten, Frankfurt a. M. 1990, S. 27–55.

Schulze, Winfried, Deutsche Geschichtswissenschaft nach 1945, München 1993.

Schulze, Winfried, Zwischen Abendland und Westeuropa. Die Gründung des Instituts für Europäische Geschichte in Mainz im Jahre 1950, in: Pfeil, Ulrich (Hrsg.), Die Rückkehr der deutschen Geschichtswissenschaft in die „Ökumene der Historiker". Ein wissenschaftsgeschichtlicher Ansatz, München 2008, S. 239–254.

Seefried, Elke, Mehr Planung wagen? Die regierende Sozialdemokratie im Spannungsfeld zwischen politischer Planung und Demokratisierung 1969–1974, in: Schildt, Axel/Schmidt, Wolfgang (Hrsg.), „Wir wollen mehr Demokratie wagen". Antriebskräfte, Realität und Mythos eines Versprechens, Bonn 2019, S. 105–124.

Seybold, Kathrin, „Wir brauchen nicht aufzuschreiben, wer die Mörder an uns Sinte waren, wir wissen es". In Memoriam Mélanie Spitta (2.6.1946–27.8.2005), in: Dachauer Hefte 21 (2005), S. 197–216.

Seybold, Kathrin/Staats, Martina, Dokumentation. „In Auschwitz vergast, bis heute verfolgt" – Gedenkfeier und Kundgebung in der Gedenkstätte Bergen-Belsen am 27. Oktober 1979 zur Erinnerung an den Völkermord an den Sinti und Roma, in: KZ-Gedenkstätte Neuengamme (Hrsg.), Die Verfolgung der Sinti und Roma im Nationalsozialismus, Bremen 2012, S. 156–166.

Sieverts, Rudolf, Vorwort, in: Ders. (Hrsg.), Handwörterbuch der Kriminologie, Berlin ²1966, S. III-VI.

Sijes, Benjamin, Vervolging van zigeuners in Nederland 1940–1945, 'S-Gravenhage 1979.

Soell, Hartmut, Helmut Schmidt. 1969 bis heute. Macht und Verantwortung, München 2008.

Sparing, Frank, Die Dienststelle für Zigeunerfragen bei der Kriminalpolizeileitstelle Köln, in: Buhlan, Harald (Hrsg.), Wessen Freund und wessen Helfer? Die Kölner Polizei im Nationalsozialismus, Köln 2000, S. 519–574.

Spitta, Arnold, Entschädigung für Zigeuner? Geschichte eines Vorurteils?, in: Goschler, Constantin/Herbst, Ludolf (Hrsg.), Wiedergutmachung in der Bundesrepublik Deutschland, München 1989, S. 385–401.
Spohr, Kristina, Helmut Schmidt. Der Weltkanzler, Darmstadt 2016.
Spritzer, Jenny, Ich war Nr. 10291. Tatsachenbericht einer Schreiberin der politischen Abteilung aus dem Konzentrationslager Auschwitz, Darmstadt 1946.
Staatliches Museum Auschwitz-Birkenau (Hrsg.), Gedenkbuch. Die Sinti und Roma im Konzentrationslager Auschwitz-Birkenau, München u. a. 1993.
Stachwitz, Reinhard, Der nationalsozialistische Völkermord an den Sinti und Roma in aktuellen deutschen Geschichtsschulbüchern, in: Internationale Schulbuchforschung 28 (2006), Heft 2, S. 163–175.
Stadt Darmstadt (Hrsg.), Roma-Dokumentation, Darmstadt 1985.
Stange, Daniel/Wirth, Ingo, Paul Werner (1900–1970). Stellvertretender Amtschef im Reichssicherheitshauptamt, in: Zeitschrift für Geschichtswissenschaft 61 (2013), Heft 7/8, S. 621–641.
Stauber, Roni, Laying the Foundations for Holocaust Research. The Impact of Philipp Friedman, Jerusalem 2009.
Stavginski, Hans-Georg, Das Holocaust-Denkmal. Der Streit um das „Denkmal für die ermordeten Juden Europas" in Berlin (1988–1999), Paderborn u. a. 2002.
Steinbacher, Sybille, Zeitzeugenschaft und die Etablierung der Zeitgeschichte in der Bundesrepublik Deutschland, in: Frei, Norbert/Sabrow, Martin (Hrsg.), Die Geburt des Zeitzeugen nach 1945, Göttingen 2012, S. 145–156.
Steinbacher, Sybille, Akribie, Ernst und Strenge. Raul Hilbergs Bedeutung für die Holocaustforschung, in: Schlott, René (Hrsg.), Raul Hilberg und die Holocaust-Historiographie, Göttingen 2019, S. 23–35.
Steinmetz, Selma, Österreichs Zigeuner im NS-Staat, Wien/Frankfurt a. M./Zürich 1966.
Steinmetz, Willibald, Das Sagbare und das Machbare. Zum Wandel politischer Handlungsspielräume. England 1780–1867, Stuttgart 1993.
Stender, Wolfram, Der Konflikt zwischen der Bürgerrechtsbewegung der Sinti und Roma und der Sozialen Arbeit. Oder: Warum rassismuskritische Bildung für die Soziale Arbeit unverzichtbar ist, in: Lange, Dirk/Calero, Mercedes/Rohloff, Sigurdur (Hrsg.), Soziale Arbeit und Politische Bildung in der Migrationsgesellschaft, Wiesbaden 2018, S. 177–187.
Stengel, Katharina, Auschwitz zwischen Ost und West. Das Internationale Auschwitz-Komitee und die Entstehungsgeschichte des Sammelbandes „Auschwitz. Zeugnisse und Berichte", in: Konitzer, Werner/Stengel, Katharina (Hrsg.), Opfer als Akteure. Interventionen ehemaliger NS-Verfolgter in der Nachkriegszeit, Frankfurt a. M. 2008, S. 174–196.
Stengel, Katharina, Die ehemaligen Verfolgten – Zeugen, Kläger, Berichterstatter, in: Osterloh, Jörg/Vollnhals, Clemens (Hrsg.), NS-Prozesse und deutsche Öffentlichkeit. Besatzungszeit, frühe Bundesrepublik und DDR, Göttingen 2011, S. 307–322.
Stengel, Katharina, Hermann Langbein. Ein Auschwitz-Überlebender in den erinnerungspolitischen Konflikten der Nachkriegszeit, Frankfurt a. M./New York 2012.
Stengel, Katharina, Bezweifelte Glaubwürdigkeit. Sinti und Roma als Zeugen in NS-Prozessen, in: Zeitschrift für Geschichtswissenschaft 69 (2021), Heft 5, S. 444–463.
Stephan, Andrej, „Kein Mensch sagt HWAO-Schnitzel" – BKA-Kriminalpolitik zwischen beständigen Konzepten, politischer Reform und „Sprachregelungen", in: Baumann, Imanuel u. a., Schatten der Vergangenheit. Das BKA und seine Gründungsgeneration in der frühen Bundesrepublik, hrsg. vom Bundeskriminalamt, Köln 2011, S. 247–322.
Stiglegger, Marcus, Auschwitz-TV. Reflexionen des Holocaust in Fernsehserien, Wiesbaden 2015.
Stojka, Ceija, Wir leben im Verborgenen. Erinnerungen einer Rom-Zigeunerin, hrsg. von Karin Berger, Wien 1988.

Stoll, Jan, Behinderte Anerkennung? Interessensorganisationen von Menschen mit Behinderungen in Westdeutschland seit 1945, Frankfurt a. M. 2017.

Strauß, Daniel (Hrsg.), Studie zur aktuellen Bildungssituation deutscher Sinti und Roma. Dokumentation und Forschungsbericht, Marburg 2011.

Streck, Bernhard, Die „Bekämpfung des Zigeunerunwesens". Ein Stück moderner Rechtsgeschichte, in: Zülch, Tilman (Hrsg.), In Auschwitz vergast, bis heute verfolgt. Zur Situation der Roma (Zigeuner) in Deutschland und Europa, Reinbek 1979, S. 64–87.

Streck, Bernhard, Zigeuner in Auschwitz. Chronik des Lagers B II e, in: Münzel, Mark/Streck, Bernhard (Hrsg.), Kumpania und Kontrolle. Moderne Behinderungen zigeunerischen Lebens, Gießen 1981, S. 69–128.

Streck, Bernhard, Gesellschaft als Pflegefall. Leitgedanken der nationalsozialistischen Sozialpolitik, in: Gronemeyer, Reimer (Hrsg.), Zigeuner in der Sozialpolitik heutiger Leistungsgesellschaften, Gießen 1983, S. 17–42.

Streck, Bernhard, Nabil Sobhi Hanna. A Personal Reflection, in: Marsh, Adrian/Strand, Elin (Hrsg.), Gypsies and the Problem of Identities. Contextual, Constructed and Contested, Istanbul 2006, S. 175–177.

Streck, Bernhard, Kultur der Zwischenräume. Grundfragen der Tsiganologie, in: Jacobs, Fabian/Ries, Johannes (Hrsg.), Roma-/Zigeunerkulturen in neuen Perspektiven, Leipzig 2008, S. 21–47.

Strnad, Maximilian, „Grabe, wo du stehst". Die Bedeutung des Holocaust für die Neue Geschichtsbewegung, in: Brenner, Michael/Strnad, Maximilian (Hrsg.), Der Holocaust in der deutschsprachigen Geschichtswissenschaft. Bilanz und Perspektiven, Göttingen 2012, S. 162–198.

Strübel, Lisa, „Hervorragende Sachkenner, zum guten Teil aus der Universität heraus"? Die erste Generation von Studienkreisleitern in der Evangelischen Akademie der Hamburgischen Landeskirche, in: Hering, Rainer/Nicolaysen, Rainer (Hrsg.), Lebendige Sozialgeschichte. Gedenkschrift für Peter Borowsky, Wiesbaden 2003, S. 524–540.

Szatkowski, Tim, Die Wahl von Karl Carstens zum Bundespräsidenten am 23. Mai 1979 – Ein Tag der geistig-moralischen Wende?, in: Historisch-Politische Mitteilungen 16 (2013), Heft 1, S. 155–178.

Tálos, Emmerich, Das austrofaschistische Herrschaftssystem. Österreich 1933–1938, Wien/Berlin ^{2}2013.

Taylor, Telford, The Nuremberg trials. War Crimes and International Law, New York 1949.

Taylor, Telford, Die Nürnberger Prozesse. Kriegsverbrechen und Völkerrecht, Zürich 1951.

Tenenbaum, Joseph, Race and Reich. The Story of an Epoch, New York 1956.

Terkessidis, Mark, Rassismus definieren (1998/2007), in: Foroutan, Naika u. a. (Hrsg.), Das Phantom „Rasse". Zur Geschichte und Wirkungsmacht von Rassismus, Wien/Köln/Weimar 2018, S. 65–82.

Thurner, Erika, Nationalsozialismus und Zigeuner in Österreich, Salzburg/Wien 1983.

Tugendhat, Ernst, Vorwort, in: Zülch, Tilman (Hrsg.), In Auschwitz vergast, bis heute verfolgt. Zur Situation der Roma (Zigeuner) in Deutschland und Europa, Reinbek 1979, S. 9–11.

Tümmers, Henning, Anerkennungskämpfe. Die Nachgeschichte der nationalsozialistischen Zwangssterilisationen in der Bundesrepublik, Göttingen 2011.

Tyaglyy, Mikhail, Nazi Occupation Policies and the Mass Murder of the Roma in Ukraine, in: Anton Weiss-Wendt (Hrsg.), The Nazi Genocide of the Roma. Reassessment and Commemoration, New York/Oxford 2013, S. 120–152.

Tych, Feliks, Umfang und Quellen des Wissens über den Holocaust in Polen, in: Forecki, Piotr/Poweska, Anna-Wolff (Hrsg.), Der Holocaust in der polnischen Erinnerungskultur, Frankfurt a. M. 2012, S. 87–111.

Tyrnauer, Gabrielle, Recording the Testimonies of Sinti Holocaust Survivors, in: Mieder, Wolfgang/ Scrase, David (Hrsg.), Reflections on the Holocaust. Festschrift for Raul Hilberg on his Seventy-Fifth Birthday, Burlington 2001, S. 223–237.

Urban, Markus, Kollektivschuld durch die Hintertür? Die Wahrnehmung der NMT in der westdeutschen Öffentlichkeit 1946–1951, in: Priemel, Kim/Stiller, Alexa (Hrsg.), NMT. Die Nürnberger Militärtribunale zwischen Geschichte, Gerechtigkeit und Rechtschöpfung, Hamburg 2013, S. 684–718.
Urban, Susanne u. a. (Hrsg.), Fundstücke. Entwurzelt im eigenen Land. Deutsche Sinti und Roma nach 1945, Göttingen 2015.
Urban, Susanne, Zum Geleit, in: Dies. u. a. (Hrsg.), Fundstücke. Entwurzelt im eigenen Land. Deutsche Sinti und Roma nach 1945, Göttingen 2015, S. 7–10.
Uschold, Rudolf, Das Zigeunerproblem, in: Die neue Polizei 5 (1951), S. 38–40, 60–62.

Verband der Historiker Deutschlands (Hrsg.), Bericht über die 35. Versammlung deutscher Historiker in Berlin. 03. Oktober bis 07. Oktober 1984, Stuttgart 1985.
Völklein, Ulrich, Zigeuner. Das verachtete Volk, Oldenburg/Hamburg/München 1981.
Vossen, Rüdiger, Zigeuner. Roma, Sinti, Gitanos, Gypsies. Zwischen Verfolgung und Romantisierung. Katalog zur Ausstellung des Hamburgischen Museums für Völkerkunde, Berlin/Frankfurt a. M./Wien 1983.

Wachsmann, Nikolaus, Die Geschichte der Nationalsozialistischen Konzentrationslager, München ²2016.
Wagner, Patrick, Das Gesetz über die Behandlung Gemeinschaftsfremder. Die Kriminalpolizei und die „Vernichtung des Verbrechertums", in: Aly, Götz u. a. (Hrsg.), Feinderklärung und Prävention. Kriminalbiologie, Zigeunerforschung und Asozialenpolitik, Berlin 1988, S. 75–99.
Wagner, Patrick, Volksgemeinschaft ohne Verbrecher. Konzeptionen und Praxis der Kriminalpolizei in der Zeit der Weimarer Republik und des Nationalsozialismus, Hamburg 1996.
Wagner, Patrick, Hitlers Kriminalisten. Die deutsche Kriminalpolizei und der Nationalsozialismus zwischen 1920 und 1960, München 2002.
Wagner, Patrick, Die Resozialisierung der NS-Kriminalisten, in: Herbert, Ulrich (Hrsg.), Wandlungsprozesse in Westdeutschland. Belastung, Integration, Liberalisierung 1945–1980, Göttingen ²2003, S. 179–213.
Wagner, Patrick, „Reservat der Ordinarien". Zur Geschichte der Deutschen Forschungsgemeinschaft zwischen 1920 und 1970, in: Orth, Karin/Oberkrone, Willi (Hrsg.), Die Deutsche Forschungsgemeinschaft 1920–1970. Forschungsförderung im Spannungsfeld von Wissenschaft und Politik, Stuttgart 2010, S. 23–38.
Wagner, Patrick, Notgemeinschaften der Wissenschaft. Die Deutsche Forschungsgemeinschaft (DFG) in drei politischen Systemen 1920 bis 1973, Stuttgart 2021.
Walendy, Udo, Zigeuner bewältigen 1/2 Million, Vlotho 1985.
Weckel, Ulrike, Beschämende Bilder. Deutsche Reaktionen auf alliierte Dokumentarfilme über befreite Konzentrationslager, Stuttgart 2012.
Weckel, Ulrike, „Jüdische Rache?". Wahrnehmungen des Nürnberger Hauptkriegsverbrecherprozesses durch Angeklagte, Verteidiger und die deutsche Bevölkerung 1945/46, in: Jahrbuch für Antisemitismusforschung 22 (2013), S. 57–78.
Wehler, Hans-Ulrich, Das Deutsche Kaiserreich 1871–1918, Göttingen 1973.
Wehner, Bernd, Dem Täter auf der Spur. Die Geschichte der deutschen Kriminalpolizei, Bergisch-Gladbach 1983.

Weigl, Marius, Der erste „zigeunerfreie Gau". Die „Bekämpfung des Zigeunerunwesens" in Kärnten/Koroška 1918–1945, in: Arbeitskreis gegen den Kärntner Konsens (Hrsg.), Friede, Freude, deutscher Eintopf: rechte Mythen, NS-Verharmlosung und antifaschistischer Protest, Wien 2011, S. 236–255.

Weiss, Yfaat, Kann es zu viel Geschichte geben? Zur Diskussion über den Stellenwert des Holocaust in der Neueren Geschichte, in: Brenner, Michael/Myers, David (Hrsg.), Jüdische Geschichte heute. Themen, Positionen, Kontroversen, München 2002, S. 229–246.

Weizsäcker, Richard von, Ansprache des Bundespräsidenten am 8. Mai 1985 anläßlich des 40. Jahrestages der Beendigung des Zweiten Weltkrieges, in: Gill, Ulrich/Steffani, Winfried (Hrsg.), Eine Rede und ihre Wirkung. Die Rede des Bundespräsidenten Richard von Weizsäcker vom 8. Mai 1985 anläßlich des. 40 Jahrestages der Beendigung des Zweiten Weltkrieges, Berlin 1986, S. 175–191.

Wengst, Udo, Das Institut für Zeitgeschichte. Ein Beispiel für die Auseinandersetzung mit dem Nationalsozialismus in der Frühgeschichte der Bundesrepublik Deutschland, in: Elvert, Jürgen (Hrsg.), Geschichte jenseits der Universität. Netzwerke und Organisationen in der frühen Bundesrepublik, Stuttgart 2016, S. 41–52.

Weß, Ludger, Das Bundesinstitut für Bevölkerungsforschung – Politikberatung mit Tradition, in: 1999. Zeitschrift für Sozialgeschichte des 20. und 21. Jahrhunderts 10 (1995), Heft 1, S. 101–114.

Wette, Wolfram, Kann man aus der Geschichte lernen? Historische Friedensforschung, in: Eckern, Ulrich/Herwartz-Emden, Leonie/Schultze, Rainer-Olaf (Hrsg.), Friedens- und Konfliktforschung in Deutschland. Eine Bestandsaufnahme, Wiesbaden 2004, S. 83–97.

Widmann, Peter, An den Rändern der Städte. Sinti und Jenische in der deutschen Kommunalpolitik, Berlin 2001.

Wiesenthal, Simon, Doch die Mörder leben, München/Zürich 1967.

Wildt, Michael, Generation des Unbedingten. Das Führungskorps des Reichssicherheitshauptamtes, Neuausgabe, Hamburg 2003.

Wildt, Michael, Das „Bayern-Projekt", die Alltagsforschung und die „Volksgemeinschaft", in: Frei, Norbert (Hrsg.), Martin Broszat, der „Staat Hitlers" und die Historisierung des Nationalsozialismus, Göttingen 2007, S. 119–129.

Wildt, Michael, Die Ambivalenz des Volkes. Der Nationalsozialismus als Gesellschaftsgeschichte, Berlin 2019.

Willing, Matthias, Das Bewahrungsgesetz (1918–1967). Eine rechtshistorische Studie zur Geschichte der deutschen Fürsorge, Tübingen 2003.

Winter, Matthias, Kontinuitäten in der deutschen Zigeunerforschung und Zigeunerpolitik, in: Aly, Götz u. a. (Hrsg.), Feinderklärung und Prävention. Kriminalbiologie, Zigeunerforschung und Asozialenpolitik, Berlin 1988, S. 135–152.

Wippermann, Wolfgang, Das Leben in Frankfurt zur NS-Zeit II. Die nationalsozialistische Zigeunerverfolgung. Darstellung, Dokumente, didaktische Hinweise, Frankfurt a. M. 1986.

Wippermann, Wolfgang, Geschichte der Sinti und Roma in Deutschland. Darstellung und Dokumente, Berlin 1993.

Wippermann, Wolfgang, „Auserwählte Opfer?". Shoah und Porrajmos im Vergleich. Eine Kontroverse, Berlin 2005.

Wippermann, Wolfgang, Der Rassenmord an den Roma und seine Leugnung im Nachkriegsdeutschland, in: Globisch, Claudia/Pufelska, Agnieszka/Weiß, Volker (Hrsg.), Die Dynamik der europäischen Rechten. Geschichte, Kontinuitäten und Wandel, Wiesbaden 2011, S. 245–263.

Wippermann, Wolfgang, Niemand ist ein Zigeuner. Zur Ächtung eines europäischen Vorurteils, Hamburg 2015.

Wirsching, Andreas, Primärerfahrung und kulturelles Gedächtnis. Richard Weizsäcker und die Erinnerung an den Nationalsozialismus, in: Bajohr, Frank u. a. (Hrsg.), Mehr als eine Erzählung. Zeitgeschichtliche Perspektiven auf die Bundesrepublik, Göttingen 2016, S. 113–128.

Wittek, Bernhard, Der britische Ätherkrieg gegen das Dritte Reich. Die deutschsprachigen Kriegssendungen der British Broadcasting Corporation, Münster 1962.

Wittich, Engelbert, brawo Sinto! Lebensspuren deutscher Zigeuner, hrsg. von Joachim Hohmann, Frankfurt a. M. 1984.

Wolf, Siegmund, Großes Wörterbuch der Zigeunersprache, Mannheim 1960.

Wolf, Siegmund, Ethnische Minderheiten, in: Sieverts, Rudolf (Hrsg.), Handwörterbuch der Kriminologie, Berlin ²1966, S. 188–191.

Wolf, Siegmund, Großes Wörterbuch der Zigeunersprache. Wortschatz deutscher und anderer europäischer Zigeunerdialekte, Hamburg ²1987.

Wolf, Silvia, Überleben – das war für uns nicht vorgesehen! Lebensgeschichten rheinland-pfälzischer Sinti-Familien, Landau 2012.

Wölffling, Siegfried, Zur Verfolgung und Vernichtung der mitteldeutschen Zigeuner unter dem Nationalsozialismus, in: Wissenschaftliche Zeitschrift der Martin-Luther-Universität Halle-Wittenberg 14 (1965), Heft 7, S. 501–508.

Wolfrum, Edgar, Die geglückte Demokratie. Geschichte der Bundesrepublik Deutschland von ihren Anfängen bis zur Gegenwart, Stuttgart 2006.

Wulf, Tom, „Täglich klüger werden". Der Archivar Dr. Heinz Boberach und die Aufarbeitung der NS-Verbrechen, Münster 2011.

Wurr, Zazie (Hrsg.), Newo Ziro – Neue Zeit? Ein Sinti- und Roma-Kulturlesebuch, Kiel 2000.

Wuttke, Walter, Das Leiden und die Lebenspläne des Sinto Ranco Brantner, Sonderdruck, Nürtingen 2012.

Yates, Dora, Hitler and the Gypsies. The Fate of Europe's Oldest Aryans, in: Commentary (1949), Heft 11, S. 455–459.

Yates, Dora, My Gypsy Days. Recollections of a Romani Rawnie, London 1953.

Zankl, Heinrich, Von der Vererbungslehre zur Rassenhygiene, in: Henke, Klaus-Dietmar (Hrsg.), Tödliche Medizin im Nationalsozialismus. Von der Rassenhygiene zum Massenmord, Köln/Weimar/Wien 2008, S. 47–63.

Zenck, Claudia Maurer, „Mit der Geige ins KZ". Sinti- und Roma-MusikerInnen im NS-Staat, in: Geyer, Helen/Stolarzewicz, Maria (Hrsg.), Verfolgte Musiker im nationalsozialistischen Thüringen. Eine Spurensuche, Köln/Weimar/Wien 2020, S. 193–243.

Zentralrat Deutscher Sinti und Roma (Hrsg.), Was Sie schon immer über Sinti und Roma wissen wollten, Heidelberg 2011.

Zentralrat Deutscher Sinti und Roma, 45 Jahre Bürgerrechtsarbeit deutscher Sinti und Roma. Katalog zur Ausstellung, Heidelberg 2017.

Zimmermann, Michael, Die nationalsozialistische Vernichtungspolitik gegen Sinti und Roma, in: Aus Politik und Zeitgeschichte 37 (1987), Heft 16/17, S. 31–45.

Zimmermann, Michael, Verfolgt, vertrieben, vernichtet. Die nationalsozialistische Vernichtungspolitik gegen Sinti und Roma, Essen 1989.

Zimmermann, Michael, „Jetzt" und „Damals" als imaginäre Einheit. Erfahrungen in einem lebensgeschichtlichen Projekt über die nationalsozialistische Verfolgung von Sinti und Roma, in: BIOS. Zeitschrift für Biographieforschung, oral history, und Lebensverlaufsanalysen 2 (1991), S. 225–242.

Zimmermann, Michael, Rassenutopie und Genozid. Die nationalsozialistische „Lösung der Zigeunerfrage", Hamburg 1996.

Zimmermann, Michael, Zigeunerbilder und Zigeunerpolitik in Deutschland. Eine Übersicht über neuere historische Studien, in: WerkstattGeschichte 9 (2000), S. 35–58.
Zimmermann, Michael, The Wehrmacht and the National Socialist Persecution of the Gypsies, in: Romani Studies 2 (2001), Heft 2, S. 111–135.
Zimmermann, Michael, Die nationalsozialistische Verfolgung der Zigeuner. Ein Überblick, in: Matras, Yaron/Winterberg, Hans/Zimmermann, Michael (Hrsg.), Sinti, Roma, Gypsies. Sprache – Geschichte – Gegenwart, Berlin 2003, S. 115–153.
Zimmermann, Michael, Die nationalsozialistische Verfolgung der Juden und „Zigeuner". Ein Vergleich, in: Zeitschrift für Geschichtswissenschaft 52 (2004), Heft 1, S. 50–71.
Zimmermann, Michael, „Mit Weigerungen würde also nichts erreicht". Robert Ritter und die Rassenhygienische Forschungsstelle im Reichsgesundheitsamt, in: Hirschfeld, Gerhard/Jersak, Tobias (Hrsg.), Karrieren im Nationalsozialismus. Funktionseliten zwischen Mitwirkung und Distanz, Frankfurt a. M./New York 2004, S. 291–313.
Zimmermann, Michael, Antiziganismus – ein Pendant zum Antisemitismus. Überlegungen zu einem bundesdeutschen Neologismus, in: Zeitschrift für Geschichtswissenschaft 55 (2007), Heft 4, S. 304–314.
Zimmermann, Michael, Die Entscheidung für ein Zigeunerlager in Auschwitz-Birkenau, in: Ders. (Hrsg.), Zwischen Erziehung und Vernichtung. Zigeunerpolitik und Zigeunerforschung im Europa des 20. Jahrhunderts, Stuttgart 2007, S. 392–424.
Zimmermann, Michael (Hrsg.), Zwischen Erziehung und Vernichtung. Zigeunerpolitik und Zigeunerforschung im Europa des 20. Jahrhunderts, Stuttgart 2007.
Zimmermann, Michael, Die nationalsozialistische Zigeunerverfolgung in Ost- und Südosteuropa – ein Überblick, in: von Weikersthal, Felicitas u. a. (Hrsg.), Der nationalsozialistische Genozid an den Roma Osteuropas. Geschichte und künstlerische Verarbeitung, Köln/Weimar/Wien 2008, S. 3–28.
Zimmermann, Michael, Der Völkermord an den europäischen Zigeunern (Porrajmos), in: Brandes, Detlef/Sundhausen, Holm/Troebst, Stefan (Hrsg.), Lexikon der Vertreibungen. Deportation, Zwangsumsiedlung und ethnische Säuberung im Europa des 20. Jahrhunderts, Köln/Weimar/Wien 2010, S. 703–706.
Zülch, Tilman (Hrsg.), Von denen keiner spricht. Unterdrückte Minderheiten – von der Friedenspolitik vergessen, Reinbek 1975.
Zülch, Tilman, Auschwitz ist noch nicht zu Ende. Einführung von Tilman Zülch, in: Ders. (Hrsg.), In Auschwitz vergast, bis heute verfolgt. Zur Situation der Roma (Zigeuner) in Deutschland und Europa, Reinbek 1979, S. 12–24.
Zülch, Tilman (Hrsg.), In Auschwitz vergast, bis heute verfolgt. Zur Situation der Roma (Zigeuner) in Deutschland und Europa, Reinbek 1979.
Zülch, Tilman, Sinti und Roma in Deutschland. Geschichte einer verfolgten Minderheit, in: Aus Politik und Zeitgeschichte 32 (1982), Heft 43, S. 27–45.
Zywulska, Krystyna, I came back, London 1951.

5. Multimediale Quellen und Internetverweise

Acton, Thomas, Anfänge und Entwicklung transnationaler Roma-Bewegungen mit dem Ziel der Durchsetzung von Bürgerrechten nach dem Holocaust, in: RomArchive – the Digital Archive of the Roma; online unter: https://www.romarchive.eu/de/roma-civil-rights-movement/beginnings-and-growth-transnational-movements-roma/ [20.8.2019].
Chomsky, Marvin, Holocaust. Die Geschichte der Familie Weiss, 415 Minuten, DVD-Box, München 2011.

Fings, Karola, Auschwitz und die Zeugenschaft von Sinti und Roma, in: RomArchive – the Digital Archive of the Roma; online unter: https://blog.romarchive.eu/?page_id=7257 [8.1.2017].

Fings, Karola, Voices of the Victims. Kuratiert von Karola Fings, in: RomArchive – the Digital Archive of the Roma; online unter: https://www.romarchive.eu/de/voices-of-the-victims/ [20.6.2019].

Gress, Daniela, Memorandum des Verbandes Deutscher Sinti und der Romani-Union, in: Quellen zur Geschichte der Menschenrechte, hrsg. vom Arbeitskreis Menschenrechte im 20. Jahrhundert, September 2018; online unter: www.geschichte-menschenrechte.de/schluesseltexte/memorandum-verband-sinti-roma/ [8.1.2019].

Heynowski, Walther/Scheumann, Gerhard, Geisterstunde. Auge in Auge mit dem Mittelalter. 71 Minuten. DVD 1, in: Schenk, Ralf (Hrsg.), Studio H&S. Walter Heynowski und Gerhard Scheumann. Filme 1964–1989. DVD-Box, Fridolfing 2014.

Hubert, Marie-Christine, Gerechtigkeit vor einem Gericht der Alliierten, in: RomArchive – the Digital Archive of the Roma; online unter: https://www.romarchive.eu/de/collection/die-bestrafung-der-moerder-von-500000-sinti-and-roma/ [8.9.2021].

Kilian, Jörg, Wörter im Zweifel. Ansätze einer linguistisch begründeten kritischen Semantik, in: Linguistik Online 16 (2003), Nr. 4; online unter: https://bop.unibe.ch/linguistik-online/article/view/800/1379 [28.6.2018].

Lasker, Anita, Radioansprache BBC vom 16.4.1945, in: Archiv des Südwestrundfunks; online unter: https://www.ardaudiothek.de/episode/swr2-archivradio/radioansprache-von-anita-lasker-nach-ihrer-befreiung-aus-bergen-belsen/swr2/66774156/ [6.9.2022].

Liégeois, Jean Pierre, Papier à en-tête du Comité international rom datant de 1972, in: RomArchive – the Digital Archive of the Roma, online unter: https://www.romarchive.eu/de/collection/papier-a-en-tete-du-comite-internationl-rom-datant-de-1972/ [21.8.2019].

Maas, Utz, Siegmund A. Wolf, in: Verfolgung und Auswanderung deutschsprachiger Sprachforscher 1933–1945; online unter: https://zflprojekte.de/sprachforscher-im-exil/index.php/catalog/w/491-wolf-sigmund-a [10.6.2018].

Mergel, Thomas, Kulturgeschichte der Politik. Version 2.0, in: Docupedia-Zeitgeschichte; online unter: http://docupedia.de/zg/mergel_kulturgeschichte_politik_v2_de_2012 [22.10.2016].

Richter, Saskia Richter, Zivilgesellschaft – Überlegungen zu einem interdisziplinären Konzept. Version: 1.0, in: Docupedia-Zeitgeschichte; online unter: http://docupedia.de/zg/richter_zivilgesellschaft_v1_de_2016 [16.10.2018].

Unabhängige Kommission Antiziganismus, Abschlussbericht, in: https://www.bmi.bund.de/SharedDocs/downloads/DE/veroeffentlichungen/themen/heimat-integration/bericht-unabhaengige-kommission-antiziganismus.pdf;jsessionid=3BB6E9625D373697D81638C378-CAD567.2_cid287?__blob=publicationFile&v=5 [17.9.2021].

Zentral-Komitee der Sinti West-Deutschlands, Aufruf an alle deutschen Sinti (1971/1972), in: „Rassendiagnose: Zigeuner". Der Völkermord an den Sinti und Roma und der lange Kampf der Anerkennung; online unter: https://www.sintiundroma.org/de/set/030701/?id=2614&z=1 [10.10.2019].

Personenregister

Kursiv gesetzte Zahlen verweisen auf Namen in den Anmerkungen.

Acton, Thomas 16, 151
Adam, Uwe Dietrich *30*
Adelsberger, Lucie 45 f., 201
Adenauer, Konrad 109, 205
Adler, Hans Günther 94
Adler, Marta 46 f.
Adorno, Theodor Wiesengrund 90–92
Althaus, Georg 64, 86–89
Aly, Götz 175, 180, 183, 209
Amengual, Gabriel 10 f.
Anderson, Benedict 13
Ansehns, Wilfried Jebero 168
Arendt, Hannah 73 f.
Arnold, Hermann 6, 26, 44, *50*, 85 f., 90, 92,
  99–117, 126, 132, 134, *141*, 144, 151, 158–165,
  168 f., 173 f., 178 f., 184, 197, 200, 204, 212
August, Jochen 184
Ayaß, Wolfgang 183

Bade, Klaus Jürgen 173
Bader, Karl Siegfried *61*
Baitsch, Helmut 184
Bajohr, Frank 28
Bamberger, Heinz 168, 171
Bandera, Stepan 5
Bauer, Fritz 49, 57, 92
Bauer, Yehuda 199
Baum, Gerhart 149
Baumann, Stefanie Michaela 10
Baumgartner, Gerhard 7, *36*
Becker, David 216
Becker, Manuel *3*
Bedorf, Thomas 11
Beeker, Malte 203
Benz, Wolfgang 4, 17
Berbüsse, Volker 55
Berg, Nikolas 6, *73*, 202
Billig, Joseph 69, 80
Birkenfelder, Oskar Lolotz 168, 171
Blaschke, Olaf 22, *76*, *142*, *192*, 202, 207, *215*
Blendel, Charles Sigismund 70 f.
Block, Martin 77–79, 85, 103
Blumer, Nadine *74*, 199
Boberach, Heinz 106 f.
Böhm, Franz 25, 63 f., 77, *87*, *145*, 204

Booms, Hans 163
Borggräfe, Henning 59
Börner, Holger 34
Bösch, Frank 119, 137
Boström, Jörg 150
Brandt, Willy 118, 133 f., 155, 190
Brantner, Ranco 165, 213, 215
Broad, Perry 93, 203
Broszat, Martin 45, 120
Brumlik, Micha 184, 186–188
Brunner, Otto *42*
Buchheim, Hans 26, 45, 52, 60–64, 83, 92 f.,
  106, 203
Buchholz, Horst 195
Buhrow, Sebastian 132
Butler, Judith *10*

Calvelli-Adorno, Franz 63 f.
Carstens, Karl 168 f., 212
Carter, Jimmy 136
Chartier, Roger 20 f.
Christian, Viktor 80
Clébert, Jean-Paul 80, 105 f.
Cohn, Norman 125
Conze, Werner 23, 41 f., *90*
Coppik, Manfred 148
Cyrankiewicz, Józef 66 f.

Danker, Uwe 173 f.
Dickel, Julius 52
Diener, Eveline 50
Dirks, Walter 40
Döblin, Alfred *104*
Dohnanyi, Klaus von 192
Döring, Hans-Joachim 2, 52, 56, 61 f., 99–101,
  106 f., 126, 151, 202
Dörner, Bernward 28
Dostal, Walter 79, 85, 91
Drechsler, Wilhelm 28

Eckel, Jan *9*
Ehmke, Horst 190
Ehrhardt, Sophie 162 f., 185
Eichberger, Josef 50 f.
Eichmann, Adolf 73 f., 94 f., 214

Eller, Hanns 50 f., 55
Elster, Alexander 56
End, Markus 17
Engholm, Björn 144
Etzemüller, Thomas 23, *90*
Exner, Franz 56

Fangmann, Helmut 181
Feest, David 21
Ficowski, Jercy 143
Filbinger, Hans 137
Fings, Karola *2*, *50*, 204, *206*, 209, 213
Fischer, Joschka 191
Flamm, Franz 111
Fleck, Ludwig 23, 204
Focke, Katharina 112
Fortuin, Arnold 85
Foucault, Michel 18 f., 23
Frank, Anne 140
Franz, Anton 168, 171
Franz, Günther 115
Fraser, Angus 126
Fraser, Nancy 11
Frei, Nobert 43
Freyer, Hans *42*
Friedländer, Henry 175
Friedman, Philip 71
Friedmann, Wilhelm 166
Friedrich, Max 93
Fülgraff, Georges 171
Füssel, Marion 18

Galinski, Heinz 146, 207
Gansel, Nobert 148
Ganter, Stephan 13
Geigges, Anita 150
Geißler, Heiner 25, 148, 213
Genscher, Hans-Dietrich 115
Gerlach, Christian 14
Gerster, Alexandra 141
Gerster, Karl-Heinz 141, 164
Gerth, Edith *177*
Geyer, Georg 50 f., 54 f.
Gilliat-Smith, Bernard 82 f., 105
Gilsenbach, Reimar 2 f., 96, 98 f., 176, 183, 196, 205, 209
Gisevius, Hans Bernd 48
Globke, Hans *97*
Goebbels, Joseph 76

Göppinger, Hans 56
Goschler, Constantin 7, 182
Goussanthier, Margarethe 97 f.
Grellmann, Heinrich Moritz 16, 151
Gress, Daniela *151*
Greußing, Fritz 171
Grober-Glück, Gerda 104
Gronemeyer, Reimer *177*
Gross, Hans 55
Großklaus, Dieter 193
Günther, Klaus 11
Gunzert, Rudolf 92
Guttenberger, Elisabeth *27*, 93 f., 105
Gyomai, Imre 36, 198

Haar, Ingo 199 f.
Habermas, Jürgen 195
Hahn, Hans Henning 16
Hamm-Brücher, Hildegard 149
Hammerstein, Katrin *97*, 205 f.
Hammerstein, Notker 199 f.
Hansen, Imke 66
Harmsen, Hans 25, 89, 109 f., 159–162, 184, 192, 204
Havers, Wilhelm 81
Hehemann, Rainer 182
Heimpel, Hermann 42
Heindl, Robert 58
Heinemann, Gustav *112*, 128–133, 140, 178, 212
Heinsohn, Kirsten 18
Henry, Marilyn 9
Herbert, Ulrich *177*, 191, 209
Herbst, Ludolf 182
Hess, Otto H. 74 f.
Heuss, Herbert 191
Heuss, Theodor 75
Heydrich, Reinhard 32
Heynowski, Walter 97 f.
Hilberg, Raul 72–74, 101, 126, 175, 202 f., 209
Hillgruber, Andreas *174*, 195
Himmelheber, Johannes 52 f.
Himmler, Heinrich 29, 32, 35, 80, 187
Hitler, Adolf 6, 30, 32, 48, 83, 138, 175, 194, 205
Hodenberg, Christina von *19*
Hodoschi, Paul 37
Hofer, Walter 140
Hohmann, Joachim 26, 145 f., 178 f.
Holler, Martin *17*, 32

Holles, Rolf 53
Honneth, Axel 11
Hornstein, Walter 114
Höß, Rudolf 29, 44 f., 68, 94, 201
Hubert, Marie-Christine 36
Hübner, Heinz Werner 139
Hüller, Gisela 166
Hund, Wulf 1
Hundsalz, Andreas 106, 212

Ikäheimo, Heikki 11

Jacobsen, Hans-Adolf 178
Jahn, Gerhard 155 f., 171 f.
Janssen, Heinrich Maria 165
Jaunich, Horst 149
Jentsch, Margarete 77
Jersch-Wenzel, Stefi 173
Joachimowski, Tadeusz 67
Jochheim-Armin, Karl 37 f.
Jochimsen, Lukrezia 90 f., 105, 108, 110, 117, 151
Jochmann, Rosa 69
Jochmann, Werner 120, 192
Jokisch, Karl 207
Joskowicz, Ari 6, 66, 201
Jungmann, Horst 148
Jureit, Ulrike 10
Jürgens, Hans Wilhelm 115
Justin, Eva 47–50, 65, 101, 160, 164, 181, 183

Karway, Rudolf 124, 127–131, 212
Kaul, Karl 95
Kawczynski, Rudko 166, 192
Kehr, Paul 42
Kelch, Christian 6, 55, 116
Kenrick, Donald 101, 106, 124–127, 141, 145 f., 206
Kern, Fritz 42
Keyser, Erich 103, 110
King, Thomas 12
Klimt, Ernst Kebru 168, 171
Knigge, Volkhard 201
Knobloch, Clemens 23, 204
Knobloch, Johann 80–83, 85, 117
Kocka, Jürgen 120
Kogon, Eugen 18, 39–41, 140, 201, 213
Kohl, Helmut 25, 168, 189, 191, 194
Köllmann, Wolfgang 160
König, Ernst-August 184

König, Ulrich 182 f.
Konow, Gerhard 152 f., 158, 212
Koppe, Karlheinz 178
Körber, Kurt Adolf 140
Körber, Ursula 184
Kosterlitz, Hans-Krafft 49
Krausnick, Helmut 62, 174 f., 202
Krauss, Joachim 18
Kugelmann, Cilly 188
Kuhn, Thomas 24
Kunz, Dagmar-Julia 196
Kursawe, Karl-Heinz 111, 114, 116, 132–135, 150, 152 f., 158, 168 f., 212
Kwiek, Josef 168, 171

Laclau, Ernesto 19
Lagrene, Ilona 35
Langbein, Hermann 37, 44, 68, 94, 105, 139, 143
Lasker, Anita 27
Lehmann, Anton 134, 171
Lemkin, Raphael 14, 31, 71
Lengyel, Olga 69
Lenski, Katharina 96
Leßau, Hanne 59
Levinson, Nathan Peter 139
Lingemann, Heinrich 56
Lingens-Reiner, Ella 94
Liszt, Franz von 58
Lombroso, Cesare 58
Lortz, Joseph 42
Löw, Andrea 209
Lübke, Heinrich 128
Lucassen, Leo 12, 50
Ludemann, Peter 116
Luttmer, Michael 208

Macfie, Scott 28
Mackensen, Rainer 192
Mai, Kurt 63 f.
Margalit, Gilad 8, 29, 87, 107 f., 198 f.
Martin, Bernd 140
Martins-Heuß, Kirsten 186
Matras, Yaron 8, 13
Matthöfer, Hans 155
Max, Frédéric 69 f.
Maximoff, Mateo 36, 70, 72, 105, 124, 198
Mayrhofer, Manfred 81
Mazirel, Lau 95

Meier, Verena *7*
Meinecke, Friedrich 41
Meister, Johannes 181
Mengele, Josef 102
Menzer, Rudolf 47 f.
Mergen, Armand 100
Metzger, Günther 190
Meueler, Erhard 179, 185
Meyer, Kristina *9*
Meyer, Renate 111, 130 f.
Mielke, Erich 159
Milton, Sybil 199
Mirga, Roman 147
Mittag, Jürgen 211
Mode, Heinz 98 f.
Mommsen, Hans 176
Morgenstern, Paul 93
Mouffe, Chantal *19*
Müller, Karl Valentin 109 f.
Müller, Uli 166
Müller-Hill Benno 181, 209
Mündrath, Wilhelm 51 f.
Münster, Thomas 86, 116 f.
Münzel, Mark *177*
Muth, Achim 86

Nachmann, Werner 194
Naimark, Norman *15*
Nebe, Arthur 48 f.
Neu, Tim *18*
Neusel, Hans 169
Niethammer, Lutz 140, 184
Nolte, Ernst 194 f.
Nolte, Paul *90*, 200
Novitch, Myriam 70, 145 f., 202, 207

Ohlendorf, Otto 30–32
Opfermann, Ulrich *104*, 107
Oprecht, Emil 69
Oprecht, Emmie 69

Pabst, Walter 84
Pankok, Hulda 39
Pankok, Otto 38 f., 77, *96* f., 201
Papenbrok, Marion 185
Paul VI., Papst 85, 128
Pehle, Walter 209
Peritore, Silvio *25*, 199
Peukert, Detlev 176 f., 185, 195, 208

Pfeil, Elisabeth 110
Pick, Dominik *153*
Pleinen, Jenny *203*
Poe, Edgar Allan *104*
Pohl, Dieter 28
Puaca, Brian 215
Puxon, Grattan 101, 106, 122–127, 141, 145–147, 151

Rakelmann, Georgia *177*
Ramati, Alexander 147, 195
Ranke, Kurt 82
Raschke, Joachim 211
Reemtsma, Jan Philipp 181, 192
Reemtsma, Katrin 8, *25*, 79
Reifner, Udo 181
Reitlinger, Gerald *48*, 74–76
Rett, Andreas 181
Reulecke, Jürgen 140
Reuss, Anja *29*
Reuter, Frank 6, 16
Richter, Saskia *19*
Ricœur, Paul *10*
Rinser, Luise 143, 190, 196
Ritter, Robert 5 f., *28*, 47–50, 54–59, 62, 65, 77–79, 83, 85, 87, 91, 99–104, 106 f., 114, 117, *126* f., 160–162, 164, 169, 178, 181, 184 f., 199
Robel, Yvonne *10*, 17 f.
Rose, Oskar 48, 127
Rose, Romani 24, 133–135, 139, 141 f., 146–149, 167–169, 171, 189, 193 f., 196, 199, 212 f., 215
Rose, Vinzenz 48, 112, 127, 133, 135 f.
Rosen, Klaus-Henning *190*
Rosenberg, Tornado 166
Roth, Karl-Heinz 180
Rothfels, Hans 75
Rouda, Leulea 124
Rouda, Vanko 124
Ruch, Martin 179
Rürup, Reinhard 140, 172, 209
Rüsen, Jörn *13*

Sabais, Heinz Winfried 190
Sabrow, Martin *24*
Sandkühler, Hans Jörg *21*
Sarasin, Philipp *20*, *22*
Schär, Bernhard *126*
Scheel, Walter 135 f.
Scheidt, Walter 102

Schelsky, Helmut 90, 110
Scheumann, Gerhard 97 f.
Schifner, Kurt 96
Schily, Otto 216
Schlott, René *73*
Schmidt, Helmut 9 f., 23, 25, 152–155, 169–172, 189, 191, 200, 208, 210
Schmidt, Renate 189
Schmitt-Maass, Hety 105 f.
Schneider, Kurt 58
Schoeler, Andreas von 171
Schröder, Gerhard 75
Schröder, Waldemar 93
Schubnell, Hermann 115, 160
Schuchardt, Helga 149, 161 f., 213
Schulin, Ernst 140
Schwidetzky, Ilse 110
Seelig, Ernst 56
Seidler, Horst 181
Sell, Friedrich-Wilhelm von 139
Siebert, Egon 171
Sieverts, Rudolf 56 f.
Simonis, Heide 148
Sobeck, Silvia 86, 116, 144, 158, 164–166
Soell, Hartmut 208
Spindler, Wilhelm Boble 168
Spitta, Arnold 182
Spitta, Mélanie 124, 213 f.
Spohr, Kristina 9
Spritzer, Jenny 75
Stadtland, Helke 211
Starkie, Walter 79 f.
Stauber, Roni 71
Stein, Bruno 93
Steinmetz, Selma 69 f., 107, 117, 143, 145, 182, 202, 206
Stemmle, Robert Adolf 46 f.
Stender, Wolfram *117*
Stengel, Katharina *95*
Sternberg, Alexander 143
Stieber, Wilhelm 58
Stöhr, Martin 139
Stoll, Jan 10
Streck, Bernhard 16, 143, 177, 183
Strobel, Käthe 132
Ströbele, Hans-Christian 191, 213
Supp, Wilhelm 50

Tandler, Gerold 147 f., 158, 160
Tauber, Georg 37
Taylor, Telford 31
Tenenbaum, Joseph 71 f.
Thiel, Jens 202
Thierack, Otto Georg 76
Thurner, Erika 182
Thüsing, Klaus 148, 213
Tugendhat, Ernst 143
Tümmers, Henning 10
Tych, Feliks 66

Uschold, Rudolf 48, 50 f., 53 f.

Veil, Simone 143
Verschuer, Otmar von 102 f.
Vogel, Hans-Jochen 156, 189
Völklein, Ulrich 151

Wagner, Erwin 168
Wagner, Patrick 58, 183, 200
Walendy, Udo 164, 183
Wallani, Georg 171
Weckel, Ulrike 29
Wehler, Hans-Ulrich 120
Wehner, Bernd 48, 121, 184
Wehner, Herbert 148, 156
Weiß, Hilli 93
Weiß, Matthäus 166, 210, 212 f.
Weiß, Wilhelm 112, 130
Weiss, Yfaat 207
Weizsäcker, Richard von 193
Weltzel, Hans 77 f.
Werner, Paul 50 f.
Wette, Bernhard 150
Widmann, Peter 17, *33*
Wiesenthal, Simon 95, 143, 147, 194, 213
Wiklund, Daniel 122
Wildt, Michael 206
Wilhelm, Hans-Heinrich 174 f.
Winkler, Heinrich August 176
Winter, Matthias 184
Winterstein, Heinrich 136
Wippermann, Wolfgang 4, 182, 193, 195, 197, 209
Wischnewski, Hans-Jürgen 155
Wittich, Engelbert 178 f.
Wolf, Heinz 49

Wolf, Siegmund 49, 55–58, 63–65, 77, 83–85, 88, 91, 117, 180, 201
Wölffling, Siegfried 98 f.
Wollasch, Hans-Josef 113
Wolters, Hans Georg 168
Wühr, Wilhelm 42
Würth, Adolf 102, 181

Yates, Dora 36, 70–72, 77

Zander, Fred 112
Zeiser, Josef 50
Ziegenrücker, Joachim 162
Zimmermann, Michael 3, 12, 17, 26, 29, *91*, 107, *141*, 176 f., 185–188, 197 f., 202, 207
Zink, Wolfgang 145
Zülch, Tilman 24, 141–143, 145 f., 151, 159, 165, 196, 207, 215
Zywulska, Krystyna 75

www.ingramcontent.com/pod-product-compliance
Lightning Source LLC
Chambersburg PA
CBHW082037230426
43670CB00016B/2684